左衝右突

左衝右突

現代政治激流中的中國知識分子

許紀霖

香港城市大學出版社
City University of Hong Kong Press

國際統一書號：978-962-937-587-4

出版

    香港城市大學出版社
    香港九龍達之路
    香港城市大學
    網址：www.cityu.edu.hk/upress
    電郵：upress@cityu.edu.hk

The Left-Right Conflict:
The Impact of Modern China's Political Turbulence on Intellectuals
(in traditional Chinese characters)

ISBN: 978-962-937-587-4

Published by
    City University of Hong Kong Press
    Tat Chee Avenue
    Kowloon, Hong Kong
    Website: www.cityu.edu.hk/upress
    E-mail: upress@cityu.edu.hk

Printed in Hong Kong

目錄

自序

　　本書的交稿時間，是在疫情之前的 2019 年。這一年，是五四運動的百年紀念，有一天，我的一個學生在論文數據庫中發現了一篇我發表在三十年前的文章，轉發給了我。這篇小文名為〈悖論：2019 的五四〉，是當年我應一個不知名的雜誌邀請撰寫的，發表以後，沒有什麼影響，連我自己也忘記了，不曾收入任何一冊我的文集，早已湮沒在歲月的塵埃之中。然而，重讀之後，卻讓我大吃一驚，我不敢說我是一個預言家，但三十年前的大膽預測，在今天竟然得到了某種驗證。

　　小文不長，先將全文錄於此處：

悖論：2019年的五四[1]

當中國步入二十一世紀，當「五・四」一百周年的時候，中國文化是否已經渡過了它自身的危機？

從歷史來看，「五・四」有着六十年輪迴的周期。「五・四」二十周年（1939年）的時候提出了超越「五・四」，迅速建立民族新文化的要求；到三十周年（1949年）毛澤東思想被確認為全民族的意識形態；四十周年（1959年）整個民族沉浸在大躍進的喜悅中；而五十周年（1969年）則是對「五・四」全盤反動；於是在六十周年的時候不得不重新站在1919年的起點上，重提民主與科學！

---

1. 該文原載於《當代青年研究》，1989年第2期，第1-2頁。

如果説在2019年的時候，中華民族也在慶倖自己成功的話，那麼這是否意味着一種幻象，而那幻象背後如同第一個輪迴一般潛伏着再度爆發的危機？

這一未來發展中的怪圈不能不令人警覺。兩輪五四的起點有着驚人的相似性：民族落後的憂患，民主夭折的慘痛⋯⋯當人們透過制度的層面去檢視中國的文化傳統時，就發現了種種與現代化大相抵牾的因素，於是就有了文化的深刻反省。

這樣的啟蒙運動與西方的啟蒙運動在發生學上頗為迥異。後者基本上是一個人文的衝動，是文化自身演進的内在要求；而中國則是一個功利的衝動，強烈的危機意識和救亡使命從外部激勵着文化的變革。應該説，如此的危機感、使命感今日較之過去只是有過之而無不及。

當文化處於新舊範型的轉換時，在一個時間段落裏必定會出現某種「失範」現象。西方近代亦是如此。但由於西方的文化變革具有自發的、獨立的性質，因而並未引起整個社會經濟的、政治的連鎖震盪。然而中國的文化危機卻是整個社會危機的一個有機部分。文化道德上的「失範」不僅無助於危機的緩和，反而加劇了危機本身。

當文化「失範」與社會動亂剛剛開始之際，人們還期望着在這大變革時代新的理性力量能夠有充分的社會條件崛起，但實際生活中所真正「崛起」的卻是無數分散的、非理性的無組織力量。也許前者尚未最後形成一個整休時，後者所表現出來的盲目破壞性就會將社會拖入崩潰的邊緣。另一方面，「趕超」世界需要全民族的奮鬥精神，需要每一個公民宗教般的獻身熱忱，但這卻匱乏一個全民的共識作為文化的基礎。

在上述兩重憂患意識下，伴隨着政治上新權威主義的呼聲，文化上將出現一個迅速構建民族新意識形態的要求。人們不再能夠忍受「失範」造成的文化撕裂和社會震盪，紛紛自覺地或不自覺地希望認同一個新的規範。這很可能將是那二十世紀最後十年的情形。

也許當中國步入二十一世紀的時候，當五四慶祝它的九十、一百周年的時候，中國在種種危機壓力之下再度找到了一個新的意識形態，而且產生了相當積極的經濟效應，但這並不意味着危機的最後消除，而只是暫時的緩解，新一輪的危機潛伏於下面兩個側面。

首先是新文化內涵的不成熟。二十一世紀的中國文化要對西學的挑戰產生創造性的回應，必須是真正融和了中西文化於一爐的新體系。這樣的建樹固然需要政治的熱情，但更需要學術本身理智的、冷靜的獨立探討。顯然，為應急而匆匆造就新文化體系匱乏文化上足夠的功底，因而也難以消解西方的外部衝擊與傳統的變形影響。

其次是新文化結構的潛在僵化。當西方從中世紀的一尊文化，經過近代的範型衝突，最後所定型的文化體系在結構上是一種多元的整合，即各種意識形態在平等的多元並存中形成默契，形成現代的民族精神。這種結構保證了文化體系內部的自我更新能力和個人主體性選擇的自由。然而在中國，從民族整體利益需求出發的新意識形態大廈多少排斥了個體的自由選擇權力，也難以容忍其它意識形態的和平競爭。為了迅速渡過「失範」的危機，它不得不以一定的行政力量保障其獨尊的合法地位。而這樣一種結構上的「回歸」，醞釀着體系的僵化效應。

從這樣的意義上說，二十一世紀的中國文化並非令人樂觀。五四的周期性怪圈陰影依然籠罩着未來。未來雖然不可能完全重複歷史，但歷史畢竟制約着未來，尤其當危機感一如以往的時候。

或許，這樣的怪圈之於中國難以倖免，甚至這是一條不同於西方的中國現代化發展道路？或許，就從第二個怪圈開始，中國擺脫了貧窮落後的低谷，從經濟現代化走向政治民主化的轉型？如果確乎如此，我們必須有足夠的心理準備，去忍受第二個怪圈中種種非人性的因素，如果難以忍受，則必須設計超越怪圈的現實道路。這似乎是一個兩難的困境。其間交織着發達與自由、獨立與民主、整體與個體、經濟與文化、歷史主義與人本主義的種種衝突。

「五四」會有一個什麼樣的百歲紀念？為了二十一世紀，中國面臨着應當作出的嚴峻選擇。

1988.6.28

當年，我還只是一個三十出頭、初出茅廬的年輕學者，因為受到了金觀濤提出的中國歷史是一個不斷循環的超穩定系統理論的影響，相信「五四」也會形成一個六十年輪迴的怪圈。1979 年，是「五四」運動的再出發，在思想解放運動當中，重提民主與科學。現代化再出發之後，到了「五四」百年的 2019 年，中國又會怎麼樣呢？

我在文章中提出一個問題：「如果說在 2019 年的時候，中華民族也在慶倖自己成功的話，那麼這是否意味着一種幻象，而那幻象背後如同第一個輪迴一般潛伏着再度爆發的危機？」

在三十多年前，我預感到，到 2019 年，中國的經濟將有一個大發展，但要為之付出相應的代價，依然沒有辦法解決歷史和文化當中的深層問題。為什麼？我提出了兩個看法。

　　第一，是「新文化內涵的不成熟」。中國需要建設新國家，也需要一個新文化，一個新的意識形態。但是由於救國的急功近利心態所迫，這個新的意識形態在知識形態上是粗糙的、缺乏根基的，其產生之後，依然沒有化解五四以後出現的「新與舊」、「中與西」之間的緊張衝突。

　　一九八○年代是舊意識形態的瓦解期，在思想層面處於一種空白，各種西方的思潮都湧入中國，混沌一片，如同一九一○年代的五四新文化運動一樣，並沒有分化。到一九九○年代中期之後，隨着市場化改革的深入，思想界逐漸分化為自由主義與新左派兩大陣營，近十年來，新儒家思潮又強勁崛起，出現了自由主義、新左派和新儒家三大思想陣營。

　　不過，這三大思潮，沒有一個能夠成為中國的主流意識形態，相反地，都是以非在野的、民間的方式存在。在三大思潮之外，從一九九○年代開始，一種民族主義的意識形態在悄悄醞釀。這一意識形態是反八十年代的，因為八十年代的新啟蒙運動如同五四新文化一樣，是擁抱全球化的世界主義。1999 年的中國駐南斯拉夫使館被美國導彈所炸這一事件，強烈激發起中國朝野的民族主義情緒和意識，自此，一種新的主流意識形態民族主義浮出水面，經過二十年的發展，演變為「中華民族的偉大復興」。

　　我在三十多年前的第二個看法，是「新文化結構的潛在僵化」。為什麼？文章這樣分析：「從民族整體利益需求出發的新意識形態大廈多少排斥了個體的自由選擇權力，也難以容忍其

它意識形態的和平競爭。為了迅速渡過「失範」的危機，它不得不以一定的行政力量保障其獨尊的合法地位。而這樣一種結構上的「回歸」，醞釀着體系的僵化效應。」

真是不幸而言中。事實上，1988 年在我寫這篇小文的時候，已經出現了一股「新權威主義」的思潮。所謂「新權威主義」，乃是希望通過一種社會上下共同認同的人格化權威，集中行政權力，排除各種來自左與右和利益集團的干擾，代表人民的整體利益，全力推進現代化改革。

之所以會出現「新權威主義」，乃是與社會政治秩序與文化心靈秩序出現「失範」危機有關。事實上，百年前的五四新文化運動，就是辛亥革命之後秩序「失範」的產物。在民國初年，當代議制民主政治的實驗在中國受到挫折之後，社會出現了一股輿論，認為「非袁（世凱）不可」，只有大家認同一個強人，才能凝聚人心，集中力量，解決危機。可以這樣說，「新權威主義」從民國初年開始，雖然一再失敗，看走了眼，將「老權威」錯認為「新權威」，但一直陰魂不散，連綿不絕。一九三〇年代中日戰爭爆發之前，在自由派知識分子內部有一場「民主與獨裁」的大論戰，一批原來從英國、美國留學回來的自由派學者，也鼓吹「新式獨裁」，寄希望於蔣介石。當然，最後他們也失望了。

當代中國的思想，似乎一直處於五四運動之後的歷史延長線上。一九八〇年代的「新權威主義」，無疑是民國初年和一九三〇年代的延續。2000 年之後，當中國的國家實力上升，特別在 2008 年全球金融危機之後中國崛起之後，一股強大的國家主義思潮在中國出現，新左派集體向右轉，呼應了上述的民族主義思潮，並且在政治上成為擁護權威的國家主義者。他們試圖通過中央的統一權威，解決市場化改革帶來的社會上下的

利益分化和地方力量坐大的問題。但是，誠如我在三十多年前的文章中已經擔憂的那樣，帶來的結果是「體系的僵化效應」，又重新倒退到原來的舊體制。

這就是「五四的怪圈」！簡單地說，從 1919 年到 1979 年，五四啟蒙運動差不多是六十年一個輪迴，但啟蒙運動之後，因為「新文化內涵的不成熟」和「新文化結構的潛在僵化」，又會出現自我否定的趨勢，重新向反五四、反啟蒙的方向回歸。百年來的中國歷史，已經經歷了兩輪這樣的輪迴。

為什麼百年來的中國，跳不出「五四的怪圈」？這個問題令人深思。本書雖然不是直接回應這個問題，然而，歷史永遠是現實的投影，中國至今在現代中國的延長線上。假如你對何為現代中國有真實的了解，那麼，將會對中國的現實有清醒的認知，也可以大致把握未來中國的大趨勢、大走向和大脈絡。

本書原作為「許紀霖作品集」中的一冊，原擬在內地某出版社出版，因故而無法如願，感謝香港城市大學出版社，特別是朱國斌社長，讓本書終於有機會面世。世道滄桑，人生苦短，讀罷校樣，內心唯有感慨而已！從晚清到今天，一個半世紀過去了，中國依然處在唐德剛先生所說的「歷史的三峽」大轉型時代之中，有激流險灘，也有回轉曲折。然而，滔滔的時代大潮，依然是向前的！中國不可能永遠自外於人類文明的大潮之外，且不說逆流行舟了。倘若跳出個人的有限生命，從更長的時間大河俯瞰現代中國的歷史，謹慎的樂觀未嘗不是一種理由。黑暗的隧道盡頭，遲早會出現一絲亮色。

我們等得起。

作者謹識
於辛丑年乍寒乍暖的早春

第一編

百年中國的政治激流

一、中國現代化的歷史反思

在我們所要論述的1840–1949年這個時間段落中，古老的中國經歷了其開天闢地以來最為驚心動魄的衝撞和變遷。現代化的變遷與受挫構成了整個歷史的中心圖景。希望與失落、亢奮與冷漠、突變與回歸……交織成一幅幅交替顯現的戲劇性場面。千年循環的歷史終於擺脫了「治」、「亂」相替的怪圈纏繞，走向了全球性的現代化浪潮。

現代化變遷，是這一個世紀歷史演化的主軸，也是錯綜複雜現象表層下面蘊含着的歷史底蘊。不過，當我們回過頭來檢視這段歷史，都會承認現代化的目標並沒有在近代中國實現，比起中國幾乎同時起步的鄰國日本，差距是極其明顯的。為什麼中國現代化是這樣的步履艱難，在這一個世紀中，中國的經濟、政治、社會、文化究竟發生了什麼樣的變遷、是什麼因素阻礙了現代化目標的實現？

中國現代化的基本問題

中國現代化的歷史主題

美國比較現代化學者布萊克（Cyril E. Black）指出：在人類歷史中，有三次偉大的革命性轉變。第一次革命性轉變發生在一百萬年以前，原始生命經過億萬年的進化以後出現了人類；第二次革命性轉變是人類從原始狀態進入文明社會；而第三次革命性轉變則是近幾個世紀正在經歷中的事；全世界不同的地

區、不同的民族和不同的國家從農業文明或遊牧文明逐漸過渡到工業文明。[1]

我們將人類歷史上這第三次大轉變理解為現代化。現代化在這裏是一個活生生的動態性觀念，它與現代性有所不同。現代性所指的是這個概念所象徵的工業文明結構中蘊含的各種靜態性要素，而現代化則意味着一種歷史的連續或時間的過程，是一個當代世界仍然在持續着的歷史變遷。

從全球範圍來看，人類的第一、二次大轉變是在各個地域或各個民族相互隔絕、彼此孤立的狀態下個別實現的，而第三次大轉變的情形恰恰相反。由於知識爆炸、科技進步和工業革命所提供的客觀要素，使現代化具有世界性的彌散和擴張性質。它在地球的某一區域首先突破，隨後伴隨着血與火強行擴張到世界的每一個角落、每一個部落。歷史也確實如此。現代化最早是從西歐開始突破，隨後向歐洲腹地及北美擴展，最後又通過殖民化擴散到南美、澳洲、亞洲和非洲廣大地區。由於具有這樣的歷史背景，現代化又被稱為工業化、歐化或西化。在一般的意義上，這些概念是等值的。但現代化較之西化、歐化或工業化這些概念有着更豐富、更深刻的內涵。首先，現代化不是一個簡單的向歐美國家的認同過程，其間必然蘊含着每個國家或民族在各自的歷史文化視野中對現代化的不同價值取向和模式選擇，這就使現代化的道路呈現出某種開放和多元的性格。其次，現代化也不僅僅是生產方式的轉變或工藝技術的進步，它是一個民族在其歷史變遷過程中文明結構的重新塑造，包括經濟、社會、政治、文化諸層面的全方位轉型。

---

1. 布萊克：《現代化的動力：一個比較史的研究》，浙江人民出版社，1989年，1–4頁。

關於現代化發展的一般階段，國外學者有不少理論假説，比較著名的有羅斯托（Walt W. Rostow）提出的經濟成長五階段論和布萊克的現代化發展四階段説。相比較而言，布萊克的假定更具有普遍性。他認為，所有現代化國家都必定面臨以下幾個階段：第一，現代性的挑戰——現代觀念和制度，現代化擁護者的出現，這一切使社會在傳統知識範圍內遇到最初的對抗。第二，現代化領導的穩固——權力從傳統領袖向現代領袖轉移，在這一過程中，尖鋭的革命鬥爭通常可達數代人之久。第三，經濟和社會的轉型——經濟增長和社會變遷達到這一程度：社會從農村和農業為主的生活方式轉向城市和工業為主的生活方式。第四，社會整合——經濟和社會轉型導致整個社會基本結構的轉型。[2]

更概括地説，我們可以將布萊克假説的四個階段分為前後相續的兩大歷史段落：第一階段，在回應現代性挑戰的背景下重建政治共同體；第二階段，實現以經濟起飛為動力的文明結構轉型。那麼，1840–1949年的中國現代化處於什麼樣的階段呢？

我們可以看到，在這一個世紀之中，中國所面臨的形勢是：外部世界的挑戰出現了，西方列強以其軍事的壓力、經濟的強大和文明的優勢逼迫中國開放門戶，加入全球性的現代化浪潮。另一方面，在中國社會母體內部，在經濟、社會、政治、文化各個層面，現代性因素也逐漸萌芽出現了：現代的機器製造、西方的政治法律制度、現代科學技術知識和人文社會科學思潮、人際契約關係、新的社會利益集團（工人階級、資產階級、現代知識階層、城市市民階層、現代職業軍人集

---

2. 布萊克：《現代化的動力：一個比較史的研究》，60頁。

團；現代官僚集團）等。然而，這些現代性的要素只是限於社會發展的某個局部、某個層面，在整體上並未實現相互之間的整合，整個社會在新舊各種因素衝突下顯得零散、分裂、無序。更重要的是，作為經濟起飛必要前提的一個穩定的、現代的政治共同體遲遲未能在制度上得以落實、奠定，中央政權頻頻更替，從清王朝到北洋政府，再到國民黨政府，最後到中華人民共和國成立，平均25年就發生一次政治革命。因此，我們可以這樣說，在1949年之前，中國現代化始終停留在第一階段。實現從傳統領袖向現代領袖的權力轉移，重新配置社會資源，建立一個具有現代化導向的、開放的、穩定的、高效率的政治共同體，為未來的經濟起飛和文明結構全面轉型創造前提，這是1840–1949年整個中國現代化所面臨的歷史主題，也是我們研究這段歷史時所依據的基本出發點。

中國現代化的啟動類型

由於人類第三次革命性轉變所特有的彌散、擴張性質，不同國家現代化的起步時間以及啟動方式各不相同。美國社會學家列維（Marion J. Levy Jr.）將其分為「內源發展者」和「後來者」兩大類型，也就是我們現在一般所說的「早發內生型」與「後發外生型」。前者以英國、法國、美國等國為典型個案，這些國家的現代化早在十六、十七世紀就開始起步，現代化的最初啟動因素都來自本社會內部，是本民族歷史演化的自然結果。後發外生型現代化包括德國、俄國、日本以及廣大的後發展國家，這些國家的現代化大多遲至十九世紀才開始起步，最初的誘發和刺激因素主要源自外部世界的生存挑戰和現代化的示範效應。顯然，中國的現代化也是屬於這一類型。

作為一個後發外生型國家，中國是從十九世紀中葉開始進入由農業文明向現代工業文明轉型的現代化過程的。在這之前，中國歷史呈現出長達兩千多年的以農業文明為基礎的「治」、「亂」循環。金觀濤、劉青峰在他們的研究中提出了中國傳統社會是個「超穩定系統」的假說，認為中國傳統社會是一個宗法一體化結構，它具有兩重調節機制。第一套調節機制在王朝穩定時期起作用，它用強控制保持政治、經濟和意識形態三個子系統互相適應。第二套調節機制是在大動亂時期發生作用，宗法一體化結構為王朝修復提供了範本，大動亂一方面消滅了無組織力量使王朝修復成為可能；另一方面也摧殘了新生的社會萌芽。正是後一重調節機制使傳統中國成為千年循環的「超穩定系統」。[3] 儘管這一頗具影響的理論假說在國內學術界爭論很多，但中國社會兩千年來「治」、「亂」循環卻是不爭的事實。如果沒有1840年的鴉片戰爭中斷了中國的歷史進程，很有可能在未來的幾個世紀中中國仍將繼續循環下去。

也出於對中國歷史的同樣認識，美國已故的著名中國學專家費正清（John K. Fairbank）早在二十世紀五十年代就提出了「衝擊—反應」模式，認為到十九世紀中國在與西方接觸之後，「在社會活動的各個領域，一系列複雜的歷史進程——包括政治的、經濟的、社會的、意識形態的和文化的進程——對古老的程序進行挑戰，展開進攻，削弱它的基礎，乃至把它制服。中國國內的這些進程，是由一個更加強大的外來社會的入侵所推動」。[4]

---

3. 金觀濤：《在歷史的表象背後：對中國封建社會超穩定結構的探索》，四川人民出版社，1984年，162頁。

4. Teng, Ssu-yu and John K. Fairbank, *China's Response to the West: A Documentary Survey, 1839–1923.* Cambridge: Harvard University Press, 1954, p. 1.

費正清的「衝擊—反應」模式曾經長期主宰了國際中國學界，對國內學術界也產生了深刻的影響。根據這一分析模式撰寫的大量研究性成果充分顯示了中國現代化所呈現的後發外生型性質，然而，中國現代化是否是一個簡單的對西方衝擊的回應過程？在其社會變遷過程中，中國社會內部的本土因素是否也起了某種主動的、創造性作用？二十世紀七十年代以來，西方中國學界對費氏的「衝擊—反應」模式個中隱含的「西方中心主義」作了深刻的反省。他們作了大量的研究工作，不是從西方衝擊的角度，而是從中國歷史本身的發展來重新審視1840年以後中國所發生的一系列變化。美國第二代中國學專家柯文（Paul A. Cohen）將這種新的研究趨向概括為「中國中心觀」（China-centered approach）。這一觀照中國現代化的全新視野近年來也在國內學術界越來越受到重視。

實際上，「中國中心觀」的崛起並未全盤否定「衝擊—反應」模式的合理性，只是為觀照中國現代化提供了更全面的思路。十九世紀中葉開始的現代化進程，對於中國來說既是古老的歷史在新世紀的驟然斷裂，又是在以往的傳統中靜悄悄的綿延。事實上，早在鴉片戰爭之前的二百年，西方的宗教和科技對中國的滲透和影響就通過利瑪竇、湯若望等人開始了，而十九世紀上半葉清朝帝國內部的一系列社會動向也為今後的變革提供了歷史和心理的前提，即使在1840年之後，作為歷史象徵的許多社會文化現象，如人口過剩危機、土地兼併嚴重、全國性的農民起義、地方武裝割據、攘外與安內之爭、文化上的激烈反傳統、綱常名教的式微等，在中國漫長的文明史上絕非罕見，從形式和內容來看都只是歷次皇朝更迭或權力轉移過程中必然伴隨的症候而已。我們應該看到，在1840–1949年這一個世紀之中，中國面對的主要問題還不是外部世界的挑戰，而是源自內部的傳統危機。如果在過去，歷史勢必依照延續了兩千

年的自身邏輯消解和克服這些危機，進入又一輪的王朝循環。只是到了十九、二十世紀，當西方的示範展示了另一種迥然不同的發展道路時，中國才對自身歷史的內部挑戰產生了一種多少是變化了的回應方式。這樣，中國歷史的內部因素與西方文明的示範效應疊加在一起，共同制約着中國現代化的反應類型與歷史走向。

柯文正確地指出，將中國問題作分層處理，也許是最恰當的。在外層帶（就地域或文化而言），諸如通商口岸、現代工商業、大眾傳媒、基督教等的出現，確實是西方衝擊的直接產物。在中層帶，像太平天國革命、同治中興、晚清新政、辛亥革命、聯省自治、工農武裝割據等，都不是西方衝擊的直接產物，而是經西方催化或賦予某種形式與方向的古老而又全新的歷史現象。在內層帶，如中國的人口、土地資源、內地和鄉村的宗法關係、風俗習慣、生活方式、底層的騷亂、匪患等，一個世紀以來基本沒有受到西方文明的感染，保持着自己亙古未變的外部標誌與內在象徵。對不同區域、不同層帶問題作不同的理解，有助於接近歷史的真實。[5]

一般而言，當我們說中國現代化的變遷受制於西方示範效應和歷史傳統輻射這雙重變數時，並不意味着贊同「傳統與現代」這樣一種二分法模式。將傳統等同於抗拒、現代理解為發展的觀點是二十世紀六十年代以來西方現代化理論的核心內容之一。在西方中國學界以列文森（Joseph R. Levenson）的著作為代表。這一分析模式與「衝擊—反應」模式一樣，同樣隱含着西方中心主義的意味，將豐富複雜的現代化變遷作了過於簡單

---

5. 柯文：《在中國發現歷史：中國中心觀在美國的興起》，北京中華書局，1989年，40–42頁。

的、形式主義的圖解。事實上，「現代」與「傳統」在歷史發展中扮演的角色和所起的功能是異常複雜的。以現代化而言，這一現實神話固然給人類帶來了物質的繁榮、知識的爆炸和文明的進步，但在其發展的過程中也帶來了一系列的負面效應：社會經濟二元化結構的緊張對峙、政治秩序的混亂、個人安全感的喪失、道德信仰的崩潰、終極價值的消失等。現代化「同時具有創新和破壞作用的過程，它既提供了新的機會，也可能使人類付出混亂和痛苦的極大代價」。[6]

同樣，中國的歷史傳統固然給現代化的發展帶來了眾多負面的抗拒效應，然而我們也應注意到，推動社會變遷的若干要素又是在中國的自身傳統中提煉、轉換而來的，比如在現代化啟動階段，傳統的「經世致用」精神就為推動社會變革起到了非常革命的作用，中國知識分子由來已久的入世傳統也為社會的世俗化提供了精神資源。儒家文化固然難以像新教倫理那樣，自發地產生資本主義精神，然而一旦置身於現代商品經濟中，又會誘發出一種在功能上與新教倫理相類似的儒家資本主義精神，江浙資產階級在工商業中成功的經營活動顯然與中國文化傳統中某些價值資源有關。再如中國傳統社會封建等級制色彩較淡，以理性化的科舉制度所提供的階層流動傳統和普遍成就取向至少在形式上為現代社會提供了合法性證明。總而言之，在西方示範效應與中國歷史遺產這一張力場中，各種要素此消彼長，生死存滅，重新分化組合，形成了錯綜複雜的格局，無論是西學還是傳統，每一要素是否符合「現代性」都有其特殊的語境或邊界條件，一旦超越臨界點，其實際功能就會向反面轉化。因此，當我們在為它們在現代化變遷中的角色功

---

6. 布萊克：《現代化的動力：一個比較史的研究》，24頁。

左衝右突——現代政治激流中的中國知識分子

能定位時，不得不作出更具體的分析，絕非「傳統—現代」這樣的形式主義二分法所能簡單解決的。

中國現代化的運作背景

在1840–1949年這一個世紀中，中國現代化的運作背景是十分嚴酷的，這裏面既有後發展國家普遍的困境，也存在着中國文明獨特的沉重遺產。這些背景大致說來有三個方面。

1. 龐大的人口過剩壓力與自然資源的相對短缺

當中國現代化起步之始，全國的人口基數已突破4億大關。雖然在太平天國革命時期減少了8,000萬人，但到清末又恢復到4億人口的水準。民國以後儘管歷經戰亂、自然災害，人口仍以較大幅度增長。到1949年，已達到5.4億人。[7]

由於龐大的人口壓力，中國的人均自然資源長期處於相對短缺的狀態。維持國計民生的人均糧食產量從十五世紀到二十世紀中葉，長期保持不變或略有增長，最高的年份1936年人均糧食產量僅650斤。[8] 由於在清代全國荒地已基本開拓殆盡，以後的糧食總產量增加只能靠改善耕作技術，提高單位畝產解決。進入二十世紀之後，現代工業部門經濟雖有增長，但到三十年代中期僅佔全國總產值的18.9%，加上第三產業也只有37.1%。[9] 農業仍是國民經濟的主要部門。

---

7. 趙文林、謝淑君：《中國人口史》，第10、11章，北京人民出版社，1988年。

8. 珀金斯：《中國農業的發展（1368–1968年）》，上海譯文出版社，1984年。

9. 吉爾伯特・羅茲曼：《中國的現代化》，上海人民出版社，1989年，415頁。

人口增長是各國現代化過程中的一個普遍現象，在西歐，人口的增長與經濟的起飛在時間上是同步的。但在中國，當現代化發展尚停留在經濟起飛之前的前期階段，就出現了基數可觀的人口劇增，而且全國的自然資源又處於超負荷承載的狀態，農村土地兼併趨勢嚴重，農業過剩勞動力日趨增加，在現存的生產關係不能對之消化的情況下，就會產生局部性的民變、匪患和騷動，再遇上天災人禍，就蔓延為大規模的底層暴動或農民起義，這種人地關係失衡、全國經濟在飢餓與溫飽的臨界點上徘徊擺動，社會安定或動亂受偶然性因素支配的現象，是中國歷史上王朝末年的基本症候，也是改朝換代的時間象徵和社會動員的信號。當中國現代化在這樣的自然歷史背景下起步，其初始條件就較之他國更為苛刻，不僅國計民生的重心始終滯留在應付溫飽上，而且難以擺脫來自社會底層的潛在性的動亂威脅。

2. 亡國滅種的民族生存危機

作為後發外生型國家，中國現代化的啟動從一開始就蒙上了沉重的國難和恥辱，在外國列強軍事、外交、經濟多重壓力之下，民族的獨立、領土的完整和國家的尊嚴始終受到嚴重的挑戰。近代歷史上幾次重大的轉折，從鴉片戰爭、洋務運動、公車上書、辛亥革命，到護國戰爭、五四運動、國民大革命、「一二・九」運動，無不與民族的生存和國家的尊嚴受到外來威脅有關。於是民族主義便成為中國現代化進程中一個十分突出的精神現象。

從嚴格的意義上說，在古代中國從來不曾出現過民族主義的觀念。傳統中國人所認同的只是王朝（國家）或文化（天下），作為界定群體的觀念，並沒有現代意義上的民族國家觀

念。中華民族的邊界是十分模糊的，蠻夷只要在文化或政治上臣服於自己，便可承認其為華夏大家庭中的一員。錢穆先生說過：「中國人常把民族觀念消融在人類觀念裏，也常把國家觀念消融在天下或世界的觀念裏。他們只把民族和國家當作一個文化機體，並不存有狹義的民族觀與狹義的國家觀，民族與國家都只為文化而存在。」[10] 因此古代中國與其說是民族主義的，毋寧說是以文化為中心的普世主義。

只有到了十九世紀下半葉，當西方列強以血與火滌蕩了華夏中心論的古老夢想之後，中國人才被迫以陌生的國際觀念取代了傳統的天下觀念。在國與國之間的交往、對抗之中，對由種族、地理、文化和歷史紐帶聯結在一起的民族共同體逐漸有了自我確認，產生了現代意義上的民族意識。這一過程與西歐的歷史迥然不同。如果說西歐的民族主義在中世紀基督教普世主義背景下，是以確立本民族的文化作為突破口的話，那麼現代中國民族主義的突破口則是在更為殘酷的國際對抗之中，以實現民族救亡、建立現代民族國家為標誌。

在近代中國的社會變遷中，民族主義往往成為現代化的最為有效的社會動員工具，成為凝聚人心、整合社會的意識形態符號。在激烈的政治鬥爭、意識形態鬥爭中，民族主義的旗幟成為各家各派爭奪的對象，誰抓住了它，誰就佔據了領導現代化的精神制高點，掌握了統治中國或改朝換代的合法性資源，清王朝、袁世凱和國民黨合法性的喪失無不與「喪權辱國」有關，而辛亥革命、國民革命和新民主主義革命的旗幟雖然意識形態的表層符號各個不同，但其深層歷史底蘊都是民族主義的同一精神沿續，也就使這些革命獲得了改朝換代的現實合法性。

---

10. 錢穆：《中國文化史導論》，上海三聯書店，1988年，19頁。

民族主義作為一種手段對現代化起到了神魔般的社會動員功能。同時在後發展國家「民族主義常常淹沒了現代化並使之偏離主航道」。[11] 中國的情形也是如此。作為現代意義上的民族主義，主要不是以文化、宗教或人種作為認同符號，而是忠實於自身的民族國家，因而不一定排斥外來的觀念和文化，具有開放的性格，但近代中國崛起的民族主義意識中，由於受到古代中國那種「王朝中國」和「文化中國」的歷史傳統影響，仍然帶有強烈的種族和文化的認同感，尤其當面臨着西方的侵略和壓迫時，就產生了明顯的排外、封閉傾向。中國的民族主義與現代化的關係是異常錯綜複雜的，國家需要自立富強，其中有着順應現代化的性格。另一方面，現代化摧毀了古老中國的歷史傳統，使中國不再成其為中國，仍舊懷存種族或文化認同感的中國人出於民族主義的情感，又對現代化表現出強烈的抗拒與仇視，當民族主義成為各家各派相互攻訐的意識形態符號之後，其實際內涵愈來愈空洞，那種種族的、文化的排他性卻愈來愈強化了。美國著名政治學家白魯恂（Lucian W. Pye）指出：「中國的政治權力從來不掌握在最有學問和最現代化的人手中。在中國大陸，掌握最高政治實權的，大都是來自中國內地的人，當中沒有一個對現代世界有深刻的了解，也沒有一個會說外語。在別的國家，那些最現代化的人往往被公認為民族主義理想的可靠發言人，但在中國他們一般卻被稱為不是真正的『中國人』。」[12] 在強大的亡國滅種壓力下，領導中國現代化的不是那些最具現代目光的人，而是充滿民族意識的人，這就極大阻礙了現代化的發展和現代政治共同體的重建。

---

11. 布萊克：《現代化的動力：一個比較史的研究》，66頁。
12. 白魯恂：〈中國民族主義與現代化〉，《二十一世紀》，總第9期。

3. 政治衰敗、國家四分五裂的亂世局面

無論是西歐，還是俄國、德國、日本，當現代化啟動之時，就出現了一個強大的王權或中央政府，它有力地促進了統一市場的形成和民族國家的新生。在十八世紀到十九世紀上半葉這一百五十年間，清王朝處於最鼎盛的時期，社會秩序穩定，商業、手工業日趨繁榮，整個國家處於中央政權的有效控制之下。這本來是中國現代化啟動的最好時機。可是由於外部挑戰的強度有限和中國文化中心主義所形成的反應麻木、遲鈍和固執，錯過了一個不可多得的歷史機遇。[13]

當十九世紀下半葉現代化真正啟動之時，清王朝卻處於江河日下的政治衰敗之中，已無從扮演領導現代化的軸心角色。中國的傳統秩序是以王權為中樞的政治、社會、文化、道德大一統秩序，而當辛亥革命推倒了王權之後，這一秩序就處於分崩離析之中，政治的權威與權力危機、社會的認同與整合危機、文化道德的失範與脫序危機數症併發，使中國處於前所未有的亂局之中。現代化需要安定、理性和有秩序的環境，但1949年前的中國大部分時間卻處於戰爭、內亂與騷動之下，舊的秩序已被拋棄，新的規範卻未能運作起來，中國的現代化只能在充滿暴力、欺詐和腐敗的無序狀態下蹣跚行進。相比較亡國滅種的外部威脅，傳統的中國內部危機似乎更突出、更強烈，牽制着領導現代化領袖的主要精力。中國之所以比日本對西方挑戰反應遲鈍，「並不僅僅是由於中國社會的性質，同時也是由於中國社會在十九世紀中葉所面臨的很不尋常的歷史環境：內部事務萬分火急，至於西方則可以暫緩一步」。[14] 總而

---

13. 孫立平：〈中國近代史上現代化努力及其失敗原因的動態分析〉，《學習與探索》，第3期，1991年。
14. 柯文：《在中國發現歷史：中國中心觀在美國的興起》，12頁。

言之，國民的基本温飽、民族的獨立生存、社會的統一安定諸問題重疊並存織成了一幅沉重冷峻的灰色背景，整個民族的即時生存成為中國現代化不容回避的焦點所在。為了緩解這一總體性的民族生存危機，為未來的經濟起飛創造前提，首先必須建立一個獨立統一的現代國家，1840–1949年這長達一個多世紀的歷史歲月，中國現代化就是環繞着這一基本主題展開其歷史的演變邏輯的。

政治變遷中權力聚散的歷史循環

從傳統官僚帝國到現代中央集權國家

當現代化啟動之後，為了在變遷的社會中形成統一的全國經濟和政治網絡，加強國家內部的政治整合和社會整合程度，必須建立新的政治共同體。而要達到這一目標，關鍵在於具有立志推進現代化的領袖掌握全國政權，實現從傳統領袖到現代化領袖的權力轉移，進而建立一個具有現代取向、高效有力的中央政府，這是現代化早期的普遍法則。

不過，中國的情形較為特殊。一個國家的政治遺產的差異往往決定了其現代化政治變遷的不同道路。亨廷頓（Samuel P. Huntington）提出，有兩種傳統的政治體制：官僚帝國制與封建等級制，「在一個官僚政體中，權力已經集中，而對這一政體最重要的問題是如何通過官僚機構推行現代化的改革。在封建制或其他權力分散的政體中，革新政策的先決條件是必須集權」。[15]

---

15. 亨廷頓：《變革社會的政治秩序》，華夏出版社，1988年，152頁。

如果説西歐、日本屬於封建等級制的話，那麼傳統中國就是官僚帝國政體的典型之一。從表面來看，從歷史上繼承下來的一整套科層化的官僚制度和中央集權體制，只要實行功能的轉換，重建現代取向，似乎就能現成地用來推進現代化變革。然而，歷史並非那麼邏輯地演繹。相反，當封建化的日本迅速對西方作出反應，建立以天皇為合法象徵的明治維新政府時，中國的官僚帝國上層卻遲遲不願走出任何推進現代化的實際步驟。「在中國，儒家的價值觀和態度阻礙了政治精英轉向改革事業，而一旦他們願意時，權威的集中化又會妨礙和平地同化因現代化而產生的社會集團。」[16]

這一事實意味着從傳統官僚帝國制到現代中央集權科層制之間沒有直接轉換的通道，必須經過集權（傳統）—分權—集權（現代）的過程。也就是説，必須有一個權力與資源分散的小過渡，重建市民社會（civil society），才能實現現代化的啟動，進而重新整合，建立現代中央政權。

在西歐那些早發內生型現代化國家，現代化的啟動是一個在其社會母體內部自然生長的過程，首先在中世紀的城市出現不同於封建制的自然性的市民社會，產生資本主義的生產關係和契約關係。隨後以社會變遷為動力，自下而上地推動上層政治制度的變革，建立民族國家的政治共同體。然而，在傳統中國這樣一個官僚帝國內部，相對於王權之外，的確也有一塊由鄉紳、商人、幫會、行會、宗法組織構成的民間社會，但這種以農業文明為基礎的民間社會是以家長制的宗法血緣或地緣關係為基本網絡的，個人或團體沒有法律意義上的獨立身分，只是龐大宗法關係網中的一個從屬成分，全然不同於那種以商品

---

16. 亨廷頓：《變革社會的政治秩序》，166頁。

市場經濟為背景的、契約性、自主性的現代市民社會。[17]另一方面，由於中國古代的紳士在民間社會與國家權力中一身兼二任，起着溝通、整合社會與國家的功能，因此社會與國家之間有着統一的意識形態——儒家倫理政治，在組織結構上也是高度同構的。在這樣的社會政治背景下，現代化的諸因素既很難在官僚帝國的行政權力中生長出來，也很難在宗法家長制的民間社會中培育。

要在中國這樣的宗法、政治一體化國家實現現代化的啟動，外部世界的文明示範固然是必不可少的，但更重要的是要鬆動僵硬的傳統社會秩序和政治秩序，實現權力、資源的分散化，使得在外來文明推動下，現代化因素得以在底層慢慢地滋長出來，以沿海都市發展為契機，逐漸向廣大內地推動，實現民間社會向市民社會的轉化。

清朝末年是中國現代化啟動之時。從上述的角度而言，十九世紀五六十年代席捲大半個中國的太平天國農民革命為現代化的啟動提供了必要的社會前提和政治前提。這場發生在歷史大轉折年代的舊式農民革命雖然沒有給新社會帶來任何新的現代化因素，卻以其空前的歷史強度和廣度震撼了王朝一體化的集權體制，鬆動了僵硬的社會秩序，使權力和資源逐漸從中央朝廷逐漸分散到地方手中。在曾國藩、李鴻章、左宗棠等初具現代目光的地方官員推動下，現代化的最初反應——洋務運動得以啟動，文明因數得以在沿海城市的經濟和社會關係中發育生長出來。

---

17. 關於市民社會與民間社會的區別，參見王紹光：〈關於「市民社會」的幾點思考〉，《二十一世紀》，總第8期。

當地方現代化推進到一定規模，而外部世界的刺激強度也達到促使皇朝決定改弦更張時，便出現了中央向地方和民間收權、資源集中化的趨向，清末的新政改革就蘊含着這一內容。朝野之間、中央與地方之間衝突的焦點在於現代化發展的不同操作取向：權力與資源由誰掌握？是自上而下、以中央集權的方式實現社會變革，還是自下而上，通過地方和民間的力量推進現代化？作為辛亥革命先聲的保路風潮鮮明地體現了這一不同操作取向的衝突。由於清廷內部始終產生不出一位從傳統中脫穎而出、果斷有力的現代領袖，同時在新政過程中滿清更多地是想擴張中央的權力以保住大清江山和既得利益，而不是進行有效的現代變革，最後導致皇朝新政失敗，地方民間勢力以辛亥革命的形式掌握現代化的領導權。

　　這一權力分配和資源配置的鬥爭在以後的歷史中又重演過多次，而且形成了某種歷史的循環：當地方與民間佔有現代化資源，權力分散到相當程度時，作為效應反彈，就會出現一個強勢政府，努力從事權力資源的聚集化。當面臨來自外國列強、地方勢力和市民社會三方面的挑戰，中央政府為了加強集權的步伐，又來不及實現制度的更新，只能被迫向傳統官僚帝國回歸，從而又喪失了其現代化導向，削弱了統治合法性，最後，在新的社會失控和混亂中，為自下而上起來的革命力量打敗。總體來說，清廷新政、袁世凱強人政治和國民黨黨治都是嘗試現代化權力集中的努力，而辛亥革命、護法戰爭和新民主主義革命又是基於社會底層的對中央權力的抗拒。

市民社會雛形的出現

　　在中國現代化過程中，儘管不斷有權力集中化的努力與趨向，但在大部分的時間裏權力與資源仍然分散在地方與民間之

中，尤其是1915–1927年這12年間，中國的市民社會在政治衰敗與軍閥混戰的背景下，得到了長足的發展，現代化的推進也是歷史上最快的時期。

在這12年中，在中國的權力系統中，出現了一個權威與權力的雙重真空時期。袁世凱強人政治結束之後，北洋軍閥分裂為皖、直、奉諸派系，北京政府如同走馬燈般亂哄哄你方唱罷我登場，各省政治也頻頻發生變局，中國政治一直處於動盪不定狀態。各派軍事勢力與政治勢力忙於進行軍事內戰，搶奪地盤，搶奪中央政權，無暇顧及社會經濟文化層面的事務。由來已久的大一統政治控制降到歷史上最低點。北京政府對經濟的控制由於政治的衰敗也日趨式微，從滿清政府手中接管而來的官辦企業難以維持，對官商合辦企業也處於失控狀態。享有國家銀行特權的中國銀行和交通銀行政府控制愈來愈弱，商辦傾向愈來愈強。[18] 所有這一切都為社會底層現代化的自發發展提供了一個客觀的政治環境。

在這段政治上最黑暗、最混亂的年月中，民間的資本主義卻有了長足的發展。據統計，從1921年到1927年間，中國歷年所設創辦資本額在1萬元以上的工礦企業總數約1,984家，創辦資本總額約4.5895億元，這二者數字都超過了從1840年到1911年72年總和的一倍以上。[19] 民間產業資本的這種高速發展和增長固然受益於第一次世界大戰期間西方列強經濟壓力的減弱，更重要的是在這段時期國內市場擴大，產業資本增加，企業家普遍重視新技術、新裝備的運用和生產管理水準的提高。政治的混亂固

---

18. 杜恂誠：《民族資本主義與舊中國政府（1840–1937）》，第2章第3節，上海社會科學院出版社，1991年。

19. 同上，第2章第1節。

然帶來連綿不絕的戰亂，但以上海為中心的沿海工業區卻未直接受到戰禍的影響，得以在相對偏安的環境下自發地發展。

在這種資本主義經濟發展的背景下，一個相對獨立的現代資產階級也就日趨成熟了。作為一個成熟的階級，其主要標誌之一就是組織化程度的提高。在辛亥革命之後，中國曾出現過一個組建實業團體的高潮。1912年統計全國華商商會有794個。1914年北洋政府頒佈的《商會法》明確規定商會為獨立的法人，是商人自己的「合群組織」。到1919年，全國商會實存數已增加到1,238個，商會在地域上的覆蓋面擴大了，各地商會的實力也因資本主義工商業的發展而增強了。[20]

作為市民社會標誌之一的工商團體不僅數量增多了，更重要的是其社會功能和組織規範發生了變化，從原來的封建色彩較為濃郁的行會轉變為初步具有現代色彩的同業團體，這種體制的轉型大多發生在我們所論述的這段時期。最具有歷史意義的是1920年在全國執牛耳的上海總商會改組，一批具有強烈創新意識的新一代資產階級被選入商會領導層，取代了原有的紳商領導體制。他們在推進新思潮發展，振興國貨工業，開拓國內外市場方面發揮了一系列作用。各地商會不僅在工商界起着舉足輕重的組織作用，而且在政治衰敗的情形下對地方事務的發言權分量愈來愈大。作為領袖群倫的上海總商會面對軍閥混戰的格局，政治參與的意識相當強烈，多次向全國發出通電，提出自己的政治主張，1922年年底發起組織裁兵制憲理財委員會，還通電呼籲全國各金融機關一致拒絕北洋政府的一切公債；到曹錕發動北京政變時，又在社會各界擁戴下，領頭組織

---

20. 杜恂誠：《民族資本主義與舊中國政府（1840–1937）》，154頁；另參閱李新、李宗一：《中華民國史》，第2編第1卷上冊，北京中華書局，1987年，371–372頁。

了民治委員會，宣佈與中央政府斷絕關係，由「商人政府」負責國家外交、管理財政、解決國內一切糾紛，臨督各省行政，依法重新組織國會。雖然這一「商人政府」最後陷於流產，卻表明了市民社會的政治參與程度。

在這段時期裏，與城市資產階級同時崛起的，還有城市現代知識階層。隨着社會分工的日益現代化，在沿海都市出現了一批自由職業者，包括教師、作家、學者、自由撰稿人、新聞記者、出版家、律師、醫生等。他們構成了一個與傳統社會士大夫迥然不同的社會階層。這些在社會中最具現代意識的知識分子活躍在社會的各個層面，也開始以專業的形式得以組織化，如教育會、律師公會、報界聯合會、各種文學團體等。這些中間組織在政治處於衰敗的時期與商會一樣，在決定地方事務和公共決策中，同樣扮演着重要的作用。像由上海的上層士紳與現代知識分子掌權的江蘇省教育會不僅對於決定上海與江蘇的地方教育事務，而且在決定地方事務、乃至國事方面，都發揮着獨特的作用。知識階層與資產階級在一些重大國事上已經有了初步的聯繫行動，如1920年在上海總商會會長聶雲台與江蘇省教育會會長黃炎培共同主持下，商教兩界召開聯席會議，發起了八團體國是會議，制定憲法草案，對國是大計直接提出了自己的主張。

市民社會的一個重要標誌是大眾傳媒的發展和公共領域的出現。民國之後，全國的報紙和雜誌發行量幾乎呈直線上升之勢，據戈公振統計，全國郵遞報紙的投遞數，民國元年（1912年）為3,716萬份，1915年為3,922萬份，到1924年已達到1.3746億份。[21] 報紙品質也在提高，許多大報都設立了社評版，對國事與地方事務試圖發揮輿論監督的作用。

---

21. 戈公振：《中國報學史》，北京商務印書館，1928年，241頁。

在1915–1927年間，也是中國近代學術文化最繁榮的時期。北洋軍閥一方面忙於爭奪政治上的合法性；另一方面自身也缺乏最起碼的意識形態導向，因此對文化層面干預和控制能力相對比較弱。整個五四新文化運動時期和以後的二十世紀二十年代，西方各種新思潮大量被介紹入中國，中國文壇上出現了一個多元化的、開放的自由爭鳴環境，無論是激進的馬克思主義，還是溫和的自由主義，甚至保守的國學思潮，都可以在中國自由討論，互相爭鳴，中國的現代文化、現代學術就是在這樣的背景下產生的，由於有這樣一個文化學術氛圍鋪墊，到三十年代出現了中國現代學術史、文化史上的高潮，誕生了一批劃時代的文學作品和學術著作。

總而言之，在1915–1927年間，以可觀的資本主義經濟增長為動力，在沿海都市一帶已出現了一個現代市民社會的雛形：作為這一社會的主體中產階級與知識階層崛起，以大眾傳媒為中心的公共領域的出現，契約關聯式的現代人際關係在大都市的逐步展開，一大批社會團體、職業團體這些中間組織的社會作用日益廣泛。

不過對這段時期市民社會的發展，估計也不能太高，充其量也只是局部的雛形而已。這是因為，第一，在市民社會內部，無論是經濟層面，還是文化生活層面，還遠遠沒有形成統一的秩序和規範，契約性關係還剛剛開始發展，局部雖然已有一定的規範可循，然而整個社會仍然處於失範的狀態，尤其是那些新秩序、新規範缺乏法律制度的保障，顯得更加脆弱。第二，社會各個層面的中間組織雖然有了很大的發展，在社會公共決策中也發揮了一定的功能。但這些功能同樣缺乏制度化的保障，進而不能真正地影響實際社會和政治事務。另外，這些中間組織雖然已具備現代色彩，但在實際運作中仍然殘留着大量古代民間社會家長制、宗法制特

徵。第三，市民社會的出現僅僅限於少數沿海大都市中，還來不及向內地和農村推進和擴張。由於政治的衰敗和傳統社會文化秩序的解體在廣大內地和農村大量傳統的無組織力量正在迅速蔓延，即使在城市，像幫會這樣傳統的民間社會組織也幾乎與新的現代社會團體同步增長。

總而言之，由於國家的衰敗和政治的四分五裂，不能給市民社會的發展提供可靠的法律保障，社會與國家之間既不可能產生良性的互動循環，也未發展成互相對抗，而是處於某種隔膜狀態。正是這種隔膜，一方面使現代化得以在社會底層迅速推進，另一方面又在更深的層次上阻礙了其進一步的發展。

在這樣的背景下，建立統一的國內市場，建立穩定的社會秩序和政治共同體，成為眾多現代化擁護者共同的要求。他們不再寄希望於社會和民間的分層改良，而是期待着從改造政治入手，找到根本解決中國問題全盤方案，通過建立一個廉潔有效的中央集權政府，實現全國的政治整合與社會整合。於是，借助於一場國民大革命，全能主義（totalism）政治就應運而生了。

全能主義政治的失敗

全能主義政治是一種政治系統的權力可以不受限制地侵入和控制社會每一層面和每一階層的政治制度。正如美國中國學者鄒讜所指出的：「中國的社會革命與全能主義政治的共同淵源是二十世紀初期面臨的全面危機。社會革命是克服全面危機的一種對策，並且從事社會革命就必須用全能主義政治為手段……只有先建立一個強有力的政治機構或政黨，然後用它的政治力量、組織方法，深入和控制每一個階級、每一個領域，

才能改造或重建社會國家和各個領域的組織與制度，才能解決問題，克服全面危機。」[22] 針對民國初年的政治混亂和社會失序，國民黨借鑒俄國布爾什維克黨革命的成功經驗，以民族主義的意識形態符號為號召，在蘇聯顧問和共產黨的有效協助下，通過革命黨這一嚴密、高效的組織系統滲透到社會基層，將農民、工人以及其他城鄉平民都動員起來，參與一場社會大革命——國民革命和北伐戰爭，1927年在南京建立了國民政府。國民政府通過高度動員的政治體系進行社會整合，建立以黨治為核心的政治霸權秩序，不僅是社會的中心部分，而且其邊緣地帶也被調動起來，企圖以此克服民國初年以來一直存在的權威危機和權力危機。

應該説，二十世紀三十年代國民政府在這一目標上取得了部分成功。在克服權威危機方面，國民黨以三民主義為意識形態的統攝符號，強化政權的道統資源，同時沿承孫中山的「軍政、訓政、憲政」三程序説，在訓政期間由國民黨代替國民治理國家，將軍事合法性與現代合法性結合起來，實現了北洋政府所一直沒有完成的權威的理性化、世俗化轉移。國民政府在城市擴大了自己的合法性資源，一批技術專家與知識分子被吸收進各級科層組織。在克服權力危機方面，國民政府通過軍事和政治的兩手將權力與資源逐漸從地方收歸到中央，加強中央集權的凝聚力，尤其是蔣介石作為國民黨領袖的權力中樞地位。另外在清黨分共之後，國民黨割斷了自己與社會革命的聯繫，政治權力自上而下滲透、擴張到民間社會的各個層面，一度相當活躍的中產階級和知識群體的活動受到嚴格限制，商

---

22. 鄒讜：〈中國20世紀政治與西方政治學〉，《思想家：跨世紀探險》，華東化工學院出版社，1989年，19頁。

會、工會等中間組織名義上還具有法人地位，但在國民黨與政府間接或直接的控制干預下，已失卻了對公共決策的影響力和支配權。

我們已經知道，在現代化政治發展的早期水準上，當權力的分散實現了摧毀傳統政治秩序的使命之後，必須不失時機地使權力重新凝聚化，建立具有現代導向的、高效有力的中央政府。從這個意義而言，全能主義政治在二十世紀中國的出現不無其歷史的合理性。然而權力的集中並非政治發展的終極目標，亨廷頓指出：「由於革新政策所引起的社會和經濟變化，將導致新集團要求進入政治體系並要求擴大體系的容量。在第三階段，即現代化後期，體系的擴大將可能促成體系中權力的重新分散。」[23] 這就是說，全能主義政治只是政治發展的一個過渡階段，隨着社會革命的成功和社會經濟結構的變遷，它必須逐步退出社會領域，縮小政治控制的力量和範圍，同時擴大政治參與，將被社會發展動員起來的各種利益群體容納進制度化的政治體系之內。這也是孫中山從訓政過渡到憲政的基本政治理想。

然而，國民黨的全能主義政治卻在權力的凝聚與分散兩個層面同時犯了錯誤。首先，在國民政府統治大陸的22年中，其行政權力的集中化、分層化、制度化始終沒有徹底實現。國民政府的合法性權威長期面臨着嚴峻挑戰，起先是國民黨內部的地方軍事割據勢力，隨之是來自日本的大規模的入侵，最後是中共的武裝革命運動。許多歷史學家共同認為，國民政府的真正版圖，不出長江下游一帶，其他各省只是「奉國民黨正朔」

---

23. 亨廷頓：《變革社會中的政治秩序》，142頁。

而已。[24] 由於國民政府更偏重於從地方收繳權力，而不注意決策的分層化，因而在中央能夠控制的權力網絡中，大小決策過於集中於行政中樞，尤其是蔣介石個人手中，造成底下各層權力普遍性的效率匱乏。同時，儘管立法與行政機構制訂了大量法律與行政規範，形成了整套書面的制度化系列，但在中國權力運作實際過程中起真正作用的，仍是兩千年遺傳下來的、帶有濃郁宗法血緣關係的「習慣法」，這種因人而異的、隨意性極強的人治傳統極大地阻礙了現代行政機構中形成理性原則的確立，使國民政府的制度化一直徘徊在低水準狀態。而身負執政使命的國民黨既不能實現向現代法理型政黨的結構轉變，又喪失了「革命黨」所必須具備的基本要素，在意識形態內聚功能減弱、組織結構渙散和政治權力既無內部制衡又無社會監督的情形下，逐漸趨向腐敗低能，喪失了領導現代化的政治功能，最後到二十世紀四十年代末期，由於受到體制內外各種政治力量的挑戰，權力系統處於半癱瘓局面。

當國民政府在本應集權的行政層面無力支配權力時，卻在本應分權的社會層面強化了政治對社會的控制，這使得民間社會嚴重萎縮，政治系統過於膨脹，現代化的資源配置出現大幅度的失衡，被剝奪殆盡的民間社會失去了推進現代化的基本動力，而控制了主要資源的政治權力又忙於應付合法性危機，無暇承擔現代化的使命。更重要的是，被民族主義和現代經濟社會發展而動員起來的新老社會利益集團，在高度一體化的政治體制中缺乏表達自身利益要求的合法性管道，也難以找到可靠固定的集團代言人，於是，就發生了間歇性的「參與爆炸」。清末的辛亥革命是一次，1915年底的護法戰爭是一次，而到

---

24. 王克文：〈史家眼中的國民黨中國〉，美國《知識分子》，1985年春季號。

四十年代下半葉則是一次更大規模的「參與爆炸」。對國民黨全能主義政治懷有不滿的各種利益集團，以種種溫和的或暴力的方式強行參與國家的公共決策，開成了一次新的社會革命。

　　當全能主義政治走向衰敗，社會多方面功能失調，任何改良都無濟於事，而一切危機似乎又集中於政治層面時，就會出現這樣的改朝換代革命，出現「根本解決」的社會期望，希冀以全能主義的革命推翻全能主義的暴政。從國民大革命到解放戰爭，中國的政治變遷走了一個大圓圈，而這一不自覺的歷史法則註定要依循自身的邏輯繼續演繹下去，形成中國政治發展的歷史循環。

中國現代化的動力群體

傳統社會階層的衰落

　　現代化的過程不是一個自發的自然過程，而是在一定的社會關係裏，借助一定的群體互動而實現的。現代化是一個社會資源與群體利益再分配的過程，社會各階層在現代化變遷中扮演的角色勢必是不同的。

　　在前現代化中國，就分化的獨立性而言，主要存在着三大社會階層：官僚階層、士紳階層與農民階層。中央王權借助官僚階層維持着一個龐大的統一的中華帝國，士紳階層在底層維持地方的治安與教化，而農民階層向帝國交賦納稅。中國各階層之間具有開放的性質，通過科舉制度，農民在理論上可以躋身於士紳階層，而取得功名的士紳入仕之後成為官僚帝國中的一員，官員告老還鄉之後又重新復歸於地方士紳行列，如此構成一種井然流動的社會關係。

十九世紀以後中國社會劇烈的變遷使原來的社會關係和制度體系承受了猛烈的動盪。1905年科舉制度的廢除是一個「新舊中國的分水嶺」，「隨着朝廷宣佈結束中國的科舉制度，舊社會主要的大一統的制度被廢除了。科舉制度曾經是聯繫中國傳統的社會動力和政治動力的紐帶，是維持儒家學說在中國的正統地位的有效手段，是攫取特權和向上爬的階梯，它構成了中國社會思想的模式，由於它被廢除，整個社會喪失了它特有的制度體系。」[25] 受科舉制度廢除影響最大的是原來的社會精英：紳士階層與官僚階層。

　　由於通向上層特權的途徑被切斷，地方士紳們失去了晉身的希望和政治的屏障，新式教育的流行，城市新興精英集團的崛起，使他們原來的社會名望大大下降，整個士紳階層在二十世紀初急劇衰落。他們為了尋求新的出路，只能流入城市，接受西化教育，從事新式職業。而留在鄉村的那部分沒落士紳，正如費正清所分析的，已失去了往日的整合功能，「在軍閥統治下，地方行政同農民生活情況一齊惡化。地主統治階級不再是全國最上層的士紳，不再受孔孟之道以天下為己任的訓誨，他們變得甚至比以往更加狹隘自私。」[26] 農村士紳階層因現代的變遷而大受其害，又遲遲不能適應時勢，因而自始至終是現代化的天然仇敵。

　　作為統治集團的官僚階層也因科舉制度的廢止而失卻了制度化的來源和價值信仰基礎。穩定的制度體系被打破了，卻沒有一個新的規範可以代替它，人們可以通過各種合法、半合法

<hr>

25. 吉爾伯特·羅茲曼：《中國的現代化》，338–339頁。
26. 費正清：《美國與中國》，北京商務印書館，1987年，193頁。

或非法的途徑進入權力精英階層，官僚素質參差不齊、良莠並存。民國之後，雖然一大批具有現代教育背景的知識分子補充進文官隊伍，但是官員的遴選、升遷和考銓仍未嚴格按照成就標準進行，而血緣與地緣關係成為官僚系統中拉幫結派的主要紐帶。更重要的是，這一階層缺乏有眼光、有魄力、有能力的政治領袖的統帥，因而他們沒能成為現代化的中堅力量。

崛起的三大現代精英階層

當傳統社會精英走向衰敗之時，新的精英階層卻應運而生。隨着工商部門與自由職業的出現和清末軍事改革，從二十世紀初開始出現了三大新興精英階層：知識階層、工商階層與軍人階層。他們與原來的三大社會階層一起，構成了左右中國現代化格局和走向的動力群體。

知識階層乃是指具有現代教育背景的、從事抽象符號系統創造、傳播和使用的自由職業群體，包括文學家、藝術家、自然科學家、人文學者、教師、編輯、記者等。最早的一代人是從傳統士紳階層中脫胎、分化而來，如梁啟超、蔡元培等，以後便與後者失去了精神和現實的聯繫，而且彼此之間的隔膜與對立愈來愈大。知識階層大都雲集在沿海大城市裏，與現代化的都市生活息息相關。他們是社會各階層中受西學影響最深，對現實感覺最敏銳的群體，也最富於浪漫主義氣質和烏托邦理想，因而他們總是天然地傾向於社會變革，而且扮演最為激進的角色。在中國，知識階層是現代化的鼓吹和發動者，歷次革命與變革都是由知識階層這部分或那部分精英集團倡導的。然而，知識階層也是一個最為分裂、渙散的社會群體，它不再有傳統士紳那種以科舉制度為中軸的「固定團體格式」，也沒有共同的經濟基礎或職業基礎，因而其內部就按照各自所認同的

不同價值觀念、政治信仰、知識系統分化成種種隔離甚至對立的文化政治集團，在現代化的發展取向上爭論不休，各行其道，這又削弱了知識階層作為一個整體影響現代化的現實功能，最後往往成為其所鼓吹的政治革命或社會改革的犧牲品，成為邊緣化的社會群體。

沿海工業化的發展，現代工業部門的出現，造就了一個與資本主義生產方式相聯繫的工商階層。它與知識階層一樣，最初也是從傳統士紳中分化出來的。誠如法國學者巴斯蒂（Marianne Bastid-Bruguière）所說：「像張謇等士紳文人在中國甲午戰爭以後突然開始投資辦現代企業，主要是出於政治和思想動機。他們的行動是由於在思想上改變了信仰或者受其他思想感染所致。只是在1905到1911年中國工業出現之後，利潤的誘惑才佔上風，經濟收益才變成主要動機。中國的資本主義長期以來具有某種出於自願的理想主義的特點。」[27]在二十世紀的頭一個十年中期到三十年代中期，中國的私人資本主義有了長足的發展，工商階層也因經濟實力的膨脹，在社會政治生活中變得更具發言權。他們通過商會組織聚集起來，一度形成多少獨立於政治中心的「工商社會」。中產階級是現代經濟發展的最大得益者，他們歡迎、贊同和推進有秩序的政治變革，但拒斥劇烈的社會革命。因此，他們與保守的官僚階層和激進的知識階層都保持着若即若離、有同有異的微妙關係。到三十年代中葉之後，由於經濟衰退和國民政府對工商社會的行政控制和經濟干預，工商階層作為一個獨立的社會力量的政治功能消失了，變得更加依附於政府，到四十年代更受到戰爭的毀滅性摧殘與國家資本主義的

---

27. 費正清編：《劍橋中國晚清史》下卷，中國社會科學出版社，1985年，154頁。

排斥，工商階層竟然未老先衰，與傳統的士紳一樣趨於沒落，這不能不説是中國現代化發展的重大不幸。

晚清時期由於政治的衰敗和內外戰爭的需要，地方上出現了幾個大的軍事集團，如曾國藩的湘軍、李鴻章的淮軍等，以後隨着軍事學堂的興辦，又在全國範圍內按照「西式訓練」編練新軍，由此崛起了一個嶄露頭角的軍人階層。自宋代之後中國一向有重文官抑武將的歷史傳統，在官僚政治制度下軍人不過是屈從於文官的單純職業集團。但在清末，一方面科舉制度的廢除使社會晉身失去了合法途徑；另一方面，行伍出身的人出任中央或地方文職官員的道路成為現實。軍人的社會威望和吸引力大為增加，尤其是辛亥革命之後，軍人成為社會舉足輕重的決定性政治力量。軍人第一次在政治系統中壓倒了文官，「在後繼政府新創建的部門中，受過專業技能訓練的官員日益受到軍事領導中權威的排擠。組織得最嚴密並擁有最雄厚資金的職業軍官，顯然是在嚴酷環境中爭權奪利所需的最重要的力量。在很大的程度上，他們的軍隊填補了中國的組織真空，然而在某種意義上卻與中國合法的文官統治的傳統發生衝突。」[28]由於軍官大多受過現代軍事教育，組織嚴密，社會整合能力強，因而在社會失範的二十世紀上半葉的中國往往扮演了重建政治秩序的強有力角色。但同時不同利益的軍事集團相互之間連綿不絕的戰爭，又是社會秩序最大的破壞者。軍人在現代化過程中實際地位之重要，遠遠超過其他階層，但他們在自己的專業領域之外卻缺乏更深邃、更廣闊的現代化目光，而且對獨佔權力資源過分迷戀，拒絕其他社會利益群體的參與，因而軍人階層在中國時常成為社會變遷的抗拒力量。

---

28. 吉爾伯特・羅茲曼：《中國的現代化》，462頁。

從上述的分析可以得出結論：傳統的精英集團士紳階層與官僚階層在現代化變遷過程中走向衰落或失勢，而新興的三大精英集團中，軍人階層最具社會整合能力，又實際佔據權力中心，但缺乏現代化的明確導向；工商階層一度生氣勃勃，活躍於民間社會，但是終受到政治權力的控制而趨於無能；知識階層在長達一個半世紀的歲月中獨撐孤舟，不知疲倦地鼓吹和倡導社會變革，成為現代化的主要推進者。這一獨特的歷史現象十分意味深長，極大影響了中國現代化的基本面貌和最終結局。從啟動現代化的動力群體來看，西歐是屬於資產階級主導型，日本屬於政府官員主導型，南美（二十世紀六七十年代）一些國家屬於現代軍官主導型，中國則可稱之為知識分子主導型。由於知識分子天然是觀念人物而非行動人物，天然是思想多歧的分裂群體，而非行動一致的整合群體，天然具有浪漫主義的烏托邦傾向而非冷靜務實的政治謀略，因而在知識分子導演之下，中國的現代化就比其他國家的現代化多一層跌宕起伏的戲劇色彩。正如孫立平所說：「在近百年後的今天，在人們回顧這些功不可沒的現代化努力的時候，也往往只能追憶起那令人激動不已的慷慨陳詞，而很少能數得出幾種政權與制度建設的成果。」[29] 由於現代化的努力僅僅徘徊於觀念的鼓蕩而不能落實於制度層面的布新，其歷史結局不能不是悲劇性的。

二元社會傳統與農民革命

在我們上述的分析中故意暫時隱去了中國社會中人數最多、潛在社會能量最大的集團——農民階層，事實上，當政治秩序合法穩定，社會資源配置過程相對制度化時，農民階層是

---

29. 孫立平：〈中國近代史上現代化努力及其失敗原因的動態分析〉，《學習與探索》，第3期，1991年。

一直作為精英集團所活躍的歷史背後的巨大幕景而存在的。然而到了王朝末年或混亂年代，當整個社會協調機制癱瘓，國家生活上上下下多功能失調的時候，擁有巨大人口資源和爆發能量的農民就有可能在精英人物的導引下從幕後走向前台，從邊緣進入中心，演出一幕氣勢磅礴的改朝換代史劇。整個十九世紀和二十世紀上半葉就是這樣一個醞釀過程。

在中國現代化過程中，有一個異常突出的社會現象，這就是城市與鄉村、沿海與腹地對峙的社會經濟文化二元化結構。十九世紀中葉之後，中國的歷史不僅在時間上、而且在空間上也發生了斷裂。

在前現代化的中國，無論是城市還是鄉村，基本是官府與士紳共同控制社會的統治格局。在廣大鄉村，自給性的小農經濟佔主導地位，商業經濟到明清時期在城市有相當的發展，但只是自然經濟的補充，難以與後者相抗衡。中國的城市從來不具有歐洲中世紀城市那種獨立於鄉村的自主性質，城市作為官僚帝國的各級行政中心，是官僚和士紳的集中居住地，商業不能擺脫士紳與官府的控制而獨立發展，許多大商人同時也是退職的官僚或擁有田產的鄉紳。城市與鄉村、市民與鄉民、商人與士紳具有難以割捨的社會經濟聯繫，其社會心理、風俗習慣雖有差異，卻有着文化上共通的一致性。

十九世紀中葉開始的對外部世界的開放，使中國第一次有了沿海與腹地的概念分野與實質割裂。從此，沿海地帶尤其是沿海或長江沿岸城市從古老的傳統經濟中剝離下來，開始了自己孤立的現代發展，並且形成了與腹地相對立的沿海地區特色：第一，在物質和文化上都直接置於西方的示範效應之下；第二，經濟以現代商業和現代工業為主軸；第三，文化上向工商社會的價值觀念遷移，第四，租界的存在使行政和司法具有

中國與西方的雙重主權和標準；第五，具有面向世界的全方位開放性質。[30]

　　這些沿海城市在傳統的汪洋大海中猶如一個個兀立的孤島，人們期望這些孤島上的現代性因素能夠向傳統的腹地擴張傳播，產生「擴散效應」，用現代化的「中心」帶動傳統的「邊緣」；以期望現代化成為一種全國性的整體進程。然而，隨着社會經濟的發展，現代化地區與傳統地區不僅沒有形成相互聯繫、相互促進的關係，反而呈現出彼此封閉和排斥的格局，而且出現了一種令人驚異的「倒流效應」：「在現代化的過程中，落後的傳統地區的勞動力、資本、企業、權力、基礎設施等為現代化所需要的因素，往往會被吸收到現代化的發達地區去。於是，一種兩極化的現象出現了，似乎在現代地區和部門變得越來越現代的同時，傳統的地區和部門卻變得越『傳統』和落後。這就是人們通常所說的『二元結構』。」[31]

　　在現代化發展的早期，工業經濟為了加速資本原始積累，鄉村對城市的「倒流效應」是一普遍的歷史現象，但在中國，它遠遠超出了經濟的性質，成為社會政治總危機爆發的先兆。如前文所說，中國的農村人口過剩與自然資源短缺往往是王朝末年社會動亂的基本背景，農村問題始終是中國發展的中心問題。然而，中國現代化推進者們，從知識分子到中產階級，乃至政治領袖，大多將現代化的希望放在幾個大城市，放在沿海地帶，獨獨忽略了廣大腹地和鄉村，而那裏人與土地的自然關係沒有得以改進，糧食產量在自然經濟條件下到達增長的極限，以土地佔有和使用為核心的所有制，財產關係也維持原來

30. 柯文：《在中國發現歷史》，144–145頁。
31. 孫立平：〈後發外生型現代化模式分析〉，《中國社會科學》，第2期，1991年。

的格局，而且在商品經濟的滲透影響下，農村又加速了貧富兩極分化，大量無土地的農民掙扎在飢餓線上，一遇天災人禍，就會轉變為大規模的底層騷亂。綠色的農村成為社會動亂的溫床。這一切顯示着中國迫切需要一場「綠色革命」。一場包括土地改革在內的農村變動。

亨廷頓指出：「在某種程度上講，現代化中國政府的穩定取決於它進行農村改革的能力」，「農村的角色是可變的：它或是充當穩定的源泉，或是充當革命的源泉」，「一旦農村充當反對派的角色，政治體系和政府就都有被顛覆的危險」。[32]然而，從晚清政府、北洋政府直至國民黨政府，都窮於應付來自各方面的合法性挑戰，而無暇顧及農村問題。國民黨的意識形態和建國綱領中雖然包含土地改革的目標，卻遲遲未能進行有效的實際推進，只能聽憑農村危機日益坐大，將渴望土地的農民推到反叛的角色。

不過，農村是否充當革命的源泉，還將取決於政權對鄉村控制的強弱與農民被政治動員的程度這兩個變數。關於鄉村的控制，傳統中國的行政權力只抵達縣一級，縣以下基本由地方士紳或宗族大戶維持秩序、推行教化。然而，1905年科舉制度的廢除割斷了鄉村士紳與官僚階層制度上的紐帶，鄉紳及其子弟要繼續充當社會精英，只有進入城市接受新式教育。這種農村精英向城市的流動是「倒流效應」的最嚴重一環，他們一旦在城市裏接受了新的知識和價值觀念，擠入了城市上流社會，就不再願意回到農村，甚至與農村在感情上、觀念上格格不入。農村精英向城市的大量流失造成鄉村士紳品質蛻化，豪強、惡霸、痞子一類邊緣人物開始佔據底層權力的中心。原先

---

32. 亨廷頓：《變革社會中的政治秩序》，285、365頁。

多少存在的宗法互助關係蕩然無存，鄉村社會關係惡化，階級衝突加劇。到國民黨統治時期，行政權力在農村由縣下沉到區、鄉、鎮一級，但由於農村精英的流失，政權對農村底層的控制反而更加微弱，其對農民的職能只是徵糧徵賦徵丁，這又加劇了農民與政權的緊張與對抗，而正如巴林頓·摩爾（Barrington Moore Jr.）所説：當「農民社會與上層階級在制度上的聯繫過於脆弱，以及這種關係具有剝削性特徵」的時候，就會引發農民起義。[33] 幾億農民負擔了功能日益膨脹的政府攤派下來的沉重賦税，不僅享受不到社會變化的益處，反而成為現代化的最大受害者，而政權與土紳對鄉村秩序控制的減弱，又使他們失去了原來的安全感。經濟的貧困化、農村階級關係的緊張迫使無地農民鋌而走險，社會底層日積月累的無序騷亂等待着一個歷史的噴火口。

行政權力與農村精英對底層社會控制的弱化，使得在國家權力與底層社會之間出現一個權力的真空地帶，而這個地帶的控制功能原先是由士紳承擔的，如今一旦士紳退出之後，國家權力又沒有及時地填補進去，而為一些豪強惡霸、痞子所充斥，這樣農村的階級矛盾便日益尖鋭。

然而，農民由於其封閉和分散的性質並不能自發地形成歷史運動，只能由社會精英人物動員、組織他們。在1927年受到嚴重挫傷的中國共產黨人，總結了歷史教訓，從城市轉移到鄉村，從沿海深入到腹地，從政治的中心潛入邊緣地帶，從知識群體來到農民中間，以其簡潔明瞭的口號動員農民，實施革命性的土地改革。當農民朦朧的對土地的渴望被提升為改造歷史的自覺意識，就會產生驚天動地的改朝換代力量。歷史被顛倒

---

33. 巴林頓·摩爾：《民主和專制的社會起源》，華夏出版社，1987年，387頁。

過來了，佔據政治舞台中心的農民們以自己的方式重建國家，建構現代化的中國圖式。這一切對中國現代化的歷史走向產生了深遠的影響。

費正清指出：「中國沿海只是一條導致變革的管道，事實上，它引出了某種它自身無法完成的任務。在古老的農業—官僚中國存在着一種造反的傳統。」「在前述背景下，毛澤東此後的任務就在於，如何清除『現代化』中國的內陸傳統，即中國腹地的農業—官僚定義或地區—商業定義的秩序。」[34] 中國現代化精英企圖繞開農村問題，以城市擴散效應調動邊緣地帶，結果不僅沒有繞開，反而被其所纏繞，城市被迫向農村認同。邊緣地帶戲劇般地中心化。一個在現代化變遷過程中嚴重脫節的國度，最終以農村包圍城市、腹地戰勝沿海的模式實現了社會整合。

現代化變遷中的思想危機

中國思想危機的內在理路

在中國現代化過程中，有一個令人矚目的現象，這就是從文化認同到價值意義、意識形態的全方位思想危機。現代化的變遷自然包含着文化層面的結構轉換，然而出現如此深刻的思想危機卻在世界文明史堪稱罕見。固然中國屬於後發外生型現代化國家，外來西學的衝擊是造成中國文化解體，產生價值失範的一個原因，傳統社會結構的瓦解，普遍王權的失落亦可作為思想危機的社會政治背景來分析。然而這些外緣性動因在其他後發展國家的現代化進程中也曾普遍出現過，但未導致中國

---

34. 費正清：《劍橋中華民國史》第1部，上海人民出版社，1983年，30–31頁。

式的全面思想危機。像日本通過對神道和儒學這些傳統價值的重新闡釋，在其中發掘出了支撐日本現代化精神的本土資源，最終以「和魂洋才」的仲介形式實現了從傳統到現代的範型轉換。為什麼唯獨中國會出現連綿不絕的激烈反傳統和貫穿整個二十世紀的思想危機呢？個中的究竟還須從中國文化自身的「內在理路」以及與外部環境的互動中來尋找。

眾所周知，在兩千年的中華官僚帝國歷史中，儒學在大部分時間裏都是壓倒其他諸子各家、佔據民族精神中心的主流文化。關於儒學的內在結構，按照宋人劉彝的說法，分為體、用、文三個部分。「君臣父子仁義禮樂，歷代不可變者，其體也；詩書史傳子集，垂法後世者，其文也；舉而措之天下，能潤澤斯民，歸於皇極者，其用也。」[35] 這相當於文化體系中價值系統、知識系統和意識形態三個次生系統。不過，體、用、文在儒學內部並不具有獨立的思想形態，也未得到自由的理論展開；相反地，卻被融於一個包羅自然、社會、政治、倫理、宗教於一體的有機宇宙論圖式之中。這種「天人合一」、「天人合德」的學說通過士大夫的「修身齊家治國平天下」的實踐，將精神象徵系統（倫理道德規範）、社會象徵系統（宗法血緣關係）和政治象徵系統（普遍王權秩序）高度整合在一起，從而以倫理政治一體化的人治主義政治模式為整個大一統結構提供了合法性的價值支援。而作為大一統中樞的王權又反過來支撐了儒學在精神領域的壟斷性權威。

儒學自先秦原儒誕生之後，曾有過兩次大的流變。第一次是董仲舒的陰陽五行宇宙論以自然神秘的天道演繹出普遍適用的王道，在兩漢確立了官學的地位；中經魏晉南北朝的衰落，

---

35. 《宋元學案》卷一。

到宋明程朱陸王以倫理本體的形而上學重建儒學，實現了第二度中興。不過到了清季，儒學又重現疲軟之勢。無論是「內聖」還是「外王」，都陷入了山窮水盡的思想困境，潛伏着一觸即發的意義危機與意識形態危機，進而從兩個不同的方面向儒學的核心價值發出了疑問和挑戰。

最初的挑戰並非來自西學，而是源自中國文化本土，儒家學說本身。在清代，雖然宋明理學仍然擁有官學的地位，但在民間學術中經學考據卻成為清學的主流。考據學原是作為理學的補充而出現的，即為理學作學理的論證和考辨，後來逐漸獨立，成為對空談性的理學之反動。[36] 經過幾代學者的細考窮究，到乾嘉後期，儒家經典的研究已有山窮水盡之勢，以後一部分思想活躍的學者就將興趣伸展到儒家以外的先秦諸子以及佛教那裏，並且從考據重新轉向義理的探求。晚清龔自珍、魏源、康有為、譚嗣同等人思想的異端成分與其說來自西學，不如說主要來自佛教。正如梁啟超所言，整個清代學術史，乃是一部「以復古為解放」的歷史，「第一步，復宋之古，對於王學而得解放。第二步，復漢唐之古，對於程朱而得解放。第三步，復西漢之古，對於許鄭而得解放。第四步，復先秦之古，對於一切傳注而得解放。夫既已復先秦之古，則非至對於孔孟而得解放為不止矣」。[37] 西學尚未上陣，儒學的意義危機依循學術發展的自身邏輯，已是呼之欲出。

另外，宋明理學將道德性的內聖之學發展到極致，卻對政治性的外王之道無所貢獻，以至於許多「醇儒」「高談心性，

---

36. 參見余英時：〈清代思想史的一個新解釋〉，《中國思想傳統的現代詮釋》，江蘇人民出版社，1989年。

37. 梁啟超：《清代學術概論》之二。

極高明之致；一涉政務，便空疏之極」。[38] 清代的考據學更將儒者鎖閉在書齋經典之中，與世事全然隔膜。儒學發展到這一步，在相當大的程度上乃是宋之後皇帝權力絕對膨脹，道統對政統喪失干預和駕馭能力的歷史現實在文化上的投影，以至於儒者的人格不得不向內收縮，以德殉道。本來儒學有可能就此從政治系統中剝離下來，超越意識形態層面，成為純粹的道德宗教。然而這一路徑又從根本上違背了內聖外王、學以致用的原儒精神。於是，每當王朝末年、危機四伏之時，儒學的另一面傳統就會重新崛起。到晚清遇上「三千年未有之變局」，各家各派都開始注重「經世致用」，不再以陳義高下的道德標準，而是以是否能夠富強救國的功利尺度來考慮問題。這種從理向勢、從義向利、從價值理性向工具理性轉移的趨勢，使儒家的精神開始功利化，求變成為當然之勢，起先從器物層面，隨之到制度層面，最後一步步逼近價值層面——綱常名教，儒學的意識形態發生了動搖。

如同漢晉之際的第一次危機一樣，晚清的儒學第二次危機就其發生學而言仍然是中國文化本土的內部危機。唯其儒學趨向解體，一部分感覺敏銳的儒者才將視線投向外來之學（佛教變成西學）。當本土文化充滿自信時異域文化並不能構成認真的挑戰，只有當本土文化瀕於其自身的危機時，異域文化的衝擊才會顯示出某種摧枯拉朽的力度。中西文化碰撞早在明末即發生，但中國文化的危機遲至清末才出現，其原因就在此。

三個層面的危機與思想衝突

值得注意的是，每當思想危機降臨時，中國的知識分子總

---

38. 李澤厚：《中國古代思想史論》，北京人民出版社，1985年，275頁。

是表現出激烈反傳統，即全盤否定作為主體文化的綱常名教。五四時期的文化激進主義在世界文明史上頗為罕見，但在中國文明史上卻並非首例，早在魏晉時代就有過一次預演，當時的「竹林七賢」對名教態度之激烈絲毫不遜於二十世紀初的五四「新青年」。反傳統的勇氣和資源並不一定要借助西學，事實上十九世紀末譚嗣同以佛教批判名教的激烈和徹底程度早已企及五四的高度。只是到了五四時期，由於以王權為象徵的傳統政治秩序的崩潰、宗法血緣人際關係的式微這些社會政治背景提供了足夠的現實支援條件，全盤否定名教、激烈反傳統才從個別人的怪誕言論泛化為知識群體大規模的文化操作。儒學所象徵的中國文化系統分崩離析，思想危機開始表面化、劇烈化。這一思想危機是全方位的，包含着文化認同、價值意義和意識形態三個次生危機。圍繞着克服危機、文化重建的主題，中國知識分子以及有關政治集團在整個二十世紀上半葉展開了一幕幕激動人心的論戰。

首先是文化認同危機引發的中西文化論戰。

五四啟蒙運動之後，西方思潮隨着社會變遷頻率的加快挾勢而入，民主與科學作為一種新的精神權威主宰着中國知識分子的靈魂。文化激進主義者鑒於傳統在中國之過於強大，竭力主張在工具意義上向西方文化認同。然而中西文化優劣究竟如何？中國文化重建所認同的參考範式是否僅僅就是西學？或者說，當本土文化連根拔起之後，西方文化在中國的土壤中是否有可能生根？文化保守主義者對激烈反傳統和引進西學作出了上述詰難。於是，從五四時期開始，西化派與保守派之間展開了一系列論戰：陳獨秀與杜亞泉、胡適與梁漱溟乃至三十年代更大規模的中國本位文化論戰。這些論戰的性質與其說是知識性的毋寧說是價值性的，雙方的興趣不在於從學術層面釐清兩

組文化系統之間的異同，而是文化重建的價值取向，而價值的選擇又多多少少與當時社會的政治大去向相關，因此整個中西文化討論染上了鮮明的意識形態色彩。多的是大而無當的籠統含混之言，少有實實在在的學術比較成果。就最終結果而言，西化派取得了明顯的宣傳上的勝利，保守派在氣勢上略佔下風。但文化保守主義對現代化提出的富有深度的反詰，西化派並未能夠在學理上予以正向和積極的回應。

其次是價值意義危機下科學主義與新儒家的分峙。

當儒學發生意義危機，文化領域出現價值真空時，西方的科學挾船堅炮利而來，成為中國知識分子普遍認同的文化權威。科學的權威性從清末的器物層面上升到五四的本體層面，開始具有一種包含、覆蓋一切的價值本體的意義。這種思潮由於在中國文化中找到了一元化有機宇宙觀思想模式的支援而迅速本土化、普遍化，科學的有效性、權威性從自然領域伸展到社會、歷史、道德多個領域，原本作為工具理性的科學在中國流變為富於終極意義的科學主義，它為各種政治意識形態在科學的名義下擴張化、獨斷化提供了價值上的合法性。[39]

新儒學最初是作為對科學意義的反動而出現的。新儒學承認科學的工具有效性，卻懷疑和拒斥科學主義對價值本位層面的滲透和擴張。在他們看來，現代化作為一個世俗的運動本身不能提供任何意義，人生的價值必須回到中國文化中最富於形而上學氣質的宋明理學中重新發掘。這樣新儒學就比一般的文化保守主義都具有更明確的回歸指向，儒學在他

---

39. 參見嚴搏非：〈論「五四」時期中國知識分子對科學的理解〉，林毓生等：《五四：多元的反思》，香港三聯書店，1989年。

們的重新闡釋中第一次完成了與政治系統的分離，成為相對獨立的意義系統。

科學主義與新儒學在二十年代爆發過一場「科學與玄學」論戰，以後再無直接的思想交鋒。新儒學展示的人生意義由於與時代脫節，僅僅在他們所處的小圈子裏才有影響，而科學主義在中國取得了壓倒性的勝利。然而，科學主義作為意識形態的價值資源，本身並不能提供真正的終極關懷，只是以某種廉價的抽象符號充作終極價值，暫時將意義危機掩蓋了。一旦意識形態所憑藉的社會政治系統失卻了合法性，它就喪失了存在的真實性，使意義危機再度突現出來。

最後是意識形態危機中各種政治文化的衝突。

當儒學的倫理—政治一體化的人治主義政治模式失去了現實效用後，中國陷入了嚴重的意識形態危機。在現代化的變遷過程中，中國的社會規範發生了脫序，傳統秩序已經分崩離析，新的秩序卻遠遠未能實現整合，而民國創立以後的任何一種政治制度，包括軍閥政治、民主政治、全能主義政治，都匱乏充足的意識形態資源支援。另外，許多原來立足於價值重估、文化重建的知識分子，五四之後在內憂外患的國事刺激下，紛紛轉向了社會改造，尋求「根本解決」的救國捷徑。這樣，中國現代化的發展取向以及與此相關的社會政治問題，成為各家各派關注、討論的焦點，意識形態的論戰伴隨着政治利益的衝突和權力資源的再分配連綿不絕；五四時期的問題與主義論戰，三十年代的社會性質論戰、民主與獨裁論戰，四十年代的中間路線論戰……雖然都具有思想討論的形式，但無不與某種急迫的政治功利有關。

到二十世紀，中國政治可供選擇的現實空間只剩兩個：或者以權威主義的模式，通過國家對社會資源的壟斷和獨佔，自上而下地實現社會整合；或者動員社會底層尤其是農民的改朝換代能量，摧毀現存的權力系統，以自下而上的革命方式重建社會政治秩序；而以漸進的方式實現新舊秩序轉換的社會改良道路雖然一度有過微弱的希望，卻始終難以成長為左右全局的顯勢。與上述趨勢相適應，意識形態呈現出保守主義、激進主義與自由主義三分格局。幾代統治集團從袁世凱到國民黨，為了使自己的權威主義具備意識形態的基礎，都力圖從中國的主流文化儒家學說中發掘道統的合法性以及自身與其道統的承繼關係，並以某種變形的綱常名教學說推行於社會，以求得權威主義的政治穩定。然而，作為業已式微的儒家學說，未經周密的現代轉換和富於創見的重新闡釋，稍作變通就匆匆拿來充作官方的政治哲學，其結局不外弄巧成拙，進一步激化了統治者的意識形態危機，而中國共產黨人抓住清末以來反主流文化的大勢，在各種民間文化中發掘社會動員和精神重建的思想資源，並且創造性地將它們與外來的馬列主義學說相結合，從而為正在進行的革命奠定了堅硬的意識形態基礎。至於自由主義知識分子長期從事的民主啟蒙工作，雖然在城市中產階級和知識分子群體中有廣泛的影響，然而在激進主義與保守主義激烈衝突的暴力年代裏，自由主義的理性聲音不是被保守的力量所扼殺，就是被革命的激情所吞沒。

未分化的新文化

　　在上述種種危機與衝突之中，中國文化重建的工作便顯得格外的艱難。現代文化的發展趨向是結構的分殊化，即知識

系統、意義系統和意識形態三個次生系統走向結構上的獨立和功能上的分化，各有各的話語結構，各有各的社會功能。巴斯卡曾經正確地區分過三種性質不同的秩序：客觀世界感性的秩序、思維世界理性的秩序和心靈世界精神的秩序。[40] 對應這三種秩序的分別是文化的三個體系：意識形態體系、知識體系和價值體系。西方中世紀的基督教文化也曾經包羅了知識體系、意識形態和價值信仰體系，但從十三世紀開始逐漸分化。首先是文藝復興運動中文化世俗化、人本主義化，第一本剔除了基督教神學價值觀念的意識形態著作《君主論》就是那時問世的。隨之新教改革又從神學的角度釐清了與世俗知識的界限，新教成為純粹闡釋人與上帝關係的信仰體系。最後，高揚理性的啟蒙運動將知識從神學系統中獨立出來，最終實現了西方文化從神學一統到多元分殊的歷史性轉變。

中國的五四新文化運動號稱啟蒙運動，但其實際功能卻是合文藝復興、新教改革、啟蒙運動三者為一：既要衝破理學的束縛，解放人的感性生命，又要重建人的價值信仰，還要引進現代的知識方法論。在根深蒂固的一元化思想模式和外部社會環境刺激下，中國現代新文化不僅沒有實現結構的分殊化，反而以一種科學主義的有機整體方式更強勢地一元化、內聚化了，知識系統道德化、政治化，不能嚴守「價值中立」的立場；倫理價值又受到嚴重的意識形態污染，不能實現對現實世界的精神超越；而意識形態又被道德化，往往以善惡標準替代歷史或政治的合理性尺度。客觀知識、倫理價值和意識形態三者互相滲透，甚至有時融為三位一體。

---

40. 巴斯卡：《思想錄》，北京商務印書館，1986年，394–395頁。

且以五四知識分子提出的、以後被中國思想界廣泛接受的民主與科學為例。科學在西方不過是一種解釋客觀世界的方法，它是屬於知識層面的工具理性，本身並不蘊含任何價值的意義。然而，科學一進入中國，便立即被添上意識形態的色彩，尤其是「科學與玄學」大論戰之後，又被丁文江等科學派奉為人生觀、宇宙觀，附加上倫理和終極的價值，成為無所不能、神聖不可侵犯的科學崇拜。胡適當年說得最明白：「這三十年來，有一個名詞在國內幾乎做到了無上尊嚴的地位；無論懂與不懂的人，無論守舊和維新的人，都不敢公然對他表示輕視或戲侮的態度，那個名詞就是『科學』。」[41] 科學在中國上升為科學主義，從工具理性搖身一變為價值理性。

　　民主的命運也頗為相似。在西方，民主通常是指一種政治制度或生活方式，而作為一種意識形態，它所要維護的是公民權利和個人自由這些最基本的價值。從這個意義上說，民主是一種工具，這種工具絕非十全十美，但它一為中國人所接受，就立即成為一種終極性的信仰，被賦予各種各樣理想的、浪漫的烏托邦色彩，似乎在民主這片樂土中，人間的一切苦難、不合理、不公正都會化為烏有，民主成為千百年來中國文人「大同夢」在近代的最新拷貝，不僅是一種有關政治制度的意識形態，而且成為道德上善的最高體現。

　　正如傳統的儒學是一個熔自然、社會、政治、倫理、宗教於一爐的有機價值體一樣，中國現代知識分子重建的新文化在功能上也是未分化的：科學既是觀察世界的方法，又是揭示人類歷史發展規律的工具；既是宇宙論，又是人生觀。民主既是

---

41. 胡適：〈《科學與人生觀》序〉，《科學與人生觀》上冊，亞東圖書館，1923年。

政治社會的理想王國，又是倫理秩序的完善體現。總而言之，民主與科學既是知識的對象、也是信仰的對象，又是審美的對象，集真善美於一體。中國知識分子建立的各種思想烏托邦，無不具有類似的意味。

這大概是五四以後的現代中國知識分子最傳統的地方。他們的「傳統性」不是表現在用「一元論思想模式」去批判傳統文化（因為傳統文化確實是一元的），而是沿用「一元化思想模式」塑造了新文化，這就使中國文化的內在危機始終不能得以消解，並在歷史表層引起週期性的文化震盪。

上面我們從中國現代化的歷史背景、政治層面的權力聚散、社會經濟層面的二元結構及階層分析和文化層面的思想危機幾個角度試圖回答為什麼中國現代化如此步履艱難這一問題。儘管古老的中國經過一個世紀的充滿暴力和血污的掙扎，終於到1949年實現了現代化的第一階段目標：一個獨立的、統一的、強大的國家共同體的建立。然而建立這一目標的那種獨特方式——農村戰勝城市、內地同化沿海，那種獨特道路——以武裝鬥爭為依據的全能主義革命，以及那種獨特的意識形態——社會主義理想烏托邦，不僅沒有退出歷史舞台，而且將繼續強烈地制約、影響着1949年以後中國現代化的基本走勢。歷史為其實現階段性目標而不得不採納的方式，將在以後歲月中支付沉重的代價，以至於差點葬送現代化前途本身。

二、現代中國的自由主義思潮與運動

　　當二十世紀即將結束的時候，自由主義在整個世界又重新大放異彩，它在中國也重新起步，成為現代化發展的一種可能性選擇。當代中國的自由主義，有兩種可供借鑒的資源。其一是來自西方的理論與經驗；其二是來自中國的自身歷史，即二十世紀上半葉那一度相當活躍的自由主義思潮與運動。這些本土的東西沉澱在歲月之中，幾乎被記憶所遺忘，而一旦發掘出來，將重新啟動它們，成為富有生命力的歷史傳統。

　　畢竟，中國也有中國的自由主義傳統。

修正的自由主義思潮

　　如果要追溯中國自由主義的起源，應該從五四算起。在此之前，嚴復、梁啟超也宣傳介紹過西方的自由主義學理和思想，不過，自由主義對於他們而言，只是一種救亡圖存的權宜之計，而非終極性的價值追求。嚴格說起來，嚴、梁並不是自由主義者，只能算作自由主義的先驅。只是到了五四時代，當個性解放、人格獨立和自由、理性的價值在新型知識分子群體之中得到普遍確認，而且具有形而上的意義時，中國方才出現了真正意義上的自由主義者。

　　不過，有了自由主義者，不一定意味着就有了純正的自由主義。中國的自由主義可謂生不逢時，時運不濟。因為到了二十世紀初，不說中國，就是在自由主義的大本營歐美諸國，

自由主義也已經亂了套，產生了各種雜交和變種。歐美的自由主義，從十七世紀的蘇格蘭學派的古典自由主義，經十九世紀邊沁（Jeremy Bentham）的功利自由主義，發展到二十世紀初，由於傳統的自由主義思潮暴露出早期資本主義制度在宏觀經濟控制和倫理道德上的種種弊病，開始與其他思想流派（如民主主義、社會主義等）雜交，呈現出各種各樣的「修正」趨勢：有美國杜威（John Dewey）式的民主—自由主義，也有英國費邊社式的社會—自由主義。從整個世界大潮流來說，二十世紀上半葉正是各色各樣社會主義風頭十足的時候，相形之下，自由主義倒是風雨飄搖，步步後退，不斷地修正自己，弄得態度曖昧，面目不清。

殷海光曾經說過：「中國的自由主義者先天不足，後天失調。」按照殷先生的意思，「先天不足」乃指自由主義並非中國土生土長的思想，而是歐風美雨吹進來的。[1] 在這裏，我還想補充一層意思：即使是舶來品，五四時代的中國知識分子所進口的自由主義，也多是「修正」型的，而對自由主義的「原典」，如洛克（John Locke）、史密斯（Adam Smith）、休謨（David Hume）等人的思想知之甚淺，對私有財產制度的合理性、個人自由的至上意義以及「看不見的手」的作用自然也體會不深。中國自由主義者的這種「先天不足」，使得中國的自由主義出生伊始就缺乏純正的性質，而是雜交的產物。而且同樣是雜交，西方的修正型自由主義，畢竟是從古典的一脈脫胎而來，對自由主義的那些最基本元素如市場經濟、個人自由和政治民主，縱然千變萬化，還是守得住；而中國的自由主義，一到緊要關頭，或面臨錯綜局面，就會有人背離，不是鼓吹「新式獨裁」，成為「新保守主義者」，就是放棄理性的立

---

1. 殷海光：《中國文化的展望》，中國和平出版社，1988年，275頁。

場，倒向激進的革命民粹主義。張東蓀是一個深受基爾特社會主義影響的自由主義者，但他對中國自由主義的這種「先天不足」有比較清醒的認識，他說：「就人類言，最理想的是一個民族經過充分的個人主義的陶養以後，再走上社會主義或共產主義之路」。「中國沒有經過個人主義文化的陶養而遽然來到二十世紀是一個遺憾。」[2]

中國的自由主義思潮主要是從英美來的，一般被籠統地稱為英美的自由主義。實際上，從美國進口的自由主義與從英國進口的有很大的差別。來自美國的主要是杜威的民主—自由主義。杜威曾經在中國待過兩年，留下了著名的五大講演，其中就有社會政治哲學十六講。經過其忠實信徒胡適的宣傳和發揮，杜威的影響更是如虎添翼。他給中國自由主義留下的精神禮物計有三項，一是實驗主義的科學方法論，使胡適等人相信可以像知識研究那樣，科學地、分門別類地解決中國社會的各種具體問題；二是漸進的、點滴的社會改造策略，鼓舞一批中國的自由主義者耐心地堅守文化教育陣地，從文化與社會的最基本改造做起；三是將民主的含義大大地泛化，推廣到所有的領域，使得這一本來在古典自由主義辭典中純粹的政治概念，具有了更廣泛的社會屬性，因而也獲得了普遍的、崇高的神聖性質。

社會民主主義成為主流

不過，在現代中國自由主義的舶來品中，最有影響的還不是美式的，而是英式的；不是大名鼎鼎的杜威，而是一個現在已經被我們忘得差不多的英國人，他就是哈樂德·拉斯基

---

2. 張東蓀：〈政治上的自由主義與文化上的自由主義〉，《觀察》，第4卷，第2期。

（Harold J. Laski）。拉斯基是兩次世界大戰之間英國著名的費邊主義思想家，他是費邊社的重要成員，後來成為英國工黨主要的理論家，1945年出任工黨的主席。儘管拉斯基沒有來過中國，卻在中國信徒甚眾，而且都是自由主義陣營中的中堅人物，如羅隆基、王造時、儲安平、張君勱等。[3] 他們將拉斯基的政治思想廣泛傳播於中國，其影響之大，幾乎成為現代中國自由主義之主流。二十年代末，是拉斯基在中國最走紅的時候。當時胡適、羅隆基、張君勱等一大批自由主義知識分子雲集上海，以《新月》雜誌為中心，組織了一個費邊社式的小團體「平社」，翻譯拉斯基的著作，研討費邊主義的理論，並以此為借鑒，探求改造中國的自由主義方案。[4] 三十年代以後，拉斯基在中國的風頭雖然有所減弱，但其理論已經滲透到中國自由主義者的精神深處，無論是他們的政治思想，還是其社會改造方案，隨處可見費邊主義的深刻痕跡。

拉斯基的費邊主義，是一種修正的自由主義理論，他在保留自由主義基本原則的同時，力圖將它與社會主義的平等公正原則調和起來，從而在自由主義的框架內部發展出一變種，即社會民主主義的思想體系。這種試圖調和民主主義與社會主義的新理論，對於中國自由主義者來說，幾乎是一個盼望已久的福音。因為當資本主義在中國開始起步的時候，資本主義原始積累時期所暴露的種種問題在西方已經遭到了各種各樣社會

---

3. 羅隆基和王造時二十世紀二十年代原來都在美國研讀政治學，因傾慕費邊主義後來都去英國從學於拉斯基。儲安平二十世紀三十年代去英國留學，也拜拉斯基為師。他們三個都是拉斯基親炙的入室弟子。張君勱雖然留學的是德國，未曾與拉斯基見面，但他自己說過，他的哲學思想是德國的，政治思想是英國的，最推崇的就是拉斯基，曾經翻譯其名著《政治典範》，並在譯序中推崇拉斯基是繼洛克、邊沁、彌爾之後英國政治思想的「正統」。

4. 參見姜義華：〈論胡適與人權問題的論戰〉，見劉青峰編：《胡適與現代中國文化轉型》，香港中文大學出版社，1994年，75–77頁。

主義的嚴厲批判，已經部分地（至少在倫理層面）失去了其合法性。西方的資本主義與社會主義理論，幾乎是同時輸入中國的。古典的自由主義理論，作為一種替資本主義莊嚴辯護的學說，在中國的文化傳統中是找不到任何對應的精神資源的，而社會主義理論，無論是蘇俄式的，還是費邊式或基爾特式的，都有可能在中國歷史內部獲得強有力的支援。中國的自由主義者，一方面清醒地意識到資本主義發展的不可避免；另一方面，又不可抑制地對社會主義懷有偏好，這一折磨人的思想困境，在二十年代初的社會主義論戰中，在張東蓀身上已經表現得相當充分。儘管無可奈何的張東蓀最後是以一種笨拙的時間性分段策略（即首先發展資本主義，然後再實行社會主義原則）暫時安頓了內心的困惑，但中國的自由主義者們從來沒有放棄過「畢其功於一役」的努力。拉斯基的費邊主義，在空間的層面上巧妙地調和了資本主義與社會主義，使之形成一個整體性的社會改造方案，它的出現，自然令中國的自由主義者們歡欣鼓舞，也難怪社會民主主義會成為現代中國自由主義的主潮了。

關於這種費邊社的自由主義思潮，留英回來的蕭乾曾經為它作過一個恰當的解釋：「自由主義者對外並不擁護十九世紀以富欺貧的自由貿易，對外也不支援作為資本主義精髓的自由企業。在政治在文化上自由主義者尊重個人，因而也可說帶了頗濃的個人主義色彩，在經濟上，鑒於貧富懸殊的必然惡果，自由主義者贊成合理的統制，因而社會主義的色彩也不淡。自由主義不過是個通用的代名詞，它可以換成進步主義，可以換為民主社會主義。」[5]

---

5. 〈自由主義的信念〉，上海《大公報》，1948年1月8日。該文以《大公報》的社評名義發表，是蕭乾起草的。

在現代中國屈指可數的自由主義政治理論中，無論是張君勱的國家社會主義、王造時的主張與批評派觀點，還是當時產生了極大政治影響的羅隆基起草的民盟一大綱領，都可以看到社會民主主義的鮮明標記。用張君勱的話說，在政治領域是一種「修正的民主政治」，以多黨合作替代多黨競爭；在經濟領域則是一種「國家社會主義」，即私人經濟與國家經濟、自由經濟與計劃經濟的混合體。[6] 這種在自由主義架構內部的「國家社會主義」，無非是一種國家資本主義而已。不過，資本主義自引進中國伊始，雖然被認為是國家富強必經之途，但總是暗含某種道德上的貶義，相反地，社會主義在現代中國則天生地大受歡迎，被想像為具有某種終極意義的社會烏托邦。即使是自由主義者，也很少有人公開自稱擁護資本主義，哪怕主張國家資本主義，也要以「社會主義」自命。甚至連胡適，在二十年代也一度對社會主義大有好感，途經莫斯科三天，參觀了幾處地方，就激動得連夜給國內朋友寫信，為蘇俄「空前偉大的政治新試驗」大唱讚歌，[7] 並設想以「社會化」的方式建立一種所謂的「新自由主義」或「自由的社會主義」。[8] 至於英國費邊社社會主義以及基爾特社會主義，更是深得中國知識分子的青睞，成為自由主義思潮中一道最耀眼的風景線。

兩類不同的自由主義者

現代中國的自由主義，在五四時代還處於朦朧的混沌階段，與激進的革命民粹主義的界限模糊不清，到二十、三十年

---

6. 見張君勱：〈國家民主政治與國家社會主義〉，《再生》，第1卷，第2期。

7. 〈一個態度及案語〉，《晨報副刊》，1926年9月11日。

8. 胡適：〈新自由主義〉，《晨報副刊》，1926年12月8日。

代，在杜威、拉斯基斯想的催化下，漸漸分化出幾種自由主義的思潮。不過，無論是胡適的實驗主義，還是張君勱、羅隆基的社會民主主義，都僅僅是思潮而已，遠遠沒有成為擁有深厚學理資源的理論。中國的自由主義者，之所以對自由主義發生興趣，絕非學理的因素，而是現實的社會問題所刺激。他們對自由主義學理的關切，要遠遜於對自由主義改革方案的設計。因此，現代中國的自由主義在學理層面上並沒有多少研究的價值，真正有意義的，倒是思潮驅使下的運動——那種進入政治操作層面的自由主義運動。不過，各種各樣的自由主義運動（如好政府運動、聯省自治運動、制憲救國運動、人權運動、憲政運動等）儘管在二十、三十年代就層出不窮，但真正形成規模、具有全社會影響的，還要等到四十年代。

大規模的自由主義運動之所以到四十年代才風起雲湧，從自由主義者本身來說，是由於組織化的因素。殷海光曾經將運動中的活躍分子分為「觀念人物」與「行動人物」。他認為，在運動初始的宣傳階段，由「觀念人物」佔主導地位，到進一步的組織階段，「行動人物」就脫穎而出。[9] 我們也可以將現代中國的自由主義者劃分為兩類人：觀念的自由主義者與行動的自由主義者。所謂觀念的自由主義者，大都是知識體制裏面的學院派人物，有着固定的職業和穩定的收入；通常留學過英美或在國內清華、燕京、聖約翰等大學接受過英美文化的薰陶。他們關心政治，卻是一種胡適所說的「不感興趣的興趣」，即不離開自己的專業崗位，以自己的專業知識為資源，通過大學講壇、同人社團和公共傳媒等公共領域，傳播自由主義的基本理念，對社會公共事務發表意見。

---

9. 殷海光：《中國文化的展望》，586頁。

觀念的自由主義者以胡適為精神領袖，在二十、三十年代聚集在《努力週報》、《現代評論》、《新月》和《獨立評論》等刊物周圍，發揮着較大的輿論作用。這些文人書生，個人主義氣息極濃，各自有各自的信仰和觀念；又有着文人相輕的傳統毛病，基本上是一盤散沙。儘管其中的一些活躍分子如胡適，有時候會以一種費邊社的方式，以個人的身份遊說和影響政府中的高官，以推行自己的自由主義主張，但大部分人仍然堅守「君子群而不黨」的信念，極其自覺地保持着個人精神和身份的獨立性，拒絕直接參政，拒絕成為「組織人」，哪怕是組織反對黨。觀念的自由主義者作為一種社會道義和公共良知的存在，在自由主義運動中的作用相當大，尤其在起初的宣傳階段更是功不可沒。然而，正如儲安平所評論的，「政治活動不能沒有領導人物，但是因為：『相輕』及『自傲』在中作祟，所以在自由思想分子中很難產生領導人物；政治活動是必須有組織和紀律的，但是因為自由分子的相通大都是道義的，不是權力的，所以很不容易發揮組織的力量。這些是自由分子根本上的弱點。」[10]

　　有鑑於此，一些自由主義者不甘心僅僅停留在觀念和言論上，他們要進一步付諸於行動，尤其是組織反對黨，以組織化的方式和權力化的運作推進自由主義運動。這些行動的自由主義者，對參政懷有強烈的興趣，都認為自己有治國安邦的卓越才能。他們中的不少人，比如羅隆基、張君勱、王造時等，通常沒有固定的職業，今天在這個大學任教，明天在那個報社任主筆，幾乎成為半職業的政治活動家。如果說，觀念的自由主義者努力的主要層面在思想文化領域，因而更接受實驗主義的

---

10. 儲安平：〈中國的政局〉，《觀察》，第2卷，第2期。

點滴改良觀，習慣於學科化地討論個別問題，拒絕思考改造中國的整體方案的話，那麼，行動的自由主義者由於需要明確的行動綱領，卻熱衷於思考和設計整體性的社會政治改革方案。政綱確立之後，就是獨立組黨。1934年秋天，張君勱、張東蓀、羅隆基等人經過幾年的籌備和醞釀，在北平建立了國家社會黨（簡稱國社黨）。[11] 但國社黨人數太少，影響也小，無力擔當自由主義運動的中堅。一直到1941年，中國民主政團同盟（簡稱民盟）成立，意味着自由主義組織化的正式實現，[12] 也為大規模的自由主義運動提供了領頭羊和建制的保障。

戰後的「參與爆炸」浪潮

　　二戰之後的中國處於未來發展的十字街頭，歷史再次給予中國人以選擇自己政治生存方式的難得機遇，究竟何去何從全憑自己的把握與各力量之間的較量對比。持續八年的抗日戰爭使得社會各階層和各利益群體得到了高度的社會動員，在這歷史抉擇的緊要關頭，他們的政治熱忱如同火山一般噴發出來，形成空前絕後的「參與爆炸」（participation explosion）浪潮。自由主義知識分子在「參政熱」中充當了最積極的角色。這種角色感首先來自對於自身的反省和強烈的贖罪心理。青年黨領袖左舜生認定，「過去五十年中國之所以不能有一種真正的憲政出現，其大部分的責任，應由中國的知識分子負之」，因為「他們只知道如何去找一個可以使我們升官發財的主子，而決

---

11. 後來羅隆基退出了國家社會黨，以獨立的身份參加民盟，成為民盟的重要領導人之一。

12. 民盟起初由三黨三派組成，除了國社黨是比較純粹的自由主義政黨之外，其餘幾個有激進的民主主義黨派（如第三黨、救國會），有溫和的民粹主義團體（如職業教育社、鄉村建設派），也有保守的國家主義政黨（青年黨）。當時他們都屬於國共之間的「協力廠商面」。「協力廠商面」在終極信仰和具體主張上儘管分歧頗大，但整個政治傾向基本上是自由主義的。尤其是以後大量自由主義的識分子入盟，使得民盟的自由主義性質更為突出。

不敢建立自己的政治主張」。[13] 自責的語言相當尖刻,透視出中國知識分子自覺肩負歷史十字架,以天下為己任的政治精英意識,並由此產生真誠的贖罪心理。周建人在1945年秋天寫道:「中國人民多數不識字,我們卻是識字的人民,比較有時間與發表意見的機會的,如果還是不說話或說話太少,讓專制勢力伸長上去,在良心上實在是犯罪的,便是犯了不盡人民說話的責任的罪。」[14] 這種「盡良知」的態度是大部分知識分子出來說話、參與政治的真實動機,其中一些活躍分子則對知識分子在多元社會中的角色體認則更加自覺,意識到在國家權力的下面,必須營造一個足以與之抗衡的民間社會,「一個國家安定並不完全依賴一個有力的中央政府,還需要有一種可以造成社會安定的力量」,這力量便是中產階級及其與之相聯繫的自由主義知識分子。[15] 這一切構成了知識分子參與政治的現實心理背景。

戰後的自由主義運動同時從兩個層面展開。一個層面是和平民主的意識形態宣傳和對政治過程的輿論監督。在1946年,僅僅在國民黨管轄區域正式登記註冊的報紙雜誌就劇增到984家,而實際達到1,832家,總發行量為200萬份,其中新增報刊中相當大比重是社會政治類時評刊物,這表明大眾傳媒和讀者群的某種心理傾斜。當時在輿論界較有社會影響的報刊有《大公報》、《文匯報》、《客觀》週刊、《民主週刊》、《平民》、《聯合增刊》等,而最具權威性的要數1946年9月創刊的《觀察》週刊。這份由儲安平主編,標明「民主、自由、進

---

13. 左舜生:〈談實施憲政的先決條件〉,《憲政》,第2期,1944年2月1日。
14. 周建人:〈讓人民應該多說話〉,《民主週刊》,第1卷,第3期。
15. 儲安平:〈中國未來局面中的一個安定因素〉、〈中產階級及自由分子〉,《客觀》,第7、12期。

步、理性」八字宗旨的時評刊物雲集了一批最著名的自由主義作者，以坦率、公允和智慧的筆調吸引了全國大量知識分子讀者，銷量從400份上升到100,500份，左右着輿論界自由主義運動的風向。

另一個層面是直接的組黨參政。在「參與爆炸」的1945、1946年間「中國突然出現了一股組黨狂潮，約有近百個政黨在各地宣告成立或公開活動。其中幾個較大、較有社會影響的黨派，如民主建國會、民主促進會、九三學社、中國農民黨，基本上由自由主義知識分子組成。中國顯然有士大夫政治的悠久歷史，但由於「君子群而不黨」的觀念根深蒂固，向來匱乏反對黨的政治傳統。歷史演進到四十年代，中國知識分子的參政樣式從個人清議、進諫、入閣發展為大規模組織反對黨，不啻開拓了中國政治發展的全新格局。不僅要有政黨，而且要造成一個「第三大黨」。羅隆基早在1945年春天就公開提出了這樣的號召。自然在羅氏和一般人的期待中，這「第三大黨」非民盟莫屬。當時它已擁有三千名黨員，大多為知識界精英，遍佈全國主要城市。這樣，在歷史轉折的關節眼上，民盟成為舉世矚目的焦點所在。

中國自由主義運動的大憲章

1945年10月，民盟在重慶召開臨時全國代表大會，宣佈民盟為一個「具有獨立性與中立性的民主大集團」，其神聖使命是「把握住這個千載一時的機會」，「把中國造成一個十足道地的民主國家」。[16] 大會通過的政治報告及其綱領，可視為中國自由主義運動的大憲章。

---

16. 《中國民主同盟歷史文獻》，中國文史資料出版社，1983年，87頁。

戰後國際民主潮流的湧起，極大鼓舞了中國自由主義者的信心。民盟的報告指出：「這種國際環境，這種世界潮流，同時亦就確定了中國的前途。明白些說，今後的中國，非成立一個民主國家不可。因為非民主的國家，在今日的世界上，已沒有存在的機會。」[17] 這種斷然的判斷，表明在他們心目中民主前途不僅是「應當」的，而且是「必然」的，不是一種價值選擇，而是一個事實（時代潮流）順從的問題。類似這樣的言論，充溢在戰後的報刊書籍，自由主義取得了宣傳上的勝利。不過我們回過頭來再看看這些當年的文字，就會發現其中大多失之於理論的膚淺和思想的蒼白，對民主的闡釋也頗有偏頗之處。中國的自由主義運動長期停留在意識形態層面的啟蒙，不注意發掘背後的價值資源，以至於學理底蘊不足，竟成為一個由來已久的思想現象。

　　民盟綱領包括政治、經濟、軍事、外交、教育、社會、婦女諸方面，其主要精神乃是「歐美的政治民工加上蘇聯的經濟民主」，抓住了當時中國若干重大問題。然而細細推敲，我們仍可發現其理論與中國現實有着其種歷史性的錯位。自由主義過於訴諸理性而排斥激情，拒絕任何帶有終極目的的烏托邦設定，民盟綱領所提供的就是一幅不算太好、也不算太壞的民主藍圖。民主的宣傳會煽起城市知識分子的政治熱忱，但難以產生神話般的社會動員能力和組織整合功能，而變革時代負有社會改造使命的意識形態必須具有高度的社會動員能力，在當時這樣一個無信仰的混亂年代，最好的社會動員也許就是政治神話加現實承諾，在這一點上自由主義就顯出其短拙所在。中國社會的核心危機潛伏在內地和廣大農村，那裏最匱乏的主要還

17.《中國民主同盟歷史文獻》，72–73頁。

不是自由、民主、人權，而是更基本、更實在的土地、溫飽和安定。而這一切，自由主義從來沒有作過任何許諾，也沒有拿出任何操作性的方案，它的目光只盯住城市，而漠視危機四伏的鄉村，以至於與中國最大的改朝換代社會資源——農民嚴重疏離。也就無法扭轉以後出現的農村包圍城市的歷史走勢。

值得注意的是，在民盟經濟綱領中，其經濟政策的價值取向是以蘇聯為示範的「平均財富」，保證公共事業與獨佔性企業的「公營原則」，其餘的才是私營地盤；主張由國家制訂統一的經濟計劃，消費品分配也以國營和合作社為主，節制私人商業。[18] 類似這樣的主張，在中國自由主義黨派那裏具有普遍性，鮮有例外。[19] 中國的自由主義僅僅指政治、文化層面而言，在經濟層面上幾乎全都歸屬於社會主義。中國的知識精英在歷史上就具有與官僚精英渾然一體，而恥於與工商精英為伍的傳統，進入現代化變遷之後仍無根本改觀。這些自由主義知識分子在觀念上也懂得「要中國有健全的民主政治，先得使中國有一個有力的中產階級」，[20] 但他們與現代經濟生活全然隔絕，不知中國不是苦於私人資本主義太發達，而是在統制經濟與外國資本雙重擠壓下日趨衰落，因此一談到具體的經濟問題，就相當自覺地與中產階級劃清界限，而追隨當時流行的社會主義思潮與中國古老的大同理想。本來，中國自由主義所憑藉的社會資源只是城市的中產階級與部分溫和的知識分子，但是中產階級與自由主義知識分子不僅在現實社會關係上相當疏

---

18. 《中國民主同盟歷史文獻》，67–68頁。

19. 唯一例外的是與中產階級有較多現實和精神聯繫的民主建國會，該黨政綱強調「國營事業之官僚化與私人企業之獨佔化，同為經濟建設之大敵，以我國現勢而論，前者之危機遠過於後者」，主張私人有充分的經營自由，不得有更多的法律限制。

20. 儲安平：〈知識分子·工商階級·民主運動〉，《客觀》，第12期。

遠隔膜，而且在經濟觀念上還處於緊張的邊緣，這就使得自由主義在中國僅僅是一場孤掌難鳴的知識分子運動而已。

理論的誤導往往是運動挫敗的前兆，然而在1945年秋天，知識分子們正處於精神的分外亢奮之中，誰也不可能坐下來冷靜地思索探究一番。

曇花一現的參政高峰

自由主義之所以能夠在戰後形成波濤洶湧的運動，主要得益於國共之間暫時的實力均衡以及由此形成的1945年秋到1946年春千載難逢的和平瞬間。在複雜的國共和平談判中，中間勢力突然成為政治天秤上一塊你爭我奪的砝碼，國共兩黨誰爭取到這個盟友，誰就佔據了道義的制高點和政治的主動權。美國也異常看重自由主義在中國的分量，馬歇爾、司徒雷登等人為扶持一個美國觀念的自由主義政黨傾注了頗多的心力，多次強調拯救中國的希望在於「使政府中與小黨派中之自由分子居於領導者的地位」。[21] 這樣，民盟以及自由分子在1946年初的政治協商會議上的地位戲劇性地扶搖直上，如日中天。以出席代表人數為例，原定國民黨、共產黨、民盟和社會賢達各九名，由青年黨從民盟中分裂出去佔了五名，中共提議並經國民黨同意，由共產黨讓出二名，國民黨讓出一名，並另增二名以確保民盟的九名代表額，這樣民盟就成為出席政協人數最多的黨派代表團。

經過艱苦的談判，政協通過了五項決議，它們幾乎是民盟綱領的翻版，基本體現了民盟追求的政治目標。這一紙協定

---

21. 《中美關係資料彙編》，第1卷，700頁。

的達成，不外是國共兩黨相互妥協，民盟「漁翁得利」的結局。羅隆基當時興高采烈地對馬歇爾分析時局，「共產黨的讓步多，蔣介石的苦惱大，民盟的前途好。」[22] 民主的前景幾乎一片光明，自由主義運動達到了歷史上的頂峰。然而風雲突變，由東北問題引發的國共內戰從關外打到關內，和平民主的前景轉為黯淡。民盟為調解國共、實現政協決議作了頑強的努力，甚至在國民黨攻下張家口，宣佈單方面召集國民大會，大家都驚呼「和平已經死了」的時候，自由主義知識分子仍然懷着「知其不可而為之」的信念，攜手上演了十月南京調停的一幕。正是這一幕，暴露了他們在充當政治角色時的種種先天性缺陷。

在這場調停中，民盟居於核心的地位，但它有其難以言説的苦衷。首先是匱乏統一的意識形態基礎。由三黨三派聯盟演變而來的民盟雖然有共同的政治綱領，但各小黨派都有着各自的政治信仰，從歐美的黨政主義、國家社會主義到中國的民粹主義，不一而足。信仰的不同常常會導致對具體問題看法的分歧和政治上的各行其是，政協前夕青年黨鬧分裂以及後來民社黨單獨參加國民大會都是民盟內部長期政見不合的積累效應。政治信仰的疏離也造成組織系統的渙散，作為一個現代法理型政黨，民盟雖然有其書面的組織活動規則，但由於黨內有黨，主義多歧，實際權力運作只能按照原來三黨三派時期遺留下來的派系協調原則進行，民盟決議對成員並無嚴格的約束力，黨員的自由度很大，而起着軸心作用的幾個主要領袖除了在自己所屬的派系，在全盟缺乏普遍的權威。

22. 羅隆基：〈從參加舊政協到參加南京和談的一些回憶〉，《文史資料選輯》，第20輯，230頁。

更重要的是，這些自由主義者大都是「學者兼政」型的人物，多的是書生意氣和浪漫主義氣質，不善於在政治遊戲規則中將理論主張落實為具體可操作的行動方案。他們出於儒家的社會使命感臨時客串政治角色，內心還眷戀着久棄的專業，盼望能早日脫離政治，回到書齋。最典型的是這場調停的中心人物梁漱溟。梁氏在抗戰結束時便欲卸甲歸田，經再三挽留才勉強擔起民盟秘書長要職。他性格剛勁有餘，韌勁不足，缺乏政治精英所必需的政治經驗和行政能力。當和平方案一時難產，這些身負歷史重任的知識分子竟個個人心思散，幾乎不戰而潰，梁氏本人也不耐煩起來，在未充分徵求國共雙方及軍事專家意見的情況下，就想當然地炮製出一個軍事調停方案。具有諷刺意義的是，方案中規定共產黨在東北的駐軍地點為齊齊哈爾、北安和佳木斯，但正如梁氏後來所承認的：「罪過得很，這些地點各在哪裏，當時我都未搞清楚！」[23] 這樣的方案引起的反應自然可想而知，十月調停流於失敗。自由主義運動的「黃金時代」如過眼雲煙，曇花一現。

最後一次迴光返照

自由主義運動的失敗，固然有其不可抗拒的客觀情勢，但從其自身檢討，也有諸多因素值得反思。首先是社會基礎的單薄。一般說來，自由主義運動總是由自由知識分子所發動，但它成功與否，並非完全取決於知識分子，而有賴於社會結構的深刻變遷，尤其是中產階級的崛起。自由主義輿論上的聲勢浩大，並不意味着社會層面的力量雄厚。精神的優勢不能簡單地折換為物質的實力。然而，中國的自由主義者過高地估計了自

---

23. 梁漱溟：《憶往談舊錄》，中國文史出版社，1987年，215頁。

己的力量，以為中國的社會是中間大，兩頭小，國共分別代表兩頭小的，而自己代表那佔人口大多數的中間層，包括農民、小知識分子、中產階級等。[24] 但是在缺乏體制保障的情況下，「代表者」與「被代表者」根本無法建立利益上的固定聯繫，所謂「代表」只是一廂情願的書生氣想像。而且，即使實現了自由選舉，真正主宰社會的，也並非那些人數上佔優的底層民眾，而是控制了較多資源的階層。但作為自由知識分子政黨的民盟，與中產階級的精神和社會的聯繫是那樣的脆弱，以至於後者從來不曾幻想民盟會是一個本階級利益的代表者。後來左翼分子批判民盟是「民族資產階級的政黨」，對於羅隆基他們來說，真是一個有苦說不出的冤枉。因為中國的自由主義者從來不願正視社會中利益集團的分化，只是抽象地宣稱自己代表「民眾」，或者是「廣大的中間階層」！

另一方面，一場溫和的政治變革，不僅需要社會各階層的支援，同時也需要政府中開明的民主派人士的呼應。在國民黨內部，不是沒有這樣的民主派，比如以張群為首的「政學系」就屬於此類。在二三十年代，分別有王世傑、翁文灝、吳鼎昌等好幾批自由主義知識分子入閣國民黨政府，他們成為政學系的中堅力量，也是促成「二戰」以後短暫的和平民主新局面的重要人物。長期以來，政府內外的民主派人士保持着良好的個人私交，也有着千絲萬縷的政治聯繫。如果這些人士能夠裏應外合，影響國民黨內的最高決策層，是有可能履行政協五項決議，實踐民盟提出的中間道路的（自然，也同時需要中共的通力合作）。然而，政學系這批官員雖然具有一定的民主意識，擁有出色的行政領導能力，卻缺乏明確的改革意向和政治主

---

24. 參見施復亮：〈再論中間派的政治路線〉，《文匯報》1947年4月13日；周鯨文：〈論中國多數人的政治路線〉，《時代批評》，第4卷，第86期。

張，一旦蔣介石的意見為國民黨內的強硬分子CC派和黃埔系所左右，政學系諸人立即顯得軟弱無力，束手無策。事實表明，他們只是一群出色的行政官僚而已，而不是有着堅定信念和果斷意志的政治家。[25] 體制內部民主派的土崩瓦解，也預示着體制之外的自由主義運動，最終只能是一場徒勞的精神悲劇。

民盟的被迫解散，使得自由主義者的陣營迅速分化，一部分本來具有民粹主義傾向的人士向左轉，出走香港準備北上解放區；而在戰後一直在時政上保持沉默的胡適，此時似乎與哈耶克為代表的西方「新古典自由主義」遙相呼應，在僅有的幾次關於自由主義的演講和文章中，都強調民主政治與極權政治的不可調和，對極權政治在學理層面作出了尖銳的批評（胡適的這種「新古典自由主義」立場後來為殷海光所繼承）。他寧願選擇威權主義的國民黨，而不願與在他看來與蘇俄極權政治無異的中共合作。然而，一部分最堅定的自由主義者，在非此即彼的十字路口，拒絕以現實的邏輯作選擇，他們遵從內心的信念和良知，以知其不可而為之的精神，堅守着自由主義的最後堡壘。

於是，在1948年初，自由主義在中國出現了一次悲壯的迴光返照。在全國很有影響的《大公報》異乎尋常地連續發表社評，論述「自由主義者的信念」、「自由主義者的時代使命」，公開亮出了自由主義的旗幟。聲譽顯著的《觀察》週刊也接連刊載了施復亮、楊人楩等人的文章，鼓吹自由主義，而北平的一批名教授在國民黨內開明派的資助下，也成立了中國社會經濟研究會，創辦《新路週刊》，提出了一個「政治制度

---

25. 關於政學系的詳細分析，參見許紀霖、陳達凱主編：《中國現代化史》，第1卷，上海三聯書店，1995年，599–600頁。

化、制度民主化、民主社會化」的「初步主張」。[26] 一時間，處於困頓中的自由主義在輿論上形成了一次不大不小的高潮。

有意思的是，在以前的自由主義運動中，哪怕是運動的最高潮，自由主義打的都是別人的旗號，比如民主主義、社會主義等，自家的徽記反而躲在背後，彰而不顯。而到自由主義大受挫折，幾乎回天乏術之時，真正的旗幟反而義無反顧地亮出來了。這是自由主義最富道德勇氣和理性自覺的時刻，因為無論是「民主主義」還是「社會主義」，在國民黨的三民主義與中共的新民主主義理論之中，都有對應的框架可以接納，因而它們的內涵也變得模糊不清、意義多歧。而自由主義，在國共兩黨那裏，被當作可怕的外來妖魔，遭到一致的痛斥和抵制。唯有這樣的旗幟，才是自由主義者的真正徽號，才是一面名副其實的大旗。遺憾的是，這面大旗等到理直氣壯撐起的時候，迎接它的已經不是燦爛的滿天朝霞，而是淒慘的落日餘暉了。

美國學者格里德（Jerome B. Grieder）在評論中國的自由主義的悲劇時這樣寫道：

> 自由主義在中國的失敗並不是因為自由主義者本身沒有抓住為他們提供了的機會，而是因為他們不能創造他們所需要的機會。自由主義之所以失敗，是因為中國那時正處於混亂之中，而自由主義所需要的是秩序。自由主義的失敗是因為，自由主義所假定應當存在的共同價值標準在中國卻不存在，而自由主義又不能提供任何可以產生這類價值準則的手段。它的失敗是因為中國人的生活是由武力來塑造的，而自由主義的要求是，人應靠理性來生活。簡言

---

26. 參見〈中國社會經濟研究會的初步主張〉，《新路週刊》，第1卷，第1期。

之，自由主義之所以在中國失敗，乃因為中國人的生活是淹沒在暴力和革命之中的，而自由主義則不能為暴力與革命的重大問題提供什麼答案。[27]

　　然而，歷史不能以成敗論英雄，更不能以此判斷真理與謬誤。雖然，自由主義在現代中國失敗了，但並不意味着它所選擇之方向的最終無意義。很多東西的價值，要隔相當一段歷史歲月才看得清楚。自由主義的歷史傳統豈非如此？不管現代中國的自由主義是多麼的幼稚，它留下的精神傳統，特別是社會民主主義的思想實驗，對未來中國的現代化道路選擇，很有可能是一筆價值連城的歷史遺產。

---

27. 格里德：《胡適與中國的文藝復興》，江蘇人民出版社，1989年，368頁。

三、在自由與公正之間
社會民主主義在中國

　　一個社會要得以維持，必須要有一套為社會所有成員普遍接受的合理性規則。傳統中國是一個禮治社會，儒家的禮治提供了符合那個時代正義標準的規則秩序。然而，從十九世紀末開始，中國進入了一個三千年未有之大變局。在西方世界的衝擊下，傳統的中國社會文化秩序全面解體，對於轉型時期的中國來說，如何建立一個符合自由與平等理想的新的正義秩序，成為社會重建的首要目標，也構成了現代中國政治思潮的主題。

　　自由與平等，雖然是現代性的兩個雙重目標，但二者之間卻存在着內在的緊張。西方的資本主義文明雖然對它們作出了學理上的承諾，卻無法在實踐層面予以圓滿的解決。到二十世紀上半葉，十九世紀的資本主義文明發生了嚴重的危機，並引發自由主義理論的大調整。幾乎是同步地，這一危機和調整也深刻地影響到中國知識分子對正義秩序的理解和現代化實踐的選擇。

十九世紀資本主義文明的危機

　　本章所研究的，就是從五四到1949年期間，中國的自由主義思潮在上述國際背景之下，是如何地社會民主主義化，尋求自由與公道的社會秩序。

中國的自由主義思潮，嚴格而言發端於五四時期。在這以前，梁啟超在《新民從報》鼓吹的「新民說」、嚴復對約翰·彌爾（John S. Mill）、史賓賽（Herbert Spencer）學說的介紹等等，可以視作自由主義的先聲，但並未掀起一個時代的狂瀾。到五四時期，隨着大批經歷了英美和歐陸自由主義洗禮的留學生回國和西方思潮的大規模東漸，自由主義遂在中國成為顯學，並鑄造了五四及後五四兩代知識分子的精神靈魂。[1]

　　中國的自由主義既然是外來的，就無法不受到西方思潮變遷的影響。當中國開始學習西方的時候，西方古典的資本主義文明正面臨巨大的危機。卡爾·波蘭尼（Karl Polanyi）認為，十九世紀的資本主義文明建立在四根制度性支柱之上：霸權均衡制度、國際金本位制度、自律性市場制度和自由主義國家制度。其中，金本位制度最為關鍵，二十世紀上半葉的全球資本主義危機就與金本位制崩潰有關。而金本位的基礎和母體卻是自律性市場制度。波蘭尼指出：

> 這種自律性市場的信念蘊含着一個全然空想的社會體制。假如不廢絕社會之人性的本質及自然的本質，像這樣的一種制度將無法在任何時期存在，它會摧毀人類並把他的環境變成荒野。而無可避免的，社會將採取手段來保護它自己，但不論社會採取那一種手段都會損傷到市場的自律，擾亂到工業生活，進而以另一種方式危害到社會。正是這種進退兩難的

---

1. 關於二十世紀中國知識分子代際分界的問題，我將他們劃分為六代人：晚清一代、五四一代、後五四一代、「十七年」（1949-1966年）一代、文革一代和後文革一代。其中，五四一代指的是1880-1895年間出生、領導五四的那代人，如陳獨秀、胡適、魯迅、周作人等。後五四一代指的是1895-1930年間出生、或直接參與過五四、或間接經歷過五四新文化洗禮的一代，如傅斯年、羅隆基等。稍年輕一點的有儲安平、費孝通等。詳見拙作：〈自序〉，《許紀霖自選集》，廣西師大出版社，1999年。

困境使得市場制度發展成一種一定的模式，並且終於瓦解了建立在其上的社會組織。[2]

自律性市場制度將人類圖利的動機作為自身存在的基礎，而且提高到日常行為的準則。但一個多世紀的歷史實踐卻證明，雖然它承諾了個人的自由，並相信自然秩序是和諧的，但由於其以一種非道德的市場屬性，無視社會結構的公共正義和人類福利，沒有節制地追求個人私利，使得社會的公共安全受到威脅，共有意義無法生存。財富和權力兩極分化的結果，令社會不得不反彈，發生一系列的保護運動以免遭崩潰。這種保護又倒過來損害了市場的自律。最後，十九世紀的資本主義文明在經歷了百年輝煌之後，到二十世紀逐漸顯現其內在的兩難困境。兩次世界大戰和1929年的全球經濟危機，強烈地表明這個文明迫切需要改善了。

自律的市場制度是十九世紀資本主義文明的基礎，也是亞當·史密斯（Adam Smith）等古典自由主義的理論支柱。當資本主義建制發生問題的時候，作為其意識形態的自由主義理論也面臨着自我的修正，需要從其對立面、社會保護運動的代表社會主義那裏吸取再生的資源。事實上，從十九世紀後期起，當資本主義弊病顯現、尚未爆發危機的時候，自由主義的修正已經開始。邊沁（Jeremy Bentham）和彌爾以「最大多數人的最大幸福」的功利標準作為公共的價值標準，從而為將國家的干預功能引入了自由主義理論；而托馬斯·格林（Thomas H. Green）更是將自由的概念康得化，賦予了其主觀的、積極的意義，強

---

2. 卡爾·波蘭尼：《巨變：當代政治、經濟的起源》，黃樹民等譯，台北遠流出版公司，1999年，59–60頁。

調自我與社會的相互依存關係。作為對各種保護運動尤其是社會主義的回應，自由主義理論開始「人道化」，正如喬治‧薩拜因（George H. Sabine）所說：「自由主義作為政治運動不容許脫離人道主義，因為人道主義一向是自由主義者的強大動力。」[3]

到二十世紀，如何保持在個人自由的前提下實現廣泛的社會經濟平等、建立公正的社會秩序，成為新自由主義最重要的內容。由於這些主題以前通常是社會主義追求的目標，因而新自由主義在相當大的程度上內化了社會主義的理想，開始擔當起自由主義早先的全面承諾。另一方面，由於西歐的社會主義運動也逐步吸取了自由主義的內核，日益社會民主主義化，新自由主義與社會民主主義的界限變得模糊不清，你中有我，我中有你。比如對中國自由主義產生過很大影響的英國費邊社，就是如此。新自由主義有關包容自由與平等、在個人主義的架構之下實現社會公正的理論追求，到七十年代的羅爾斯（John Rawls）那裏，通過辭典式的排序方式，整合進一個完美的理論體系，從而新自由主義最終獲得了其公認的合理性基礎。

隨着古典自由主義理論向新自由主義的轉變，作為自由主義建制化的西方資本主義制度，在十九世紀文明發生巨大危機之後，也迅速作出體制上的調整和改良，漸漸容納社會保護的內涵。尤其是羅斯福新政和戰後英國工黨執政之後，國家在社會經濟生活中的功能大大強化，福利主義、勞工保護和累計稅措施一一落實，新資本主義體制消解了社會主義運動，卻保存了社會主義的目標。這一吸取了十九世紀文明教訓的重大改革重大舉措，使得二十世紀的資本主義文明回應了社會主義的挑戰，贏得了戰後三十年（1945–1974年）的大繁榮。

---

3. 喬治‧薩拜因：《政治學說史》下冊，劉山等譯，北京商務印書館，1986年，773頁。

而本文所討論的二十世紀上半葉，正是十九世紀資本主義文明危機全面爆發、新自由主義理論和二十世紀新資本主義文明將形成而未形成之際的轉型時期，隨着十九世紀資本主義文明的加深，各種社會主義思潮席捲全球，也深刻影響到作為資本主義主流意識形態的自由主義理論。從本世紀初開始，開始加入全球化過程的中國，在社會思潮層面也與世界保持着密切的同步。各種社會主義思潮不僅左右了激進的馬克思主義者，而且也廣泛影響了保守主義乃至自由主義等各類中國知識分子。

　　因而，在現代中國知識界，普遍地拒絕古典資本主義，接受社會主義，就不是一件太令人奇怪的事情。即便是自由主義中比較右翼的胡適，在五四和三十年代，也多次表現出對社會主義的好感與熱情。他以一種歷史決定論的口吻，肯定社會主義乃是不可逆轉的大潮流：「十八世紀的新宗教信條是自由平等博愛，十九世紀中葉以後的新宗教信條是社會主義。」[4] 十九世紀以來，個人主義的趨勢的流弊漸漸暴露於世，資本主義之下的苦痛也漸漸明瞭。遠識的人知道自由競爭的經濟制度下不能達到真正的「自由、平等、博愛」的目的。向資本家手裏要求公道的待遇，等於與虎謀皮——於是各種社會主義的理論與運動不斷的發生。

　　以九十年代「歷史終結論」的眼光會過頭來看當年中國知識分子的社會主義狂熱，似乎有點不可思議，但如果置身於二十世紀上半葉的國際背景，一個人不信仰點社會主義，才真正有點不可思議。更重要的是，九十年代「歷史終結論」是以

---

4. 胡適：〈我們對於西洋近代文明的態度〉，《胡適作品集11》，台北遠流出版公司，1988年。

蘇聯式社會主義的成敗論英雄，假如是以廣義的社會主義實踐衡量，新自由主義或社會民主主義的凱旋，又何嘗不是社會主義的借腹懷胎！

事實上，當時中國知識分子所信仰的社會主義，也是一個既含糊又分化的東西。粗略區分，有三種不同的成份：

第一種是激進的社會主義，也就是陳獨秀、李大釗、毛澤東追求的蘇俄式共產主義。因為非本文之主題，這裏姑且列而不論。

第二種是新自由主義。胡適與傅斯年等許多英美留學生皆屬於這一系列。現代中國的自由主義，從來沒有經過西方古典自由主義的知識洗禮，從五四時代開始，便表現出明顯的新自由主義傾向，力圖將自由主義與社會主義加以某種調和。這一傾向，不僅受到了西方當時新自由主義思潮的支持，而且也有着中國政治文化傳統的背景。胡適等人在五四時以杜威（John Dewey）為楷模，到四十年代以羅斯福為旗幟。胡適雖然稱其為「新自由主義」（new liberalism），但也將它冠與社會主義的頭銜，叫做「自由的社會主義」（liberal socialism）。為了與第一種社會主義相區別，胡適特意說明：它是「避免『階級鬥爭』的方法，採用三百年來『社會化』（socializing）的傾向，逐漸擴充享受自由、享受幸福的社會。」[5]

第三種是社會民主主義。這一流派原來在西歐屬於馬克思主義系列，是其右翼的修正派。但中國的馬克思主義從一開始就全盤接受蘇俄的列寧主義，缺乏社會民主主義立足和發展的空間。相反，社會民主主義在中國倒是在自由主義知識分子

---

5. 胡適：〈歐遊道中寄書〉，《胡適作品集11》。

中間獲得了滋長和影響。其理論中堅是梁啟超為首的研究系一脈，最主要的代表是「二張」：張君勱和張東蓀。以後還有羅隆基、儲安平、潘光旦、蕭乾等一大批自由知識分子。他們心目中的聖人是英國兩個有社會主義傾向的自由主義思想家：羅素和拉斯基。尤其是拉斯基，在中國成為社會民主主義的思想靈魂。而作為實踐的榜樣，在二、三十年代是威瑪時期的德國社會民主黨，到四十年代則是戰後執政的英國工黨。

以上三種社會主義，也可以說是現代中國知識分子所追求的三條現代化道路。前者發生在激進的共產主義者中間，後兩條存在於自由主義陣營內部。從五四開始，社會主義與自由主義就是混沌一片，從來沒有分開過。十九世紀資本主義文明的危機，使得中國的自由主義從一開始就傾向於將社會主義納入自由主義的思想框架。所謂的新自由主義與社會民主主義，只是中國自由主義內部的思想分歧，二者之間並無嚴格的界限，如同在西方一樣，它們有很多共同的理論預設，如個人自由、民主政治、法治秩序、社會公道等等，其區別僅僅在於處理自由與平等不同的方式、比重、各自師從的思潮流派以及對蘇聯計劃經濟的評價等等。確切地說，二者的共同點要超過彼此的分歧，因而它們依然守護着同一個自由主義的理念和陣營。

然而，從政治思想史角度考慮，現代中國的新自由主義並無任何成體系的理論，雖然胡適個人在社會層面的影響無人比擬，但在學理層面他基本無所貢獻，反而不及有系統論述的「二張」。社會民主主義思潮，在中國不僅有像「二張」這樣的學理代表，而且為更多的自由主義者所接受。從這個意義上說，現代中國的自由主義主流思潮不是新自由主義，而是社會民主主義，當屬無疑。鑒於上述理由，本文以下的專題研究將主要討論社會民主主義，同時也會兼及新自由主義。

自由放任：資本主義之弊

中國的自由主義，從一開始就是「新的」。當他們學習西方資本主義文明的同時，也與西方同時代的老師一樣，對十九世紀的資本主義文明多有反思，可以說是一種反思性的吸取。那麼，他們對資本主義的批評主要集中於哪裏呢？

從大量文獻資料中可以發現，中國的社會民主主義對資本主義的批評，主要針對的是以個人主義為基礎的自由放任的經濟制度，也就是波蘭尼所說的十九世紀資本主義文明的根基——自律性市場制度。張君勱在他的代表作《立國之道》中，這樣概括西方資本主義的短處：

> 財富集中於少數人，釀成貧富的不均。無統籌全局的計劃，流於生產過剩。私人互相競爭，因競爭而生浪費。[6]

三條短處之中，後兩條與自由放任直接相關，第一條至少有間接關係。關於這一點，可以說是中國大部分自由主義者的共識。楊人楩1948年在《觀察》雜誌寫道：

> 自由競爭在經濟上既不再是促進社會進步的動力，那麼，自由競爭之說匪特不是自由主義的因素，而且已為多數自由主義者所放棄。[7]

不過，最初在五四時期，中國的社會民主主義對資本主義的批評，像所有的社會主義一樣，集中在私有制度，以為資本主義的一切罪惡都是資本和財產的私有、尤其是私有大

---

6. 張君勱：《立國之道》，桂林商務印書館，1938年，228頁。
7. 楊人楩：〈再論自由主義的途徑〉，《觀察》，第5卷，第8期。

資本造成的。[8] 因此，他們提出的解決方案，主要在改變所有制上做文章。張君勱鍾情於德國社會民主黨的路線及其威瑪新憲法，提出「尊社會之公益，而抑個人之私利」，希望通過「社會所有」、「公私共有」的混合經濟制度解決私人資本的集中和壟斷問題。[9] 張東蓀則心儀英國的費邊社，主張參考中國傳統的「行業公會」制度，走基爾特社會主義的道路。[10] 不過，到三十年代，他們逐漸改變了看法，反思的視線從私人所有制移向了自由放任制度。1932年，「二張」發起成立了中國社會民主主義的第一個政黨：中國國家社會黨。在其綱領性的宣言《我們要說的話》中，在談到資主主義的畸形時，有這樣一段話：

> 我們不妨即主張承認私產的存在。須知資本制度所以發生以及其所以演成現在的畸形，其故不是由於私產制度，而實由於放任狀態。質而之，即有了私產再加以放任，乃始有資本主義。所以至多只能說資本主義由私產而演出，卻決不能說有私產則資本主義必隨之而來。明白了這個界限便可知道資本制度的搖動不必完全連累私產的存在。[11]

雖然私產制度也有弊病，但資本主義之弊主要不在私產，而是放任。中國社會民主主義對古典資本主義的這一反思，不僅與同時代的西方新自由主義認識方向一致，而且也與世界其它社會民主主義的理論保持同步。對於自由放任制度，張東蓀後來作過一些歷史的分析，他認為，十八世紀的自由主義所

---

8. 參見張君勱：〈社會所有之意義及德國煤礦社會所有法草案〉，《改造》，第3卷，第11號。

9. 參見張君勱：〈德國新共和憲法評〉，《解放與改造》，第2卷，第11號。

10. 參見張東蓀：〈一個申說〉，《改造》，第3卷，第6號。

11. 記者：〈我們要說的話〉，《再生》，創刊號。

建立的個人主義社會，在歷史上有空前的功勞。所不幸的是後來在經濟方面發生了大漏洞。放任政策在資本主義初期助長生產，增加財富，不料也促成了資本主義的長成。對內愈見貧富不均，對外愈趨於侵略。演變至今天，已經千瘡百孔了。[12] 在這裏，可以注意到一個語用學的現象，在張東蓀看來，自由主義與資本主義是兩個價值上不等值的概念，如果說前者是中性的話，後者明顯具有貶義。這種自由主義為資本主義所害的看法，不僅屬於社會民主主義者，而且連新自由主義者都具有。傅斯年就這樣說過：

> 自由主義本是一種人道主義，只緣與資本主義結合而失其靈魂。今若恢復靈魂，只有反對發達的資本主義。[13]

在整個二十世紀上半葉乃至到八十年代，資本主義在中國知識界，即使是自由主義知識分子中間，始終是一個帶有罪惡的概念，它與社會主義這一名詞的大受歡迎，恰恰形成一個鮮明的對比。

資本主義的主要之弊在自由放任，那麼，自由放任的問題究竟在何處？中國的社會民主主義對此的質疑，主要在二個層面，其一是生產層面的非理性化，導致生產過剩危機；其二是分配層面的缺乏公道，導致貧富兩極分化。後一個層面涉及到社會公道問題，我們將在第五節中討論。這裏主要研究第一個層面的問題。

張君勱、張東蓀等人在一、二十年代對自由放任制度的質疑基本是倫理性的，1929年全球資本主義的生產過剩危機，使

---

12. 張東蓀：〈政治上的自由主義與文化上的自由主義〉，《觀察》，第4卷，第1期。
13. 傅斯年：〈羅斯福與新自由主義〉，重慶《大公報》，1945年4月29日。

他們意識到自由放任不僅在分配領域，而且在生產領域也存在着嚴重缺陷。自律性的市場制度雖然承諾一個完全自由的市場競爭秩序，但這僅僅是理論上的理想類型，在資本主義的歷史實踐中，完全競爭從來沒有真正實現過。資本的自身邏輯總是趨向於集中和壟斷，以致於競爭總是不完全的。完全競爭是自發秩序中市場價格合理調節生產和分配資源的關鍵，這一環節出了問題，整個自律性市場就失去了合理性的基礎。張君勱在三十年代已經注意到由於資本的壟斷而造成的競爭失靈問題，他例舉了摩根公司操縱美國金融、鐵路和公用事業等壟斷資本的事實，質疑亞當·史密斯以來古典自由主義的放任學說：

> 依彼輩之意，供求相應之原則，暢行無阻，則物價自平。然就各人平日所見，各國資本家關於所經營者皆已放棄競爭而走上壟斷之途徑。所謂自由競爭何在？所謂不壟斷又何在？[14]

他認為，之所以壟斷資本之所以出現，其源流乃是放任政策之結果。因此，他得出結論，古典學派的自由放任的學說，已經為時代所證明不正確。[15]那麼，如何解決呢？中國大多數的自由主義者都將希望寄託在國家的干預上，並且相信這是二十世紀世界的新潮流。胡適早在1914年，還在美國留學期間，就注意到這一點，他在日記中寫到：

> 今日西方政治學說之趨向，乃由放任主義而趨干涉主義，由個人主義而趨社會主義。[16]

14. 張君勱：《立國之道》，176頁。
15. 同上，177、185頁。
16. 胡適：〈留學日記〉，《胡適作品集35》，146頁。

中國自由主義之所以從一開始就遠離古典的放任主義，而親近干涉主義，與他們受到邊沁、彌爾的功利主義影響很有關係。「最大多數人的最大幸福」在中國成為無論是社會民主主義、還是新自由主義的最高價值和信念。正是在這一信念指引下，使他們堅信自由放任的市場秩序無法實現這一功利主義的原則，只有通過國家的立法、福利政策等干預，才能最終實現。也正是同樣的信念驅使，使他們一步步走向蘇俄的計劃經濟。

計劃經濟的幻想

二十年代末的全球資本主義大危機席捲整個歐美，唯獨蘇俄倖免。不僅如此，同一時期的第一個五年計劃期間，蘇俄經濟高速發展，完全消滅了失業問題。這一起引起了中國自由主義的強烈興趣。張君勱、張東蓀興奮地說：

> 我們正在苦悶之中，而俄國的由計劃的經濟頗給予以刺激。——這個有計劃的經濟之實施在經濟上與方法上是人類最寶貴的一件事。[17]

二十世紀上半葉中國知識分子對蘇俄的好感和狂熱，總共出現過兩次，第一次是十月革命以後，是對蘇俄革命的民粹主義式嚮往，那一次是政治上的狂熱。第二次是三十年代，是對蘇俄計劃經濟強烈的興趣，這一次是經濟上的狂熱。

蘇俄的計劃經濟制度的產生和建立，與極權主義政治和國家所有制有着密切的關係。然而，在中國的社會民主主義看

---

17. 記者：〈我們要說的話〉，《再生》，創刊號。

來，計劃經濟卻是人類理性的一個很重要的貢獻，它完全是中性的。張東蓀再三說明：「計劃經濟是一個中性的名詞」，社會主義、資本主義、甚至法西斯主義都可以加以利用。但在他看來，只有以社會主義為原則的計劃才是進步的計劃經濟。因為計劃可以使生產得以提高，符合大多數人的最大幸福。[18] 他甚至認為，自由與民主都是一種烏托邦的理想，要使它們得以實現，必須依靠制度的媒介。在西方這樣的媒介是個人主義的資本制度和民族一體的國族主義。但它們都發生了一些問題。現在蘇俄貢獻了第三個實現自由與民主的媒介：計劃經濟。他熱烈地稱頌蘇俄「居然為人類創下了一個暗中摸索，多方迂回而得的光明途徑。」[19]

　　在中國自由主義之中，張東蓀是比較左翼的，這位未曾到過蘇俄的哲學家對蘇俄式社會主義特別是其計劃經濟、經濟民主，有許多美好的想像或想像性的理解。但即使是其它自由主義者，在三、四十年代對計劃經濟也同樣具有熱烈的興趣，他們與張東蓀一樣，將之看作是中性的、技術性的。不僅可以適應於蘇俄的社會主義國家所有制，也可以應用於以私有制為主體的資本主義混合經濟。既然自由放任失敗了，那麼計劃經濟作為人類理性的一個新貢獻，不僅可以代替或配合市場合理地分配資源，而且社會公道也要通過國家的計劃得以實現。羅斯福的新政和戰後英國工黨的社會主義政策，都被認為是成功地實行計劃經濟的結果。蕭乾1948年為《大公報》寫的社評中，將「合理的統制」（國家計劃）與新自由主義聯繫起來：

---

18. 張東蓀：〈政治上的自由主義與文化上的自由主義〉，《觀察》，第4卷，第1期。

19. 張東蓀：《民主主義與社會主義》，上海觀察社，1948年，47、51頁。

自由主義與英國自由黨的主張距離很遠很遠。自由主義者並不擁護十九世紀以富欺貧的自由貿易。對內也不支持作為資本主義精髓的自由企業。在政治在文化上自由主義者尊重個人，因而也可說帶了頗濃的個人主義色彩。在經濟上，鑒於貧富懸殊的必然惡果，自由主義者贊成合理的統制，因而社會主義的色彩也不淡。自由主義不過是個通用的代名詞。它可以換成進步主義，可以換為民主社會主義。[20]

中國的社會民主主義與新自由主義都異口同聲稱讚計劃經濟，這與五四以來中國知識界所彌漫的建構理性主義知識論有關。啟蒙運動對理性的高揚，使得中國知識分子普遍地相信人的理性的全知全能，不僅能夠認識客觀世界的「實在」，而且還有可能創造出新的「實在」世界。以研究認識論著稱的張東蓀就相信所有的思想在其本質上總是「建立的」，理論的概念「使人人心目中都熟習了以後，社會的組織便可依照着而另成一種制度。」[21] 以這樣的理性主義立場出發，他們對計劃經濟產生美麗的幻想就是很自然的。

不過，作為自由主義者，他們對蘇俄式的那種與國家所有制與極權政治位基礎的計劃經濟不是沒有警惕，張君勱在《立國之道》中，繼分析了自由放任經濟的問題之後，也指出了蘇俄式計劃經濟的短處：一方面，「國家自從事於經濟事業，須多設官吏」，而「官吏不長於經營工商」。另一方面，「國家權力過大，足以妨害人們自由」。[22] 如何在自由與計劃之間保存平衡，既有市場經濟下個體選擇和個人自由的活力，同時國

---

20. 蕭乾：〈自由主義者的信念〉，上海《大公報》，1948年1月8日。
21. 參見張東蓀：《思想與社會》，遼寧教育出版社，1998年，101頁；《理性與民主》，重慶商務印書館，1946年，109頁。
22. 張君勱：《立國之道》，228頁。

家又在整體發展上安排理性的計劃，這是中國的社會民主主義所欲解決的。在他們看來，羅斯福的新政和戰後英國工黨的執政政策比較符合他們的理想。二十世紀資本主義的實踐表明，自由市場經濟的模式不僅只有十九世紀的自由放任模式，還可以有其它模式，比如西歐的社會市場經濟模式、東亞的國家主導型市場經濟模式等。計劃經濟作為自由放任經濟的整體替代模式，到八十年代末已經宣告失敗。但作為自由放任的改良模式，計劃經濟的部分內涵卻在當代資本主義市場體系中廣泛地得到應用。在這個世界上，我們既無法找到一個類似十九世紀的「純粹市場經濟」，也不再存在一個蘇俄式的「純粹計劃經濟」。從這個意義上說，本世紀上半葉中國社會民主主義所追求的，雖然枝節上問題多多，但總的方向並未大錯。

對自由的新的理解

中國的社會民主主義之所以傾向社會主義，與他們對自由的理解有密切的關係。毫無疑問，在他們的理論體系中，個人的自由具有最重要的位置，是眾價值中最優先的價值。假如沒有這一點，他們也不會被認為是屬於廣義上的自由主義。問題僅僅在於，中國的社會民主主義所理解的個人自由，究竟具有什麼樣的內涵？

古典自由主義所理解的個人，是原子式的、自恰的、先在的個人，由此推導出一系列的個人的自由、基本的權利以及社會、國家學說。不過，經過彌爾和格林兩次對古典自由主義的修正浪潮，個人的原子意味大大淡化，與社會的互動關係有所強化，因而也引起了對自由的新的詮釋。受此新自由主義影響，中國的社會民主主義者，雖然繼續堅守個人權利至上的原則，但他們所理解的個人也已經不是自律性市場中純粹的原子

式個人，而是作為社會一分子的、權利與義務並重的個人。這也同樣影響到他們對個人自由的理解。

自由在英語中有兩個詞：liberty和freedom。相比之下，liberty含義比較明確，用張佛泉的話說，多指政治方面的保障，可以開列一張明晰的權利清單。[23] 而freedom含義比較模糊，多指人的意志自主性，沒有公認的標準。在西方古典自由主義那裏，自由主要是liberty意義上的，以以賽亞·伯林（Isaiah Berlin）的區分，是一種免予外力干預的消極的自由。但到彌爾、特別是格林以後，自由的含義逐漸具有了積極的含義，有自我主宰、自我實現的意味。那麼，中國的自由主義是在何種意義上談自由？應該說，在自由的這兩個層面上，中國的自由主義都有所發揮。無論是二十年代末的人權運動，還是四十年代的民主運動中，胡適、羅隆基、張君勱等都特別強調自由是一種不受壓制的政治權利。不過，他們也常常在意志層面談自由，將自由理解為「解縛」、「由自己作主」，[24] 幾乎沒有人能夠將這二者予以明確區分。[25]

事實上，中國的自由主義者們談到自由的時候，既非偏愛積極自由，也非冷淡消極自由，在不同的背景下，有不同的側重和解釋。但在他們的思想意識深處，這二者從來沒有分開過，也未曾顯現出內在的緊張和矛盾。相反地，在他們看來，消極地免於外在的干涉和積極地爭取意志自由，倒是內在和

---

23. 參見張佛泉：《自由與人權》，香港亞洲出版社，1955年。

24. 參見胡適：〈自由主義是什麼？〉、〈中國文化裏的自由傳統〉，載胡頌平編：《胡適之先生年譜長編初稿》第6冊，2044、2078頁。

25. 在現代中國自由主義知識分子之中，能夠在學理上將這兩種自由作明確區分的，可能只有張佛泉。他的《自由與人權》一書，對自由作了清晰的分梳。但這已經是五十年代的事了。參見參見張佛泉：《自由與人權》，香港亞洲出版社，1955年。

諸、不可分離的。張東蓀在自由主義學理論證上，是最富哲學思辨的。他在四十年代曾在多本著作中討論過對自由的理解。他注意到自由的出現與反抗強制有關，他把這種自由稱作公民的自由或社會的自由。但作為一個哲學上的唯心主義者，他同時又強調，自由不僅是個法律的概念，而且還是一個道德上的概念，自由就是一種個性的自覺，與理性是相通的。而且，在一切自由之中，精神的自由是最根本的。[26] 這樣，在張東蓀的解釋中，自由的消極意義和積極意義完全被融合於一個無矛盾的概念框架中了。不僅是張東蓀，中國其它的自由主義思想家如胡適，也有同樣的傾向。[27]

馬考倫（G. G. MacCallum）曾經將自由看作是一個涉及到三個要素的概念：人、束縛和行為。因而，所謂自由無非是某人自由於某種束縛，去自由地做某事。[28] 這一將消極自由與積極自由整合為一的理解，是自彌爾到羅爾斯的新自由主義的內在思路。中國的自由主義無疑受到了他們強烈的暗示和影響。這樣，一個人自由與否，不僅要看他是否受到了強制，而且還要看他是否具有自由的能力，以完成自我的實現。可以說，康得化的自我實現或者說發展個性，是中國自由主義理解自由價值的核心所在。因而，權利這一消極自由之所以重要，無非是因為權利是自我實現的不可缺少的條件。張君勱在翻譯拉斯基的重要著作《政治典範》時所作的序中，特別指出：

---

26. 參見張東蓀：《理性與民主》，131–135頁。

27. 鄭貴和對胡適的自由觀念作過分析，發現其中的成份十分豐富，包括消極自由、積極自由等多種含義。詳見鄭貴和：《胡適的自由思想》，台灣大學政治系研究所博士論文，1991年，未刊本。

28. 轉引自石元康：《洛爾斯》，台北東大圖書公司，1989年，57頁。

權利者，社會生活之要件，缺之者，人類不能發展其自我之最善之謂也。——權利為自我實現之條件之語，即賴氏（指拉斯基，引者注）學說中個人主義的彩色也。[29]

所謂權利，在古典自由主義那裏，僅僅是指政治或法權領域的那些不受強制、不可剝奪的自由，但在新自由主義這裏，開始大大泛化，成為一種廣義的、包含社會經濟內容的權利，如生存權、財產權、受教育權等。至於這些權利，究竟是自由本身，還是自由的條件，至今還有爭議。但在新自由主義看來，假如我們將自由不僅僅理解為消極地不受強制，而是切實地能夠積極地去做一些事情以實現自我，那麼，那些社會經濟權利的普遍化，就不是可有可無的，而是自由的題中之義。正如格林所說，自由是「從事值得去做或享受的事物的一種積極的力量和能力。」[30]

對中國社會民主主義的形成產生很大影響的拉斯基，對上述權利的定義也是廣義上的。在張君勱翻譯的《政治典範》一書中，拉斯基例舉了人們應該享受的各種權利，如工作權、教育權、參政權、財產權、合理工時權、適當工時權等。其中提到的教育權和財產權，特別為張君勱所着重，他說：

賴氏以為必國民之知識財產約略平等，然後可語夫政治生計上之自由平等，非然者，雖有美制，徒成具文，明乎此義，則治國之唯一方針，厥在國民地位之抬高，此外無他妙巧矣。[31]

---

29. 張君勱：〈賴氏學說概要〉，拉斯基著、張士林譯：《政治典範》，上海商務印書館，1930年。
30. 轉引自喬治·薩拜因：《政治學說史》下冊，799頁。
31. 張君勱：〈賴氏學說概要〉，拉斯基著、張士林譯：《政治典範》。

不獨社會民主主義者張君勱,而且連新自由主義者胡適,在談到自由的時候,也十分強調自由的能力,即它的實際可能性。這與杜威對胡適的影響有關。杜威認為:「人的自由不是一個事實,它是一種可能性,但像其它所有的可能性一樣,這個可能性有待實現。」胡適也因此看重實現個性和自我發展的客觀條件,尤其是自由能力的增加。在他看來,知識和智慧是個人能力的最主要因素。[32] 因而,普遍的義務教育,成為落實個人自由的重要條件。對自由的寬泛理解,使得胡適對社會主義有了一種自然的傾向。

三十年代以後,西方對自由和權利的理解日趨社會主義化,賦予了越來越多的社會經濟內容。法國人權協會的《人權宣言》、英國作家威爾斯的《人權宣言》都把生存權作為人權的最重要的第一要義。西方新自由主義的這些變化都引起了中國社會民主主義者的密切關注。[33] 特別是為中國知識分子高度崇敬的羅斯福1943年提出的「四大自由」說,第一次將「免於匱乏的自由」這一本來屬於自由的外在條件,作為自由的要素隆重推出,更是在中國思想界刮起了一股旋風,令本來就具有社會主義傾向的社會民主主義者欣喜若狂,一時呼應四起,歡呼人權的新時代降臨。張君勱說:

> 十九世紀之人權論,以信仰、結社、宗教、財產為重,現在則推廣到勞動權、生產權,可以說從前為個人主義,現在為社會主義。同一人權,其中意義一貫,決無衝突。[34]

---

32. 參見鄭貴和:《胡適的自由思想》,台灣大學政治系研究所博士論文,1991年,未刊本。

33. 參見張君勱:〈威爾斯氏政治思想及其近作人權宣言〉,《民憲》,第1卷,第10期;〈法國人權協會之人權宣言〉,《民憲》,第1卷,第12期。

34. 張君勱:〈二十年來世界政潮激盪中我們的立場〉,載中國第二歷史檔案館編:《中國民主社會黨》,北京檔案出版社,1988年,95頁。

傅斯年也在羅斯福的「四大自由」中獲得了新自由主義的靈感。他在〈羅斯福與新自由主義〉一文中將經濟的平等列入了與自由同樣重要的地位：

> 百多年來，自由主義雖為人們造成了法律的平等，卻幫助資本主義更形成了經濟的不平等，這是極可恨的。沒有經濟的平等，其它的平等是假的，自由也每不是真的。[35]

這樣，從對自由和權利的從新詮釋出發，中國的社會民主主義和新自由主義就一步步引出了平等和公道，後者成為他們理論體系中與自由和人權相提並論的重要命題。

社會公道的原則

古典的自由主義理論，不是不討論正義（justice）問題，但對他們而言，所謂正義，只是維持一個由形式規則和程序所結合的整體，它提供一個法治的結構，每個人在追求他們自身利益的時候，都受到這個結構的保護。法律的存在，不是用來干預某些特殊的人的行動和選擇，它只關心的是，在什麼條件下，人們可以表達出他們的喜好。正義並不關心這些喜好的結果。因而，貧窮、失業、經濟不平等，被排除在正義的視野之外。古典自由主義的正義觀，可以說是一種「交換的正義」（commutative justice）。[36]

十九世紀資本主義文明的危機，暴露了古典自由主義正義理論的問題。新自由主義認為，由自由放任而自然產生的財

---

35. 傅斯年：〈羅斯福與新自由主義〉，重慶《大公報》，1945年4月29日。
36. 參見Andrew Vincent：《當代意識形態》，羅慎平譯，台北五南圖書公司，1999年，62頁。

富和其它社會資源的巨大不平等，並非是公道的，必須經由一種有限的重新分配原則加以糾正。這樣做不是要取消和削弱市場制度，而是以此緩和放任所帶來的社會後果。於是，正義理論由「交換的正義」發展為「分配的正義」（distributive justice）。

中國的自由主義者都幾乎無一例外地接受了「分配的正義」觀，他們在強調自由的同時，也十分重視正義的問題。正義，在當時主要被表述為「社會公道」或「經濟平等」這樣的說法，它成為中國自由主義理論中與自由同樣重要的核心理念。早在二十年代初，張君勱就明確地提出：

> 吾以直捷了當之語告國人：一國之生計組織，以公道為根本，此大原則也。——社會公道與個人自由如鳥之兩翼，車之兩輪，缺一不可者也。[37]

如果説「個人自由」是政治領域的中心概念的話，那麼「社會公道」和「經濟平等」就成為經濟領域的主要目標。為什麼社會公道是必須的？張君勱等所依據的，正是西方新自由主義者邊沁、彌爾等的功利主義的原則，在他們看來，世界上一切活動當以人類的幸福為前提。但十九世紀以來西方資本主義的發展，以圖富強之故而犧牲人類，以致對內造成階級鬥爭，對外釀成國際大戰，乃不足取也。[38] 中國雖然與西方資本主義發達國家不一樣，仍然還是苦於資本的不發達，貧乏還是最大之患。然而，生產的提高、效率的促進，必須以不有虧於公平和自由為前提。關於這一點，張東蓀和張君勱特別強調：

---

37. 張君勱：《國憲議》，時事新報社，1922年，109、116頁。

38. 張君勱：《國憲議》，109、117頁。

必須在不喪失公平與自由之範圍內來提高效率，促進進步。
因為沒有自由，則國家便常在變態中；縱有效率得不得真進
步。沒有公平尤是一種社會的病態。我們所求實在正態中的
進步，而不求那些變態的效率。[39]

中國自由主義對社會公道和經濟平等問題的強調，不僅
是因為對西方資本主義理性反思的結果，更重要的是在於對中
國當時社會現實的敏感回應。根據吳承明的研究，中國資本主
義的發展，經歷了幾個階段：1895–1913年期間，是初步發展
時期；1914–1920年期間，是進一步發展的時期；1920–1936年
期間，是資本主義化的時期。[40] 中國的社會民主主義思潮，剛
好在這資本主義化時期出現，絕非偶然。事實上，中國資本主
義的發展和由此帶來的社會經濟的大幅變遷，主要發生在1914
年以後，從1914年到1936年，這二十多年可以説是中國資本主
義發展的黃金時代。經濟的發展深刻地顛覆了傳統中國的社會
秩序和城鄉一體化結構，造成了都市與鄉村、沿海與內地的嚴
重的二元結構。隨着資本原始積累的增加，財富和收入的巨大
不平等也出現了，而且以一種傳統中國從未有過的尖銳方式出
現：一極是在資本主義發展中得到巨大利益的政治/軍事統治
集團和具有壟斷性質的金融資產階級，另一極是隨着內地和鄉
村日益凋敝而生活每況愈下的底層農民和城市貧民。如果説在
1936年以前，由於經濟還在繼續增長，社會不平等問題尚未到
全局性爆發程度的話，那麼，到四十年代以後，因為戰爭而引
起的資源空前短缺和由通貨膨脹而觸發的經濟惡化，使得包括
知識分子和普通公務員在內的絕大部分民眾的生活都陷於普遍
的貧困化，另一方面，在這普遍的貧困之中，上層利益集團卻

---

39. 記者：〈我們要説的話〉，《再生》，創刊號。
40. 參見吳承明：《中國資本主義與國內市場》，中國社會科學出版社，1985年，129頁。

借助壟斷的權力，大發國難財，嚴重的結構性腐敗令少數權貴佔據了社會大部分的稀缺資源。這樣，社會的公道問題——分配的公正和經濟的平等，就成為與個人自由與政治民主同等重要、甚至是更重要的問題。誰抓住了公正這面旗幟，誰就將獲得民心，獲得底層社會的支援和呼應。中國的共產主義思潮正是在這個問題上，及時地回應底層民粹主義的要求，高舉平等的大旗，佔據了意識形態上的上風。

在回應「社會公道」的問題上，中國的自由主義與激進的共產主義幾乎處於同一起跑線上，在五四時期，當自由主義與共產主義尚未分化的時候，社會主義曾經是他們共同的理想。到二十年代初，共產主義與社會民主主義分道揚鑣，雙方爆發了關於「社會主義」的論戰。然而，他們之間的分歧不在於中國究竟要不要實現「社會公道」，而是達到這一目標的方式問題，是像蘇俄那樣採取激進的革命方式呢，還是像英國的費邊社或德國的社會民主黨，通過溫和的立法方式加以解決？[41] 不過，當時在二十年代初，當中國的資本主義化剛剛開始的時候，張東蓀等雖然對社會主義心嚮往之，但依然接受了羅素對中國問題的看法，認為中國的資本發展還遠遠不夠，社會主義還是將來的事情，目前只能進行一些勞動者社會福利的改良。[42]三十年代以後，隨着資本主義化在中國的深化，張東蓀、張君勱等越來越重視對重建社會正義秩序尤其是「分配正義」的問題。在國家社會黨的綱領性宣言《我們要說的話》中，具體提出了改善勞工生活、承認工人的罷工權、工廠立憲制、國家租稅的確定必須能藉此達到社會的經濟公平等主張。[43] 到四十年

---

41. 參見蔡國裕：《一九二〇年代初期中國社會主義論戰》，台灣商務印書館，1988年。
42. 參見張東蓀：〈現在與將來〉，《改造》，第3卷，第4號。
43. 記者：〈我們要說的話〉，《再生》，創刊號。

代，當社會的不平等、不公正問題空前尖銳之際，不僅是社會民主主義者、而且連新自由主義者都將社會公道作為一個重要的問題加以討論，認為這是自由主義的題中之義。蕭乾在那篇為《大公報》所撰寫的社評中，特別指出我們現在所談的自由主義與十九世紀的自由主義已經不一樣了，我們是以大多數的幸福為前提，政治民主必須與經濟平等並重，公平尤其是一個難能的德性，因為它可以削減和剝奪特權者的既得利益。因此蕭乾主張在經濟上公用事業國有，在財政上實行課富的賦稅政策。[44]

中國的自由主義在當時抓住「社會公道」和「經濟平等」這面旗幟，表現了他們強烈的問題意識和社會良知，即使自由主義最後在中國受到挫折，也並非因為他們的理論和主張脫離現實，而是另有原因。而從思想史的角度檢討，中國的自由主義者可能是太「現實」了，他們的思路過多地關注於社會公道的具體方案上，比如社會所有、計劃經濟、社會保障、普遍教育、累進稅和勞工權益的落實等等，而缺乏從學理上深入地論證自由與公道之間的關係。如同許多樂觀的自由主義一樣，他們總是以為象自由、平等、正義這類美好的價值，都是內恰的、相得益彰的，幾乎可以在一個理想的社會秩序中同時予以實現，而對這些美好價值之間的緊張和衝突缺少起碼的認知。因而他們從來沒有考慮到類似羅爾斯的排序問題，即在安排一個社會正義秩序的時候，不得不對自由、平等等價值作出辭典式的優先性排列。這就使得他們對公道的討論僅僅停留於意識形態的宣傳，而缺乏學理上的深入，即使像當時一流的自由主義思想家張東蓀和張君勱也是如此。當我們今天重新回過頭來清點他們的思想遺產時，不能不為此感到深深的遺憾。

---

44. 蕭乾：〈自由主義者的信念〉，上海《大公報》，1948年1月8日。

「師法英美」與「師法蘇俄」

有一種說法，將五四以後的現代中國政治思想史，概括為某種新的兩條路線的鬥爭：是「師法英美」呢，還是「師法蘇俄」？或者換一個說法，是走資本主義道路呢，還是走社會主義道路？這樣的說法，首先在方法論上有化約主義的問題，無論是資本主義，還是社會主義，都是兩種極其複雜的意識形態和社會組織，有蘇俄式的社會主義，也有北歐式以及東歐式的社會主義，有十九世紀的古典資本主義，也有二十世紀的新資本主義。即使具體到蘇俄和英美，如果說蘇俄的社會主義還比較明確的話，那麼所謂英美的資本主義道路，十九世紀的自由放任制度與二十世紀三、四十年代的羅斯福新政、英國工黨的社會民主主義道路就大為不同。我們無法在一個化約的層次上作簡單的分類。以現代中國思想史而言，激進的共產主義思潮可以說是「師法蘇俄」，但本文所研究的自由主義思潮，並非所謂的「師法英美」就可以概括，需要我們作深入的分析。

從發生學上來說，本世紀中國前半葉的自由主義與後半葉的自由主義之間的最大區別，是後者在反思蘇俄式的社會主義中重建，而前者是在反思十九世紀資本主義文明的背景下產生的，因此，歷史上的那代自由主義，從「二張」到胡適，多多少少具有社會主義的傾向。不僅他們本人，連他們的西方老師都是如此。杜威、羅素和拉斯基，是三位對中國自由主義產生過廣泛影響的英美思想家。前二位五四時期訪問過中國很長一段時間，在各地作過巡迴演講，可以說是自由主義在中國的傳教士。然而，這二位在英美都是公認的社會民主主義者。至於拉斯基，雖然沒有來過中國，但他對中國自由主義思潮的實際影響要遠遠超過杜威和羅素。中國著名的自由知識分子羅隆基、蔣廷黻、吳文藻、陳源、王造時、儲安平、杭立武等留學英美期間，都是拉斯基親炙的學生；張君勱雖然留

學的是德國，但他自認政治思想是英國的，對拉斯基最為崇拜，將他看作是洛克（John Locke）、邊沁和彌爾之後英國自由主義政治哲學的正宗傳人。[45] 在二、三十年代，中國影響最大的商務印書館先後翻譯出版了拉斯基三部重要的代表作：《政治典範》（*The Grammar of Politics*）、《國家的理論與實際》（*The State in Theory and Practice*）和《共產主義的批評》（*Communism*），分別由張君勱、王造時和黃肇年翻譯。此外，新月書店在1931年還出版了丘辛白所譯的拉氏《政治》一書。四十年代以後，自由主義的各種雜誌如《觀察》等介紹翻譯拉斯基的新作依然不斷。作為英國費邊社和英國工黨的主要領袖和思想家，拉斯基一生致力於揉合自由主義與社會主義兩大理論體系，他的社會民主主義理論對中國自由主義思潮的巨大影響，至今仍是思想史研究的一大空白。

中國自由主義對十九世紀資本主義的反思以及由此產生的社會民主主義化，使得他們對西方的古典自由主義思潮有一種本能的疏離。哈耶克（Fredrich August von Hayek）批評社會主義的名著《通往奴役之路》雖然初版於1945年，但幾乎沒有引起中國自由主義者的注意，唯一例外的是閱讀甚廣的潘光旦，在1946年9月出版的論文集《自由之路》中，在一條補注中他提到了哈耶克的這本著作，雖然對哈氏批評德俄的極權主義表示贊成，但對哈氏將自由經濟與計劃經濟看作是不能兩立，對一切計劃經濟表示反對的觀點，潘光旦批評其為「失之偏激」，明確表示「不贊成」，他認為個人主義與社會主義各有其弊病。[46] 潘光旦的評論儘管是個人性的，但在中國自由主

---

45. 張君勱：〈賴氏學說概要〉，拉斯基著、張士林譯：《政治典範》，上海商務印書館，1930年。

46. 潘光旦：〈自由之路〉，《潘光旦文集》第5卷，北京大學出版社，1997年，300頁。

中頗具代表性，假如當時其它人也讀到這部著作，相信大部分人的反應與潘光旦不會差距太遠。整個二十世紀上半葉，中國的自由主義已經被拉斯基的社會民主主義籠罩了，他們無法理解和接受古典自由主義，即使是像哈耶克這樣的新古典自由主義。只有當歷史背景轉換到對蘇俄式的社會主義沉重反思，哈耶克才會在中國思想界引起普遍重視，這一情形在台灣是五十年代以後，而在大陸則要到九十年代以後了。因此，如果說現代中國的自由主義在思想上「師法英美」的話，那個「英美」決不是洛克、亞當‧史密斯和哈耶克式的古典自由主義，而是邊沁、彌爾、拉斯基、羅素和杜威為代表的新自由主義和社會民主主義。

現代中國的自由主義是那樣自覺地遠離資本主義，追求與社會主義的結合，以致於遠非「師法英美」的化約説法能夠道盡其中的複雜內涵。如果我們進一步地加以分疏，就會發現以胡適、傅斯年為代表的新自由主義與「二張」為首的社會民主主義，儘管在思想層面有着很多的共同預設，但在具體的道路選擇上，存在着明顯的區別。如果説新自由主義是「師法英美」的話，那麼社會民主主義則力圖超越英美和蘇俄，走不偏不倚的「第三條道路」。

先看新自由主義。胡適在二、三十年代雖然一直是英美派，但如前所述，他對蘇俄式的社會主義曾經表現出極大的好感和興趣，而且還將「蘇俄道路」與「英美道路」視為同一，認為「蘇俄走的正是美國的路」。[47] 但到四十年代，胡適對蘇俄的幻想夢醒，根據胡適自己的交代，他對蘇俄幻想的破滅主

---

47. 胡明：《胡適傳論》，北京人民文學出版社，1996年，660頁。

要是因為《雅爾達協議》，讓他看到了蘇俄的擴張野心。[48] 但胡適對蘇俄態度的改變不僅有民族主義的因素，還有其思想變化的淵源。胡適之所以到四十年代與極權主義勢不兩立，可能與杜威有點關係。杜威在1939年出版的《自由與文化》一書中，以其鮮明的民主主義立場，反對包括德國和蘇俄在內的一切極權主義。[49] 胡適時任駐美大使，不可能不注意到其師著作並受其影響。1941年胡適在密西根大學演說，首次提出了民主主義與極權主義、急進的革命與漸進的改革兩種不同的道路，[50] 這個二元的模式成為四十年代胡適的基本理路。到這個時候，胡適雖然不願意再提「社會主義」，恐怕與蘇俄的極權主義沾上邊，但他對羅斯福新政和英國工黨式的社會主義依然情有獨鍾，改而稱之為「社會化的經濟制度」。其含義，就是「要顧到社會大多數人民的利益的經濟制度」，一方面不廢除私財產和自由企業，另一方面實行社會化的立法、節制資本、徵收累進稅、保障勞工權益、供給全國用度、縮短貧乏差距等等。[51] 他熱情地讚揚英國工黨不流一滴血，不用武力革命，只靠一張無記名選票，實現了「把資本主義的英國變到社會主義的英國」。這種對英國工黨式社會主義政策的好感，傅斯年表現得更熱烈，他在工黨大選獲勝以後，專門作文予以肯定：

> 我平生的理想國，是社會主義與自由並發達的國土，有社會主義而無自由，我住不下去，有自由而無社會主義，我也不

48. 參見胡適給周鯁生的信，載胡頌平編：《胡適之先生年譜長編初稿》第6冊，2016頁。

49. 參見杜威：《自由與文化》，吳俊升譯，台北正中書局，1953年。

50. 參見胡適：〈民主主義覺醒了〉，載胡頌平編：《胡適之先生年譜長編初稿》第5冊，1730–1739頁。

51. 參見胡適：〈眼前世界文化的趨向〉，載胡頌平編：《胡適之先生年譜長編初稿》第6冊，1985頁；胡適：〈自由主義是什麼？〉，載胡頌平編：《胡適之先生年譜長編初稿》第6冊，2046頁。

要住。所以我及其希望英美能作成一個新榜樣，即自由與社會主義之融合，所以我才對此大選發生興趣。[52]

從傅斯年這段名言中，我們可以清楚地看到，中國的新自由主義內心所希望「師法英美」的，究竟是什麼。「有社會主義而無自由」的蘇俄斷然不行，但「有自由而無社會主義」的十九世紀英美，也住不下去，他們所期望的「自由與社會主義之融合」的「理想國」，正是羅斯福所開創、而為英國工黨所發揚的二十世紀新自由主義或社會民主主義道路。這樣的「理想國」即使在英美也還在建構之中，所以，對於中國的自由主義來說，就不是一個簡單的「師法英美」，而必須積極地參與建構「理想國」的歷史實踐。

當胡適、傅斯年等新自由主義者對英美道路有所期待的時候，張君勱、張東蓀、羅隆基等社會民主主義者卻明確地亮出了「第三條道路」或「中間路線」的旗幟。二次大戰以後，冷戰格局造成的英美和蘇俄兩個陣營的對峙已經十分明顯。根據「個人自由」與「社會公道」的兩大原則，他們在英美和蘇俄的兩大壁壘中採取超越的姿態，既非一味地「師法英美」，也不是簡單地「師法蘇俄」，而是各取所需，所謂「英美的政治民主」加上「蘇聯的經濟民主」，這一「第三條道路」被寫入所謂「中國自由主義的大憲章」——中國民主同盟的宣言和主張之中，成為四十年代中國社會民主主義的總綱。[53] 張東蓀對此專門作了一篇題為〈一個中間性的政治路線〉，有這樣的說明：

---

52. 傅斯年：〈評英國大選〉，《傅斯年全集》第5冊，台北聯經出版，403頁。

53. 參見《中國民主同盟歷史文獻》，北京文史資料出版社，1983年，77頁。

中國必須於內政上建立一個資本主義與共產主義中間的政治制度，——在政治方面比較上多採取英美式的自由主義與民主主義；同時在經濟方面比較上多採取蘇聯式的計劃經濟與社會主義。[54]

問題在於，這樣的「第三條道路」在學理和模式上如何成立？政治上的民主主義與經濟上的社會主義如何得以調和？作為中國社會民主主義的理論家，張東蓀在1948年發表了專著《民主主義與社會主義》，在學理上對此作了論證。他的基本觀點是：民主主義與社會主義同是西方文化上的產物，其根本在於幾個共同的概念：自由、平等、公正、公意、公理、人權等等。它們是一群互相關聯、互相套和的「概念群」，為民主主義與社會主義所共用，這兩種主義具有同一個目的和方向。[55]我們知道，民主主義是一個更含混的概念，有自由主義的民主，也有共和主義的民主。那麼，張東蓀所說的民主主義究竟何指？在《思想與社會》一書中，張東蓀說明道，他所理解的民主主義，乃是從盧梭到馬克思這一路歐陸式的民主，「沒有盧梭就沒有馬克思。——馬克思與盧梭是不能分家的。一切弊病都由於二者的分開即有民主主義而無社會主義或有社會主義而無民主主義——民主主義這個概念在其本質上根本就含有社會主義之概念在內」。[56]

在這裏，我們再次看到中國的社會民主主義具有一種理想主義的烏托邦，在他們期望的理想世界裏面，一切價值都是和諧的、沒有衝突的，問題僅僅在於如何將它們整合起來

---

54. 張東蓀：〈一個中間性的政治路線〉，《中國民主社會黨》，97頁。
55. 張東蓀：《民主主義與社會主義》，上海觀察社，1948年，1、5、26頁。
56. 張東蓀：《思想與社會》，219頁。

和實現這一理想社會。柏林在談到自由與平等之間的價值衝突時說過：

> 一些人們賴以生存的絕對價值觀，不論在實際生活中，還是在原則上都是無法調和、無法撮合的。沒有人能夠一方面精心計劃，另一方面又完全地隨心所欲。你不可能將完全的自由與完全的平等撮合在一起。——倒不是因為實際存在的困難阻止了這種完善與和諧的產生，而是因為這種觀點的本身在概念上缺乏一致性。——在最終的人類價值觀中進行選擇是不可避免的，而這些價值本身就是生活的目的。選擇是很痛苦的，但在我們可以想像出的任何社會中都不可避免。[57]

第三條道路的理論困境就在於柏林所指出的諸美好價值的不可調和與不可兼得性，因而選擇是必要的。然而，無論是學理還是實踐的選擇，並非如古典自由主義那樣認為的，自由與平等絕對無法相容，正如羅爾斯已經證明的，一個公正的社會秩序，在保證自由優先性的前提下，完全可以而且也應當將不平等設置為儘可能對弱者有利的公正程序。[58] 張東蓀設想的自由與平等、民主主義與社會主義完全相容的烏托邦無法存在，但一個儘可能照顧到社會公道的自由社會卻並非是想像的海市蜃樓。

事實上，張君勱、蕭乾等社會民主主義者理論上要超越英美、蘇俄，實際上他們心目中所真正要師法的，同樣是英國工黨式的社會主義。張君勱也將英國工黨的選舉勝利看作是不

---

57. 以撒·柏林、雷敏·亞辛拜格魯：《以撒·柏林對話錄》，楊孝明譯，台北正中書局，1994年，183–184頁。

58. 參見羅爾斯：《正義論》，何懷宏譯，中國社會科學出版社，1988年。

經過蘇俄式的暴力革命，在民主政治下實現了社會主義。[59] 因此，在實踐模式上，他們與胡適、傅斯年等新自由主義並無二致。

　　相比之下，張東蓀與他們卻有一些並非不重要的區別。他認為，在二次大戰以後，存在着三種民主的類型，蘇聯的社會主義民主、英國民主主義和東歐國家的「新民主主義」。這個深受歐陸思想影響的「新型民主」的熱烈鼓吹者，從民主主義與社會主義概念同構的觀念出發，認為「建立於資產上的民主，乃只是民主主義之脫幅，而社會主義反是民主主義之正宗」，[60] 因而對英國工黨的興趣遠遠不如張君勱。他對蘇聯式的極權主義也懷有疑慮，最欣賞的倒是戰後捷克、波蘭、南斯拉夫等東歐國家所一度實行的「新民主主義」，即所謂多黨並存、混合經濟、保留私產、廢除剝削的「新型民主」。[61] 當然，這也是一種社會民主主義，只不過是更接近蘇聯模式的東歐型，而非那種英國工黨所代表的西歐型。

　　如果說在社會民主主義的實踐中，有西歐型與東歐型差別的話，那麼在看待蘇俄的經濟民主方面，中國自由主義中的分歧更大。大致說來，新自由主義到四十年代已經對蘇俄式的「社會主義」已經不抱幻想，胡適在多次演講中不點名地批評蘇聯的極權主義，熱烈稱讚社會主義的傅斯年根本否認蘇聯是一個社會主義的國家，他尖銳地指出：「蘇聯的制度，表面說是經濟平等，事實上恢復了中古的階級政權形式的不平等」。[62]

---

59. 參見《中國民主社會黨》，95、195、230頁。

60. 張東蓀：《民主主義與社會主義》，72頁。

61. 參見張東蓀：〈關於中國出路的看法——再答樊弘先生〉，《觀察》，第3卷，第23期；〈增產與革命——寫了《民主主義與社會主義》之後〉，《中建》，第3卷，第4期。

62. 傅斯年：〈自由與平等〉，《傅斯年全集》第5冊，1965、1969頁。

吳景超通過具體比較美蘇兩國的經濟平等，發現在經濟權力上的不平等，蘇聯要大大超過美國。[63] 四十年代已經不比二、三十年代，中國自由知識分子對蘇俄的內幕有所聽聞，一廂情願的想像已經大為減少。不僅是新自由主義者，而且連主張「第三條道路」的社會民主主義者，也對蘇俄多有警惕。張君勱到1948年收回了蘇聯有經濟民主的看法，他指出：蘇俄的工人只有經濟的安全，無失業之虞，但並無經濟民主。經濟民主與經濟安全是兩回事。[64] 即使是相信蘇俄有經濟民主的，也多認為不能為了經濟民主而犧牲了政治民主，一張票與一碗飯是同樣重要的。[65] 樊際昌、朱光潛等一批北平國立大學著名教授在聯合署名的一篇題為《中國的出路》宣言中這樣說：

> 人類經過數百年的奮鬥爭得了政治民主，現在應當以民主政治的方式，再進一步爭取經濟平等。但決不應為了經濟平等而犧牲政治民主。因為沒有政治的民主，經濟平等等便失去了基礎。如果政治是在少數人獨裁之下，即便能有經濟的平等，也是賜予式的，統治者隨時可以改變可以收回這種賜予。[66]

然而，在社會民主主義者當中，也有對蘇聯繼續抱有期望和幻想的。張東蓀就是很有代表性的一個。他雖然不贊同蘇俄式的極權主義，但他堅信蘇俄的計劃經濟可以解放生產力，代表了一個光明的前途，所以他天真地為蘇俄的一黨政治辯護，稱之為「乃是出於事實上不得已的要求。如果評論其是否民

---

63. 吳景超：〈從四種觀點論美蘇兩國的經濟平等〉，《觀察》，第5卷，第13期。

64. 參見《中國民主社會黨》，203頁。

65. 參見楊人楩：〈再論自由主義的途徑〉，《觀察》，第5卷，第8期。

66. 樊際昌等：〈中國的出路〉，《周論》，第2卷，第10期。

主，那便是把事實的不得已變為理論上應當與否的問題了。」[67]
北平和平解放前夕，當眾多自由知識分子擔心以後會失去學術思想自由的時候，張東蓀卻以其意志自由的理念樂觀地表示：

> 老實說，我個人對於中國學術自由的前途不是悲觀的，因為我始終相信人類的知識一經開放，便無法再退回到蒙蔽的狀態。中國在這數十年中居然已養成這樣的自由思想的風氣，誰也無法再壓倒下去。所以我們的任務還是如何把它發揚光大，總要比現在更自由些。對於自由風氣的不能保全，卻不必擔憂。我個人在生活方面雖願意在計劃社會中做一個合乎計劃的成員，但在思想方面卻依然嗜自由不啻生命。[68]

幾年以後，當他被剝奪了言論和學術自由的時候，一定會懺悔當初的想法是多麼的幼稚。一個取消了市場、實行計劃經濟的社會，按照其自身的邏輯，勢必在思想上也要由國家來統制。這是哈耶克當年已經指出了的，不要說沒有讀到《通向奴役之路》的張東蓀，即使是已經讀過此書的潘光旦，也遠遠沒有意識到這一點。

正是在這些問題上的分歧，本來被視為一體的社會民主主義的代表「二張」，到四十年代後期終於分道揚鑣。然而，即使這一分歧，我們也無法用「師法英美」和「師法蘇俄」來概括，因為「二張」之間依然是兩種社會民主主義模式的分歧，一種是英國工黨的西歐式的，另一種是所謂「新民主主義」的東歐式的。在英美和蘇俄、資本主義與社會主義之間，存在着太多的中間光譜，以致那二元性的化約主義思維模式常常失去其分析的有效性。

---

67. 張東蓀：《民主主義與社會主義》，51頁。
68. 張東蓀：《民主主義與社會主義》，54頁。

如何將個人自由與社會公道有機地融合一體，建構一個自由的、公正的、合理的社會秩序，不僅在理論上，而且在實踐上構成了對中國社會民主主義的巨大挑戰。中國的自由主義者，擁有深刻的問題意識，他們意識到了問題所在，卻無力在學理層面解決這一問題，更無法在實踐層面落實自己的設想。儘管現代中國的社會民主主義在政治實踐上失敗了，在政治哲學上也貢獻無多，然而，當我們今天回過頭來重新檢討，依然不得不敬佩他們對古典資本主義的敏銳反思和對「自由與公道」強烈的問題意識。在問題意識方面，他們無疑與西方的思想家站在同一水準線上。正是在他們的基礎上，殷海光等五十年代台灣新一代自由主義知識分子才有了更深刻的思索。而他們所留下的思想遺產，無論是正面的，還是負面的，即使到半個世紀以後，依然值得我們反覆地嚼咀，因為他們提出的「自由與公道」的問題，依然是一個尚未實現的現代性命題。

四、現代中國的公共領域

　　近些年來，哈伯馬斯（Jürgen Habermas）的公共領域（public sphere）理論，與市民社會（civil society）理論一起，在國外學術界，特別是美國的中國研究學界，被嘗試應用於明清以來的中國社會，但也引起不少爭論。[1] 爭論的焦點雖然集中在經驗層面，但背後蘊含着一個更深刻的理論問題：哈伯馬斯的公共領域理論，是從歐洲的歷史中抽象出來的，它既是一個經驗的理想類型（ideal type），又是一個訴諸現實批判的烏托邦解放模式，這樣的分析架構是否可以作跨文化的運用，同樣適用於中國？換而言之，在現代性的歷史過程之中，公共領域只是歐洲的一個特殊經驗，還是有可能成為跨文化的普遍性模式？

　　關於這一問題，雖然有關爭論有所涉及，但由於雙方對哈伯馬斯公共領域理論背後的問題意識——政治合法性缺乏足夠的體認，無法從這一途徑入手檢討中國公共領域產生的歷史可

---

1. 在美國的中國研究學界，將市民社會與公共領域理論用來分析清明以來中國社會，比較著名的有Robert K. Schoppa、William T. Rowe、Mary B. Rankin和David Strand等，而對此持批評看法的，有Frederic Wakeman Jr.、Philip C. C. Huang和Philip A. Kuhn等。有關這場爭論，參見William T. Rowe, "The Problem of 'Civil Society' in Late Imperial China"; Frederic Wakeman Jr., "The Civil Society and Public Sphere Debate: Western Reflection on Chinese Political Culture"; Philip C. C. Huang, "'Public Sphere'/ 'Civil Society' in China?"，以上三文均見*Modern China*, vol. 19, no. 2 (April 1993)。另參見William T. Rowe, "The Public Sphere in Modern China," *Modern China*, vol. 116, no. 3 (July 1990)；孔飛力：〈公民社會與體制的發展〉，《現代中國史研究通訊》，第13期；杜贊奇：〈中國近代史上的國家與公民社會〉、魏斐德：〈清末與現代中國的公民社會〉，以上二文均收入汪熙、魏斐德主編：《中國現代化問題——一個多方位的歷史探索》，復旦大學出版社，1994年；Arif Dirlik：〈當代中國的市民社會與公共領域〉，鄧正來譯，見《中國社會科學季刊》，1993年8月號。

能性，因而在這一問題上，依然有進一步研究的空間。特別在中國學術界，由於對市民社會和公共領域這兩個概念在理論上缺乏必要的分梳，[2] 對中國公共領域的研究被含混地包括在有關市民社會的討論之中，除了個別的論文之外，基本沒有成為獨立的研究對象。因而，至今為止對中國公共領域的研究仍然相當單薄，有必要從中國的經驗之中給予回應。[3]

本章擬從中國的政治合法性歷史演變研究入手，以上海為例，分析現代中國城市的公共領域。由於中國地域遼闊，城市和鄉鎮的差別很大，現代的公共領域在結構和形態上也頗有不同，故本章主要探討現代中國城市政治生活空間中的公共領域，其形成的思想本土淵源、歷史形態和輿論功能，並通過與哈伯馬斯的公共領域觀念的比較，探討現代中國的公共領域的普世性和特殊性。

現代中國兩種不同的公共領域

哈伯馬斯的公共領域理論，是以十八世紀歐洲——主要是法國、英國和德國的歷史為背景，所得出的一個馬克斯・韋

---

2. 按照黑格爾和馬克思的經典論述，市民社會屬於私人領域，是自利性的資產階級個人為了經濟和社會的利益而組織起來的、不受國家控制的自主領域，它以市場為中心，通常不扮演政治的功能。而公共領域，在哈伯馬斯的經典論述中，意味着在市民社會與國家政治之間的批判性的輿論空間，是由資產階級的私人集合而成的公眾的領域。在市民社會中，私人利益是一切交換和交往的中心，而在公共領域，公共問題討論的假設是從各自所理解的公共利益出發的。在歐洲的歷史上，這兩種現象念雖然有某種歷史的聯繫，但不是同一個概念，不可互相替代或指稱。

3. 有關市民社會的研究，參見鄧正來：《國家與社會：中國市民社會研究》，四川人民出版社，1997年；張靜主編：《國家與社會》，浙江人民出版社，1998年，以及散見於若干刊物的相關論文，限於篇幅，恕不一一列舉。而關於現代中國公共領域的研究，有一些零星的實證研究：王笛：〈晚清長江上游地區公共領域的發展〉，《歷史研究》，1996年第1期；周松青：〈公共領域與上海地方自治的起源〉，《檔案與史學》，1998年第1期；方平：〈清末上海民間報刊與公共輿論的表達模式〉，《二十一世紀》，總第63期。

伯式的理想類型。他分析了十八世紀資產階級社會中出現的俱樂部、咖啡館、沙龍、雜誌和報紙，是一個公眾們討論公共問題、自由交往的公共領域，它形成了政治權威重要的合法性基礎。公共權力是否合法，是否代表民意，要看是否在公共領域之中得到了經由自由辯論而產生的公眾輿論的支持。[4]

在哈伯馬斯整體理論架構中，之所以提出公共領域這一概念，乃是基於這樣的問題意識：在政治現代性展開的歷史過程中，政治權威的合法性基礎會發生什麼樣的變化？在傳統社會之中，政治上的正當（right）來源於道德價值體系中的善（good）。在中世紀的基督教時代，上帝的意志替代了城邦的至善，成為政治秩序的合法性淵源。而現代社會是個世俗化的社會，即一個「後上帝」時代，公共權力的合法性只能來源於人民的同意。但哈伯馬斯區分了現代政治兩個不同的過程。一個是以選擇政治代表和政治領袖為中心的民主選舉，這還不足構成權力合法性的「公共意志」（general will）。「公共意志」的產生，不是在政治選舉之中，而是在政治領域的外部——公共領域之中，由自由的公眾，通過公共討論和社會批評而實現的。公共領域既與一般的政治投票相區別，與以市場為核心的市民社會也不是一回事。公共領域介於這二者之間，是「一個由私人集合而成的公眾的領域」，並對政治權力通過社會輿論進行公共監督和批評。[5] 這一以公眾輿論為基礎的政治合法性，正是公共領域的價值和意義所在。

---

4. 關於哈伯馬斯的公共領域理論的概括性論述，參見哈伯馬斯：《公共領域的結構轉型》，上海學林出版社，1999年。

5. 哈伯馬斯：《公共領域的結構轉型》，上海學林出版社，1999年，32頁。

對於公共領域理論的跨文化應用問題，哈伯馬斯本人是很謹慎的。[6] 儘管如此，這些年來，國際學術界依然用公共領域理論來分析和解釋眾多非歐洲的歷史，包括當代東歐的變遷以及中國的現代史研究。這表明，公共領域如同市民社會、資本主義、社會主義、理性性、工業化等概念一樣，已經從一個特殊的經驗分析，演化為一個擁有廣泛解釋力的理想類型，它從歐洲的歷史中被抽象出來，成為一個與現代性問題相關聯的普適性的解釋架構。為什麼如此？這乃是因為韋伯（Max Weber）所開創的理想類型，是一種知性的分析方式，雖然它也是從特殊的經驗事實提煉而來，但由於其高度的抽象性，可以超越文化和歷史語境，有效地說明跨語境的歷史中某些共同的、普遍性的要素和特質。以公共領域為例，其經驗基礎雖然僅僅局限於歐洲十八世紀的歷史，但由於它涉及上面所說的現代政治合法性這一跨文化的普遍性問題，因而就有可能成為一個普遍有效的分析概念。公共領域最關鍵的含義，是獨立於政治建構之外的公共交往和公眾輿論，它們對於政治權力是具有批判性的，同時又是政治合法性的基礎。只要在整個社會建制之中出現了這樣的結構，不管其具有什麼樣的文化和歷史背景，我們都可以判斷，它是一種公共領域。不過，作為一種高度抽象的理想類型，公共領域的理論可以「跨文化」，無法「超文化」，當我們對它進行規範論證的時候，可以將具體的經驗事實暫時用括弧括起來。然而一旦具體應用於某個地域，比如中國的時候，概念的有效性必須得到經驗事實的支持，並且通過跨文化的歷史比較，看看同一個公共領域的事實，在不同的歷史語境中，是如何呈現出不同的特殊性面貌的。

---

6. 哈伯馬斯在《公共領域的結構轉型》一書初版序言中談到，不能把公共領域這一概念，與源於歐洲中世紀的市民社會的獨特歷史發展隔離開來，並作為一種理想類型，隨意應用到具有相似形態的歷史語境中去。

現在我們就從中國歷史的自身脈絡，來研究一下中國公共領域產生的社會和觀念前提。

按照哈伯馬斯的理論，公共領域是一個與政治合法性有關的概念，要研究公共領域，首先要從合法性建構的歷史演變着手。在這方面，古代中國走的是一條與西方不同的建構途徑。

在古代中國的歷史上，雖然沒有出現過類似上帝那樣的人格神，卻有着同樣擁有外在超越形態的「天」（heaven），即形而上意義上的「意志之天」。這一冥冥之中的「天命」或「天意」，代表了宇宙萬物、現實社會的最高意志，也提供了政治權力的合法性源泉。歷代皇帝之所以被稱為「天子」，證明了他不過是代表了「天」的意志統治着臣民。既然皇帝的合法性來自於「天」，而不能來自於自身、家族或傳統，那麼，在皇帝與「天」之間的關係，就不是自明的，其合法性需要證明。由誰來證明，如何證明呢？如同歐洲中世紀國王的合法性由教皇來證明一樣，中國皇帝的合法性是需要能夠知曉「天命」、解釋「天意」的知識人士來證明的。至於證明的方式，儒家提供了一套關於民本主義的政治哲學，其要旨是：政治權力是否合法，以民心的向背為決定性條件，人民所支持的人，方能成為天子。在儒家政治哲學的影響之下，中國古代的政治合法性既是超越的（「天命」），又是世俗的（「民心」）。超越的「天命」需要世俗的「民心」來證明，而人民本身是沉默的，皇帝最終是否代表「天意」或「民心」，則取決於知識人士——士大夫的社會輿論。歷代的中國士大夫，總是力圖在皇朝的體制內外，建立自己的輿論中心，從東漢的太學到明末的東林書院，形成了中國士大夫獨特的清議傳統。

儘管士大夫們通過太學、書院、會館等各種公共交往的方式互相聯絡，有所組織，但在古代中國，實際上並無形成類似

現代公共領域的可能。公共領域，作為一種提供政治合法性基礎的公共交往和公眾輿論，它的建構不是獨立的，一方面需要有現代的代議民主制配合，另一方面要有人民主權理論作為觀念的預設。與中世紀教皇代表上帝賦予國王統治合法性不同，在古代中國，士大夫並沒有替天加冕的權力，士大夫的清議，雖然可以對皇帝實行軟制約，但缺乏制度性的保障，自身也沒有強有力的組織體系，無法形成類似歐洲中世紀那樣的神權/皇權二元化建制。

另外，從思想史的淵源來說，儒家的政治哲學雖然有孟子這一系的民本主義傳統，但也有董仲舒的天人感應的另一系傳統，雖然都有限制皇權的意思，但從觀念上說，皇權既然有兩重來源，既來自「天命」，又來自「民心」，這種模糊的二元合法性，形成了皇帝與士大夫之間的非制度化的不確定關係：當皇帝處於強勢時，他可以自稱代表了「天意」，不理睬士大夫的清議；只有當皇帝處於弱勢時，才會憚於士大夫憑藉「民意」的威懾，有所節制。因此，儒家的民本主義雖然擁有公眾輿論作為權力合法性的內涵，但這樣的內涵由於沒有人民主權理念的配合，依然保留着「天意」的終極價值，所以始終無法開拓出現代的民主觀念和公共領域的現代體制。

縱然如此，在現代中國公共領域的形成過程之中，儒家的民本主義思想依然發揮了重要的作用，後者為前者提供了不可缺少的「傳統合法性」的價值。這是因為，最早在中國重視公共領域的，是以「托古改制」為特色的維新派。在他們論證和建構公共領域的時候，大量提到了孟子的民本主義思想，以及東漢太學、宋明書院、明末東林黨等中國士大夫的清議傳統。特別值得一提的是，黃宗羲的思想給了清末維新派極大的啟發。

正如已經有許多研究者所注意到的那樣，明末在中國現代思想的萌芽和形成之中，是一個極重要的時期，可以說是開了中國現代思想的先河，顧炎武、王船山和黃宗羲分別以古代的方式提出了類似現代民主的想法。尤其是黃宗羲，在限制皇權的思考過程中，破天荒地提出了重新理解和建構「學校」的問題。所謂「學校」，在過去，一般都被理解為是培養人才的場所，但東漢太學和明代書院留下的清議傳統，令黃宗羲感到有必要將「學校」重新定位，使之成為制約皇權的公眾輿論空間。他說：「學校所以養士也，然古之聖王，其意不僅此也，必使治天下之具皆出於學校，而後設學校之意始備。」在他之前，孟子雖然提出了皇權的合法性出自「民心」，但孟子並沒有解決「民心」的建制化問題。黃宗羲在中國思想史上，第一個提出了將「民心」即社會輿論通過「學校」這一士大夫的公共空間加以落實，而且明確指出「學校」的公議是政治合法性的唯一來源：「天子之所是未必是，天子之所非未必非，天子亦遂不敢自為非是，而公其非是於學校。」在黃宗羲看來，不是皇帝，而是「學校」形成的輿論，才是天下是非的標準，身為天子的皇上也要以其是非為是非，這是一個很了不得的貢獻。之所以了不得，乃是因為到了黃宗羲這裏，公眾輿論的設想才不再像以前那樣縹緲懸空，而是落實了具體的社會建制。

　　用輿論限制皇權，在中國傳統政治建制中，不是沒有先例，比如專門對皇帝進言的諫官，還有負責監察官僚的御史。然而，無論是諫官還是御史，都是官僚體系的一部分，受到皇權控制，本身是不獨立的。而黃宗羲所設想的「學校」，是獨立於皇權和官僚的公眾輿論機構，其領袖與成員的產生，不是由朝廷選派，而是由士大夫通過自身的公議推舉和更換。「學校」是民間的，但又對權力中心擁有制度性制約，每月初皇帝必須率領文武百官到「學校」，像弟子一

般坐在下面，聽取「學校」的學長講學，該學長由「當世大儒」擔任，地位與宰相相等，政治若有缺失，可以當着皇帝和宰相的面，直言批評。[7]

　　過去的研究者多認為黃宗羲的「學校」類似於現代議會，但從上述介紹來看，毋寧説更接近現代的公共領域。「學校」沒有現代議會的選舉、罷免官員的參政權利，卻有公共領域的討論國事、提供政治合法性的議政功能。可以説，黃宗羲的確是在中國歷史上提出公共領域思想的第一人。他對清末維新派建立公共領域的影響也是直接和巨大的。青年梁啟超在讀到上述驚世駭俗之語之後，感到極大的刺激，他説，自己後來的政治運動，受到黃宗羲思想的影響最早而最深。[8] 現代中國的公共領域，不僅是西方移植過來的舶來品，而且有着本土的歷史資源，而從孟子的民本主義到黃宗羲「學校」傳統，都對現代中國形成與歐洲不一樣的公共領域觀念和形態，產生了獨特的影響。

　　那麼，中國究竟有沒有哈伯馬斯意義上的公共領域呢？這十年來，關於這一問題，國內外中國研究學界，產生了尖鋭的分歧和爭論。在美國，以羅威廉（William T. Rowe）和蘭欽（Mary B. Rankin）為代表的一部分學者，通過對武漢和浙江地區晚清社會和城市的研究，認為現代中國存在着一種非哈伯馬斯意義上的公共領域，即不具有批判性、僅僅涉及地方公共事務管理的地方士紳公共領域。[9] 而另一批美國學者魏斐德（Frederic Wakeman Jr.）、黃宗智等對此表示置疑，黃宗智提出

---

7. 以上有關黃宗羲的思想，均見《明夷待訪錄》中的「學校篇」。

8. 參見梁啟超：《中國近三百年學術史》，北京東方出版社，1996年，56頁。

9. 參見羅威廉：〈晚清帝國的「市民社會」問題〉、瑪麗·蘭欽：〈中國公共領域觀察〉，見黃宗智主編：《中國研究的範式問題討論》，中央編譯出版社，2003年。

了一個「第三領域」的概念，以此區別哈伯馬斯具有很強歐洲歷史色彩的公共領域概念。[10] 在中國學界，類似的討論也十分熱烈，而且更具有當下的問題意識。[11]

　　有關公共領域的爭論以及哈伯馬斯的理論是否可以作跨文化的應用，這些爭論所涉及的，是一個更為後設的問題，即中國與歐洲在歷史上對國家與社會的關係和公私觀念的不同理解。國家與社會、公與私，在歐洲的歷史之中，是一個自明性的概念，國家與公相聯繫，社會與私相關聯，二者之間從古羅馬時代起在法律觀念上，就有着明確的界限。到中世紀中期，隨着自治城市的產生，出現了相對獨立於國家權力的市民社會和資產階級，並在私有財產的基礎上出現了麥克弗森（C. B. Macpherson）所分析過的「佔有性的個人主義」。[12] 所謂的「佔有性的個人主義」，正是資產階級市民社會的意識基礎。而在市民社會的歷史前提下，產生了國家權力與市民社會之間的公共領域：資產階級個人通過在沙龍、咖啡館和公共媒體的輿論，以公眾的身份參與對國家公共事務的批判性討論，從而決定了政治權力的合法性。

　　然而，在中國的歷史中，國家與社會、公與私的概念並不是自明的，其界限也十分的模糊。一般而言，以普世王權為核心的帝國政治系統，屬於國家的範圍，而以地方宗法家族所組成的民間社會，屬於社會的空間。不過，這二者之間並不構成歐洲那樣清晰的二元空間。其中最重要的原因在於古代中國的

---

10. 參見魏斐德：〈市民社會和公共領域問題的論爭〉、黃宗智：〈中國的「公共領域」與「市民社會」〉，見黃宗智主編：《中國研究的範式問題討論》。

11. 參見楊念群：〈市民社會理論視野下的中國史研究〉，《中層理論：東西方思想會通下的中國史研究》，江西教育出版社，2001年。

12. 參見C. B. Macpherson, *The Political Theory of Possessive Individualism: Hobbes to Locke*, Oxford University Press, 1962。

知識分子——儒家士大夫扮演了將國家與社會整合為一的仲介功能。儒家士紳通過科舉制度進入中央帝國的王權——官僚管理體系，在朝代表國家，在野又代表民間，士紳的身份是雙重的，但其集體信念又以儒家學說為自己的公共認同，通過士大夫集團的仲介，傳統中國的國家與社會不是像歐洲那樣互相抗衡，而是有一種積極的互動，特別是在地方事務上，常常是相互滲透、相互交錯。

與此相對應，傳統中國的公私觀念是一個道德評價性的概念，其法律界限相當模糊。正如費孝通所說，在中國人倫關係中的「差異格局」中，公和私是相對而言的，取決於個人所代表的相對利益。比如為家族爭利益，對於國家來說他是私，但對於家族自身來說，又代表着公。[13] 雖然在社會關係中，公私相當模糊，但在儒家的道德觀念中，公與私就像理與欲一樣，代表着兩種相反的價值，君子修身的最重要目的，就是要克服私欲，實現大公。

也就是在上述國家與社會、公與私的特殊關係基礎上，晚清社會所出現的，是一種迥然不同於歐洲的公共領域，即羅威廉和蘭欽所研究的管理型公共領域。這一管理型的公共領域，或者用黃宗智提出的概念「第三領域」，是一種在國家權力與宗法社會之間的組織，以地方士紳，特別是城市的紳商為主體。他們不議論朝廷國事，所關心和從事的是地方公共事務的管理，比如賑災、慈善、消防、水利等社會經濟事務的實際管理。由於國家的資源和權力有限，地方紳士對這些公共事務的自我管理也得到了地方官員的鼓勵和支持。它並不是與國家對峙的公共空間。相反地，是一種「國家權威的社會性設置」。

---

13. 費孝通：《鄉土中國》，21–28頁。

它建立在地方性與團體性基礎之上，而不是像歐洲的市民社會和公共領域那樣建立在對個人權利與私人財產的保護上。換而言之，在十九世紀的中國，雖然有士紳公共領域，卻沒有歐洲那樣的市民社會。它更多強調的是地方士紳的公益精神，而非捍衛私人權益。[14]

關於現代中國公共領域的研究和討論的下限基本局限在十九世紀，研究的領域也多集中在浙江、武漢、成都這些中小型城市和城鎮。[15] 那麼，到了十九世紀末和二十世紀，在上海這樣相當現代化的大都市裏，有沒有可能出現一個哈伯馬斯意義上的批判性公共領域呢？

我對晚清以來上海公共領域的研究將表明，這種批判性的公共領域，以1896年梁啟超在上海主持《時務報》就開始出現。隨着各種具有時論功能的報紙、雜誌以及知識分子社團、沙龍的湧現，二十世紀上半葉的中國有過一個類似歐洲那樣的生產公共輿論的公共領域。[16] 與地方士紳為主體的管理型公共領域不同，它在中國的歷史中自有其淵源可循，來自儒家的民本主義思想、古代士大夫反抗性的清議傳統，這些傳統因素在清末公共領域最初的形成和合法性方面，扮演了重要的作用。批判性公共領域的主體不是那些地方性士紳，而是具有現代意識和救世關懷的全國性士大夫或知識分子，他們通過公共媒體、政治集會和全國通電，形成了頗為壯觀的公共輿論，對當時的國內政治產生了相當的影響。

---

14. 參見參見楊念群：〈市民社會理論視野下的中國史研究〉，《中層理論：東西方思想會通下的中國史研究》，江西教育出版社，2001年，131–134頁。

15. 對十九世紀中國管理型公共領域的另一個比較重要的研究個案是王笛：〈晚清長江上游地區公共領域的發展〉，《歷史研究》，1996年第1期。

16. 參見方平：〈清末上海民間報刊與公共輿論的表達模式〉，《二十一世紀》，總第63期。

從思想史的淵源來看，到了十九世紀末，上海能夠成為中國公共領域的中心不是偶然的，它受到了明末以後以黃宗羲、顧炎武等為代表的江南士風的很大影響。江南的士大夫在宋明以後就逐漸眼光向下，注重在民間創辦書院，開拓風氣，形成輿論，以期在朝廷之外建立強大的道統。這些區域化的歷史傳統和民間氛圍對清末上海的改革路向起到了潛移默化的作用，使得上海成為現代中國公共領域的中心。

上海公共領域的形成

現代中國公共領域的出現，大致在甲午海戰失敗到戊戌變法這段時間。受到《馬關條約》的刺激，士大夫從過去的醉生夢死中幡然醒悟，開始大規模議論時政、參與變革。一時間，報紙、學堂、學會層出不窮，形成了公共交往和公眾輿論的基本空間。在當時，全國維新運動最活躍的地區，主要有三個：北京、上海和湖南。報紙、學會、學堂等，也以這三個地方發展最甚。但是，為什麼現代中國的公共領域會以上海為中心，而不是北京和長沙呢？

公共領域的出現，有兩個很重要的條件：一是從私人領域中發展出公共交往的空間，伴隨書籍、雜誌、報紙的日常生活化，出現有教養的閱讀公眾，這些公眾以閱讀為仲介、以交流為核心，逐漸形成開放的、批判的公共領域。二是公共領域討論的雖然是公共政治問題，但本身是非政治化的，是在政治權力之外建構的公共討論空間，相對於權力系統來說擁有獨立性。[17]

---

17. 參見哈伯馬斯：《公共領域的結構轉型》，第1–3章。

從這一角度檢討，我們可以發現，北京和長沙分別擁有上述兩個條件中的一項，唯獨上海，同時擁有上述兩個條件。先說北京。維新運動的序幕——公車上書是在這裏拉開的，康有為、梁啟超最早也是在北京辦強學會和《中外紀聞》。而在這之前，也有京師同文館等新型學校。然而，北京畢竟是京城，風氣比較保守，且政治色彩濃烈，缺少市民社會的基礎。任何變革事業，都不得不與體制糾纏在一起，容易形成意識形態之爭，所以，辦學、辦報、辦學會等事，往往事倍功半。同是洋務辦的學校，上海的光方言館，成績卓著，而京師同文館，則風波迭起，阻力重重。[18] 而最早的維新團體強學會，成員中多是官府中的重臣要員，不具有獨立性，可以說是一個半體制、半民間的團體，很快便捲入朝廷內部的利益鬥爭，無法在京城生存，更不要說發展了。再說長沙。雖然在巡撫陳寶箴的支持下，1895年以後，湖南新政轟轟烈烈，且遠離京城，維新士大夫雲集，時務學堂、《湘學報》也辦得有聲有色，有形成中心的趨勢。然而，長沙有其不可克服之短處：地理位置偏於內地，風氣比較閉塞，對外部大勢了解有限，也不易形成全國影響。維新勢力多是靠地方官員一時一地的鼎力推動，且多外來，缺乏本地的紮實基礎。一旦地方官易人，失去政治背景，公共領域就全面崩盤。

　　比較起北京、長沙，上海在建構公共領域方面，佔盡了天時、地利、人和。本來，上海不過一區區彈丸之地，在傳統政治地圖中找不到它的位置。1843年開埠以後，借助租界帶來的特殊地位和八方彙集的歐風美雨，到十九世紀末，短短半個世紀的時間，就成為京城之外中國最重要的城市。現代上海的權

---

18. 參見熊月之主編：《上海通史》第6卷，上海人民出版社，1999年，268–272頁。

力結構是奇怪而複雜的，西方列強、中央朝廷以及地方官員之間形成了微妙的抗衡，誰也無法主宰上海，因而現代上海體制外的空間，在當時的中國，可以說是最大的。西方人帶來的新型事業，洋務運動所形成的商業氛圍，使得上海在建構公共領域方面擁有得天獨厚的條件，早在十九世紀末，就擁有了全國多項之最：數量最多的中外報刊，發行量最大的中文報紙《申報》、《新聞報》，歷史最悠久的西書出版機構廣學會、江南製造局翻譯館，規模和影響最大的中文出版社商務印書館，全國數量最多、辦學最成功的新型學校廣方言館、格致書院等。還有郵政、電報、電話、現代印刷技術、公共圖書館、戲院、電影院、公共園林等，在全國也處於遙遙領先的水準。這一切，為新型士大夫的公共交往和公眾輿論的形成，提供了別的地區無法比擬的優越環境。

那麼，上海公共領域的形成，與上海工商業的發展和市民社會的建構有什麼關係呢？在許多場合，人們總是將市民社會與公共領域相提並論。的確，歐洲公共領域的形成，與市民社會的發展緊密相關。本來，市民社會涉及的是有關市場交易的私人事務，它實際上就是一個市場社會，在市民社會中活動的，是作為資產階級的市民。而公共領域不一樣，它涉及的是有關社會政治生活的公共事務，在其中活動的，是具有公共關懷和政治參與意識的公眾。隨着市場經濟的擴展，資產階級的市民們，日益感到有介入公共事務的需要，遂作為公眾出現在咖啡館、沙龍、報紙等公共空間，討論社會公共事務，形成制約權力的公眾輿論，由此形成體制化的公共領域。[19]

---

19. 參見哈伯馬斯：《公共領域的結構轉型》，14–25頁。

然而，在現代上海，公共領域的出現，並非受到了市場社會的推動，也與資產階級無關。公共領域與市民社會，幾乎是一個平行的過程，甚至，前者的出現，要比後者更早。作為市民社會建制化重要標誌之一的商會組織，中國直到1902年才首次出現，即上海商業會議公所，而成規模的建立，要到1903年《商會簡明章程》發佈以後。相比之下，作為公共領域重要標誌的政論性報刊，在1895-1898年，就出現了第一次高潮。之所以如此，乃是因為中國公共領域的形成，並非與資產階級的市民利益有關，而是同晚清帝國的內外危機密切相關，是社會變革的一部分。它的參與者，沒有一個類似歐洲那樣的從市民到公眾的資產階級的身份轉變，從一開始，就是由立志於改革的士大夫來推動的。現代中國的公共領域，在起源上有其特殊性。之所以特殊，乃在於它的形成，相對於市民社會，是一個相對獨立的過程。因而，研究現代上海的公共領域，不是由下而上，從市民社會着手，而應該從新型士大夫的凝聚開始。

　　由於上海是中西交匯之處，而且成為洋務運動的中心，凡是有改革意向的洋務士大夫，如馮桂芬、王韜、鄭觀應、張煥倫等，幾乎都有過在上海的經歷，從十九世紀中葉開始，上海就成為得風氣之先的新型士大夫的凝聚之地。這些新型士大夫，雖然有傳統功名，但已經不再重複傳統的仕途，而是面向社會，走另外一條人生的道路：當買辦、開報館、辦書院、譯西書等。這些創造風氣的士大夫，再加上報紙、雜誌、西書和書院所培養和創造出來的受過新式教育的閱讀公眾，成為上海公共領域中基本的骨幹。

　　不過，在十九世紀九十年代中期之前，上海雖然陸續形成了公共領域的多種基礎和條件，但不能就此判斷說，這些就是公共領域本身。公共領域按其性質來說，是獨立於權力系統

之外，而且是公共的、批判的。雖然，十九世紀九十年代中期之前的一些報紙、書院部分地具有批判的性質，比如我們以後將談到的格致書院對社會政治問題的討論，但它們並非是公開的，也沒有直接面對公共大眾。而且，作為主持者的洋務士大夫本身也依然屬於體制的一部分，缺乏真正的民間身份。

從思想史的角度來說，在上海公共領域形成的過程中，有兩位思想家功不可沒，不得不提。第一位是鄭觀應。在早期洋務思想家中，不少人都重視民權和議院，但真正認識到公共領域，特別是報紙的重要作用，並將此與議院相提並論的，可能只有鄭觀應。在著名的《盛世危言》中，他專章討論了「日報」的作用，認為要使君意與民情上通下達，除了開議院之外，「莫如廣設日報矣」。[20] 鄭觀應明確認識到：「日報與議院，公論如秉炬」。[21] 此外，他還重視學校的作用，將辦學校與開議院看成是「君民一體、上下同心」的重要途徑。[22] 能夠在開議院之外，如此重視辦日報和辦學校，以此作為「公論」的基礎，在當時恐怕僅鄭觀應一人。

另一位重要的人物是梁啟超。梁啟超雖然也參加了公車上書，但他開始走出乃師康有為的光芒，開始嶄露頭角，卻是在上海主筆《時務報》期間。上海是他的真正發跡之地。維新運動領袖，一般以康梁並稱，但兩人的改革旨趣和所代表的路向是有區別的。康有為的目光往上，致力於體制內部的變革，開議會，追求君主立憲；梁啟超的旨趣在下，辦報紙，搞學會，興學校，後者更接近公共領域的思路。他在《時務報》上發表

---

20. 鄭觀應：〈日報〉，《盛世危言》。
21. 鄭觀應：《羅浮侍鶴山人詩草》卷1，30頁，轉引自胡太春：《中國近代新聞思想史》，山西人民出版社，1987年，47頁。
22. 鄭觀應：〈自序〉，《盛世危言》。

的一系列膾炙人口的文章，在變法的總題目下，富有感染力地論證了「報館有益於國事」、「有助耳目喉舌之用」，也指出了「欲振中國，在廣人才；欲廣人才，在興學會」。[23] 他以自己那枝「筆鋒常帶情感」的銳筆，不僅提出了一套中國式的公共領域觀念，而且還身體力行，通過主持《時務報》的言論，提供了在中國建立公眾輿論的成功實踐。值得注意的是，鄭觀應、梁啟超都是在上海，形成了他們的公共領域思想，這恐怕不是偶然的，應該與當時上海濃郁的民間氛圍有直接的關係。

《時務報》不僅對梁啟超個人有重要意義，而且對於上海來說，也是重要的標誌。1896年《時務報》的創辦，標誌着「一個規模雖然偏小，但已經具有批判功能的公共領域」[24] 的正式形成。

之所以將《時務報》創刊視作上海公共領域的起點，乃是基於三個理由。其一，《時務報》不是一份孤立的報紙，其背後還有一個維新派組織：強學會。強學會的性質，按照康梁的自我理解，是「兼學校與政黨而一之」。[25] 報紙、社團和學校，將成為現代中國公共領域的主要形式，而四馬路上的時務報館，也成為當時維新人士的聚集地。以報紙為中心，再加上學校、學會的配合，現代中國的公共領域開始初具規模。其二，《時務報》以及其創辦者康、梁、汪（康年）等人，雖然與體制有着千絲萬縷的聯繫，但其基本的活動方式已經從體制內部轉移到了民間，朝下訴諸輿論的教化，向上對朝廷施加變

---

23. 《梁啟超全集》第1冊，北京出版社，1999年，66、28頁。

24. 這段話是哈伯馬斯借助別人的話形容十八世紀末德國的情形，參見哈伯馬斯：〈序言〉，《公共領域的結構轉型》，3頁。

25. 梁啟超：〈莅北京大學校歡迎會演說辭〉，《飲冰室合集》第11冊，上海中華書局，1936年，38頁。

革壓力，開始具有了現實的批評性格。其三，《時務報》雖然辦在上海，但影響在全國，如梁啟超所說，「數月之間，銷行至萬餘份，為中國有報以來所未有，舉國趨之，如飲狂泉」。[26] 這表明，《時務報》已經具有了公眾輿論那種公開的、覆蓋全社會的影響。

自《時務報》以後，上海就一直執掌全國輿論之牛耳，上海眾多的報刊雜誌左右並影響着全國的輿論，誰要對全國產生影響，首先必須控制上海的輿論。戈公振在《中國報學史》中引證《上海閒話》一書的話說：「全國報紙，以上海為最先發達，故即在今天，亦以上海報紙最有聲光。北京稱上海報為南報，而廣東及香港南洋群島稱上海報紙為滬報。凡是未經上海報紙登載者，不得作為證實，此上海報紙足以自負者也。」[27]

現代上海作為全國輿論和公共領域的中心，從此不可動搖，擁有了無可置疑的權威性。

公共領域的最初結構以及演變

哈伯馬斯分析過，歐洲的資產階級公共領域的前身是文學公共領域，通過文學藝術的討論而聚集起來，隨後從文學問題轉向政治問題，形成政治的公共領域。[28] 不過，這一描述並不適合中國。如上所述，在現代中國，由於公共領域的建構直接與救亡和變革這些政治問題相關，因此，致力於公共領域建構的新型士大夫，不是以文學，而是直接以政治作為仲介聚集起來。其討論的主題，不是所謂公共的文學藝術問題，而是民族

---

26. 梁啟超：〈清議報一百冊祝辭並論報館之責任及本館之經歷〉，《梁啟超全集》第1冊，477頁。
27. 戈公振：《中國報學史》，香港太平書局，1964年，349頁。
28. 參見哈伯馬斯：《公共領域的結構轉型》，55–60頁。

國家的建構和傳統制度的改革。中國的公共領域，從一開始就表現出明顯的政治性質。

另一方面，歐洲的公共領域是從文學公共領域發展而來，沙龍、咖啡館起了很大的作用，這些地方成為有教養的貴族和資產階級實現社會交往的公共場所。但沙龍、咖啡館在中國是舶來品，即使在最洋化的上海，也要到二十世紀二十至三十年代才在文學圈中獲得青睞，它們與中國人甚至中國知識分子的日常生活無涉，無法成為公共交往的一部分。

那麼，現代中國的公共領域的基本結構又是什麼呢？可以說，在其最初形態上，主要是由學校、報紙和學會組成的，而在某些極端的例子，它們甚至組成了「三位一體」的關係。另外，還有集會、通電等作為補充。通過這些空間結構，現代中國的新型士大夫和知識分子以救國為主旨，聚集起來，實現新型的社會交往關係，並形成批判性的公眾輿論。

下面，將以現代上海為例，作一些分析。

首先是學校。在中國公共領域各種空間形式之中，學校是最早、最初的形態。本來，按照現代的教育理念，學校只是一個傳授知識和技能的場所。然而，在古代中國的教育思想中，特別是宋明以後的書院傳統中，學校還負有教化民眾、移風移俗、領導社會風氣的使命。這樣的使命，是帶有相當強烈的公共批評色彩的。也就是在這個基礎上，會產生黃宗羲那種學校決定天下是非的思想。十九世紀中葉上海幾所新型學校的創辦，雖然是為洋務事業服務，培養的是洋務專業人才，但依然受到了中國歷史傳統的影響。

最典型的例子，莫過於上海的格致書院。這家中西合辦的新式學校，主要培養適合洋務事業的科技人才。科技教育是

其最重要的特色。即使如此，主持書院的王韜、傅蘭雅等，秉承古代書院的傳統，注重對學生的道德教化。最有意思的是，格致書院從1886年起，進行季考，請洋務派的官員和著名士大夫出題，由學生自由回答。題目除了科學之外，多是一些與政治變革、國家致富、法律設置等公共問題有關的大題目，比如：「中國近日講求求富之術當以何者為先論」、「中國創行鐵路利弊論」、「中國大憲選派辦理洋務人員應以何者為稱職論」、「議院論」、「中西律例異同得失安在」，等等。從目前所存的答卷來看，學生們暢所欲言，放言無忌，每次季考，等於一場內部範圍的公共時務大討論。[29] 類似的公共時務討論，到了十九世紀九十年代中期以後，在各個新型學校更是普遍的現象。學校成為晚清公共領域的一個重要陣地。

作為公共領域的核心部分，是報紙和學會。在這方面，上海是歷史上最有影響的中心。根據張玉法的統計，從強學會封閉到戊戌政變之前，全國出現的重要學會有62個，其中15個在上海，佔了將近四分之一，數量在全國居第一。其中比較重要的，有農學總會、戒纏足會、戒煙會、蒙學公會、譯數公會、實學會、亞細亞協會等。[30] 另一方面，在1896–1898年這段時間裏，上海新創辦的報紙也有數十種之多。這些報紙，以《時務報》的成功為榜樣，多以政論作為自己的靈魂，刊首刊有「本刊撰論」，對社會變革和公務事務發表自己的看法。[31] 這樣大規模公開議論國事，是過去從未有過的情形，這表明，上海的公共領域在十九世紀九十年代的維新運動中真正形成了。

---

29. 參見熊月之主編：《上海通史》第3卷，176–180頁。

30. 張玉法：《清末的立憲團體》，台灣中央研究院近代史研究所，1971年，199–206頁。

31. 參見馬光仁主編：《上海新聞史》，復旦大學出版社，1996年，124–125頁。

更為重要的，在十九世紀末、二十世紀初的中國，報紙、學會和學校作為公共領域的基本元素，常常形成某種「三位一體」的緊密結構：報紙背後有學會，學會背後有學校。以《時務報》為例，其背後的組織形態是強學會，而強學會按照康梁的設想，是「兼學校與政黨而一之」的。到二十世紀初，上海又出現了另一個典型的「三位一體」式公共領域，即《蘇報》、中國教育社和愛國學會，報紙與學社、學校結成「三位一體」的緊密關係。清政府後來之所以對《蘇報》十分惱怒，欲除之而後快，恐懼其輿論影響是一方面，更重要的是，它背後有組織，有人員，在上海租界特殊環境的掩護下，已經形成了一個對統治有威脅的體制外力量，所以，最後才鬧出震驚中外的《蘇報》案。

在上海的公共領域之中，報紙、學會和學校是三種主要形態。除此之外，還有兩種空間的形態值得注意。其一是集會。十九世紀末、二十世紀初，利用上海租界的自由空間，政治集會在上海已經成為一個相當普遍的公眾輿論表達方式。而張園，則是上海最著名的集會場所。張園，地處公共租界的黃金地段，在當時除了是上海的觀光遊樂中心之外，也是各種政治輿論公開表達的中心，可以說是上海的「海德公園」。[32] 這些集會和演說，具有公開的、公共的和批判的性質，毫無疑問，具有公共領域的最典型特徵。

另一種公共領域的形態是通電。所謂通電，乃是社會各個階層或人士通過連署的方式，對國家重大政治事件發表意見，表明立場，然後通過電報局或者報館發往各地，對全國產生影響，對政府構成民間的輿論壓力。這是相當具有中國特色的公

---

32. 參見熊月之主編：《上海通史》第3卷，284–296頁。

眾興論表達和傳播方式，而上海，因為晚清以來成為公共領域的中心，許多重要的通電都是由上海發出的。通電與集會有着內在的形式聯繫，張園集會之後，往往會通過一項通電，廣發海內。最早和最有名的通電，乃是1900年經元善發起的反建儲通電。戊戌政變之後，慈禧太后策劃廢光緒，另行建儲，以為替代。消息傳出，上海民間一片譁然。電報局總辦經元善聯合上海各界士紳商民1,231人，聯合署名，通電北京，反對建儲。上海的紳商還集會決定，若慈禧一意孤行，將倡議全國工商各界聯合罷市。通電既出，全國震驚，也得到各國公使的呼應。最後，慈禧迫於內外壓力，不得已取消廢立計劃。反建儲通電的成功，表明以上海為中心的公共領域，在晚清複雜的政治格局之中，已經擁有了相當的興論力量和制約能力。自此以後，直到二十世紀二十年代末，每逢國家有重大事件發生，比如「五四」運動、袁世凱稱帝等，上海各民間團體，在上海總商會、江蘇教育會等發起下，經常發表全國通電，表明政治立場，每每成為公眾興論的重要風向標。

中國公共領域的主要參與者是受過教育的知識人士。從戊戌維新到「五四」新文化運動年間，按照張灝的說法，是一個知識、文化和社會的「轉型時代」。[33] 相應地，知識人士在這個時代裏，也有一個從士大夫到新型知識分子的身份轉換。哈伯馬斯曾經談到，歐洲的公共領域，從參與者的身份來說，有一個從貴族代表性公共領域到資產階級公共領域的變化。[34] 而在中國，發生的則是新型士大夫的公共領域到現代知識分子公共領域的轉變。大致在戊戌維新時期，公共領域的主要活動者主要是有傳統功名、但又具備一定新知的新型士大夫，從強

---

33. 參見張灝：〈中國近代思想史的轉型時代〉，《二十一世紀》，總第52期。
34. 參見哈伯馬斯：《公共領域的結構轉型》，5–32頁。

學會的成員名單裏面，可以清晰地看到這個特點。[35] 1905年科舉制度廢除前後，這一情況逐漸發生了變化，比如，中國教育會的主要成員，既有有功名的新型士大夫，也有年輕的知識分子，而且後者在數量上已經開始佔了多數。[36] 公共領域的發展，不僅意味着公眾輿論的改變，而且也象徵着參與者交往方式的變化。在傳統中國，士大夫群體內部也有自己的交往規則，它基本上是以師生和功名秩序所形成的等級關係。但在公共領域這樣一種新的交往方式之中，傳統的等級關係漸漸打破，會產生一種精英之間的平等觀念，乃至最後發展為國民和公眾這樣完全現代的平等性的自我理解。如果說，強學會還表現得不明顯的話，那麼，到了中國教育會，有功名的新型士大夫（如蔡元培）、無功名的國學家（如章太炎）與青年知識分子（如鄒容）濟濟一堂，共同議論國事，批評時政。在一種新的空間形式裏，在身份平等的基礎上，建立了新型的公共交往關係。這樣的公共交往，到了「五四」時代，比如《新青年》同人那裏，就完全成型了：不僅由清一色的知識分子所組成，而且，無論是留洋的，還是國內的，都擺脫了傳統的等級性關係，形成了以理性為基礎的平等交往關係。

報紙、學會和學校作為公共領域的基本結構，並非中國公共領域的長時段特徵，而只是最初階段——清末的情形。民國成立以後，這一情形有很大的變化，學會和學校，從整體而言，不再是公共領域固定的一部分。學會（或社團）不是專業化，就是黨派化，失去了清末混沌的、公共的性質。而民國以後的學校也逐漸按照現代建制學科化、專業化，在整體上與政

35. 參見張玉法：《清末的立憲團體》，台灣中央研究院近代史研究所，1971年，179–188頁。
36. 參見熊月之主編：《上海通史》第3卷，296–297頁。

治脫鉤。這樣，民國以後在公共領域繼續扮演公共角色的，主要是報紙和雜誌。

哈伯馬斯在分析歐洲公共領域的結構轉型時，指出，作為生活世界一部分的公共領域，後來受到系統世界中的干擾，為金錢和權力所操縱，逐漸失去了其公共的性質，不再成為公共權力的合法性基礎。[37] 然而，在現代中國，干擾公共領域發展的主要因素，卻是無法建制化和日益的黨派化。雖然從十九世紀末中國社會已經形成了以上海為中心的公眾輿論，但這樣的公眾輿論並沒有受到國家體制的保護和承認。民國以後儘管表明有了言論、出版、集會等自由，但這些自由僅僅是一文紙書，事實上，社會輿論經常受到政府的干預甚至迫害。區別僅僅在於，某些時期政府控制能力比較弱的時候，公眾輿論會比較強一些，而另一些時期，政府對輿論實行強控制的時候，公共空間就變得相當的微弱。另一方面，中國現代的資產階級一直不太強大，對公共領域的干預也很有限。除了政府權力之外，對公眾輿論的另一個干擾來自日益嚴重的黨派化。現代中國因為各種政治力量衝突連綿不絕，而且越來越尖銳，使得公共領域也滲透了嚴重對立的黨派利益，許多報刊雜誌有着明顯的政治利益背景，失去了公眾輿論本來應有的公正、客觀和公共性質。本來，公共領域的自由空間就比較有限，再加上日益嚴重的黨派化，便使得中國的公共領域顯現出逼仄的格局。

由於在政治上受到政府和黨派這兩個因素的影響，以上海為代表的中國公共領域在整個現代中國的發展是不平衡的，大致而言，經歷了三個階段：

---

37. 參見哈伯馬斯：《公共領域的結構轉型》，170–282頁。

第一階段是十九世紀九十年代中期到二十世紀二十年代末。在這一階段，由於晚清政府日趨弱勢，繼起的北洋政府控制能力也比較軟弱，再加上黨派利益剛剛出現，尚未完全滲透到公共領域，這就使得公共領域從整體上處於一個不斷向上的發展勢頭，特別是「五四」時期，大致是中國公眾輿論最強勢的時期，分裂的北洋政治勢力無法控制全局，各派都需要借助社會輿論的力量，因而以上海為中心的公眾輿論如《申報》、《新聞報》、《東方雜誌》等，得以扮演了相當重要的作用。

第二階段是從二十年代末到四十年代中期。在這一階段，國民黨逐漸控制了全國的輿論，使得公共領域受到了很大的摧殘。作為新聞產業本身的報業業務雖然有很大發展，比如上海的《申報》，天津的《大公報》等，但輿論的空間並未因此而擴展，反而日趨狹窄。公眾輿論受到了很大的扭曲，被迫只能以諷刺、遊戲、幽默這樣的曲折的方式予以表現。《申報》的「自由談」就是最典型的例子。[38] 到了抗戰全面爆發以後，連這樣的空間都喪失殆盡。另一方面，在這一階段，政治黨派勢力格局已成，開始全面滲透到公共領域，也對公眾輿論造成了某種傷害。

第三階段是1943年下半年到1949年。在這一階段，由於國民黨表面上開始結束訓政、還政於民，對輿論控制一度有所鬆動，另加上各派政治力量處於暫時的、微妙的平衡，所以，以公開討論和政治批評為標誌的公共領域，在抗戰勝利前後一段時間有很大的發展，以上海的《觀察》、《大公報》為代表的公眾輿論，表現出相當明顯的公眾性質和直面勇氣。不過，隨

---

38. 參見李歐梵：〈「批評空間」的開創——從《申報》「自由談」談起〉，《現代性的追求——李歐梵文化評論精選選集》，台北麥田出版公司，1996年。

着內戰的加劇，政府對輿論控制再度收緊，而政治利益的白熱化衝突，也使得公共領域之中，黨派對立日益嚴重，以至於淹沒了公正、客觀的聲音。公共領域從全盛到衰落的急遽變化，證明了現代中國公共領域由於缺乏體制保障和過於黨派化所造成的無可扭轉的損傷。

對公眾輿論的自我理解

公共領域對其功能的自我理解是公眾輿論。它指的是有判斷能力的公眾所從事的批判性活動。按照哈伯馬斯的看法，在公共領域從事公眾輿論的主體，與政治領域中活動的主體不一樣，並非從利益組合中所產生的黨派，而是作為公眾的個人。具有不同價值觀念的私人，從各自所理解的公共利益出發，對公共事務進行公開討論和爭辯，最後，在公共交往和批判的基礎上，形成公眾輿論。[39]

那麼，現代中國公共領域的參與者們，是如何自我理解的呢？下面，我將從「公眾」、「輿論」、「公共利益」和「公共性」這幾個關鍵字入手，通過與哈伯馬斯思想的比較，研究這一問題。

第一，關於公眾的概念。

在歐洲，公眾最早指的是「作為文學和藝術的接受者、消費者和批評者的讀者、觀眾和聽眾」，然後這些人士逐漸在公共領域裏討論社會政治事務，從事公共批判。[40] 不過，中國的公共領域由於沒有歐洲那樣的文學公共領域的前身，而直接

---

39. 參見哈伯馬斯：《公共領域的結構轉型》，第1、2、4章。
40. 同上，33–36頁。

與現代民族國家的建構有關，所以，對公眾的理解最早是與民族國家有關的國民概念。梁啟超指出，所謂國民，乃是「一國為人民公產之稱也」，「以一國之民，治一國之事，定一國之法」，「是之謂國民」。[41] 在這裏，梁啟超已經注意到國民的意義，乃是對於公共事務的廣泛參與。這樣的國民，已經與公眾的內涵不遠。

不過，由於中國的公共領域缺乏歐洲這樣的廣泛的市民階層的支持和鋪墊，所以，現代中國的公共領域並非是公眾的，而只是狹隘得多的士大夫或知識分子的公共領域。當他們從事公眾輿論的時候，更多流露出來的，與其說是公眾意識，倒不如說是精英意識。梁啟超寫過一篇〈輿論之母與輿論之僕〉的短文，論述了精英豪傑與公眾輿論的關係。在他看來，輿論不過是常人之見而已，未必是公共利益之所在。而英雄豪傑貴在能發現常人所不及者，善於領導輿論。[42] 在這裏，梁啟超所繼承的，是王陽明以來教化百姓、移風易俗的精英傳統。區別在於，王陽明相信致良知的道德感召，而梁啟超則發現了領導輿論這一個更有力的改造社會的方式。

現代中國的思想界，與市民社會不太發達的近代德國比較相似。康得說，所謂啟蒙，就是有勇氣公開運用自己的理性。但在他看來，啟蒙主要是學者、特別是哲學家的事情。當哲學家面向政府的時候，目的是對政府加以指導和監督，而當他們面向公眾的時候，目的是引導他們運用自己的理性。[43] 中國的知識分子在從事公眾輿論的時候，也是自承這樣雙重的使

---

41. 梁啟超：〈近世國民競爭之大勢及中國前途〉，《梁啟超全集》第1冊，309頁。

42. 《梁啟超全集》第1冊，382頁。

43. 參見康得：〈答覆這個問題：「什麼是啟蒙運動？」〉，康得：《歷史理性批判文集》，北京商務印書館，1997年，22–26頁。

命。1902年，梁啟超發表〈敬告我同業諸君〉，宣佈報館的兩大天職是：「對於政府而為其監督者」，「對於國內而為其嚮導者」。[44] 這樣的精英觀念，幾乎成為中國讀書人的潛意識，即使到了現代知識分子那裏，也沒有根本的改變。1947年，遠在美國的陳衡哲給《觀察》主編儲安平寫信，討論自由主義者如何在政治中發揮作用，特別強調要「造成一種穩健清潔的輿論，使得主持公道的人士，可以得到社會上的道德支援」。[45] 其中的精英意識躍然紙上。這表明，現代中國的知識分子們，雖然在觀念上產生了國民意識或公眾意識，但在從事公眾輿論的時候，仍然抱有強烈的精英主義情懷，將自己看作是擁有某種道德使命或先知精神的特殊人物，相信只要堅持不懈，便可以領導輿論、改變風氣。

第二，關於輿論的批判性。

按照哈伯馬斯的看法，公眾輿論「指的是有判斷能力的公眾所從事的批判活動」，[46] 對於公眾輿論的核心特徵在於批判性這一點，中國的知識分子們的認識有一個變化的過程。大致而言，在十九世紀末之前，無論是洋務士大夫，還是維新士大夫，都還停留在傳統民本主義的框架之內，將報紙的功能僅僅看作君民之間「去塞求通」、「耳目喉舌」、「通上下之情」的工具，批判性相當弱。進入二十世紀以後，中國的公共領域的參與者們，對輿論的認識有很大發展，突破了民本主義傳統，將輿論的功能與現代民權概念聯繫了起來，因而也具有了鮮明的批判性。

---

44. 梁啟超：〈敬告我同業諸君〉，《梁啟超全集》第2冊，969頁。
45. 《觀察》，第3卷，第12期，23頁。
46. 哈伯馬斯：《公共領域的結構轉型》，108頁。

在這方面，梁啟超是那個時代最有見識的思想家。在二十世紀初中國思想界的民權狂潮中，多數人都重視政治層面的變革或革命，相信制度的民主化可以拯救中國。但梁啟超發現了比政治改革更重要的問題，是如何造就輿論，為政治權力提供合法性基礎和監督職能。為什麼民選的政府還需要輿論的監督？梁啟超指出，因為人性不能盡善，政府受民眾委託，授予全權，即使是聖智當政，也不免濫用職權。即使有立法、司法權的獨立制衡，以及政黨制的對立，力量仍然薄弱，需要輿論作為後援。言論和出版自由，是一切自由之保障，報館就是借助這兩項自由，實行對政府的監督。在梁啟超看來，報館作為獨立的輿論機關，「非政府之臣屬，而與政府立於平等之地位者也。」不僅如此，報館的地位還高於政府，因為政府只是受國民委託，是國民的僱傭，而報館代表着國民的公意，所以報館視政府如同父兄之視子弟，負有教導批評之職責。[47]

這是梁啟超1902年的看法。到1910年，他對輿論的認識更加明確了。他進一步指出，「凡政治必藉輿論之擁護而始能存立」，因為輿論代表了多數人的意見，是多數人意見的公開表達。真正的立憲民主政治，就在於尊重每個人的獨立意見，並讓他們堂堂正正地表達出來。在他看來，「輿論者，天地間最大之勢力，未有能禦者也」；所謂立憲政治，就是輿論政治。[48]梁啟超對輿論功能的認識，已經相當接近現代公共領域的批判性觀念，他的思想後來被中國的輿論界所繼承，成為民間輿論的共識。

第三，關於代表公共利益。

---

47. 梁啟超：〈敬告我同業諸君〉，《梁啟超全集》第4冊，969頁。
48. 梁啟超：〈讀十月初三日上諭感言〉、〈《國風報》敍例〉，《梁啟超全集》第4冊，2287、2211頁。

按照哈伯馬斯等當代共和主義思想家的看法，公眾輿論應該代表社會的公共利益和公共意志，這樣的公共意志或公共利益，不是個人意志或個人私利的簡單總和，而是每一個公眾超越各自的利益所限，從公共的角度所理解的共同利益，最後通過公共討論和辯論所形成的共識。

關於輿論應該代表公共利益這一點，有意思的是，也是現代中國公共領域參與者們的共識。梁啟超早在1901年就指出，作為輿論代表的報館，必須有一個最高的宗旨，報館的宗旨不在牟利，也不在媚權，而是「能以國民最多數之公益為目的」。[49] 公認的現代中國新聞史專家和新聞學家戈公振在其名著《中國報學史》中，也明確說：「民主政治，根據於輿論；而輿論之所自出，則根據於一般國民之公共意志。報紙者，表現一般國民之公共意志，而成立輿論者也。」[50]

不過，每一個人都是有私利的，如何才能使得輿論代表公共利益，而不是私人意見的總和呢？在西方共和主義思想家看來，當個人作為公眾發表意見的時候，他不是從自己的利益，而是從個人的信仰或良知出發，考慮何謂公共利益，這樣，良知最後變成輿論，不同的信仰之間有可能形成共識，形成公共意志。[51] 在這方面，梁啟超與共和主義思想家所見略同。為了保證輿論能夠代表國民之公益，梁啟超對個人的輿論提出了若干要求：其中他特別強調必須有「真誠」和「公心」，不是以私人的利害關係，而是從國家利害考慮問題，「各憑其良知之

---

49. 梁啟超：〈清議報一百冊祝辭並論報館之責任及本館之經歷〉，《梁啟超全集》第1冊，475頁。

50. 戈公振：《中國報學史》，香港太平書局，1964年，362頁。

51. 參見哈伯馬斯：《公共領域的結構轉型》，108頁。

所信者而發表之」。[52] 這樣的看法，在相當的程度上，成為現代中國新聞從業者的職業道德標準。

那麼，究竟什麼是公眾輿論，分散的個人輿論如何構成符合公共利益的公共意志呢？梁啟超、戈公振等都沒有進一步的討論，但在1930年出版、由黃天鵬編選的《新聞學名論集》一書中收錄的一篇〈輿論〉（作者筆名為亦樂），比較詳細地研究了這一問題。這篇文章的作者雖然如今已不可考，但他對輿論的若干理解令人驚異地與哈伯馬斯的公共領域思想有若干共鳴之妙。如作者指出：「所謂的公眾的意思，是無組織的國民的多數的意思」，已經注意到哈伯馬斯後來反覆強調的：公共領域中的主體，不應該是黨派或群體，而必須是純粹代表個人的無組織的、自由的公眾。而作者對公眾輿論如何形成的分析，也已經注意到了其首先必須是一種公開的意見，然後在公共空間中經過公眾的反覆的討論和爭辯，也與哈伯馬斯的交往理性思想相當接近。[53] 從中我們可以看到現代中國公共領域在觀念上所達到的某些深度。

第四，關於非黨派化和公共性。

現代民主政治是政黨政治，不同的政黨代表着不同的利益群體。選民進入政治過程，就像進入市場一樣，選擇自己的政治代理人。然而，在公共領域就不一樣了。作為公眾意見自由討論的空間，它不需要而且應該排斥黨派化，以免黨派的鬥爭扭曲了公眾的交往和互動。非黨派化的公眾輿論才具有真正的公共性。

---

52. 梁啟超：〈《國風報》敍例〉，《梁啟超全集》第4冊，2211頁。
53. 亦樂：〈輿論〉，載黃天鵬編：《新聞學名論集》，上海聯合書店，1930年。

現代中國公共領域的參與者們對輿論的非黨派化和公共性有比較清醒的認識。梁啟超在這方面開創了一個很好的傳統。他雖然屬於維新派，具有黨人傾向，但他在從事輿論工作的時候，無論是辦《時務報》，還是《清議報》、《新民叢報》，都很注意保持報紙的公共性。1901年，他希望《清議報》能夠「脫離一黨報之範圍，而進入於一國報之範圍」，也就是能夠以「國民利益為目的」，而非以「一黨之利益為目的」辦報。[54] 1910年，他在論述公眾輿論所必須遵守的原則時，特別提到「公心」原則，他指出：「若懷挾黨派思想，而於黨以外之言論舉動，一切深文以排擠之；或自命為袒護國民，而於政府之所設施，不問是非曲直，不顧前因後果，而一惟反對之為務，此皆非以沽名，即以快意，而於輿論之性質，舉無當也。」[55]

　　如果說，清末中國的報紙黨派化色彩還不是很濃的話，那麼，民國成立以後，隨着黨爭的加劇，報紙雜誌特別是政論性報刊被捲入到黨爭之中，公眾輿論的公共性受到很大威脅。在這樣的背景下，依然有一批純正的報人堅持公共領域的公共性立場，力圖超越現實政治，避免使輿論成為黨爭的工具。著名報人黃遠生繼承了梁啟超的「公心」傳統，在複雜的黨爭之中，再三強調所辦的《庸言》雜誌為「公同辯論之機關」，「極力保持言論獨立之精神，與一切個人關係及黨派無涉」。[56]不過，黃遠生由於經濟無法獨立，還是一度被迫陷入政治而痛作懺悔錄。黃遠生無法實現的理想，到二三十年代由現代中國最成功和最傑出的報業大王史量才做到了。史量才的辦報方針

---

54. 梁啟超：〈清議報一百冊祝辭並論報館之責任及本館之經歷〉，《梁啟超全集》第1冊，480頁。
55. 梁啟超：〈《國風報》敘例〉，《梁啟超全集》第4冊，2211頁。
56. 黃遠庸：《遠生遺著》卷1，38、21頁。

是：在經濟上獨立，超然於黨爭之外，以獨立的精神創造輿論。[57] 在他的經營管理下，《申報》不僅成為中國影響最大的報紙，而且也保持了獨立的、公正的民間報紙的品格。

與《申報》齊名的，還有《大公報》。其創辦者明確表明自己的立場是八個字：「不黨、不賣、不私、不盲」，具體地說，報紙「純以公民之地位，發表意見」；「願向全國開放，使為公眾喉舌」；「不以言論作交易，不受一切帶有政治性質之金錢輔助且不接收政治方面之入股投資」。[58] 二十世紀三十年代中期以後，《大公報》替代《申報》成為中國民間輿論的第一大報，並獲得美國密蘇里新聞學院的榮譽獎章，與《大公報》堅持超越黨派的公共性立場是分不開的。

到二十世紀四十年代後半期，國民黨政府對輿論的加緊打壓，而政治衝突也到了不可調和的程度，使得公共領域的空間日趨狹隘。即使在這樣的時刻，儲安平主編的《觀察》、王芸生主筆的《大公報》等，依然堅守代表公眾的公共立場。儲安平在《觀察》創刊號上發表的〈我們的志趣和態度〉一文，明白表示：「在這樣一個國事殆危、士氣敗壞的時代，實在急切需要有公正、沉穩、嚴肅的言論」。他聲明，本刊絕非政治鬥爭的場所，只是發表政論的獨立刊物，對於政府以及各個方面，都將作「公開的批評」。[59] 正因為《觀察》獨樹一幟的客觀、公正、理性的公共性質，使得它的發行量在短短兩年間上升到十萬多份，無論其報導或評論，在二十世紀四十年代末的讀者圈中都擁有很高的權威性。儘管不久以後《觀察》等刊物

57. 參見胡太春：《中國近代新聞思想史》，山西人民出版社，1987年，269–270頁。
58. 〈本社同人之志趣〉，《大公報》，1926年9月1日。
59. 儲安平：〈我們的志趣和態度〉，《觀察》，第1卷，第1期。

一一被查禁，公共領域被無情摧毀，但從梁啟超到儲安平所代表的公眾精神，在歷史上留下了熠熠生輝的不朽篇章。

研究至此，我們可以有一個簡單的結論了。

第一，哈伯馬斯的公共領域理論，完全可以作跨文化的應用，用來理解和解讀現代中國所出現的公共空間和公眾輿論這一組現象。從現代中國公共領域的理念和實踐來看，它們具有公共領域最基本的普世特徵：由獨立的、具有理性能力的公眾，在此空間之中從事公共批判，形成公眾輿論。

第二，不過，中國的經驗不是對歐洲的簡單重複和模仿，它具有自身的獨特性。中國的公共領域，不僅僅是一個西方移植而來的外來理念或結構，它在中國的歷史文化傳統中，擁有自身的本土資源：儒家式的民本主義思想、古代士大夫反抗性的清議傳統等。這些傳統因素在清末公共領域最初的形成和合法性方面，扮演了重要的作用。

第三，在現代中國，有兩種公共領域：一種是現代地方性士紳與城市的管理型公共領域，另一種是現代全國型知識分子與都市批判型公共領域。批判型公共領域，與以市民社會為基礎、以資產階級個人為基本成員的歐洲公共領域不一樣，其在發生形態上基本與市民社會無涉，而主要與民族國家的建構、社會變革這些政治主題相關。因而，中國的公共領域從一開始就是以士大夫或知識分子為核心，跳過歐洲曾經有過的文學公共領域的過渡階段，直接以政治內容作為建構的起點，公共空間的場景不是咖啡館、酒吧、沙龍，而是報紙、學會和學校。在風格上缺乏文學式的優雅，帶有政論式的急峻。

第四，威脅中國公共領域發展的，不是哈伯馬斯所分析的晚期資本主義的權力和金錢的軟性滲透，而是無法在社會制度

內部獲得其穩定的體制化和合法性，以及日益受到黨派鬥爭的影響，難以保持其獨立的、超黨派的公共性。

　　第五，由於現代以來的上海一系列特殊的條件：江南士大夫的地域文化傳統、租界所提供的特殊政治空間、西方文化和制度的示範性作用以及新型知識資源和人才的高度凝聚，使得上海成為現代中國公共領域無可爭議的中心。中國公共領域的命運，與上海的風雲變幻息息相關。現代上海的歷史，也是一部中國公共領域的興衰史。

第二編

大時代中的
知識分子困境

五、重建社會重心

現代中國的知識分子社會

　　在漫長兩千年的古代歷史之中，中國士大夫作為四民之首，曾經是社會與國家的中樞，在朝輔助帝王共治天下，在野作為地方精英領導民間社會。士大夫階層成為最有影響、舉足輕重的社會重心。那麼，到了現代以後，當傳統士大夫逐漸自我演變為現代知識分子以後，其社會政治影響究竟是上升了，還是下降了？是繼續成為社會的重心，還是被社會邊緣化了？關於這些問題，近年來學界有不少討論。其中，最有影響的當數余英時先生的〈中國知識分子的邊緣化〉一文，[1] 他所提出的二十世紀的中國知識分子不斷被邊緣化的看法，得到了相當多的認同和回應。[2] 余先生的看法固然有其道理，道出了二十世紀中國知識分子下行的一般趨勢，不過，我們也要注意到，這一下行趨勢，並非知識分子的全盤潰敗，相反地，現代知識分子比較起傳統士大夫，在文化上的影響力不僅沒有下滑，反而有很大的提升。

　　張灝先生在〈中國現代思想史的轉型時代〉一文中指出：「現代知識分子就其人數而論，當然不能與傳統士紳階

---

1. 余英時：〈中國知識分子的邊緣化〉，《二十一世紀》，總第6期。

2. 關於對知識分子的邊緣化問題，比較有價值的進一步研究有王汎森：〈近代知識分子自我形象的轉變〉，《中國近代思想與學術的系譜》，台北聯經出版，2003年；羅志田：〈近代中國社會權勢的轉移：知識分子的邊緣化與邊緣知識分子的興起〉，《權勢轉移：近代中國的思想、社會與學術》，湖北人民出版社，1999年。

層相比，但他們對文化思想的影響力絕不下於士紳階層……
轉型時代的知識分子，在社會上他們是游離無根，在政治
上，他們是邊緣人物（余英時的話），在文化上，他們卻是
影響極大的精英階層。所以要了解現代知識分子，一方面我
們必須注意他們的政治邊緣性和社會游離性，另一方面也要
注意他們的文化核心地位。」[3] 事實上，這兩種趨勢在歷史上
乃是同時發生的：一方面是社會政治地位的下降，另一方面
是文化影響力的提高。為什麼這兩種看起來似乎是悖論性的
現象會同時發生？個中又有什麼樣的內在關聯？為什麼掌握
了輿論權力的中國知識分子，最後依然被邊緣化？——這些
問題，正是本章所要討論的。

從「士紳社會」到「知識分子社會」

　　傳統的中國社會，是一個以士大夫為中心的「四民社
會」。「四民社會」正如梁漱溟先生所說，乃是一個倫理本
位，職業分途的社會。[4] 士農工商這四大階級，形成了以儒家價
值為核心的社會分層。與歐洲中世紀的封建社會不同，四民社
會的等級分層，是上下之間有流動的社會分層，作為社會中心
的士大夫階級，通過制度化的科舉制度從社會中選拔精英，保
證了精英來源的開放性和競爭性，也維持了社會文化秩序的整
合和穩定。

---

3. 張灝：〈中國近代思想史的轉型時代〉，《時代的探索》，台北聯經出版，2004年，43
　頁。
4. 參見梁漱溟：《中國文化要義》，第5、8章，見《梁漱溟全集》第3卷，山東人民出版
　社，1990年。

士大夫階級，在古代中華帝國，是帝國王權制度與社會宗法制度相互聯繫的中樞和紐帶。其表現為兩個方面：其一，士大夫階級所信奉的道統——儒家價值觀既是帝國官方的政治意識形態，也是宗法家族社會共同的文化傳統；其二，士大夫階級（亦稱為士紳階級）一身兼二任，在朝廷輔助君王統治天下，在鄉野為道德表率和地方精英領導民間。以士大夫階級為重心，古代中國的社會與國家渾然一體，表現出有機的整合。

　　明代以後，這一以士大夫為中心的四民社會慢慢發生了一些變化，隨着江南經濟的發展和繁榮，商人的地位開始上升，雖然還是在士之下，但已經在農工之上。到了晚清，由於鎮壓太平天國和抵抗外國列強的需要，出現了地方士紳領導的私家軍，本來一直被壓抑的軍人集團在亂世之中脫穎而出，漸漸成為左右中國政局的重要力量。伴隨着軍人和商人地位的上升，士農的位置急劇滑坡，特別是士大夫的核心位置，受到了嚴峻的挑戰。在激烈的社會大動盪之中，「四民社會」逐漸解體。

　　不僅「四民社會」解體了，而且士大夫階級也被徹底顛覆了。其中最重要的事件，乃是1905年科舉制度的廢除。在傳統的「四民社會」之中，士大夫雖然不是世襲的貴族，具有階級的開放性和流動性，但士大夫具有法律和文化規定的各種特權和威權，是禮治社會的精英和領袖。晚清以來所發生的「三千年未有之變局」，對於士大夫而言，無疑是自春秋戰國以後的第二次禮崩樂壞時代，其所賴以生存、發展的社會文化秩序處於不斷的解體之中。而科舉制度的廢除，乃是士大夫與過去那個賴以安身立命的文化與制度發生斷裂的轉捩點所在。傳統的秩序崩盤了，新的秩序尚待建立，在這歷史的第二次禮崩樂壞時代，士大夫以自己的思想和實踐參與瓦解着舊的秩序，同時

又被舊秩序拋離到社會，再次成為流落民間的自由流動資源。[5]

讀書人成為社會的遊士，並非自1905年以後起，事實上，在科舉廢除之前，日益擴大的科舉規模已經造成了大量過剩的功名人士，而洋務運動和軍事地方化所帶來的城市社會結構的變化，恰恰給這些無法向傳統仕途發展的讀書人以新的拓展空間：買辦、商人、出版家、律師、醫生、幕僚、軍人等。即使沒有功名，通過這些職業，一個讀書人也同樣有可能通往權力的高層。報人出身的王韜、買辦出身的鄭觀應和幕府出身的薛福成，都是成功的例子，而到了晚清，他們已經不再是個案，而是相當具有普遍性的現象了。

晚清的知識分子遊士化，與春秋戰國時代不同的是，這次不是從宗法封建政治關係中，而是從帝國和家族秩序中游離出來，成為下移到民間的遊士。卡爾・曼海姆（Karl Mannheim）指出：現代以後，「知識分子從『上流社會』中解放出來，發展成為或多或少與其他階層相分離的階層，以及從所有社會階級中得到補充，導致了自由的智力和文化生活的驚人繁榮」。[6]雖然知識分子失去了國家所賦予的功名，失去了法律上的政治和社會的特權，但他們依然不是一般的平民，而是特殊的平民，依然是社會的精英，在這禮崩樂壞的大時代裏，充滿了憂患意識和「以天下為己任」的使命感。梁啟超在〈新民說〉中說：「今日談救國者，宜莫如養成國民能力之為急矣。雖然，國民者其所養之客體也，而必更有其能養之主體……主體何

---

5. 根據陳寶良的研究，由於明代生員人數的大幅度增加，而仕途依然狹窄，遊士化傾向在明中葉以後就開始出現。不第秀才或者做塾師，或者當儒醫，或者做幕僚，或者經商，或者成為通俗文化的創作者。參見陳寶良：《明代儒學生員與地方社會》，中國社會科學出版社，2005年，325–326、499頁。

6. 卡爾・曼海姆：《重建時代的人與社會：現代社會結構的研究》，北京三聯書店，2002年，83頁。

在？不在強有力之當道，不在大多數之小民，而在既有思想之中等社會。」[7]

梁任公所說的「既有思想之中等社會」，指的就是從帝國和家族秩序中游離到民間的知識分子們所組成的社會。這些知識人，雖然成為了職業各不相同的遊士，但他們並非互相隔絕的一盤散沙，而是一個有着緊密聯繫的社會文化網絡。這樣的社會文化網絡，我稱之為「知識分子社會」（intellectuals society）。[8]

「知識分子社會」大約在十九世紀末、二十世紀初晚清年間出現，到民國初年發展成型。差不多在張灝先生所說的「轉型時代」（1895–1925年）間發展起來。如同中國的知識分子從傳統士大夫自我演化而來那樣，「知識分子社會」的產生並非平地起樓，而是與傳統的「士紳社會」有着歷史的血脈聯繫。所謂的「士紳社會」（gentry society）這一概念，最早由費正清提出，[9] 按照卜正民（Timothy Brook）的描述，「士紳社會」是一個由獲得功名的精英主宰的社會，它處於由地方行政官代表的公共事務領域與個人及其家族的私人領域之間。[10] 士紳與士大夫，指的是同樣一群人，他們在傳統中國都是享有國家功名的讀書人，有着共同的儒家價值觀，共同的文化趣味和社會地

---

7. 梁啟超：〈新民說・論政治能力〉，《梁啟超全集》第2冊，北京出版社，1999年，732頁。

8. Intellectuals 在中國一般翻譯為知識分子。但余英時先生認為所謂「分子」在中國的語境中含有貶義，「把『人』變為『分子』會有意想不到的災難性的後果」。他強烈主張用知識人代替知識分子（參見余英時：〈新版序〉，《士與中國文化》，2頁，上海人民出版社，2003年）。不過，在中國的語境中，知識分子這一概念已經成為約定俗成的一般概念。本文為行文的方便，在談到intellectuals society時，用知識分子社會，在談到intellectuals時，用知識分子，二者的內涵是同樣的。

9. 費正清：《費正清論中國》，台北正中書局，1995年，104–106頁。

10. 卜正民：《為權力祈禱：佛教與晚明中國士紳社會的形成》，江蘇人民出版社，2005年，21頁。

位。當說他們是士大夫時，更多指的是他們在帝國內部的官僚職能，當說他們是士紳的時候，更多指的是他們在鄉村社會作為地方精英的公共職責。概而言之，漢唐時代的儒生們走的是往政治發展的上行路線，更多地體現為帝國的士大夫，而宋明以後由於佛教和理學的內在轉向，士大夫們從單一的上行路線轉而下行，注重民間的教化職能，從士大夫變為士紳。這些士紳雖然具有科舉考試所正式賦予的國家功名，但他們的權威更多地來自民間，來自儒家文化傳統所形成的威權。[11] 由於傳統中國的政治權力只達到縣一級，在地方權力與鄉村社會之間，有很大的權力真空，這一權力真空正是由地方士紳們所填補，形成一個具有自治性質的「士紳社會」。瞿同祖指出：「士紳是與地方政府共同管理當地事務的地方精英，與地方政府所具有的正式權力相比，他們屬於非正式的權力……他們是唯一能合法地代表當地社群與官吏共商地方事務參與政治過程的集團。這一特權從未擴展到其他任何社群和組織。」[12]

宋明以後，在政治權力之外所出現的「士紳社會」，具有三個顯著的特點。其一，這一社會具有相當的自主性。作為「士紳社會」中的精英，士紳們是一個具有共同價值標準、文化趣味、社會身份和法律特權的社會階層。[13] 他們自身通過科舉、書院、講學等方式結合成一個內部的關係網絡，擁有共同的文化資本，壟斷了古代中國的知識資源——在中國這樣一個禮治社會之中，文化和知識是最重要的威權來源。其二，「士紳社會」與中國基層社會有着非常內在的密切結合，鑲嵌在鄉

---

11. 關於士紳的威權論述，參見費孝通：《中國紳士》，中國社會科學出版社，2006年，14–19頁。

12. 瞿同祖：《清代地方政府》，北京法律出版社，2003年，282–283頁。

13. 參見周榮德：《中國社會的階層與流動：一個社區中士紳身份的研究》，學林出版社，2000年。

村的家族宗法關係和城市的地域、鄰里關係之中，通過鄉約、鄉學、社倉、賑災、調解以及舉辦各種公共事業，士紳在鄉村的公共生活和私人生活中扮演了不可缺少的地方精英角色。而在明清年間，隨着城市商業化的成熟，一批中上階層的士紳移居城市，他們又在城市的公共生活中繼續鄉村社會的精英角色，有些研究者將由這些士紳所主導的城市生活視作為中國式的「紳士管理型的公共領域」。[14] 其三，「士紳社會」雖然具有自主性格，在管理城鄉基層社會之中也具有自治的性質，但並不意味着與國家權力完全分離，相反地，中國的「士紳社會」與歐洲的「市民社會」不同，士紳們與國家權力有着經常性的密切互動，不僅他們的士紳身份來自於國家賦予的功名，而且作為國家與民眾之間的仲介性精英，在一些情況下是國家權力向基層展開的非正式的延伸，在另一些情況下，又是作為鄉土利益的代表，與國家進行利益博弈的討價還價者。[15]

到十九世紀中葉，借助平定太平天國叛亂的機會，地方士紳的權力從地方性的社會文化事務，擴展到擁有全國影響的政治軍事領域。隨着朝廷中央權力的逐漸衰落，地方士紳在新政和自治的制度化名義下，進一步擴展權力的基礎，終於在辛亥革命中成為最大的獲利者。晚清是「士紳社會」權力擴張的登峰造極，同時也因為其過於政治化而自我瓦解：一部分士大夫直接轉化為政治權力而失去民間的身份，而另一部分士大夫則在新式的建制之下蛻變為新式的知識人。在清末民初年間，傳統的「士紳社會」漸漸自我轉型為一個「知識分子社會」。

---

14. 參見羅威廉：〈晚清帝國的「市民社會」問題〉、瑪麗・蘭欽：〈中國公共領域觀察〉，載黃宗智主編：《中國研究的範式問題討論》，中央編譯出版社，2003年。

15. 參見瞿同祖：《清代地方政府》，326–330頁。

「士紳社會」與「知識分子社會」的最大區別首先是其主角的不同：從傳統的士紳易為現代的知識分子。何為傳統士紳，何為現代知識分子？自然我們可以這樣區分：前者有功名，基本是傳統教育出身，而後者接受的是新式教育，以學校的文憑代替了科舉的功名，然而，從歷史的演化來說，二者之間並沒有一條明晰的界限。大致而言，晚清一代讀書人，如康有為、梁啟超、譚嗣同、嚴復、章太炎等，是從士大夫到知識人過渡的一代，而到五四，陳獨秀、胡適、魯迅，再加上更年輕的傅斯年、顧頡剛、聞一多等，則是比較純粹意義上的第一代知識分子了——儘管作為第一代，依然繼承了傳統士大夫的許多精神和文化遺產。[16]

　　比較起身份和文化背景的轉換，「知識分子社會」與「士紳社會」更重要的區別在於其內部建制的變化。劉易斯·科塞（Lewis A. Coser）說：「只有現代社會提供了制度化條件，使一個具有自我意識的知識分子群體得以產生。」[17] 張灝先生在〈中國現代思想史的轉型時代〉中指出：晚清以後，在城市社會之中，漸漸出現了使現代知識分子得以形成的制度性媒介，這就是學校、傳媒和結社。張灝將這三者稱之為基礎建構（infrastructure），即「知識分子社會」得以憑藉的三個基礎性的公共網絡。[18] 十九世紀九十年代以後，隨着新式的學堂、傳媒和社團的出現，出現了一個「知識分子社會」。這一「知識分子社會」居於國家（上層的國家權力）與社會（下層的市民社會）之間，其中的角色不再是傳統士紳，而是現代知識分

---

16. 關於中國知識分子的代際演化，參見許紀霖：〈20世紀中國六代知識分子〉，見許紀霖：《中國知識分子十論》，復旦大學出版社，2004年。

17. 劉易斯·科塞：《理念人》，中央編譯出版社，2001年，5頁。

18. 張灝：〈中國近代思想史的轉型時代〉，見張灝：《時代的探索》，37–42頁。

子，其職業和身份是多元的：教師、編輯、記者、出版人、自由撰稿人等。他們不再像士紳階層那樣有統一的意識形態，也不再有國家科舉制度所認同的正式身份。但正是這些職業與身份多元的現代知識分子，共同形成了一個知識生產、流通的文化交往網絡。

傳統中國是一個以儒家德性為中心的禮治社會，傳統士大夫之所以在政治和社會上有影響，不僅因為他們是禮治秩序中的道德表率，而且還掌握了禮治背後的道德價值的解釋權。這些道德價值具有超越的意義，是天的意志之體現。天德賦予人間心靈秩序和政治秩序之正當性權威，但天之意志在中國通過「二重權威」的方式得以展現：一方面是帝國的王權作為天子秉承天意實現政治的統治，另一方面具有內在善性的心靈也有可能直接與天命相通，為天地立心。[19] 中國的士大夫們通過個人的心性修養所擁有的，正是那種以天理為中心的道德解釋權。

晚清以後，在西方科學思想的催化和中國思想傳統內部發酵的雙重因素之下，傳統的天理觀逐漸演變為科學的公理觀，以道德為中心的規範知識逐步讓位於以科學為中心的自然知識。[20] 而能夠掌握、控制這一新的科學知識的生產、流動和消費整個過程的，正是從傳統士大夫那裏蛻變而來的現代知識分子。現代的社會是一個以知識為中心社會，知識取代宗教和道德成為社會正當性的來源，也同時成為政治、文化和社會權

---

19. 關於「二重權威」的論述，參見張灝：《幽暗意識與民主傳統》，45–53頁，台北聯經出版，1989年。

20. 關於中國思想史上從天理觀到公理觀的轉變，參見汪暉：《現代中國思想的興起》，北京三聯書店，2004年，1395–1409頁；關於從規範知識到自然知識的變化，參見費孝通：《中國紳士》，34–44頁。

力的淵源。知識的再生產，就是權力的再生產，知識分子在生產知識的同時，也不斷強化着他們的文化權力。

在整個知識的生產和流通過程之中，學校和傳媒是兩個最重要的核心環節。知識分子因為控制了傳媒和學校這兩項核心資源，晚清以後使其在文化和輿論上的影響力，比較起傳統知識分子，有過之而無不及。這些掌握了知識和輿論生產、流通權力的知識分子，本身又是組織化的，形成各種知識分子的社團共同體。於是，借助學校、傳媒和社團這三個重要的建制性網絡，具有多種身份和職業的知識分子形成了一個替代傳統「士紳社會」的「知識分子社會」。

「知識分子社會」的公共網絡：學校、社團與傳媒

晚清的思想家們如梁啟超、譚嗣同等，都將學堂、報紙和學會，看作是開發民智和社會改革的三個最重要的途徑。[21] 雖然他們不曾意識到這是即將出現的「知識分子社會」的基礎性建構，但已經將之視為新式士大夫得以施展社會影響的重要管道。梁啟超、譚嗣同的想法並非移植於西方，也不是憑空產生，而是來自於晚明的歷史遺產。前面說過，宋明以後，士大夫的重心下移，從廟堂轉移到民間，在基層形成了一個「士紳社會」。在「士紳社會」之中，各級士紳們通過各種方式互相串連，形成了多個區域性乃至全國性的交往網絡。到明代，這一士大夫的交往網絡已經發展到了空前的規模。明季士大夫的

---

21. 早在1896年，梁啟超在〈變法通議〉和〈論報館有益於國事〉中，就詳細討論了學校、學會和報紙的重要性，譚嗣同在〈《湘報》後敍〉中明確表達了同樣的觀點，認為覺醒士民之道有三：一是創學堂、改書院，二是學會，三是報紙。

書院林立，講學成風，士大夫們的結社也蔚成規模。[22] 晚明的東林黨、復社這些士大夫群體之所以對朝野擁有影響，乃是因其擁有書院、講學和結社這些公共交往的網絡。

鑒於晚明士林氣燄過於囂張，清廷統治者吸取教訓，嚴禁士大夫結社、自由講學和民間的書院，清代的士氣歸於沉寂。到了晚清，當內憂外患再度泛起，中央王權逐漸式微之時，康有為、梁啟超、譚嗣同這些在野士大夫試圖重新擔當挽救危亡的使命，賦予他們思想靈感的，首先不是域外的新學，而是明代先人留下的歷史遺產。

從功能的意義上說，學校、報紙和結社，既是現代中國的公共網絡，也是中國特殊的公共領域。現代中國的公共領域，與以市民社會為基礎、以資產階級為基本成員的歐洲公共領域不一樣，其在發生形態上基本與市民社會無涉，而主要與民族國家的建構、社會變革這些政治主題相關。它們從一開始就是以新式士大夫和知識分子為核心，跳過歐洲曾經有過的文學公共領域的過渡階段，直接以政治內容作為建構的起點，公共空間的場景不是咖啡館、酒吧、沙龍，而是報紙、學會和學校。在風格上缺乏文學式的優雅，帶有政論式的急峻。[23] 而這一切，恰恰與明代士大夫的書院、講學與結社有着非常密切的歷史和精神聯繫。現代中國「知識分子社會」的公共網絡，只有放在中國的歷史文化脈絡之中，才能理解其特殊的發展形態。

---

22. 參見謝國楨：《明清之際黨社運動考》，北京中華書局，1982年；呂妙芬：《陽明學士人社群：歷史、思想與實踐》，台灣中央研究院近代史研究所，2003年；小野和子：《明季黨社考》，上海古籍出版社，2006年；羅宗強：《明代後期士人心態研究》，南開大學出版社，2006年。

23. 參見許紀霖：〈近代中國的公共領域：形態、功能與自我理解〉，《史林》，2003年第2期。

首先來看學校。中國的文化重心在歷史上曾經有多次遷移。在春秋戰國時代，文化的重心在私學，先秦的諸子百家都有自己的私家學校，以吸引門生。到兩漢時期，文化的重心轉移到太學，五經博士與帝國的官僚政治有着緊密的結合。魏晉南北朝貴族門閥崛起以後，文化中心轉移到了世族，在黑暗混亂的中世，那些世家大族保留了中國文化的燎原火種。[24] 唐宋以後科舉制度確立，雖然科舉吸引了莘莘學子，但許多有識之士痛感科舉制度害人，無法培養出儒家所期望的有德性、又有經世能力的人才，他們將三代的學校理想化，並按照這樣的理想開設書院。書院成為宋明時代的文化重心。然而書院再繁榮，也畢竟有限，它並沒有被建制化，雖然是士大夫公共交往的網絡，但並非國家正式體制的一部分。只要有科舉，一般讀書人就會捨書院、奔仕途而去。有清一代，書院墮落為科舉的附庸，而文化世家特別是江南的文化家族成為學術文化的重心。[25] 直到1905年科舉制度廢除以後，學校才最終替代科舉，成為國家建制所承認的培養精英的正式機構。從此，學校的文憑、特別是海外留學獲得的洋文憑，替代了科舉的功名，成為通向政治、文化和社會各種精英身份的規範途徑。

　　在一個非民主的社會之中，精英是在社會中處於支配性地位的人物。在傳統中國，察舉制度、九品中正制和科舉制度先後成為國家建制中的精英選拔機制。科舉廢除之後，雖然不再有類似科舉那樣規範的精英選拔制度，但社會逐漸形成了一些

---

24. 關於魏晉時代士族與文化的關係，參見田余慶：《東晉門閥政治》，北京大學出版社，2005年，270–278頁；唐長孺：〈東漢末期的大姓名士〉，《魏晉南北朝史論拾遺》，北京中華書局，1983年。

25. 關於清代的文化家族與學術文化的關係，艾爾曼（Benjamin Elman）作了很好的研究，參見艾爾曼：《從理學到樸學：中華帝國晚期思想與社會變化面面觀》，江蘇人民出版社，1995年；《經學、政治和宗族：中華帝國晚期常州今文學派研究》，江蘇人民出版社，1998年。

非制度性的共識，將海外留學生和國內名牌大學出身的，視為上流精英。

　　胡適〈領袖人才的來源〉一文中説：「在我們這個不幸的國家，千年來，差不多沒有一個訓練領袖人才的機關。貴族門閥是崩壞了，又沒有一個高等教育的書院是有持久性的，也沒有一種教育是訓練『有為有守』的人才的。五千年的古國，沒有一個三十年的大學！」[26] 胡適的這段話道出了一個事實：從古代到現代，中國文化的重心有一個從家族到學校的大轉移。無論是太學時代，還是科舉時期，學在官府，衡量文化和精英的標準也在朝廷，士人的獨立性有限，哪怕有儒家的精神道統，也只有少數人才扛得住。宋明士人如此重視書院，原因亦在此。六朝隋唐時期士人之所以比較有力量，文化燦爛，乃是有世家大族的支撐，明清時期尚能保持一點學脈，也與文化家族有關。

　　晚清以後，傳統家族逐漸衰落，但書院挾着歐風美雨的威力搖身一變為現代的學校，成為文化生產的重心。1904年的「癸卯學制」和1912年的「壬子癸丑學制」兩次學制的大改革，奠定了現代中國學校的基本建制，從此，知識分子改變了依附於王權政治的歷史，開始有了真正屬於自己的獨立職業空間。新式知識分子的職業化，帶來了兩個悖論性的趨勢。第一個趨勢是學校使得知識分子無論在身份上，還是心態上都獲得了獨立，不再像過去那樣依附於朝廷王權，這一次的獨立不僅是精神上的獨立，僅僅靠一脈道統支撐自己，而是有了一塊實實在在的社會地盤，有了自己獨立的建制化資源。讀書人自魏晉南北朝以後，再一次疏離仕途，獲得了相對於王權的自由。

---

26. 胡適：〈領袖人才的來源〉，《獨立評論》，第12號，1932年。

但這一次，憑藉的不是門閥世家，而是學校——是真正屬於知識人自己的社會建構。儒家追求了兩千年的學統，到了二十世紀終於找到了學校這一肉身，精神的靈魂終於獲得了安身立命之地。

在現代中國，不須說教會大學和私立大學，即使是國立大學，國家權力的干預亦相當有限，大學有相當的自主性。大學的自主性又基本掌握在教授手中。學校擁有自身的文化標準和精英選拔標準。由於學校掌握了知識生產的核心權力，又將這套文化標準推廣到社會，通過對商業精英、政治精英、知識精英和技術精英的培養，以現代的學統為網絡，建立起一個遍佈全國的精英網絡，從而擁有了現代社會獨一無二的文化權力。

但獨立又是一把雙刃劍，它也帶來了另外一個趨勢：獨立以後的知識分子越來越游離於社會。當學院裏的知識分子以隔離的智慧，以學術為志業的時候，也就將自我放逐於社會之外。學院裏的知識分子，可以與鄉村沒有關係，與所在的城市沒有聯繫，也可以與政治隔離。從這個意義上說，他們是一種自我的邊緣化。不少成為象牙塔人的知識分子，當成為某個專業的專家學者之後，不必再有社會擔當。特別在亂世之中，如同魏晉時代的名士一般，清談學術以自得，到二十世紀三十年代，以國立大學和教會大學為中心，逐漸形成了一個半封閉的文化貴族群體。

傳統的精英網絡是以宗法血緣和地域關係為核心的。到了現代社會，由於原來的宗法家族系統的解體，精英的地域流動和社會流動加速，精英的關係網絡認同轉而以共同的教育為背景，特別是以學校出身為中心。比較起同鄉、同宗，校友更有一種內在的凝聚力，共同的師長關係、共用的校園文化和人格教育，使得校友之間有着更多的共同語言和感情認同。雖然傳

統的血緣和地緣關係內在地鑲嵌在現代學統關係之中，然而到1920-1930年間，一個以現代學統為中心的等級性精英網絡基本形成。

在一個非民主社會之中，精英是社會中處於支配性地位的人物。在傳統中國，察舉制度、九品中正制和科舉制度先後成為國家建制中的精英選拔機制。而科舉廢除之後，雖然不再有類似科舉那樣規範的精英選拔制度，但社會逐漸形成了一些非制度性的共識，將海外留學生和國內名牌大學出身的，視為上流精英。科舉社會搖身一變為文憑社會。

在等級性的文憑社會之中，處於核心地位的，是留洋歸來的留學生，其中歐美留學生處於金字塔尖，留日學生其次。處於第二層次的是諸如清華大學、北京大學、交通大學、中央大學以及燕京大學、聖約翰大學等名牌學府畢業生。第三層次則是一般的公立和私立大學出身的學生，最後一個層次是遍佈全國的師範院校和專科學校畢業生。其中，上一個層次的畢業生通常在下一次層次的學校任教，逐漸形成了一個層次鮮明的師生網絡。這一以學統為中心的知識人網絡，替代了傳統的以科舉和書院為核心的同年、同門關係網絡，滲透到行政官僚、商業金融、知識生產和公共傳媒各個系統之中，具有不可替代的文化權力。

中國兩千年以儒家為中心的文官政治傳統，使得政治不得不借助文化象徵符號，才能獲得其合法性。中世的士族門閥，憑藉的是世家大族本身所擁有的文化優勢，近世轉為官僚政治以後，科舉出身又成為士大夫最重要的文化象徵資源。晚清科舉廢除之後，文化象徵資源便出自文憑和學問。五四時期少年中國學會的領袖之一曾琦在五四時期這樣說，從前鄙視學問的政黨，「現在因受戰後潮流的震動，也漸漸的知道『學問

勢力』不可侮了。」[27] 在民國年間，雖然政權掌握在新舊軍閥手中，但從中國政治傳統來看，槍桿子裏面出政權，卻未必擁有政治的正當性。除了張作霖等個別土匪出身的軍閥之外，大部分北洋和國民黨軍閥對讀書人還是相當尊重，並爭相延攬人才，以獲得士林精英的好感。現代中國的大學，有點像戰國時代齊國的稷下學宮。稷下學宮也是國立的，是齊宣王為了爭取霸業養的人才，但那些「不治而議論」的稷下先生們，一方面自由講學，一方面自由議政，與秦的博士們不一樣，他們不是吏，而是師，與君王不是君臣關係，而是在師友之間。[28] 同樣，在民國頭二三十年，由於權力中心像戰國年代那樣一直不穩定，各路政治勢力紛紛禮賢下士，招徠人才。不要說政治勢力，連杜月笙這樣的地方青紅幫，都注意私門養客，善待文人。特別是三十年代以後，國民政府的用人逐漸改變過去延用私人的混亂局面，開始講究學歷和文憑，海外留學生和國內名牌學校出身的知識分子，在國民政府內部比例越來越高。[29]

　　學校是「知識分子社會」的中心，經過大約近半個世紀從洋學堂到現代大學的新式教育，到1930年代前後，中國開始形成了一個半封閉的知識精英階層。這一精英階層的標誌是受過國內外大學的高等教育，擁有現代大學的文憑。之所以稱為半封閉，乃是因為雖然從理論上來說，新式高等教育對所有階級開放，但由於其成本比傳統的科舉教育高得多，不是一般的

---

27. 曾琦：〈留別少年中國學會同人〉，《少年中國》，第1卷，第3期，54頁。

28. 參見余英時：〈古代知識階層的興起與發展〉，《士與中國文化》，上海人民出版社，1987年，56–67頁。

29. 根據統計，民國初年國會議員和兩大政黨的重要黨員和職員都是留學生。但留日居多。而在國民黨政府內閣官員中，留美的超過留日的。1948年198位國民黨大員中，留美34人，留歐22人，留日32人。在學界，留學生也佔了可觀的比重。到1936年，中國專科以上學校教職員44%是留學出身。參見王奇生：《中國留學生的歷史軌跡》，湖北人民出版社，1992年，200、214、271頁。

貧寒弟子所能承受。在傳統的科舉之中，由於考試科目比較簡單，即使對底層讀書人也未必形成致命的障礙。[30] 科舉從某種意義上說是反門第的，是門第的敵人。然而，晚清以後興起的新式教育增加了教育的成本，無論是聲光化電，還是人文博雅教育，無論是學費，還是素質成本都非常高，尤其是出國遊學或者進國內的名牌大學，只有家境比較好的才能負擔。過去，家族承擔了讀書人的成本，也期待着中舉以後的回報。然而，五四以後，家族意識在農村逐漸式微，新式教育產生的人才也未必會給家族帶來實際利益，因此能夠遊學海外或受到名校教育的，多是殷實人家。貧困家庭的，只能上地方的師範學校，被排斥在主流精英層之外，這些師範生或者作為地方精英在鄉間施展影響，或者流落到上海，成為城市的波希米亞人，或者甘於社會邊緣，變為主流體制的反叛者。

新式教育的門第化趨勢，到民國年間已經十分嚴重，竺可楨在1936年出任浙江大學校長後指出：「今日高等教育，幾全為中等階級以上子弟所獨享。中人之產，供給子弟畢業高中已甚艱辛，至於大學學生，每年非三四百元，不敷應用。即如江蘇富庶甲於全國而據該省統計，居民每年收入在90元以下者，佔66%，浙江尚不及此數。則因經濟關係，不能享受高等教育之子弟，實佔全數90%以上。埋沒人才，至為痛惜。」[31] 而外出留學的，階級分野更嚴重。由於官費留學逐年減少，有實力到國外尤其是英美留學的，大都是富家弟子。[32] 據統計，1946年度

---

30. 關於新式教育的成本問題，參見羅志田的研究：〈數千年中大舉動：科舉制的廢除及其部分社會後果〉，《二十一世紀》，總第89期；〈科舉制廢除在鄉村中的社會後果〉，《中國社會科學》，2006年第1期。

31. 竺可楨：〈浙江大學設置公費生〉，《申報》，1936年5月9日。

32. 參見周榮德：《中國社會的階層與流動：一個社區中士紳身份的研究》，44頁。

留學生考試錄取生的家庭職業中，商人佔32%，家居16%，官員14%，教師、醫生13%。這四項加以來佔三分之二。[33]

　　現代的文化家族研究表明，凡是能夠躋身上層精英階層的，大都是文化世家，即三代以上有功名，有一定經濟實力，書香門第，世代相傳。事實上，即使在明清的科舉制度下，仕途的真正優勢者也是那些文化世家，這些文化世家特別是居於開風氣之先的沿海一帶文化世家，到晚清民國的新式教育背景下，比之傳統的科舉教育擁有更明顯的優勢，繼續傳承下去，如浙江吳興的錢氏文化家族就是一個典型的例證。[34] 不過，現代的知識生產主體已經從傳統的文化家族轉移到了大學。大學不僅生產知識，而且通過等級化的文憑，參與了社會階層的生產與再生產。一定的大學畢業生總是與一定的社會階層有着固定的、制度化的聯繫，葉文心的研究表明：晚清、民國期間上海的不同層次的大學所培養的學生，與社會的分層制度有關，頂尖的教會大學聖約翰大學培養的是金融、工商業的上流人士，復旦公學、中國公學等私立大學的畢業生更多地進入中產階級的隊伍。[35]

　　大約到二十世紀三十年代，以國立大學和教會大學為中心，中國社會之中漸漸形成了一個半封閉的學術貴族階層，他們大都出身於文化世家，在海內外接受過良好的新式教育，其

---

33. 王奇生：《中國留學生的歷史軌跡》，171頁。

34. 邱魏曾經研究過浙江吳興的錢氏家族，從第一代的錢振倫、錢振常兄弟中仕進士，到第二代的錢玄同、第三代的錢三強，構成了一個從傳統士大夫家族向現代知識分子家族的完整脈絡。參見邱魏：《吳興錢氏家族研究》，浙江大學歷史系博士論文，2005年，未刊稿，收錄於中國優秀博碩士學位論文全文資料庫。

35. 參見葉文心：《疏離的學院：中華民國的文化與政治1919–1937》（*The Alienated Academy: Culture and Politics in Republican China, 1919–1937*, Harvard University Asia Center, 1990.）。

中很多人是留學海外的留學生。他們有很高的工資收入，[36] 有着比收入更體面的文化地位和社會地位。他們學貫中西，談吐文明，教養深厚，對西方和中國的高級文化和文化傳統有着深刻的了解和體驗，在融合中西文明的基礎上形成了一個現代的精神貴族傳統。這一新式知識貴族不必像過去那樣依賴家族門閥或王朝官學，他們有了大學這一獨立的生存空間和文化空間，在這塊與世隔絕的象牙塔中，握有相當的自主權。

大學內部的學者們不屑與政治與社會共舞，保持着精神貴族高傲的冷漠，但是，現代中國的大學畢竟淵源自古代的學校傳統，不僅是純粹的知識和現代人才的生產場所，同時也是公共輿論的空間。這一傳統來自於傳統士大夫對三代學校的想像，並且試圖將學校理解為一個代表公論、制約王權的士大夫公共機構。為晚清和民國的知識分子所再三致意的黃宗羲的「學校」論，就為現代的大學提供了歷史的自我理解。黃宗羲所設想的「學校」，是獨立於皇權和官僚的公眾輿論機構，是「天下是非」的仲裁之地。其領袖與成員的產生，不是由朝廷選派產生，而是由士大夫通過自身的公議推舉和更換。「學校」是民間的，但又對權力中心擁有制度性制約，每月初皇帝必須率領文武百官到「學校」，像弟子一般坐在下面，聽取「學校」的學長講學，該學長由「當世大儒」擔任，地位與宰相相等，政治若有缺失，可以當着皇帝和宰相的面，直言批評。天下之是非，不是產生於朝廷，而是學校，「天子之所是未必是，天子之所非未必非，天子亦遂不敢自為非是，而公其非是於學校。」[37]

---

36. 關於二十世紀三十年代大學教師的工資收入，參見馬嘶：《百年冷暖：20世紀中國知識分子生活狀況》，北京圖書館出版社，2003年，65–163頁。

37. 以上有關黃宗羲的思想，均見《明夷待訪錄》中的「學校篇」。

這一東林書院式的學校範式，在中國公共領域的歷史建構之中，曾經發生了非常革命的作用。但民國以後按照西方的學科體制所建立起來的大學體制，為了保持大學純粹的學術傳統，防止過於政治化、意識形態化，公共領域的功能有所削弱。蔡元培、蔣夢麟、胡適幾任北大校長，都對大學的過於政治化有所警惕。不過，作為傳統士大夫的精神傳人，他們希望大學所培養的人才，不僅有現代的知識，同時也有以天下為己任的擔當精神。大學雖然不直接生產公共輿論，代表公共良知，卻有責任為公共輿論和公共良知提供知識的基礎和理性的能力。

　　「知識分子社會」的第二個網絡是社團。大學為現代知識分子所提供的是知識生產的基本生存空間，但知識分子的組織化和社會文化實踐，卻是通過各種社團而實現的。

　　根據閻步克的研究，傳統中國的士大夫除了士族這一社會基礎之外，還有士林這一公共空間。在東漢年間，士林有兩個中心：一是以跨地域的太學為中心，二是以大名士的個人聲望為號召，成為各地士人的凝聚中心，形成士大夫的交往網絡。[38]不過，傳統的士大夫是一個具有共同價值觀、文化趣味和社會身份的階層，雖然在歷史上由於地域、利益和經學內部學派的差別，分為不同的群體，但長期的「君子群而不黨」的觀念和王權對士人結社的限制，使得士大夫階層無法以建制化的方式組織起來。[39]不過，宋代以後，朋黨的觀念有所改變。歐陽修說：「君子以同道為朋，小人以同利為朋。」[40]明中葉以後，

---

38. 參見閻步克：〈帝國開端時期的官僚政治制度——秦漢〉，吳宗國主編：《中國古代官僚政治制度研究》，北京大學出版社，2004年，76頁。

39. 參見陳寶良：《中國的社與會》，浙江人民出版社，1996年。

40. 歐陽修：《歐陽文忠公集》十七。

東林黨自認代表天下輿論，他們通過書院網絡，形成了一個迥異於傳統朋黨的有着共同政治信念的同志式團體。晚明的士大夫結社成風，形成了對抗朝廷的非常大的民間壓力。[41] 從各方面來說，晚清所繼承的正是晚明的精神遺產，士大夫結社又起狂瀾，梁啟超在《變法通議》中說：「今欲振中國，在廣人才；欲廣人才，在興學會」，[42] 根據張玉法的統計，從強學會封閉到戊戌政變之前，全國成立的重要學會有62個，發起者基本上都是新式士大夫。[43]

　　值得注意的是，現代的知識分子社團是在儒家文化傳統崩潰的大背景下發生的。當士大夫所共同擁有的思想框架解體，在新式知識分子內部，首先發生的就是意識形態的分裂。一方面，知識分子通過結社而自我組織起來，形成了政治權力無法控制的士林，另一方面，這一士林由於缺乏共同的宇宙觀、價值觀和知識背景，又分裂為互相衝突的意識形態團體。現代知識分子通過結社組織起來，又因為結社而相互衝突、自我分裂，成為同時出現的悖論性的現象。

　　現代中國知識分子的共同體，基本上以各種政治和文化的意識形態為基本分野，比如五四時期的新青年、新潮社、改造派、學衡派和少年中國學會等。但是，也可以發現在那些知識分子社團內部，傳統的地域和現代的學緣關係同時發揮着重要的凝聚作用，比如新青年早期群體基本上都是安徽籍的知識分子，國家主義派的核心成員曾琦、李璜等都是四川人；現代評論派的核心是留英學生，學衡派的主要成員都出身於哈佛等。

---

41. 參見小野和子：《明季黨社考》；謝國楨：《明清之際黨社運動考》。
42. 梁啟超：〈變法通議〉，《梁啟超全集》第1冊，北京出版社，1999年，28頁。
43. 張玉法：《清末的立憲團體》，台灣中央研究院近代史研究所，1971年，199–206頁。

現代的意識形態認同、現代的學緣關係與傳統的血緣、地緣關係地相互鑲嵌，構成了複雜的人際交往網絡。

現代中國的知識分子社團，或許是受到傳統的「君子群而不黨」的影響，他們很少以正式的團體名義出現，通常以同人刊物為中心，形成一個鬆散的、志同道合的同仁共同體。從五四時期到二十世紀四十年代，胡適組織過多個同仁共同體，都是以同仁刊物為中心：二十年代的《努力週報》、三十年代的《獨立評論》、四十年代的《獨立時論》。[44] 之所以不願正式結社，而以同仁刊物為中心，乃是因為胡適等人對政治的態度是一種「不感興趣的興趣」，不是具體的政治參與，而是通過公共的輿論影響社會和政治。

知識分子社團的輿論影響，通過公共傳媒得以實現，而公共傳媒是「知識分子社會」中，除了學校之外最大的公共網絡。

現代傳媒不僅控制了知識的傳播與消費，而且生產與再生產現代社會的公共輿論，而後者正是公共權力的合法性來源。現代中國的公共輿論，無疑是報紙、雜誌、書籍這些現代傳媒的產物，按照哈伯馬斯（Jürgen Habermas）的經典論述，它們是現代社會的公共領域。中國的公共領域，假如與歐洲的歷史比較，有許多非典型的形態，甚至可以判定其不成為公共領域。不過，假如將其放在中國自身的歷史脈絡裏面來看，可以發現其自有淵源所在。公共傳媒雖然是到現代才出現的，但作為政治合法性基礎的公共輿論，卻是歷史悠久。如今被稱為公共輿論的，在傳統中國叫做清議，它是士大夫的專利。士大夫

---

44. 《獨立時論》不是一份刊物，而是一本系列文集。是1945年以後胡適手下的一批北大自由主義同仁相約，為各報紙刊物寫稿，最後結集出版，形成團體的影響。

的清議傳統，最早恐怕是春秋時代的「鄉校」，那是貴族社會中眾人議政的公共空間。子產不毀「鄉校」，乃是對古代清議的一種尊重。[45] 戰國時期齊國創立的稷下學宮，那些被君王養起來的稷下先生「不治而議論」或「不任職而論國事」，也是一種清議。秦代所設的博士，其職掌是「通古今，承問對」，與「不治而議論」大體相同。[46] 到西漢年間，清議傳統表現為鄉議，乃是察舉制度下考察選拔地方精英進入政治系統的基本依據。到東漢年間，大批士大夫雲集京城，在太學裏面議論國是，這些太學生的言論形成了對朝廷壓力非常之大的清議。清議乃是與朝議相對，可以視為民間的批判言論。[47] 東漢的清議就其批判性而言，足與現代的公共輿論媲美，然而由於太學依然是在王權體制之內，太學生的身份亦官亦民，民間的色彩打了一些折扣。到明代中晚期，王學講學之風的盛行、東林書院的崛起，使得真正意義上的民間清議出現了。各地紛紛出現的書院、講會和結社，正是明季士大夫清議的建制化基礎。趙園在《明清之際士大夫研究》一書中分析説，清議強調的是言論的合道德性，往往突出其非官方性質，清議是由士人議論構成的言論場。雖然清議不能等同於士論，但「在輿論的造成中，士的主導作用是顯而易見的——『民論』接受『士論』的『導向』。」[48]

在明代，清議也叫公論，很接近現代的公共輿論。之所以被稱為公論，乃是因為在激進的王學左派們看來，君主不能

---

45. 據史書記載，子產對「鄉校」表現出統治者的寬容：「夫人朝夕退而遊焉，以議執政之善否。其所善者，吾則行之。其所惡者，吾則改之，是吾師也，若之何毀之？」（《左傳》，襄公三十一年）

46. 參見余英時：〈中國知識人之史的考察〉，《士與中國文化》，上海人民出版社，2003年，611頁。

47. 參見陳寶良：《中國的社與會》，35、56頁。

48. 參見趙園：《明清之際士大夫研究》，北京大學出版社，1999年，209、212–213頁。

五、重建社會重心——現代中國的知識分子社會　　　165

代表公，只代表一家一姓王朝之私。而公論者，出自人心之自然，所以君主不能奪匹夫之思想。匹夫之想法，乃真誠之見，是天下是非的標準。[49] 如東林黨領袖顧憲成所說：「是非者，天下之是非，自當聽之天下」，[50] 士大夫的公論，被看作是維繫人心之本和國家之元氣，士大夫最應在清議上着力。如果士大夫不主持清議，那麼清議就必出於匹夫匹婦之心，遊談處世之口。[51] 明代中後期是民間士大夫最活躍的時期，也是公共輿論最囂張的年代，「處士橫議，品核公卿」，成為晚明的一大景觀。

晚明士大夫的精神遺產到晚清被重新發揚光大，書院演化為現代的學校制度，講學變遷為現代的傳媒，而結社光大為現代的知識分子社團。這些都是「知識分子社會」得以形成的制度化條件。其中最重要的革命性事件，乃是公共傳媒的出現。明季王學士人的講學，還是局限在士人圈裏面，儘管有面向民眾的講會，亦有限。然而，晚清所出現的以報紙為中心的公共傳媒，以前所未有的現代傳播方式，將本來僅僅屬於士林內部的清議，放大為影響全國的公共輿論。

現代公共傳媒的出現，與印刷文化有着密切的關係。現代報紙的前身是邸報，有研究表明，明末士大夫的結社與邸報大有關係。邸報成為社會輿論、形成天下的仲介。[52] 到了晚清，邸報逐漸演變成為民間的《京報》，由民間的書坊

---

49. 參見溝口雄三：《中國前近代思想的演變》，台北國立編譯館，1994年，8–9、242頁。

50. 顧憲成：《顧端文公遺書・自反錄》。

51. 參見溝口雄三：《中國前近代思想的演變》，243頁；小野和子：《明季黨社考》，27頁。

52. 參見王鴻泰：〈社會的想像與想像的社會：明清的資訊傳播與「公眾社會」〉，陳平原等編：《晚明與晚清：歷史傳承與文化創新》，湖北教育出版社，2002年，133–145頁。

印製。由官方的邸報到民間的報紙，其影響從中上層的士大夫，逐漸向民間的一般知識公眾擴張。之所以如此，乃是與不斷改進的印刷業提供了技術基礎有關。報紙的出現，使得分散在各地的士人們有可能聚合為現代的公眾，形成一個「想像的輿論共同體」。

查理斯‧泰勒（Charles Taylor）認為：公共領域有兩種形態：主題性的公共空間和跨區域的公共空間。前者是指區域性的集會，公眾們以共同關心的主題聚集在一起，那是一個有形的空間，比如沙龍、酒吧、廣場、街道、學校、社團等。而跨區域的公共空間，則是包括報紙、雜誌、書籍和電子傳媒在內的公共傳媒，它們是一個無形的、想像性的輿論共同體，以共同的話題將分散在各地乃至全世界的陌生人，結合為一個現代的公眾。按照查理斯‧泰勒的看法，公共領域的參與者不一定是哈伯馬斯所說的資產階級，而是一群有著共同主題的陌生人群。他們形成了想像的共同體，是現代社會想像的一部分。[53]

在晚清中國，當出現了《申報》、《新聞報》這樣的公共傳媒，特別是1896年出現了《時務報》這樣以輿論為中心的現代公共領域之後，[54] 以公共輿論為中心的「知識分子社會」才擁有了可能性基礎。報紙不僅傳播現代知識，也是事實真相和公眾輿論的生產者。現代的公共輿論從其自我理解來說，從傳統的清議演化而來，但清議只是在士大夫階層內部，並不是面對社會公眾的。而現代的公共輿論是意識形態，對社會公眾有著直接的動員作用，影響非過去的清議所能比肩。

---

53. 參見Charles Taylor, *Modern Social Imaginaries*. Durham and London: Duke University Press, 2004.

54. 根據作者本人的研究，《時務報》的誕生可以視為中國公共領域出現的標誌性事件，參見許紀霖：〈近代中國的公共領域：形態、功能與自我理解〉，《史林》，2003年第2期。

所謂的社會公眾，並不是一個客觀的、固定的存在，他們是被現代傳媒和公共輿論建構起來的，是一群流動的、臨時的、想像性的人群，比如閱讀公眾、戲劇公眾、文學公眾等。[55] 參與公共輿論的知識精英在大多數的時候，其實並不與大眾直接接觸，他們只是通過公眾而影響大眾。與宋明時期的士紳不同，現代中國知識分子的啟蒙其實並不是直接面對底層民眾，而是通過傳媒所連接起來的知識公眾，是在特定的公共空間之中所聚集起來的各個階層的知識人。而這些公眾即報紙的讀者，通常是底層的士紳和新式知識分子。與此相對應，全國的大報、地方性報紙以及面向基層的白話小報，形成了一個等級性的傳媒網絡，它們各自面對的公眾也是不同的，這一公眾中的大部分，其實就是中國的「知識分子社會」中的等級性網絡。啟蒙者與被啟蒙者，都處於一個相對的位置，全國性大報的讀者，可能是地方報紙的作者，而地方報紙的讀者，又可能成為家鄉小報的作者——公眾就這樣一層層蔓延展開，形成一個以上海和北京為中心、以中大城市為仲介，最後遍佈全國城鄉的知識分子公眾網絡。而這一網絡，正是通過公共傳媒的「想像的輿論共同體」建構起來的。

　　錢穆先生說：中國士紳的影響一在清議，二在門第。[56] 到了現代，清議演變為公共媒介和公共輿論，門第嬗變為學校和文憑。無論是公共輿論還是學校出身，都成為現代社會公認的建制化力量。知識分子也通過傳媒和學校，構建了一張等級性的、遍佈全國的文化權力網絡。而知識分子的各種社團和同仁刊物，則成為這張文化權力網絡的網節點。這些網節點似乎沒有中心，彼此聯絡的人脈網絡也各有交叉，卻使得這張文化權

---

55. 參見卡爾・曼海姆：《重建時代的人與社會：現代社會結構的研究》，80–81頁。
56. 錢穆：〈再論中國社會演變〉，《國史新論》，台北東大圖書公司，1989年。

力網絡實實在在地成為一個整體，同時又互相對抗、平衡和互相抵消。不管如何，這一正在崛起的「知識分子社會」，其在現代中國社會獲得的文化影響力，是過去難以想像和比擬的，從晚清到二十世紀三十年代，達到了一個空前絕後的程度。傳統中國政治的「二重權威」之中知識分子所擁有的道統權威，如今因為擁有了相對獨立的學校、傳媒和學會這三大「基礎建構」，而變得空前強大，令掌握槍桿子的軍閥、把持政權的政客官僚、擁有金錢的財團和握有底層勢力的秘密社會，都對知識分子不得不有所借重，奉為上賓。

現在的問題在於，既然現代中國知識分子的輿論影響和文化權力如日中天，空前膨脹，為什麼他們最終還是無法成為社會的重心，衰敗下來呢？

為何重建社會重心失敗？

從晚清到民國，知識分子在社會的影響力，大致經過兩個階段，一個階段是十九世紀末到一九二〇年代末，是知識分子影響力的上升時期，知識分子借助大學、傳媒和各種社團的公共網絡，與城市資產階級一起建構了一個可以足以與中央權力平行抗衡的民間社會。第二階段是一九三〇年代初到一九四〇年代末，是知識分子影響力的下降時期。關於前一個階段的情況，前兩節已經有較多的論述。而一九三〇年代以後之所以影響力開始下降，與政治權力的變化有關。在晚清，由於清廷在各種內憂外患之中權力逐漸衰落，地方勢力日益崛起以及上海等通商口岸城市多種政治權力的並存，社會重心不斷下移。民國的頭二十年，北洋政府和繼之而起剛上台的國民政府忙於軍閥內戰，缺乏權力中心，顧及不了社會的自主發展。一九三〇年代以後，隨着蔣介石的南京國民政府一一擊敗各路軍閥，中

央權力穩固，也開始加強對社會各個領域的滲透和控制，特別是一九四〇年代以後，政府以戰時集權的名義，控制更加嚴密。雖然戰後的一段時間，知識分子的輿論影響一度強勁反彈，但終究曇花一現，最後，曾經是那樣生氣勃勃的「知識分子社會」，被戰爭、內戰和革命所徹底摧毀。

1932年在「九・一八」事件周年之際，胡適寫了一篇〈慘痛的回憶與反省〉，文中以沉痛的口吻，反省了中國為什麼現代以來如此不中用，民族自救運動屢屢失敗的原因。胡適指出，其中一個大困難「就是我們的社會沒有重心」。日本明治維新以後一直沒有失去社會重心，但在中國，「我們把六七十年的光陰拋擲在尋求一個社會重心而終不可得。」[57] 在傳統中國，士大夫是中國社會和政治的中樞，現代以後的知識分子通過學校、媒體和社團的力量，試圖重建社會的重心，之所以功虧一簣，不是僅僅用外部政治權力的變化便可解釋的。我們要追問的是，現代以後知識分子不再成為社會重心的內部原因究竟是什麼？與士大夫到知識分子的自我轉型，有什麼內在的關聯？

我們在上文已經分析過，在科舉制度廢除以後，在從士大夫向知識分子轉型的歷史過程中，同時出現了兩種相反的趨勢：一是知識分子的中心化，社會的重心從鄉村轉移到城市，知識精英大批城居，他們控制了教育和傳媒這兩個重要的知識和資訊平台，擁有了獨立的知識空間和文化空間，並通過批判性的公共輿論，使知識分子的文化權力達到了前所未有的高峰。與此同時出現的，則是知識分子的自我邊緣化。正是獨立，使得現代知識分子失去了傳統士大夫與地方社會和國家政

---

57. 胡適：〈慘痛的回憶與反省〉，《胡適文集》第5卷，北京大學出版社，1998年，382頁。

治的那種內在的制度性聯繫，他的文化權力變得虛擬起來，僅僅以一種話語的方式而存在。無論是對社會的啟蒙，還是對政治權力的影響，都是如此。由於不再擁有與社會和國家的體制性聯繫，又缺乏市民社會的有力支撐，現代中國知識分子的公共領域，雖然曾經不可一世，最終卻孤軍作戰，淪為邊緣。

在傳統中國，士大夫不僅與地方社會和帝國政治有着內在的制度性聯繫，而且其內部由於有共同的儒家宇宙觀、價值觀和倫理觀，士大夫集團也形成了一個意識形態的共同體。然而，科舉制度廢除之後，知識分子雖然組成了一個擁有文化權力的「知識分子社會」，卻出現了一種內外斷裂的局面：在其外部，獨立了的現代知識分子與中國社會逐漸分離，失去了文化之根和社會之根；而在其內部，因為失去了共同的信仰、價值和意識形態，知識分子不再是一個統一的群體，不僅意識形態發生了分裂，而且城市精英與鄉村精英之間也失去了有機的聯繫。[58]

到十九世紀末，隨着沿海通商口岸城市的崛起，大量的新式學堂在城市出現，無論要接受新式教育，還是謀求新的發展空間，士紳們都不得不往城市遷移。知識精英的城居化成為一個不可扭轉的趨勢。如前所述，傳統士紳之所以有力量，乃是扎根於土地，與世家大族和地方網絡有着密切的血肉聯繫。晚清以後，精英大量城居化，移居城市以後的知識精英，逐漸與農村發生了文化、心理乃至關係上的疏離。有研究表明，在城市發展的新式文化家族對宗族和家鄉的認同感日益淡泊，比如

---

58. 關於晚清城市知識分子與農村精英的疏離，楊國強有非常精彩的研究，參見楊國強：〈20世紀初年知識人的志士化與近代化〉，見許紀霖編：《20世紀中國知識分子史論》，北京新星出版社，2005年，162–173頁。

吳興的錢氏家族中的第二代錢玄同就是如此。即使是留在鄉村的士紳，也大量移居縣城，對村莊事務不再關心。[59]

以城市為中心的現代知識精英，特別是海外歸來的頂尖精英，談起西方來，如數家珍。講到中國農村，卻一無所知，可以說是面向海外，背對鄉村。晏陽初批評說：「一般留法留美留英的博士，沒有認識到中國的問題是什麼，空口講改革，沒有到實際的生活中去做工作，所以終於找不着實際問題。」[60]一般知識分子來到城市以後，就不願再回農村，早在五四期間，李大釗已經注意到這個問題，他說：「一般知識階級的青年，跑在都市上，求得一知半解，就專想在都市上活動，卻不願回到田園；專想在官僚中討生活，卻不願再去工作。久而久之，青年常在都市中混的，都成了鬼蜮，農村中絕不見知識階級的足跡，也就成了地獄。」李大釗號召青年「趕緊收拾行裝，清結旅債，還歸你們的鄉土」。[61]不過，好不容易走出鄉村的知識分子，還回得去嗎？即使願意回去，也困難重重。二十世紀三十年代吳景超在談到知識分子下鄉難的問題時說，鄉村中缺乏容納知識分子的職業，鄉下也缺乏研究學問的設備，鄉村中物質文化太低，不能滿足知識分子生活程度上的需要，而最親近的家庭宗族、親戚朋友也都不希望他回鄉。這些都是知識分子不肯下鄉的原因。[62]

59. 參見丘巍：《吳興錢氏家族研究》，浙江大學博士論文，2005年，19頁，未刊稿；鄧若華：《二十世紀前期常熟地方精英考察》，華東師範大學歷史系碩士論文，2004年，未刊稿，均收錄於中國優秀博碩士學位論文全文資料庫（http://ckrd.cnki.net/grid20/Navigator.aspx?ID=2）。

60. 晏陽初：〈農民抗戰與平教運動之溯源〉，《晏陽初全集》第1卷，湖南教育出版社，1989年，536頁。

61. 李大釗：〈青年與農村〉，《李大釗全集》第3卷，河北教育出版社，1999年，181–183頁。

62. 吳景超：〈知識分子下鄉難〉，《獨立評論》，第62號，1933年。

即使像梁漱溟、晏陽初、陶行知這些致力於鄉村建設、鄉村教育的知識分子，也不再有當初士紳們回到故里那種水乳相融的感覺，對農民來說，這些城市讀書人是外在於鄉村生活的外面人，無論是他們的知識、語言，還是生活方式和趣味，都與農民們隔隔不入。傳統士紳與宗法鄉村的文化一體化已經蕩然無存，剩下的只是難以跨越的文化隔閡和城鄉斷層。難怪當年梁漱溟要感嘆：我們搞了多年的鄉村建設，「號稱鄉村運動而鄉村不動」。[63]

科舉制度廢除以後，大批士紳流向城市，鄉村的「士紳社會」開始解體。同時，也使得本來比較明確的地方精英身份，也變得曖昧起來。地方精英指的是地方舞台上具有支配力的個人和家族。它比士紳的概念大得多，具有較多的異質性，包括有功名的士紳，也包括韋伯（Max Weber）所說的長老，以及各種職能性精英，如紳商、商人、士紳經紀人，以及民國時代的教育家、軍事精英、資本家、土匪頭領等。

在這裏，我們可以看到，科舉廢除以後的地方精英，已經從過去比較同質的紳士階層蛻變為多元化的異質群體，而且不同的省份、地域中的地方精英差異非常大，有些地區還是傳統的士紳，有些地區商人佔了相當的地位，而有些地方是有能力維持地方秩序的強人。在江南地區，承繼江南士大夫文化的歷史慣性，科舉廢除以後的江南地方士紳雖然不一定都有功名，但社會要求他們要有比較高的文化修養：詩書琴畫、文物鑒賞等，才是獲得體面的重要標誌；[64] 在雲南地區，傳統的鄉紳選

63. 梁漱溟：〈我們的兩大難處〉，《梁漱溟全集》第2卷，山東人民出版社，1990年，573頁。

64. 參見鄧若華：《二十世紀前期常熟地方精英考察》，華東師範大學歷史系碩士論文，2004年，未刊稿，收錄於中國優秀博碩士學位論文全文資料庫。

是存在，但大地主和地方政客替代了舊式學者；[65] 而在河南地區，民國時期的地方精英主要是一些有能力領導地方民團抗擊土匪的人，而不再是受過教育、有財富的人。他們高度依賴暴力的力量。張信對河南的研究表明：民國以後地方的權力從傳統的精英那裏，轉移到了具有不同個人背景、有能力利用當時動盪不安的社會局勢增強其在共同體內部影響力的人物手中。而地方自治為這些新精英的崛起提供了適當的機會。[66]

科舉廢除以後的地方精英，雖然與傳統的士紳有千絲萬縷的歷史文化聯繫，但已經發生了很多變化，根據鄧若華對江蘇常熟地區二十世紀前半期地方精英的研究，發現民國的地方精英與傳統士紳相比較，他們的精力開始注重於對財富地位的追求，而不是提高自己的品行和修養；地方精英開始職役化，更多地向國家權力滲透；他們從原先由士紳們主持的慈善、教育領域中退出，將這些公共的職能讓給地方權力；最後，上層的地方精英們的活動也基本局限在縣城，對基層鄉村沒有興趣，與鄉村的關係慢慢淡化。[67] 巴林頓•摩爾 （Barrington Moore Jr.）在《民主與專制的社會起源》一書中指出：「如果貴族領主和農民一道生活在農村，導致農民起義的可能性便會大為減少。」[68] 當無論是城市精英，還是地方精英，都紛紛放棄基層農村的時候，那裏便成為了革命的溫床。

當大批精英從農村轉移到鄉村，失去了傳統的社會文化之根，是否意味着他們在城市重新找到了新的存在基礎？從現

---

65. 參見周榮德，《中國社會的階層與流動：一個社區中士紳身份的研究》，5頁。

66. 張信：《二十世紀初期中國社會之演變：國家與河南地方精英1900–1937》，北京中華書局，2004年，295–297頁。

67. 參見鄧若華：《二十世紀前期常熟地方精英考察》。

68. 巴林頓•摩爾：《民主和專制的社會起源》，北京華夏出版社，1987年，369頁。

代知識分子所擁有的學校、傳媒和學會這些公共建構而言，可以這樣説。然而，正如我們前面已經分析過的，知識分子一方面獲得了前所未有的獨立，另一方面也意味着他們有可能遊離於社會而存在，不僅對於農村生活如此，在城市生活中也是如此。雖然學校和傳媒是知識分子影響社會最重要的空間和管道，但由於它們自身的性質，知識分子與城市的關係卻變得虛擬起來，從實體化轉為話語化。

北京是現代中國的學術中心，是國立大學、教會大學最集中的城市。在這些著名的大學裏面，雲集了中國大部分優秀的學者。五四以後，大學勢力之強，無論是北洋軍閥還是南京政府，都不得不刮目相看。然而大學是學院的象牙塔，大學教授與北京民眾的社會生活其實是不相干的。老北京，是一個典型的二元社會，一元是全國性的「知識分子社會」，另一元是本土的地方社會，這兩個社會之間基本沒有什麼聯繫，學院精英與地方精英也相互脫節。到二十世紀三十年代，大學校園裏逐漸形成了一個文化貴族，他們與農村隔離，也與身邊的這個城市不相干。直到盧溝橋的炮聲才打破了象牙塔裏面的平靜。當北大、清華的教授們隨着難民的隊伍向南方撤退，他們才真正走近社會，走近民眾。當聞一多等師生們徒步從長沙到昆明，組建西南聯合大學的時候，一路上所看到的底層民眾生活讓他們震撼不已。但此時戰爭卻削弱了學院自身的力量，「知識分子社會」開始走下坡路了。

真正與城市社會發生聯繫的，是上海的知識分子。民國時期的上海與北京不同，國立大學只有交通大學、同濟大學、暨南大學等有限的幾所，而教會大學、私立大學、民營報紙和出版業卻十分發達，是全國的傳媒中心和出版中心。以民間的教育、報業和出版為基礎的上海「知識分子社會」與滬上的地方

社會有着千絲萬縷的聯繫，本身就是後者的一部分。這一格局
來自晚清的傳統。自從上海開埠以後，在黃浦江畔，就出現了
一個紳商階級，以張謇為代表的江南士紳，亦紳亦商，他們以
地方自治為契機，形成了上海城市的地方精英。民國以後，傳
統的紳商階級逐漸為新式資產階級所取代，而士大夫階級也演
化為現代知識分子。但上海的知識分子，比北京的成分複雜得
多，除了大學教授、文化人之外，還有報業、出版業人士、律
師、醫生和各類專業人士等。他們以各種行業協會、社會團體
的方式組織起來，並且與商界、金融界和工業界發生了密切的
關係。最有名的是張謇、黃炎培為領袖的江蘇省教育會，在辛
亥革命和五四運動之中，聯合上海的資產階級，在晚清和民初
的政治中發生過重大的影響。

在二十世紀二十至三十年代的上海，知識界與商界、青
紅幫聯合，已經形成了一個有序的城市精英網絡，知識分子
的文化權力背後有經濟和社會權力的支援。最典型的是，1932
年一・二八抗戰中成立的上海地方維持會（後改為上海地方協
會），會長是執媒體牛耳的《申報》老闆史量才，副會長是上
海商會會長王曉籟和青紅幫領袖杜月笙，秘書長則是前江蘇省
教育會會長、著名文化和社會活動家黃炎培。這些地方名流有
知識分子，有實業界人士，也有黑社會領袖。他們周旋於中央
權力與各種政治勢力之間，借多元權力的孔隙，控制了上海的
地方社會。

不過，上海這一城市社會與傳統的鄉村社會還是有區別
的。在鄉村社會之中，士紳始終是主角，但在現代的城市精英
之中核心已經讓位於資產階級了。資產階級成為上海這個城
市的英雄，像史量才這樣的報業大王，既是知識分子，又是資
產階級，沿承晚清紳商的傳統，具有亦紳亦商的雙重身份。

在歷史上，士大夫們之所以有力量，除了掌握文化權力之外，乃是有世家大族和宗法地方勢力作為社會的後盾。現代以後，知識分子有了自己獨立的學校、媒體和社團，但這些文化權力需要尋找新的社會基礎。士大夫自命為「中等社會」的中堅，但也意識到要與其他「中等社會」的力量，特別是商人階級結合，才能真正有力量。清末的楊篤生說，在中等社會中，「唯自居於士類者成一大部分，而出入於商與士之間者附屬焉，出入於方術技擊與士類者附屬焉。而主持全省之議論思想者，唯士林而已」。[69] 士大夫自然是「中等社會」的中心，但也需要團結「中等社會」中的其他階層：紳商、軍人和自由職業者。「中等社會」是一個以士大夫為中心的複雜的社會實體。[70] 雖然在上海，知識分子與資產階級結成了有限的同盟，但就整體而言，並不成功。抗日戰爭勝利以後，以知識分子為主體的中間力量一度如日中天，但內戰一爆發，他們就失去了仲裁和制衡的力量。儲安平在《觀察》中檢討說：現代的民主政治可說是一種以中產階級為骨幹的政治。現代以來，中國的知識階級雖然居於領導地位，影響致遠且久，但在組織及持久上，總覺較為消極。「要中國有健全的民主政治，先得使中國有一個有力的中產階級。這個中國的中產階級現在正在締造之中。」[71]

在現代中國，不僅知識分子弱，而且資產階級更弱。中國的資產階級不像歐洲那樣，是在自治城市的傳統中發展出來，

---

69. 楊篤生：〈新湖南〉，載張枏、王忍之編：《辛亥革命前十年間時論選集》第1卷，北京三聯書店，1960年，629頁。

70. 參見《陳旭麓文集》第1卷，華東師範大學出版社，1996年，414–415頁。

71. 儲安平：〈知識分子、工商階級、民主運動〉，《儲安平文集》下集，東方出版中心，1998年，49頁。

從其產生的一開始，就帶有官僚資本的印記，即使以後轉化為民間資本，也與國家的權力有着千絲萬縷的聯繫。民國以後所出現的上海地方精英同盟，到日本侵華戰爭爆發，就受到戰爭的毀滅性打擊，江浙資產階級和青紅幫勢力內遷到西南之後，從此一蹶不振，只能仰仗政府過活。中國的「中等社會」，無論是知識分子也好，資產階級也好，一毀在戰爭之中，二毀在內戰手裏，到四十年代後期，雖然借助國共之間暫時的力量平衡，迴光返照，但比較起抗日戰爭之前，內壤全然空了。一葉孤舟，如何挽狂瀾於既倒！最後終究曇花一現，江河日下，無可奈何地被邊緣化。

知識分子不僅與社會外部斷裂，而且其內部也發生了斷裂。在傳統中國，士紳階層有一個龐大的社會網絡，他們以科舉制度為基礎，有共同的儒家價值觀，形成了一個由全國名流、地方名流和基層名流三個等級組成的流動網絡，[72] 這一網絡在晚清以後發生了內部斷裂，在城市，士紳階層蛻變為現代知識分子，在農村，士紳階層雖然依然有其影響，但也被漸次崛起的其他精英集團所稀釋。更重要的是，城市的知識分子階層與農村的精英階層，如同現代的城鄉關係一般，區隔為兩個互相獨立的精英共同體，雖然從個體而言可以在兩個集團之間流動，但從整體來說，無論從學校出身、知識結構和文化趣味，還是各自所借助的社會關係來看，分解為兩個互相脫節的群體。

即使在新式知識分子內部，當儒家不再是共同的價值觀之後，就再也沒有出現過一個可以替代的公共意識形態。在五四

---

72. 參見孔非力：《中華帝國晚清的叛亂及其敵人》，中國社會科學出版社，1990年，4–5頁。

時期，知識分子們朦朧地形成了一段時間的新文化聯盟之後，在二十年代以後很快地就分裂了，分裂為各種各樣的主義和流派。在傳統士大夫之中，每個時代雖然也有不同的流派，比如宋學和漢學、古文經派和今文經派等，但基本知識結構和價值觀念是相通的，擁有一個共同的知識框架。然而，現代知識分子內部的斷裂，最主要的是失去了共同的知識框架，不同時代、不同背景的知識糾纏在一起，形成了知識階層內部種種的衝突和緊張。

問題不僅是意識形態的分裂，在一個階級衝突、政黨衝突的大時代裏，知識分子又被嚴重政治化了，逐漸從獨立的「傳統知識分子」蛻變為政治附庸的「有機知識分子」。三十年代以後，知識分子力量的下降，與此有密切關係。在此之前，知識分子以「中等社會」自命，儼然是一獨立的中流砥柱，不屑成為任何階級的附庸。三十年代以後，國民黨的權力在加強，城市知識分子與資產階級聯盟力量在減弱。到四十年代，戰爭和內戰全然摧毀了民間資本和文化權力的社會基礎之後，失去了資產階級支援的知識分子，被夾在兩股非此即彼的黨派力量之間，被迫進行政治選擇。戰後中國知識分子最悲哀的，莫過於此。

最具諷刺意義的是，戰後從美國回國出任北大校長的胡適，試圖重建被戰爭破壞了的學統體制，制訂了一個《爭取學術獨立的十年計劃》。當胡適興致勃勃地將這個計劃拿到北大教授會上討論時，卻受到了同事們普遍的冷遇，大家談的不再是學術，都是吃飯問題。向達教授諷刺說：「我們今天愁的是明天的生活，那有功夫去想十年二十年的計劃？十年二十年

後，我們這些人都死完了！」[73] 為飢餓和內戰所激化了的知識分子無心學術，逐漸政治化，並深刻地捲入到黨爭之中。1946年底制憲國民大會的召開，成為知識分子非左即右的最後選擇，民主同盟內部決裂，胡適、張君勱等人向右轉，更多的知識分子向左轉，逐漸失去了「知識分子社會」自身的空間。到四十年代末，知識分子普遍地黨派化，大學衰落，學術跟着政治走，媒體圍繞着黨派轉，文化權力屈從於政治權力。「知識分子社會」衰落了，無論是大學，還是公共傳媒和文人社團，深陷黨爭而不自知。晚清以後建立起來的知識學統完全崩潰，最後被革命的政統所取代。

1913年，當中華民國剛剛成立不久，梁啟超撰文呼籲中國須有中堅階級：

> 必有少數優異名貴之輩，常為多數國民所敬仰所矜式，然後其言足以為重於天下，而有力之輿論出焉。夫有力之輿論，實多數政治成立之大原也……國中必須有少數優秀名貴之輩，成為無形之一團體，其在社會社會上，公認為有一種特別資格，而其人又真與國家同休戚者也，以之，夫然後信從者眾，而一舉手一投足皆足以為輕重。[74]

從梁啟超到胡適，兩代讀書人都熱烈地期望知識分子能夠「成為無形之一團體」，「統率多數國民」。從十九世紀中葉到二十世紀中葉，整整一個世紀之中，在一片風雨飄搖的內憂外患之中，在中國歷史上第二次禮崩樂壞的大亂世裏，中國的知識分子被拋到社會上，建立起自己的「知識分子社會」。

---

73. 胡適日記1947年9月23日，《胡適日記全編》第7卷，安徽教育出版社，2001年，682頁。

74. 梁啟超：〈多數政治之實驗〉，《梁啟超全集》第5冊，2599–2600頁。

他們試圖以自己的知識權力和輿論影響力重建社會重心。這個「知識分子社會」是自由的，也是獨立的，但其根基是不牢固的。它一方面失去了與鄉村社會和城市社會的有機聯繫，另一方面與政治的制度性關聯也是脆弱的。更重要的，無論是學院，還是媒體，都缺乏體制性的保障。現代中國的知識分子，不僅在身份上依然是自由浮動的遊士，在心態上更是沒有安頓下來，總是要依附在某個階級、黨派或社會政治力量身上。現代中國的「知識分子社會」是一個奇跡，是一座建立在沙灘上的象牙之塔，當戰爭、內亂和革命紛至遝來時，終究倒了。曾經輝煌過，卻沒有熬過亂世。

六、「少數人的責任」

知識分子的士大夫意識

關於近代中國知識分子的邊緣化問題，近年來學界有相當多的研究和討論。[1] 邊緣化是如何發生的？王汎森的一篇文章很值得注意，根據他的研究，與其說是近代知識分子被邊緣化，還不如說是自我邊緣化。晚清以後，由於儒家的自我定位發生危機，自然知識壓倒規範知識以及俄國平民革命的影響，「在芸芸的新知識分子中，固然大多數仍自居四民之首，但也有一群文化精英在『自我形象』上有了重大的改變，他們逐步改變對自己的看法，以至從『士以天下為己任』，最後變為時時質問自己『我為什麼還不是一個工人』？」最後，讀書人造自己的反，自己打倒了自己。[2]

王汎森的這一分析是準確和深刻的。不過，正如他在文章中也注意到的，在近代中國思想史上，同時也存在着另外一種相反的趨勢：在內憂外患的危機面前，知識分子一再強化傳統中國的士大夫意識，力圖以天下為己任，重建社會重心。一種是自我邊緣化的平民主義，另一種是以士大夫意識為中心的精

---

1. 關於近代中國知識分子邊緣化的研究，參見余英時：〈中國知識分子的邊緣化〉，《二十一世紀》，總第6期；王汎森：〈近代知識分子自我形象的轉變〉，《中國近代思想與學術的系譜》，台灣聯經出版，2003年；羅志田：〈近代中國社會權勢的轉移：知識分子的邊緣化與邊緣知識分子的興起〉，《權勢轉移：近代中國的思想、社會與學術》，湖北人民出版社，1999年。

2. 王汎森：〈近代知識分子自我形象的轉變〉，見《中國近代思想與學術的系譜》，又見許紀霖編：《20世紀中國知識分子史論》，新星出版社，2005年，107–123頁。

英主義，這兩種互相衝突的知識分子之自我理解，在思想史上緊張對峙，相互激盪，構成了近代中國知識分子異常豐富複雜的內心世界。

複雜性對於研究者來說，永遠是最富有魅力的挑戰。本章將以近代中國知識分子的士大夫意識為核心，重點考察傳統的士大夫意識到晚清以後，如何受到新崛起的近代國民觀念的強勁挑戰，而國民觀念的內在多元取向又如何導致了知識分子自我理解的兩歧性；士大夫意識的合法性基礎又是如何被重新論證；最後，平民意識和精英意識這一看來彼此衝突的思想觀念，又如何吊詭地互相滲透、內在結合。

「既有思想之中等社會」

古代中國的社會是一個士農工商的四民社會。在四民之間雖然與歐洲中世紀的階級封閉不同，彼此之間可以自由流動，但作為讀書人的士，始終是社會的中堅和樞紐。士大夫階級，在朝為中華帝國的官僚，輔助君王統治天下，在野為地方領袖，領導鄉民建立民間秩序。如費孝通所分析的，傳統中國的士大夫，不僅因為擁有國家所賦予的功名，具有種種法律和政治的特權，更重要的，因為其是讀書人，還在文化上擁有威權。[3]

為什麼中國的士大夫不僅具有社會特權，而且還擁有文化威權？這與古代中國特殊的雙重權威有關。在古代中國人的世界觀裏面，宇宙的秩序與人間的秩序有機對應，人間秩序無論其是政治秩序還是心靈秩序的正當性，都來自超越的天命或

---

3. 參見費孝通：《中國紳士》，惠海鳴譯，中國社會科學出版社，2006年，18–19頁。

天道。誰在現實世界中擁有統治的權威，最重要的是看其是否有資格秉承天命。皇帝身為天子，代表天命統治天下，但其只擁有政治秩序的權威，即所謂的「政統」，卻不具備文化秩序的權威。文化秩序的權威同樣秉承天命，卻另有傳人，那就是所謂的「道統」。張灝在分析中國這種「權威二元化」時指出：「不僅天子以國家元首的資格，可以承受天命，樹立政治與社會的權威中心，而且任何人憑着人格的道德轉化，也可以直接『知天』、『事天』，樹立一個獨立於天子和社會秩序的內在權威。」[4] 能夠通過個人的道德將天命內化，成為儒家所說的君子和聖人的，只有少數人，這就是傳統的士大夫。士大夫與君子，一個是「位」，另一個是「德」，有了位不一定有「德」，但按照儒家的理想與社會的期待，士大夫應該有「德」，如此他才擁有文化的威權。[5] 士大夫秉承天命、天道，在現世社會裏面負有弘道的使命，「士志於道」，任重而道遠，自孔夫子開始，士階級便以「道統」自命，與王權平行，代表着一般的心靈秩序和道德威權，昂然高居於四民之首，成為傳統中國當仁不讓的社會重心。

漫漫中國數千年歷史，雖然歷經各種變遷，士大夫的中堅地位卻始終沒有動搖過。社會視士大夫唯馬首是瞻，士大夫也「以天下己任」為自我使命。這樣的四民社會格局直到十九世紀末發生了「三千年未有之變局」，才受到了根本性的挑戰。

這一挑戰來自兩個方面。一是社會，二是觀念。從社會層面而言，1905年科舉制度的廢除，使士大夫失去了制度上的保

---

4. 張灝：〈超越意識與幽暗意識〉，《張灝自選集》，上海教育出版社，2002年，27頁。

5. 關於士大夫與君子的「位」、「德」關係，余英時作了很好的分析，參見余英時：〈儒家「君子」的理想〉，《余英時文集》第2卷，廣西師範大學出版社，2004年，137頁。

障,整個階級隨之滅亡,繼之而起的新型知識階層雖然借現代學校和公共傳媒擁有文化的影響力,但不再被視為社會重心。隨着商人和軍人的地位上升,讀書人的地位隨之下降。一升一降之間,原有的四民社會格局被打破了。[6] 從觀念層面而言,士農工商及其等級秩序——勞心者治人,勞力者治於人,原被認為天經地義,是中華帝國禮治秩序的重要部分,然而到了晚清,一個全新的觀念出現了,這就是國民。

1899年,梁啟超在〈論近世國民競爭之大勢及中國前途〉一文中,首先提出了國民這一觀念。他説:「國民者,以國為人民公產之稱也。國者,積民而成,舍民之外,則無有國。以一國之民,治一國之事,定一國之法,謀一國之利,捍一國之患,其民不可得而侮,其國不可得而亡,是之謂國民。」[7] 自此之後,國民觀念借梁任公「筆鋒常帶情感」之魔力,風靡神州。國民這一觀念,雖然不是直接針對四民社會,而是與民族國家的建構有關,但此一觀念之出現,是對傳統四民觀念的極大解構。

在四民觀念之中,四民之間是流動的,卻不是平等的。士階級不僅擁有免除徭役等社會特權,而且在社會輿論和政治參與方面佔有壟斷性地位,別的階級不得與聞。[8] 國民觀念的提出,打破了四民觀念的不平等地位,預設了所有國民在國家面前人人平等。然而,國民觀念雖然解構了傳統的四民觀念,但

---

6. 關於四民社會被打破以後的知識分子社會學分析,可參見作者:〈重建社會重心:近代中國的知識人社會〉,羅志田:《近代中國社會權勢的轉移:知識分子的邊緣化與邊緣知識分子的興起》。

7. 梁啟超:〈論近世國民競爭之大勢及中國前途〉,《梁啟超全集》第1冊,北京出版社,1999年,309頁。

8. 關於傳統中國士大夫的政治特權,參見張仲禮:《中國紳士》,上海社會科學院出版社,1991年,29–39頁;瞿同祖:《清代地方政府》,法律出版社,2003年,293–300頁。

士大夫的精英意識不僅沒有弱化，反而在新的國民觀念中以另一種方式得以強化。

國民這一名詞，雖然在中國古已有之，但作為與民族國家建構相關聯的近代概念，卻來自於日本。日本的近代思想，對近代中國國民觀念的建構影響甚巨。沈松僑指出：「近代日本的國民建構，未嘗以一個相應的『市民社會』（civil society）為基礎，而是與其國族打造（nation-building）的歷史進程緊密相關」。[9] 國民，是與現代的民族國家同時出現的概念。國民與國家，在晚清的語境之中，具有同一性的內涵。之所以如此，乃是晚清的思想家通過日本學者的介紹，受到德國政治學家約翰・伯倫知理（Johann Kaspar Bluntschli）的影響所致。[10] 按照伯氏的國家有機體論，國家乃是一個有生命的生物體，有其獨立的意志和精神，近代的國家與國民乃一個角幣之兩面，互為表裏。這裏的國民，並非公民（citizen），它不像後者那樣是一個具有獨立身份的個體，而常常指國民的總體而言，是一個集合性的概念。由於伯倫知理的國家有機體將國民與國家看作互為表裏的同一性對象，就有可能從其理論中得出兩個完全相反的結論，一個是引入盧梭的人民主權論，從而強調國民的自主性，走向民主主義；另一個是側重國家的自在目的，成為黑格爾式的國家至上論，導向國家主義。

國家主義與民主主義，表面看來是互不相容的悖論性衝突，但在日本近代思想語境中卻獲得了同一性。著名的明治維新運動研究專家松本三之介在分析明治時期的精神結構時指

---

9. 沈松僑：〈國權與民權：晚清的「國民」論述，1895–1911〉，《中央研究院歷史語言研究所集刊》第73輯，2002年，689頁。

10. 關於梁啟超如何通過日本學者了解伯倫知理，參見鄭匡民：《梁啟超啟蒙思想的東學背景》，上海書店出版社，2003年，234–268頁。

出：國家主義有兩種形式，一種是「自上而下」的、以國家為本位的極權主義，另一種是國民主義的國家主義，「主張以國民為中心，形成以國民的自發的國家＝集團意識為基礎的國民國家。這種『自下而上的國家主義』認為，國家無非就是自主的國民集團，愛國就是在這種國民集團的國家與自己一體化的基礎上形成的」。[11]

明治日本時期的這種國民／國家一體化的思想，極大地影響了晚清中國思想家對國家和國民的理解，無論是梁啟超為代表的改良派，還是《國民報》、《民報》為代表的革命派，都有一個未曾言明的基本共識：將國民與國家想像為一個不可分割的整體。梁啟超在〈新民說〉開篇就講：「國也者，積民而成，國之有民，猶身之有四肢、五臟、筋脈、血輪也」。[12]汪精衛在《民報》發表的〈民族的國民〉一文，也作如是觀：「國民者構成國家之分子也。蓋國家團體也，而國民為其團體之單位，故曰國家之構成分子」。[13]雖然對國民的概念理解基本相同，但梁啟超與革命派所發揮的重點還是有明顯差異，比較一下梁啟超的〈新民說〉和革命派的〈說國民〉兩個經典文本，便可窺知一二。簡略而言，梁啟超的國民概念更多地強調其與「部民」相對的一面，「群族而居，自成風俗者，謂之部民；有國家思想能自布政治者，謂之國民」。中國過去只有部民，而無國民。從士大夫精英到平民百姓，知有天下而不知有國家，知有一己而不知有國家，缺乏國家觀念。因此中國最要

---

11. 松本三之介：《國權與民權的變奏：日本明治精神結構》，李東君譯，東方出版社，2005年，13頁。

12. 梁啟超：〈新民說〉，《梁啟超全集》第2冊，655頁。

13. 汪精衛：〈民族的國民〉，載張枬、王忍之編：《辛亥革命前十年時論選集》第2卷上冊，北京三聯書店，1963年，83頁。

緊的問題是如何培育國家的意識，從部民走向國民。[14] 而革命派刊物《國民報》第二期刊載的佚名文章〈說國民〉，則將國民與奴隸對立起來：「何謂國民？曰：天使吾為民而吾盡其為民者也。何為奴隸？曰：天使吾為民而卒不成其為民也。」國民有權利、有責任、喜自由、言平等、尚獨立，而奴隸無權利、無責任、甘壓制、尚尊卑、好依傍。中國歷史上從民至官，皆為奴隸，從三代至今未嘗有國民。[15] 一個從國家意識闡釋國民，一個從民權本位強調國民，以後發展出國家主義與民主主義兩種歧路。

　　無論是國家觀念，還是民權思想，都有一個開民智的問題。問題在於，誰來開民智？雖然在法律上國民與過去的四民社會不一樣，都是平等的，但一涉及觀念和思想，就有一個先知先覺、後知後覺的差別。無論是梁啟超的國家啟蒙，還是革命派的民權啟蒙，都不能不依賴先知先覺的精英。前述革命派的〈說國民〉一文，歷數了國民與奴隸的種種區別之後，自問該如何播國民的種子？最後的結論是向啟蒙時代的法國學習：「蓋以法國為國民之田，以十八世紀諸學士為國民之農夫，以自由平等之說為國民之種子」。這裏的比喻非常有意思：先知先覺的啟蒙精英是農夫，後知後覺的民眾是大地，農夫將啟蒙的種子撒播在大地上，喚起民眾們的國民覺悟。「故今日法國之民，得以食國民之果者，皆數人之功也。」[16]

　　近代的國民觀念在法律和政治層面否定了傳統四民社會的不平等，士大夫從此不享有社會的特權，但這不意味着人人會

---

14. 參見梁啟超：〈新民說〉，《梁啟超全集》第2冊，657、663–665頁。
15. 佚名：〈說國民〉，《辛亥革命前十年時論選集》第1卷，72–76頁。
16. 同上，77頁。

自動成為平等的國民。國民所藉以存在的民族國家，處於一個
世界列國競爭的時代，這是一個以「力本」為中心的機械主義
的「群」的世界。在這個充滿緊張衝突的「力」的世界之中，
最重要的是能力的競爭。而民族國家要強盛，取決於是否有德
力、智力和體力全面發展的國民。國民不是法律上的身份，而
是一種智性上的自覺，一種適合競爭的生存能力。梁啟超在
〈新民說〉裏面，詳細論述了國民所應有的各種素質：公德、
進取、自由、自治、自尊、合群、毅力、尚武等等，這些素質
不是先天所有的，都要由先知先覺的精英來啟蒙。在〈新民
說〉的最後，梁啟超總結說：

> 今日談救國者，宜莫如養成國民能力之為急矣。雖然，國民
> 者其所養之客體也，而必更有其能養之主體。……主體何
> 在？不在強有力之當道，不在大多數之小民，而在既有思想
> 之中等社會。……實則吾輩苟有能力者，則國民有能力。國
> 民苟有能力者，則國家有能力。以此因緣，故養政治能力，
> 必自我輩始。[17]

在梁啟超看來，國家要有競爭能力，首先國民須有能力。
而國民能力的培育，則要靠「我輩」這些「既有思想之中等社
會」，這才是啟蒙的主體。那麼，什麼是「既有思想之中等社
會」？楊篤生在〈新湖南〉一文中有比較詳細的解釋：

> 諸君佔中等社會之位置，惟自居於士類者成一大部分，而出
> 入於商與士之間者附屬焉；出入於方術技擊與士類之間者附
> 屬焉。而主持本省之議論思想者，惟士林而已。[18]

---

17. 梁啟超：〈新民說・論政治能力〉，《梁啟超全集》第2冊，732頁。
18. 楊篤生：〈新湖南〉，《辛亥革命前十年時論選集》第1卷下冊，北京三聯書店，1960
　　年，629頁。

中等社會是晚清所出現的一個新概念。從上引楊文可以看到，士雖然是中等社會的主流，但中等社會與傳統的士紳社會不同，已經不再是一個純粹的士大夫階層，還包括「出入於商與士之間」的紳商和「出入於方術與士類之間」的自由職業者。這是一個類似法國十八世紀的第三等級嗎，是一個資產階級為主導的中等社會嗎？顯然不是。法國的第三等級以新崛起的資產階級為主體，但在晚清的中等社會之中，資產階級還只是有傳統功名的紳商，且還處於「附屬」的地位。真正的主角依然是士，是握有輿論主導權的士大夫。縱然晚清的中等社會比傳統的士紳社會在人員結構上要開放、龐雜許多，但核心是不變的。所以，梁啟超要說「既有思想之中等社會」。

　　傳統的四民社會實際分為兩個階層，一個是握有文化和政治主導權的士大夫「勞心者」階層，另外一個是由農工商組成的「勞力者」階層，雖然這兩個階層之間並非封閉，可以通過開放的科舉制度上下流動，但畢竟有上流社會與平民社會之分。到了晚清，中國的社會重新分化組合，兩大社會階層分化為上等社會、中等社會與下等社會三大階層。在楊篤生看來，以士大夫為主體的中等社會，「實下等社會之所托命而上等社會之替人也。」中等社會的職責在於「提挈下等社會以矯正上等社會」、「破壞上等社會以卵翼下等社會」。[19] 按照陳旭麓的分析，晚清的上等社會指的是代表既得利益的統治集團，包括政府大員、州縣官吏和鴻儒碩彥，而下等社會則是以農工為主體的勞動者階層。[20] 在這裏，我們看到中等社會與傳統士紳社會的一個重要不同：中等社會的士人已經與那些具有既得利

---

19. 楊篤生：〈新湖南〉，《辛亥革命前十年時論選集》第1卷下冊，615頁。

20. 參見陳旭麓：〈中國近代社會的新陳代謝〉，《陳旭麓文集》第1卷，華東師範大學出版社，1996年，425頁。

益的、體制內的士大夫發生了分化，後者屬於要被替代的上等社會，而前者一部分是梁啟超這樣的在體制之外靠輿論起家的新式士大夫，另外一部分是楊篤生那樣的接受了新學教育的知識分子。無論梁啟超還是楊篤生，都野心勃勃地在體制外的民間陣地，通過辦報、宣講和組織社團，大力發展中等社會，試圖領導廣大平民組成的下等社會，代替乃至打倒日益腐朽的上等社會。

晚清雖然國民意識廣為流傳，民權思想也日布人心，但從政治實踐的層面來看，所謂的民權與下等社會無關，是中等社會的特權，更確切地說，依然是一種紳權。自太平天國之後，地方紳權開始崛起，挑戰朝廷權威，無論是早期改良派開議院的主張，還是立憲派的立憲運動，以民權為號召，實際是君權的擴張。為什麼民權暫時止於紳士？因為國民不僅是一種法律資格，同時也是一種參政能力，而這種能力是需要教化的。這也是儒家精英主義傳統在近代的延續。「儒家深信非有健全之人民，則不能有健全之政治。故其言政治也，惟務養成多數人之政治道德、政治能力及政治習慣。」[21]

早在戊戌期間，梁啟超就將民權與智性聯繫以來：「權者生於智者也。有一分之智，即有一分之權。有六七分之智，即有六七分之權。有十分之智，即有十分之權」。因此，「今日欲伸民權，必以廣民智為第一義」。民智非一朝一夕可開，故「欲興民權，宜先興紳權」。[22] 從興民權到開民智再到興紳權，這一邏輯本身是啟蒙的內在題中之義。啟蒙運動從其本性來說是一項精英主義的事業，十八世紀的法國並非民主時代，

21. 梁啟超：〈先秦政治思想史〉，《梁啟超全集》第6冊，3644頁。
22. 梁啟超：〈論湖南應辦之事〉，《梁啟超全集》第1冊，177–178頁。

大多數啟蒙思想家都對民眾報有懷疑或輕視的態度，伏爾泰的啟蒙目標只是從上流社會的沙龍、學院，向下滲透到貴族和鄉紳，並不以一般民眾為對象。只有百科全書派出現以後，啟蒙才成為較為廣泛的運動，從上層貴族和知識分子擴展到第三等級。根據李孝悌的研究，晚清中國的啟蒙運動，也有着類似的經歷：在1895–1900年間，還停留在中等社會，即梁啟超所主張的「開紳智」和「開官智」，1900年以後，隨着各種白話報刊、大眾宣講和戲曲的出現，啟蒙才向下層社會發展蔓延。[23]

為什麼未開民智的民眾沒有參政能力？按照梁啟超的解釋，儒家有君子與小人之分，君子與小人的區別，不是生理上成熟與否，而是人格上的差別。儒家「專以成人為參政之標準。不過所謂成人者，非生理上之成人，乃人格上之成人耳」。[24] 所謂人格，既包含德性，也包括智性，是一種參政的美德和能力，它與封建貴族的血統和資產階級的財產權不同，德性和智性可以通過教育和學習從後天獲得。從理論上說，人人皆為國民，有平等的參政資格，但在政治實踐之中，不是人人皆具有參政的能力，具有公共責任的君子人格。因此，「儒家以為人格未完成之『小人』而授之於政，譬猶未能操刀之『小人』而使割也，其傷實多。」[25] 民眾與國民，是兩個不同的概念，民眾是愚昧無知、只知一己私利的「小人」，而國民，則是具有「相善其群」的公德，是有着現代民族國家意識的「君子」。

---

23. 參見李孝悌：《清末的下層社會啟蒙運動》，台灣中央研究院近代史研究所，1992年，14頁。
24. 梁啟超：〈先秦政治思想史〉，《梁啟超全集》第6冊，3693頁。
25. 同上。

那麼，公德從何而來？在〈新民說〉早期，梁啟超寄希望於引入西方的進取、權利、自由、進步、自尊、合群、毅力諸思想。不久他目睹維新陣營中不少人「借號於愛國，以濟其私而滿其欲」，「人心腐敗達於極點」。比較美國、英國和日本，他國的革命和維新運動都有「高尚純潔」的仁人志士領導，梁啟超意識到個人的德性對於領導啟蒙和維新之重要。他在〈新民說〉後期，再三強調個人私德是愛國公德之基礎：「一私人而無所私有之德性，則群此百千萬億之私人，而必不能成公有之公德……是故欲鑄國民，必以培養個人之私德為第一義；欲從事於鑄國民者，必以自培養起個人私德為第一義」。[26] 持相同看法的還有梁啟超的論敵、革命陣營中的章太炎，也強調道德對於革命的重要：「優於私德者亦必優於公德，薄於私德者亦必薄於公德，而無道德者之不能革命」。[27] 不過，具有平民主義傾向的章太炎將道德的復興寄託於農工販賣，而繼承了儒家精英主義傳統的梁啟超所說的「從事於鑄國民者」，顯然是「既有思想之中等社會」，他們要擔當起提升國民政治能力之重任，首先要「自培養起個人私德」。個人私德從何而來？除了「不可不求泰西新道德以相補助」之外，更重要的是繼承「吾祖宗遺傳固有之舊道德而已」。[28] 於是，個人的修身再度成為建立民族國家的不二法門，人格上的君子與小人之分獲得了現代的意義，士大夫的道德表率再度獲得了歷史的正當性。

---

26. 梁啟超：〈新民說〉，《梁啟超全集》第2冊，714–723頁。

27. 章太炎：〈革命之道德〉，《革故鼎新的哲理：章太炎文選》，上海遠東出版社，1996年，188頁。

28. 梁啟超：〈新民說〉，《梁啟超全集》第2冊，720頁。

儒家學說之中有修身與經世兩個實踐面向，由於受到內憂外患的形勢逼迫，在晚清的思想界，雖然修身依然重要，但經世思潮已經佔據主潮。為了建立現代的民族國家，最重要的不是德性，而是能力；不是立德，而是建功。於是，英雄豪傑代替了有德之君子，成為晚清的精英人格象徵。梁啟超在〈自由書〉中說：

> 世界者何？豪傑而已矣。舍豪傑則無有世界。一國雖大，其同時並生之豪傑，不過數十人乃至數百人止矣。其餘四萬萬人，皆隨此數十人若數百人之風潮而轉移奔走趨附者也。……豪傑之公腦，即國民之公腦也，國民有公腦，則千百億萬人如一人。千百億萬人如一人，天下事未有不濟者也。[29]

在梁任公看來，天下芸芸眾生，追隨的不過是數十人之英雄豪傑而已。豪傑的意志，就是全體國民的意志，若天下皆統一到豪傑的意志之中，那麼千萬人如一人，形成盧梭所說的公共意志，天下之事無所不成。問題在於，古代君子的德性具有客觀性，來自於超越的天命或天理，那麼，英雄豪傑的意志究竟以何為本？梁啟超回答說：豪傑也有其憑藉之道，這就是以進化論為核心的公理和時勢：「豪傑者服公理也，達時勢者也。苟不服公理，不達時勢，則必不能廁身於此十人數百人之列。」天下英雄，皆時勢所成，「英雄者，乘時者也，非能造時者也」。[30] 古代士君子的精英地位來自他們秉承天命，具有道德和文化的權威，而現代的英雄豪傑之所以影響天下，乃是因為唯有他們才能夠通曉普世之公理，順應時代之大勢。

---

29. 梁啟超：〈自由書〉，《梁啟超全集》第1冊，354–355頁。
30. 同上，354、341頁。

「一個時代有一個時代的『士大夫』」

　　1911年辛亥革命的成功，建立了亞洲的第一個共和國中華民國。民國伊始，具有現代民主政治的一切形式：投票普選、代議制和兩黨制，曾經給知識分子帶來莫大的希望。然而不久民主政治就出了大問題。問題不僅出在民主本身的軟弱，缺乏立憲的基礎，讓袁世凱等北洋軍閥把玩政治，而且問題還出在民主本身：投票選舉時出現了大量的賄選和舞弊、兩黨政治蛻變為因私利而惡鬥的黨爭、國會議員素質低劣，缺乏公共精神等等。中國結束了絕對王權的專制時代，進入了多數人政治的民主時代，但民主並沒有給中國帶來新氣象，反而，舊制度的專權與新制度的蛻變一併出現，互為因果，這使民初的知識分子非常焦慮。

　　1913年，梁啟超發表了〈多數政治之試驗〉，承接晚清的「既有思想之中等社會」理念，提出了「中堅階級」的主張，試圖解決民主社會出現的問題。在他看來，政治之本，無論是君主國、貴族國，還是民主國，都取決於參政者的政治素質。君主國以天事左右人事，民主國則取決於國民素質。國民程度低下者，國家永遠流於惡道，無法自拔。國民素質不可能短期內提高，如何解決多數政治的問題？梁啟超以古希臘、羅馬、歐洲、美國為例，提出要有一個能夠領導多數人的中堅階級：

> 吾所謂中堅階級者，非必名門族姓之謂。要之，國中必須有少數優秀名貴之輩，成為無形之一團體，其在社會上，公認為有一種特別資格，而其人又真與國家同休戚者也，以之董率多數國民，夫然後信從者眾，而一舉手一投足皆足以為輕重。……是故理想上最圓滿之多數政治，其實際必歸宿於少

數主政。然緣是而指其所謂多數者為虛偽得乎？曰不得也。主持者少數，而信眾者多數，謂之多數，名實副也。[31]

梁啟超看到，民國政治雖然是多數人政治，但在民智未開的中國，大多數人對政治無一己之見，他們的選票往往被政客用金錢收買。而政客們在議會的表現，也非出於公心，多帶着個人和政黨的私利。因此，民主政治最重要的不是制度，而是人，要看是否形成了一個中堅階級。

有類似看法的，還有《甲寅》雜誌同仁。章士釗認為：「代議政體者，本以少數人謀多數幸福之事，非任多數人自謀幸福之事。」[32]李大釗也撰文說：「一群之中，必有其中樞人物以泰斗其群。是曰群樞。」這些群樞潛伏在民間，默默地改變風俗。拯救國群，要靠這批君子型的群樞人物。[33]李大釗後來又寫了〈中心勢力創造論〉，再次強調：「國家必有其中心勢力，而後能收同意之效，促進化之機」。那麼，誰能充當中心勢力呢？他認為，今日國家所有之勢力，皆是過渡時代之產物，處於分崩離析之中，又缺乏中心人物。此風雨飄搖之國家，「唯當順世界文明之潮流，別創一種新勢力以代之。此之勢力，必以中級社會為中樞，而擁有國民的勢力，其運命乃能永久。」[34]

---

31. 梁啟超：〈多數政治之實驗〉，《梁啟超全集》第5冊，2599–2600頁。

32. 秋桐：〈古德諸與新約法〉，《甲寅》，第1卷，第2號，1914年。

33. 李大釗：〈風俗〉，《李大釗全集》第1卷，河北教育出版社，1999年，667–671頁。

34. 李大釗：〈中心勢力創造論〉，《李大釗全集》第2卷，677–679頁。

在民國初年，對「中堅階級論」有系統論述的，當屬張東蓀。他在1916–1917年接連發表數萬字的長文，詳細討論當今中國不應實行民主政治，而應採取賢人政治。對於民主政治，張東蓀用了一個多少帶貶義的詞：庸眾政治。在他看來，政治的大忌，一是世襲的專制，二是無知的庸眾干預國事，前者流為少數人專制，後者成為庸眾政治。在中國，由於國民缺乏立憲之道德，將國家托命於「此輩無立憲道德之庸眾之手，則政治前途必不能有進步」。[35] 民初的中國，實行的是「有限的庸眾主義」，即代議民主制，由選民選出政治精英實行統治。但民初代議民主的實踐結果令張東蓀十分失望。在他看來，議會作為代表民意的機關，國會議員卻以私利為前提，令國事腐敗；而政黨競爭依靠金錢運作，黨弊叢生，信用破產；選舉過程中出現的強迫和買賣現象，使得民德日益卑劣，因此，「庸眾主義所有之諸制度，皆不免於有弊，其弊乃與制度俱存，無法除免」。[36]

為了克服和解決代議制民主政治的弊端，張東蓀提出了一個賢人政治的替代性方案。所謂賢人政治，便是由梁啟超所說的「少數優秀名貴之輩」執掌政權，「此賢者起而為國家之重心，社會之門南，國家之大命即托於此一部分人士之手」。[37] 從柏拉圖開創的賢人政治，並非一種政體，而只是權力的運作方式。張東蓀意識到，民主政治是不可逆的大趨勢，問題在於如何與賢人政治調和，「用賢能主義提高效率，以庸眾主義宣洩民意」。議會僅僅是溝通上下的民意機構，最重要的是讓各種賢達才俊加入政府與軍隊，管理國家，形成政治的中心。[38]

35. 參見張東蓀：〈國本〉，《新中華》，第1卷，第4號，1916年。
36. 參見張東蓀：〈賢人政治〉，《東方雜誌》，第14卷，第11號，1917年。
37. 參見張東蓀：〈國本〉，《新中華》，第1卷，第4號，1916年。
38. 參見張東蓀：〈賢人政治〉，《東方雜誌》，第14卷，第11號，1917年。

梁啟超、張東蓀這些民國初年知識分子的看法，頗類似法國大革命之後的資產階級思想家基佐（François Guizot）。基佐目睹法國大革命後期雅各賓民主的殘暴，不贊成將民主從市民社會擴展到政治領域。在他看來，可以有社會民主，但不能有政治民主，理性主權高於人民主權，政治領域要由有政治能力的理性精英來統治。[39] 梁啟超、張東蓀雖然不是中國資產階級的代表，但他們深受儒家道德理想主義傳統浸染，堅信「好的政治」的前提，是要有「好的國民」。當「庸眾」民智未開之時，便只能由新式的士大夫階級，成為社會理性的代表，發揮中堅分子的作用。以梁啟超為首的進步黨及研究系知識分子，在民初創辦的《庸言》、《正誼》、《大中華》等雜誌中，充滿了士大夫的中堅意識。他們認為，雖然民國建立了，但是國民的心理還是很不成熟，所關心的，一是衣食，二是消遣，缺乏政治意識。因此，「國中一切動力發生之源泉，存亡盛衰實惟中流社會造其命，吾是以不能不惟中流社會是望」。[40] 他們自信在庸眾與強人中間，可以形成一個中堅階級，代表未成熟的社會，制約政治強權，以建立一個現代的民族國家。[41]

當梁啟超將政治的希望寄託於士大夫階級的時候，這個往日的精英階級卻開始腐敗，不復成為中堅力量。晚清以後，儒家的價值觀全面崩潰，新思潮又眼花繚亂，無法成為新的精神動力。社會的世俗化又腐蝕了不少知識分子的心靈，士林之

---

39. 參見倪玉珍：〈十九世紀上半葉法國自由主義的重要轉向：從基佐「貴族的自由」到托克維爾的「平等的自由」〉，《托克維爾：民主的政治科學》，上海人民出版社，2006年，169–181頁。

40. 仲潛：〈論現今國民之心理及中流社會之責任〉，《大中華雜誌》，第2卷，第1期，1916年。

41. 有關研究系知識分子的中堅意識，韓國留學生吳柄守作了詳細研究，參見《研究系知識分子群體的國家建設構想及其實踐（1911–1932）》，第2章，復旦大學歷史系2001級博士論文，未發表稿，現藏復旦大學檔案館。

中風氣敗壞。1906年，一位作者在《東方雜誌》上說：「近十年來，士【大】夫之知識雖稍有進步，而德性之衰落則日益加衰。……獨其中一二狡黠之徒，假公眾義務之名，而為私利侵蝕之計，托合群泛愛之事，而行其把持撓敗之策」。[42] 士大夫的腐敗到民國成立以後，更是如潰堤一般。張朋園的有關研究表明，清末民初共有三次代議制議員選舉，就選舉的廉潔程度而言，一次不如一次。1909年的各省諮議局選舉，多是上層紳士參選，風氣尚正。民國以後，人人欲顯身手，進入政壇，只問目的，不擇手段。不僅舊式士紳道德變質，而且新式知識分子有過之而無不及。1913年的第一屆國會選舉，賄賂、舞弊比比皆是，1918年的第二屆國會選舉在安福系把持之下，更是公然買票，醜聞百出。社會輿論對政治精英失望之情，溢於言表。[43]

面對民初士大夫的日趨腐敗，梁啟超可謂痛心疾首。他比較中國與歐洲近代的政治革命，認為：「凡一國之所以與立者，必以少數之上流社會為之中堅，而此少數人品性之高下，即為一國榮悴所關」。英國之所以能夠實現立憲政治，其始作俑者為貴族，有追求自由的傳統和道德上的士君子風。反觀中國的士大夫，「其所謂上流社會，在國中固亦常佔中堅之地位，然其人格之卑污下賤，則舉國亦無出此輩之右。……以最下流之人而當一國之中堅，國人共矢式焉，則天下事可知也」。[44] 民初的梁啟超是有點失落的，他將振興國家的希望全部押寶在士大夫階級身上，認為「夫一國之命運，其樞紐全繫

---

42. 佚名：〈論今日人心宜重古道〉，載張枬、王忍之編：《辛亥革命前十年時論選集》第2卷上冊，北京三聯書店，1963年，366頁。

43. 參見張朋園：《中國民主政治的困境（1909–1949）》，第1–3章，吉林出版集團公司，2008年。

44. 梁啟超：〈歐洲政治革進之原因〉，《梁啟超全集》第5冊，2601–2603頁。

於士大夫」，⁴⁵ 但嚴酷的現實卻是腐敗的士大夫已不堪重任。1915年，梁啟超在〈痛定罪言〉中檢討民國政治失敗時，痛心地說：今日國事敗壞之大原，全因士大夫。「官僚蠹國，眾所疾首也。誰為官僚，士大夫也。黨人病國，眾所切齒也。誰為黨人，士大夫也。」憤怒之情溢以言表。梁任公甚至放出狠話：

> 大多數地位低微之人民，十九皆其善良者也，少數地位優越之人民，十九皆其不善良者也。故中國將來一線之希望，孰維繫之？則至劬瘵、至質直之老百姓即其人也；而此一線之希望，孰斷送之？則如我輩之號稱士大夫者即其人也。⁴⁶

梁啟超為首的研究系，是一批從晚清過來的有着傳統功名、又通過日本接受了西方新知的士大夫，到民國初年雖然還很活躍，但在社會中逐漸失去原有的威望，開始讓位於新一代知識分子，這就是《新青年》為代表的五四知識分子。晚清一代士大夫關心的核心問題是如何建立近代的民族國家，鑄造國家所需要的新國民，而五四知識分子的注意力，則從政治轉向了文化，從國民轉向了人。這個人不是抽象的集合概念意義上的國民，而是一個個具體的、有血有肉的個人。五四是一個「個人重新崛起」的時代，要改造政治和社會，首先需要有「新人」。誠如王汎森所分析的，在五四時期，隨着對「國家」的激烈批判，「新民」的理想被對「新人」的興趣所替代，「新人」是「人類中的一個人」，而不是「國民」中的一個「民」。⁴⁷

---

45. 梁啟超：〈痛定罪言〉，《梁啟超全集》第5冊，2778頁。
46. 梁啟超：〈痛定罪言〉，《梁啟超全集》第5冊，2777–2778頁。
47. 王汎森：〈從新民到新人：近代思想中的「自我」與「政治」〉，載王汎森主編：《中國近代思想史的轉型時代》，台北聯經出版，2007年，178頁。

那麼，五四的「新人」究竟是什麼樣的一個人呢？五四作為一場現代的啟蒙運動，其高揚的「人」的觀念之中，同樣充滿了強烈的精英意識。五四對「人」的理解，是異常複雜的，既有理性主義的成分，也有浪漫主義的色彩。無論是理性主義，還是浪漫主義，他們所闡釋的「新人」，其精英意識，比較傳統的士大夫觀念，可以說有過之而無不及。

　　浪漫主義在歐洲，雖然也是啟蒙運動的一部分，卻出現在理性主義之後，是對理性主義的一種反動。不過，浪漫主義在中國，卻幾乎與理性主義同時出現。之所以如此，乃是與尼采思想引進中國之後掀起的狂飆運動有關。1902年，尼采過世不及兩年，其思想便被介紹進中國，[48] 後經王國維、魯迅、李石岑、陳銓等幾代知識分子的引薦鼓吹，在整個二十世紀上半葉的中國思想界，尼采思想一直是顯學。尼采骨子裏是一個價值虛無主義者，他一手推翻從古希臘到基督教的西方古典傳統，斷然宣佈「上帝死了」，人類的一切善惡、真假都不再有客觀的依據，只能憑藉人本身來發現和創造。而這個人，不是芸芸眾生，而是有着強力意志和生命創造力的超人。尼采的價值虛無主義和超人學說，對於正欲沖決一切傳統網羅的中國知識分子具有莫大的吸引力。自社會進化論引進中國，嚴復、梁啟超等人便從史賓賽學說之中發現，西方之所以強盛，在世界競爭之中立於不敗之地，乃是擁有德力、智力和體力諸方面皆強大的國民。於是，發揮普羅米修斯的奮鬥精神，以能力代替德性，成為「新民」的主要目標。待尼采橫空出世之後，中國知識分子驚訝地發現，在殘酷的生存競爭之中，所競爭的不僅是

---

48. 最早提到尼采的，可能是梁啟超，梁氏1902年在〈進化論革命者頡德之學說〉一文中首先提到尼采為當今德國最佔勢力的兩大思想之一。參見《梁啟超全集》第2冊，1029頁。

生存能力，而且是壓倒別人的權力意志：「人生不是求生存，乃是求權力，支配人生一切的，不是生存意志，乃是權力意志」。[49] 當傳統的制度與文化禮崩樂壞，沒有什麼客觀的價值可以依傍的時候，個人的意志便超越倫理和知性分外突出。從陳獨秀、魯迅、李大釗到胡適、傅斯年，五四一代知識分子無不受到尼采的狂飆精神感染，相信只有具有無限向上發展意志的超人，才有資格估定一切價值，創造一個新世界。

超人的邏輯前提是與「庸眾」永不妥協的對立。尼采學說的重要介紹者李石岑說：「我原介紹超人哲學的意識，是為的全中國民族太萎靡、太廉價，太尚空想，太貪安逸」。[50] 魯迅在晚清就稱頌特立獨行、意在反抗的莫羅（天魔）鬥士，他印證尼采的學說，認為這樣的特立獨行之士與庸眾是格格不入的：

> 若夫尼佉（即尼采，引者注）斯個人主義之至雄桀者矣，希望所寄，惟在大士天才；而以愚民為本位，則惡之不殊蛇蠍。意蓋謂治任多數，則社會元氣，一旦可隳，不若用庸眾為犧牲，以冀一二天才之出世，遞天才出而社會之活動亦以萌，即所謂超人之說，嘗震驚歐洲之思想界者也。[51]

天才與庸眾的對立，成為魯迅五四時期小說和雜文最重要的主題之一，在魯迅看來，中國人太多「合群的愛國的自大」，而缺乏「個人的自大」。而所謂「個人的自大」，就是獨異，是對庸眾的宣戰。這些天才型的人物，帶幾分狂氣，思想與見識遠

49. 陳銓：〈從叔本華到尼采〉，載郜元寶編：《尼采與中國》，上海三聯書店，2001年，450頁。

50. 李石岑：〈尼采哲學淺說〉，載郜元寶編：《尼采與中國》，142頁。

51. 魯迅：〈文化偏至論〉，《墳》，人民文學出版社，1973年，38頁。

在庸眾之上，又為庸眾所不解，於是成為「國民之公敵」。「但一切新思想，多從他們出來，政治上宗教上道德上的改革，也從他們發端」。[52] 反庸眾的超人，超越於國家、社會與各種禮法之上，本身就是一個尺度。這股英雄崇拜的狂飆，從晚清發端，到五四形成高潮，一直延續到四十年代抗戰時期的戰國策派，達到最高峰。戰國策派的代表人物之一陳銓明確地說：人類生存的意志，是平等的，他們生存的權利，也應當是平等的，但人類的智力，是不平等的，要領導社會，只有靠少數天才，他們是群眾的救星，是宇宙偉大的現象。是造時勢的英雄，是帶領綿羊走向光明的牧人。[53] 在十八世紀的歐洲，曾經出現過英雄崇拜的現象，那是教會衰落以後，英雄崇拜成為一種替代性的宗教。[54] 在近代中國，之所以也出現了推崇意志、英雄崇拜的狂飆運動，也與儒家文化衰落、社會核心價值出現真空有關。當價值虛無主義瀰漫於世的時候，具有創造意志的英雄天才，便成為重估一切價值、創造新文明的希望所在。

在五四時期，浪漫主義思潮雖然影響很大，但作為啟蒙的主流，依然是理性主義。如果說浪漫主義所理解的「人」是一個與庸眾對立的意志超人的話，那麼，理性主義所闡述的「人」，便是一個具有現代知識與健全頭腦的理性人。但這個理性人，與意志超人一樣也是鶴立雞群，具有孤獨的超凡氣質。胡適是中國理性主義的代表人物，他的人生典範是易卜生主義。胡適在〈易卜生主義〉一文中描繪了他所欣賞的那個理

---

52. 魯迅：〈隨感錄・三十八〉，《魯迅雜文全編》上編，浙江文藝出版社，1993年，18頁。

53. 參見陳銓：〈論英雄崇拜〉、〈五四運動與狂飆運動〉，載溫儒敏、丁曉萍編：《時代之波：戰國策派文化論著輯要》，中國廣播電視出版社，1995年，295、341頁。

54. 參見羅蘭・斯特龍伯格：《西方現代思想史》，劉北成、趙國新譯，中央編譯出版社，2005年，296頁。

性人形象：那是一個具有健全心智的人，最重要的是把自己這塊材料鑄造成器，充分發展自己的個性，當全世界像「鐵達尼」號那樣冰海沉沒時，最要緊的是救出自己，不與舊世界一起沉淪，而留下再造新社會的種子。胡適說：

> 一切維新革命，都是少數人發起的，那是大多數人所極力反對的。大多數人總是守舊，麻木不仁的，只有極少數人——有時只有一個人——不滿意於社會的現狀，要想維新，要想革命。

胡適借用易卜生的劇本《國民的公敵》中主人公的台詞，大聲呼喚：「世界上最強有力的人就是那個最孤獨的人！」[55]

胡適的學生羅加倫在四十年代有一本成為流傳很廣、影響很大的小冊子《寫給青年：我的新人生觀演講》，詳細闡述了具有知識和理性能力的知識分子為什麼要肩負重大的責任。他說：「社會的演進，本不是靠多數沉溺於現在的混濁的人去振拔的，而是靠少數特立獨行出類拔萃的人去超度的」。知識分子承受人類最好的精神遺產，享受人間的特惠，就應該對國家與社會，負起知識的責任。[56] 這一看法在現代中國知識分子之中，幾乎是一個無庸置疑的共識。1923年，丁文江在燕京大學發表演講，題目就叫「少數人的責任」。他以科學家的坦誠和明快，開宗名義說：中國政治的混亂，不是因為國民程度幼稚，也不是官僚政客腐敗，也不是武人軍閥專橫，而是「少數人」沒有責任心，缺乏負責任的能力。誰是「少數人」？丁文江以達爾文主義的生物學觀點論證說，那就是大自然撫育的

---

55. 胡適：〈易卜生主義〉，《胡適文集》第2冊，北京大學出版社，1998年，475–489頁。
56. 羅加倫：《寫給青年：我的新人生觀演講》，中國人民大學出版社，2005年，9、20–22頁。

「超人」，這樣的「超人」，在社會中永遠是主宰一切。他大聲疾呼：

> 中國現在不怕外交失敗，不怕北京政府的破產，不怕南北要戰爭，最可怕的是一種有知識有道德的人不肯向政治上去努力。……中國曉得一點科學，看過幾本外國書的，不過八萬。我們不是少數的優秀分子，誰是少數的優秀分子？我們沒有責任心，誰有責任心？我們沒有負責任的能力，誰有負責任的能力？[57]

丁文江這種精英主義的憂患意識和擔當精神在當時極大地感染了北京大學的自由主義同仁，胡適、丁文江等人拿出各自薪金的5%，聯合辦了《努力週報》，以實踐「少數人」的社會責任。而實踐的具體行動，就是提倡「好政府主義」，號召少數知識精英投身政治，到政府裏面去當官，推動政府成為一個公開的、憲政的好政府。由胡適起草的《好政府宣言》明確地說：「好人」出來奮鬥，是「政治改革的唯一下手功夫」。[58]由少數好人，即「有知識有道德」的知識分子精英承擔政治責任，通過「好人政治」實現「好政府」和「好政治」。這一由好人出來當政所推動的「好政府主義」，繼承了儒家思想中道德理想主義的「聖王」精神。聖王精神相信「人類社會最重要的問題是政治的領導，而政治領導的準繩是道德精神。因為道德精神是可以充分體現在個人人格裏，把政治領導交在這樣一個『完人』手裏，便是人類社會『治平』的關鍵」。[59]傳統中國的士大夫意識與此道德理想主義的聖王精神是密不可分的，

57. 丁文江：〈少數人的責任〉，《努力週報》，第67期，1923年。
58. 胡適：〈我們的政治主張〉，《努力週報》，第2期，1922年。
59. 張灝：〈超越意識與幽暗意識〉，《張灝自選集》，26頁。

到了五四，與啟蒙運動中的現代精英意識相結合，便成為「好政府主義」思想淵源。中國自由知識分子對政治的理解，通常不是平民政治或投票政治，政治不是大多數人的偏好。政治是一項專門的事業，要有具有宗教情懷和專門知識的人來擔當。而這樣的人，只能是少數士大夫。

1905年科舉制度廢除之後，士大夫作為一個階級已經消亡，但士大夫的精神依然留存在現代知識分子的血脈之中。1932年，歷史學家孟森有感士大夫精神的萎靡，為胡適主編的《獨立評論》寫了一篇稿。在這篇題為〈論士人夫〉的文章中，孟森強調，士大夫不一定指有功名的人，如果有士大夫之位而不行士大夫職責的，只是「鄙夫」或「小人」。「所謂士大夫者，乃真負責於國之人」，制度是君主立憲還是民主共和並不重要，重要的是誰擔負政治的實位。士大夫者，若能為國負責，行事有權，敗事有罪，政治當可有救。[60] 胡適讀後興奮不已，在同期雜誌回應一篇，認為孟森所說的士大夫，在現代指的就是「領袖人物」：

> 凡成為領袖人物的，固然必須有過人的天資做底子，可是他們的知識見地，做人的風度，總得靠他們的教育訓練。一個時代有一個時代的「士大夫」，一個國家有一個國家的範型式的領袖人物。……在今日的中國，領袖人物必須具備充分的現代見識，必須有充分的現代訓練，必須有足以引起多數人信仰的人格。[61]

胡適等人所期待的，正是受到現代知識教育的知識分子，能夠站出來，光大古代士大夫的擔當精神，成為國家的中堅和

---

60. 孟森：〈論士大夫〉，《獨立評論》，第12號，1932年。
61. 胡適：〈領袖人才的來源〉，《獨立評論》，第12號，1932年。

棟樑。五四之後，雖然知識分子內部分化，意識形態與政治立場各異，但這一「少數人的責任」，卻是眾多不同派別知識分子的基本共識。張君勱在其綱領性的代表作《立國之道》中，分析中國的國民雖然在理論上是行使主權之人，但大多數人由於忙於生計、知識有限，也缺乏對政治資訊的了解，因此很難成為像西方那樣的具有參與能力的公民。而一國的政治，最後要靠的是德力、智力和體力上擁有優勢的少數人：

> 一國政治上的運用，有時是靠少數人，而不能件件請教於議會或多數人。少數人之責任，如此重大，所以一國之內，要由多少人時刻把一國政治問題精心思索，權衡利害，仿佛剝竹筍一樣，要剝到最後一層後已。這樣事惟有靠以政治為專門職業的人來做，然後方有正當的解決。[62]

張東蓀在四十年代發表的討論中國思想、文化和前途的系列論著中，也特別分析了知識分子在國家中的「中堅」作用。他批評說，有一些人只曉得高呼幾句民主就可了事，殊不知要實現民主，首先要有一批「文明之托命者」。[63] 那麼，誰有資格充當「文明的托命者」？張東蓀逐一分析了現代農工商以及新崛起的軍人各階層，認為他們都不足以承擔「國家之中堅」的使命，而唯有「士階級」方可擔此重任。在他看來，民國以後，由於皇帝的去位，國家的棟樑就自然落到這一中流階級身上。他們像西方的清教徒那樣，有理想，有擔當。雖然從事的是世俗的政治事業，但其信仰的態度和律己對人都有宗教性，帶有世俗的神聖使命。[64] 作為「文明的托命者」，一方面須維

---

62. 張君勱：《立國之道》，桂林商務印書館，1938年，325–357頁。
63. 張東蓀：《理性與民主》，商務印書館，1946年，186頁。
64. 張東蓀：《思想與社會》，遼寧教育出版社，1998年，222–228頁。

持社會的秩序，另一方面則主持社會的教化，維繫中國文化之不墮。張東蓀充滿自信地說：

> 我以為中華民族數千年所以有文化，其文化所以不墮者，大部分是由士在那裏負擔之。到了今天，如果以為固有文化有缺點而另須搬來新文化，恐怕這個負擔者仍不能舍士而另求。[65]

　　一個時代有一個時代的士大夫。如果説在古代社會，士大夫所憑藉的是承接了天命的德性，那麼到了現代社會，知識分子作為社會精英，所依據的又是什麼呢？

德性、知識與公共輿論

　　中國古代士大夫之所以成為社會精英，乃是他們承受了天命。古代的天不僅是自然之天，而且是一個意志之天，價值之天，天是有德性的，有具體的道德內容，代表了一個最高的道德倫理秩序。如前所述，在古代中國，能夠承受和代表天命、以德受命的，有雙重權威：從政治系統來說，是有德之君主，從文化系統而言，乃是士君子。士大夫與君子，在義理上乃德位合一，士大夫必須是有德之君子，為天下之道德表率。天之最高道德目標的實現，要靠有德之君的認知和實踐予以實現。在四民社會之中，士大夫與平民的區別就在於德性上的差異：君子喻於義，小人喻於利；君子之德風，小人之德草。士大夫作為社會精英，有道德之責任教化鄉里，為民請命，為天下開太平。因此，在中國歷史傳統之中，士大夫被期待比一般民眾更高的道德水準和社會責任。除了德性之外，士大夫的知也很

---

65. 張東蓀：《理性與民主》，177頁。

重要，知識與德性無法分離，知是為德之知，德乃有知之德。君子要學習六藝的知識，又要躬行道德實踐，知行合一，知識與道德。

傳統中國的德性政治以士大夫的人格表率為核心，通過個人的修身努力，影響整個社會風氣，並將儒家的道德精神貫穿到政治實踐之中。這樣的道德意識深刻地影響了晚清和五四。許多研究者已經注意到這樣一個事實：五四新文化運動雖然以「德先生」（民主）和「賽先生」（科學）為旗幟，但還有另外一個「賽姑娘」（道德），強烈的精英主義道德意識是五四這代知識分子的精神特徵。而五四知識分子對民主和科學的獨特理解也強化了他們的士大夫精英意識。

民國之始，知識分子們對民主政治充滿了期望，各種雜誌所討論的問題，也多是與憲政、法律有關的制度性框架的設計和實踐，他們相信，只要有一個好的憲政制度，中國的民主就指日可待。然而，憲政和法律卻被袁世凱和後繼的北洋軍閥們操弄。更讓知識分子們痛心的是，民國的一般民眾對政治的普遍冷漠，缺乏民主國家人民所需要的公共精神和公民文化。在五四新文化運動中，無論是陳獨秀為代表的《新青年》，還是梁啟超、張君勱、張東蓀他們這些研究系知識分子，都將民主政治的希望寄託在國民性的改造上，而能夠承擔起改造重任的，當為有新知識、新道德和新人格的知識精英。杜亞泉在《東方雜誌》上討論個人與國家時說：「個人所以能為國家效用者，賴有完全之人格，欲使個人能盡力於國事，必使個人先盡力於自身」。[66] 顯然，五四知識分子對國家改造和民主政治

---

66. 杜亞泉：〈個人與國家之界說〉，《杜亞泉文存》，上海教育出版社，2003年，167頁。

的理解，依然受到儒家傳統的修齊治平道德人格主義的強烈影響。於是，五四知識分子的民主理念從憲政的制度框架又轉回了儒家傳統的以人格為主軸的士大夫精英政治。

張灝指出：「中國知識分子從接受民主開始，就常常認為民主主要是人心中的理想與認識，制度只是這些觀念的表現形式。……他們強調民主實現主要靠人民的意志和精神，必須人民經過一番精神的直覺和覺悟，把人民在政治上當家作主的意志與決心表現出來才是民主」。[67] 張君勱是著名的憲法專家、憲法之父，但他像很多新儒家一樣，以內聖外王的理學思路，相信制度是從人心中發展出來，民主有賴於個人的人格。「今後要改造中國政治經濟，其下手處應從人生態度着手，或曰人生觀徹底改造」。[68] 而知識精英，作為「國家的中堅」，是國民性和人性改造的表率。

作為現代知識分子，憑什麼可以作為「國家的中堅」，擔當起「少數人的責任」？前述丁文江的演講，已經講得很明白，知識分子「有道德有知識」，理應有此擔當。根據前述余英時對儒家君子觀念的研究，雖然從理論上看，士大夫的社會身份（所謂的「位」）和君子所代表的道德理想（所謂的「德」）沒有必然的關係，「德」的普遍性可以超越「位」的特殊性，人人都可以通過修身成為君子，但是從歷史的實踐來看，君子與士大夫往往不容易劃清界限。士大夫只有通過修身，成為君子，才能經世，擔當起天下的責任。而其他的農工商階層，則無此要求。因而，成為有德之人，成為士大夫的首要目標。晚清以後的中國知識分子，依然深受儒家傳統的影

---

67. 張灝：〈中國近百年來的革命思想道路〉，《張灝自選集》，上海教育出版社，2002年，301頁。

68. 張君勱：《立國之道》，274頁。

響。梁啟超的〈新民說〉，從提倡普遍的公德開始，最後落在從私德培養公德的傳統路徑，由此回到了「既有思想之中等社會」的士大夫意識。五四知識分子也繼承了這一由修身而經世的傳統。1917年，李大釗在《甲寅》雜誌上發表文章，討論立憲民主國家的國民應有何等之修養的問題。他認為：如今專制積習未除，嫉娼褊激、剛愎專擅之風，彌漫於社會。恂恂君子們，也有虧於紳士風度。補救的辦法只有將西方普遍的公民意識與中國儒家的君子人格理想結合起來：

> 立憲國民之修養謂何？即依吾儒忠恕之道，西哲自由、博愛、平等之理，以自重而重人之人格，各人均以此惕慎自持，以克己之精神，養守法循禮之人，而成立憲國紳士之風度。

在李大釗看來，一般國民與知識分子的道德人格還是有程度上的區別，一般國民只須「互相敬愛」，但作為「國家之中堅」的「中流以上之社會」，則要表現出紳士之風度，「以身作則，而急急以立憲國民之修養相勸勉」，「其事屬於德禮之境，並且慎為循守，否則為社會之名譽所不許」。[69] 同樣，當丁文江、胡適等人提出「好政府主義」，提倡好人出來做官時，首先考慮的是如何培養好人的個人道德，他們列了幾個條件，第一條就是「保存我們『好人』的資格，消極的講，就是不要『作為無益』。積極的講，是躬行克己，把責備人家的事從我們自己做起」。[70]

不過，晚清以後的知識分子精英意識，出現了一種新的趨向，那就是獨立於德性的知識主義趨向。史華慈（Benjamin I.

---

69. 李大釗：〈立憲國民之修養〉，《李大釗全集》第2卷，525–527頁。

70. 丁文江：〈答關於我們的政治主張〉，《努力週報》，第6、7期，1922年6月11、18日。

Schwartz）認為，在法國十八世紀的啟蒙運動之中，有兩種不同的精英意識，一種是從笛卡兒發端、由伏爾泰、百科全書派所代表的技術工程趨向，他們相信社會的問題可以通過人類的理性能力得以解決，由一批充分體現了科學知識能力的工程師和技術專家，設計一套合理的制度以實現人類的烏托邦理想。另外一種是盧梭所代表的道德主義趨向，認為人類的科學與技術的每一次進步，都伴隨着道德的相應墮落，要解決這一歷史的困境，必須訴之於人的精神品格和道德靈魂的塑造，由「偉大的立法者」制定法律，將自己靈魂中高貴的品質獻給人民。史華慈將這兩種啟蒙路線分別稱為「技術的統治」與「德性的統治」。[71] 在中國古代的儒家思想傳統之中，德性與智性是合二為一的，但德性的趨向佔據無可爭議的主流位置。

　　晚清以後，儒家思想中的德與智開始分化，知識脫離德性具有了獨立的地位，而且逐漸壓倒了德性，成為知識分子內在品質中的主角。康有為雖然重視道德自主性，但在他的學說之中，智已經超越德具有更重要的位置。在他看來，不是孟子所說的「德」，而是「智」才是人與動物的根本差別所在：「人類之生，其性善辨，其性善思，惟其智也。禽獸顓顓冥愚，不辨不思。人之所以異以禽獸者在斯」。[72] 不僅如此，在康有為看來，連人之性情，也唯有智而已，無智則無愛惡。智與愛惡為一體，存於內者為智，表現於外者為愛惡。[73] 而梁啟超更將「智」看成是文明進化的本原：

---

71. 參見史華慈：〈盧梭在當代世界的迴響〉，載許紀霖、宋宏編：《史華慈論中國》，新星出版社，2006年，94–110頁。

72. 康有為：〈教學通義・原教〉，《中國現代學術經典・康有為卷》，河北教育出版社，1996年，32頁。

73. 康有為：〈愛惡篇〉，《康有為政論集》上冊，北京中華書局，1981年，11頁。

吾聞之《春秋》三世之義，據亂世以力勝，升平世智、力互相勝，太平世以智勝。……勝敗之原，由力而趨於智。[74]

不僅知識的地位在上升，獨立於德性且在德性之上，而且知識的內容也發生了變化，從過去的士大夫之學變為專家之學。士大夫之學是博雅之學，有關宇宙、自然、社會和倫理的價值性知識，而專家之學則是分門別類的專業知識。這兩種知識，費孝通分別稱為規範知識和自然知識，規範知識處理的是事物應當如何的價值選擇，而自然知識處理的是事物是什麼樣的客觀事實。[75] 在古代社會，士大夫階級壟斷了有關宇宙與倫理價值的博雅之學，因而擁有了文化上的威權。及至晚清，當亡國滅種的危機面前，博雅之學中經世致用的實用知識逐漸壓倒修身的道德知識，繼而經世之學發展為外來的科學知識和技術之學，於是士大夫的博雅之學逐漸為知識分子的專家之學所替代。當1905年科舉廢除之後，以儒學為核心的傳統的規範知識全面崩盤，參照西方所興建的現代學校所傳授的主要是以科學為基礎的分學科的自然知識。於是專家之學最終替代士大夫之學，成為新一代知識分子精英意識的來源。

當知識分子的知識背景從博雅之學轉為專業之學之後，精英的標準也發生了變化：能力代替了德性，建功代替了立德，成為知識精英的人格象徵。受到史賓賽影響的嚴復，在晚清發現西方之所以比中國先進，其原因不在於物質，而是人的能力，在德、智、體諸方面發展的能力。[76] 胡適在五四事情宣傳

---

74. 梁啟超：〈變法通議〉，《梁啟超全集》第1冊，17頁。

75. 參見費孝通：〈論「知識階級」〉，載吳晗、費孝通著：《皇權與紳權》，天津人民出版社，1988年，12頁。

76. 參見嚴復：〈原強〉，《中國現代學術經典·嚴復卷》，河北教育出版社，1996年，540–541頁。

易卜生主義的時候，借用易卜生的話告訴大家：「你要想有益於社會，最好的法子莫如把你自己這塊材料鑄造成器」。[77] 從成德到成器，這是一個大轉變。雖然五四知識分子沒有放棄道德上的修身，但比德性更重要的，是知識上的格物致知。知識階級作為「國家的中堅」的理由，從德性的優越轉化為知性的優越，從君子的道德理想，變為科學的專家政治。現代中國的士大夫意識，得到了晚清以來出現的科學主義思潮的強有力支持，獲得了在德性論之外的知識合法性的支撐。

丁文江在《努力週報》上曾經虛擬過一篇〈一個外國朋友對於一個留學生的忠告〉，他寫道，中國目前社會上的大患，是失業的太多，知識太缺乏，無法推行平民政治。雖然有學生運動，但政治運動是不能教給一幫未出學校的青年的。丁文江借外國朋友的口吻對這位因失望於政治而去經商的中國留學生正色而言：

> 一個國民的知識與責任，義務與權力，都成一種正比例。我總覺得留學生是中國知識最完全的人，也是享社會上最大權力的人。所以我一面慶祝你買賣成功，一面希望你不要忘了政治！[78]

在丁文江看來，知識與政治上的能力，是成正比的。知識越多，對社會的責任越大，享有的社會權力也越大。1905年科舉制度廢除以後，留學身份取代功名成為社會最重要、最稀缺的文化資本。留學生、特別是留學西洋的，逐漸成為知識分子中特殊的階級。梁啟超曾經寫過一篇〈敬告留學生諸君〉，指出留學生已經成為國內最受期望之一群人，擔負着「一國最高

---

77. 胡適：〈易卜生主義〉，《胡適文集》第2冊，486頁。
78. 丁文江：〈一個外國朋友對於一個留學生的忠告〉，《努力週報》，第42期，1923年。

最重之天職」，「不徒在立國家政治之基礎，而又當立為社會道德之基礎」。[79] 不僅社會作如此期望，而且留學生們也頗多自負。魯迅後來將留學生稱之為「特殊知識階級」，諷刺說：這些特殊知識階級真的「以為中國沒有他們就要滅亡的」。[80]

在二、三十年代，在自由知識分子當中，出現了一股專家政治的思潮，無論是主張民主政治的，還是開明專制或新式獨裁的，都有一個基本的共識，政治是一項專門的事業，要由懂得現代知識、有組織管理能力的專家來負責。「新式獨裁論」的始作俑者蔣廷黻在《獨立評論》上發表了〈知識階級與政治〉，認為知識階級具有義不容辭的救國責任，「我們知識階級的人應該努力作現代人，造現代人。現代人相信知識、計劃和組織。現代人以公益為私益」。[81] 「新式獨裁論」的另一位代表者丁文江則說：「反思社會上的真正的首領都是宗教心特別豐富的人，都是少數」。鑒於民初的歷史教訓，他對代議民主制的平民政治深懷疑慮，對獨裁制也並無迷信。但兩害相權取其輕，在丁文江看來，充滿賄選和私利的代議民主制未必可以通過投票選舉出真正的政治才俊，而開明的新式獨裁倒有可能「把一國內少數的聰明才德之士團結起來，作統治設計的工作」。[82] 這些自由知識分子與過去那些迷信聖王明君的士大夫不同，他們之所以鼓吹「新式獨裁」，不是他們真的期待出現一個政治強人治理國家，而是期待有機會實踐專家政治的理想。在專家政治這一點上，他們的論戰對手民主派與「新式獨裁」派沒有任何分歧。主張「民主政治是幼稚園的政治」的胡

---

79. 梁啟超：〈敬告留學生諸君〉，《梁啟超全集》第2冊，961–963頁。
80. 魯迅：〈關於知識階級〉，《魯迅全集》第8卷，人民文學出版社，1981年，193頁。
81. 蔣廷黻：〈知識階級與政治〉，《獨立評論》，第51號，1933年。
82. 丁文江：〈我的信仰〉，《獨立評論》，第100號，1934年。

適，骨子裏也是一個精英主義者，在他看來，民主國家的選民就像蜀國的阿斗，不需要他們天天干政，只要逢到選舉的時候，在選票上劃一個「YES」或「NO」就可以了。[83] 那麼，誰來治理國家呢？胡適明確地說：「沒有專門研究的人，不配擔負國家和社會的重要責任」，[84]「因為治國是一件很繁難的事，需要很高等的知識和很謹慎的考慮，不是群眾人所能為的。」[85] 只有「知識階級和職業階級的優秀人才能組織一個可以監督政府、指導政府、並援助政府的干政團體。」[86] 胡適、丁文江等人可以在權力的歸屬上有分歧，但在權力的應用上皆主張專家政治，這與他們對直接民主的平民政治的疑慮有關。傅斯年在丁文江逝世之後，這樣評價他：「在君在同情的天性上是站在大眾方面的，為大眾而非由大眾」。[87] 為大眾而非由大眾，這句話絕妙地概括出自由知識分子對政治的理解：現代政治本質上一種精英政治，大眾是政治的服務對象，也是政治的參與者，但不是政治的操盤手。政治之舵應該交給那些具有現代知識和管理能力的專家來把握。

現代知識再加上道德人格，這是從梁啟超、張君勱到胡適、丁文江對現代社會士大夫內涵的詮釋。如果說繼承了王陽明德性論傳統的新儒家自由主義者張君勱更重視知識分子的道德人格的話，那麼，胡適、丁文江這些承繼了朱熹知識論傳統的科學主義者則更重視現代化的科學知識。而掌握了西方治國

---

83. 胡適：〈答丁在君先生論民主與獨裁〉，《獨立評論》，第133號，1934年。

84. 胡適：〈思想革命與思想自由〉，《胡適文集》第11卷，北京大學出版社，1998年，200頁。

85. 胡適：〈中國中古思想史長編〉，《胡適學術文集》上冊，中華書局，1991年，307頁。

86. 胡適：〈中國政治出路的討論〉，《獨立評論》，第17號，1932年。

87. 傅斯年：〈丁文江一個人物的幾片光影〉，《獨立評論》，第189號，1936年。

專業技能和科學方法論的現代知識分子們，不僅應該成為治國的專業人才，而且也是領導公共輿論的意見領袖。

當知識精英們主宰了公共領域的時候，公共輿論也就成為了士大夫輿論。在傳統中國，士大夫除了參與政治之外，還擁有議論政治的「清議」特權。「莫談國事」是對「不可由知之」的百姓而言，而士大夫們則有評議時政的責任。晚清以後，士大夫的「清議」傳統轉化為現代的公共輿論。公共輿論與傳統的「清議」不同，「清議」基本在體制裏面，面向朝廷發聲，或者是在士大夫群體內部，形成「公論」。而現代的公共輿論則超越了體制，借助民間的報紙、刊物、演講、大眾化讀物和戲曲等傳媒手段，直接面向大眾。晚清以後，隨着現代的報業、雜誌和出版物的崛起，特別是白話文的誕生，輿論重心開始下移，出現了來自社會各個階層的聲音。對此輿論多元化的局面，一些士人頗不以為然。孫寶瑄在日記中寫道：「今之所謂輿論，最不可恃之一物也。……天下最普通人佔多數，其所知大抵膚淺，故惟最粗最淺之說，彌足動聽。而一唱百和，遂成牢不可破之輿論，可以橫行於社會上，其力甚大，雖有賢智，心知不然，莫敢非之」。[88] 在傳統社會，民眾習慣了士大夫精英的教化和引導，但到了一個由公共輿論所主宰的大眾社會，多數人的意見成為一種新的權威，一種超過傳統精英聲音的正當性。對此，中國知識分子感到非常憂慮，他們擔心，由多數人意見形成的大眾輿論會形成「多數的暴政」。而且，多數國民由於心智不成熟，容易受到少數人的操控。在他們看來，知識精英的意見和一般民眾的看法是不等價的。徐復觀指出：政治投票是以量決定質，知識精英的一票與普遍民眾

---

88. 孫寶瑄：《忘山廬日記》下冊，上海古籍出版社，1983年，1132–1133頁。

左衝右突——現代政治激流中的中國知識分子

的一票是平等的。但在輿論之中，卻是以質決定量，「一萬個普通人對於哲學的意見，很難趕上一個哲學家的意見。一萬個普通人對於科學的知識，沒有方法可以趕上一個科學家的知識」。[89] 在五四期間，羅加倫專門撰文討論什麼是公共輿論。他認為，輿論如果以大多數人的意見為轉移，那就不成為公共輿論，而只是一種群眾心理的表現。社會的進化，有賴於少數人的思想，特別是那些有科學頭腦的少數優異者的意見。由於一般民眾平均知識水準太低，不易了解重要的複雜問題，因此，需要少數人以「科學的假定」提出問題，訴諸公開的討論：

> 真正的輿論固不是少數的私見，也不是群眾的心理，乃是少數的思想，有科學的根據，經過公開精密的討論，有討論得着的結果。仍然是為了多數的幸福，所以當負有公共的責任。[90]

意見是少數人提出來的，卻是有公共責任的，目的也是為了多數人的幸福，經過公開的、緊密的討論，最終形成公共輿論。五四知識分子雖然贊成平民政治，但在輿論方面，卻非常警惕「多數人的暴政」，希望繼續由現代頭腦和理性意識的知識精英主持輿論。梁啟超是中國的公共輿論之父，從晚清到民初長期執掌中國輿論之牛耳，在他看來，輿論不過是常人之見而已，未必是公共利益之所在。而英雄豪傑貴在能發現常人所不及者，善於領導輿論。[91] 在這裏，梁啟超所繼承的，是王陽明以來教化百姓、移風易俗的精英傳統。兩人的區別在於，王

---

89. 徐復觀：〈學術與政治之間〉，《徐復觀集》，群言出版社，1993年，134頁。
90. 羅加倫：〈輿論的建設〉，《新潮》，第2卷，第3號，1920年。
91. 梁啟超：〈輿論之母與輿論之僕〉，《梁啟超全集》第1冊，382頁。

陽明相信致良知的道德感召，而梁啟超則發現了領導輿論這一個更有力的改造社會的方式。在民國之初，當民主政治建立的時候，他將多數人的民主政治看成是由少數精英通過公共輿論而領導多數：

> 必有少數優異名貴之輩，常為多數國民所敬仰所矜式，然後其言足以為重於天下，而有力之輿論出焉。夫有力之輿論，實多數政治成立之大原也。……理論上之多數政治，謂以多數而宰制少數也。事實上之多數政治，實仍以少數宰制多數。[92]

近代中國的思想界，與市民社會不太發達的近代德國比較相似。康得說，所謂啟蒙，就是有勇氣公開運用自己的理性。但在他看來，啟蒙主要是學者、特別是哲學家的事情。當哲學家面向政府的時候，目的是對政府加以指導和監督，而當他們面向公眾的時候，目的是引導他們運用自己的理性。[93] 中國知識分子在從事公眾輿論的時候，也是自承這樣雙重的使命。1902年，梁啟超發表〈敬告我同業諸君〉，宣佈報館的兩大天職是：「對於政府而為其監督者」，「對於國民而為其嚮導者」。[94] 由於中國的公共領域缺乏歐洲這樣的廣泛的市民階層的支持和鋪墊，所以，近代中國的公共領域並非是公眾的，而只是狹隘得多的士大夫或知識分子的公共領域。當他們從事公眾輿論的時候，更多流露出來的，與其說是公眾意識，倒不如說是精英意識。自由主義者張佛泉三十年代在《獨立評論》上發表文章，引用英國保守主義思想家伯克（Edmund Burke）

---

92. 梁啟超：〈多數政治之實驗〉，《梁啟超全集》第5冊，2599頁。
93. 康得：〈答覆這個問題：「什麼是啟蒙運動？」〉，《歷史理性批判文集》，何兆武譯，北京商務印書館，1997年，22–26頁。
94. 梁啟超：〈敬告我同業諸君〉，《梁啟超全集》第2冊，969頁。

的話：「在政治方面，一般民眾至少要落後五十年。」他認為，一般的大眾，很少有改造環境的能力，而多少是等待環境來改造他們。改造社會還是要靠天才的英雄人物。於是，張佛泉提出了一個觀點：「英雄造時勢，時勢造大眾」。[95]這一觀點得到了熊十力的強烈共鳴，他專門作了一篇〈英雄造時勢〉的文章，投給《獨立與評論》，以作呼應。1947年，遠在美國的陳衡哲給《觀察》主編儲安平寫信，討論自由主義者如何在政治中發揮作用，特別強調要「造成一種穩健清潔的輿論，使得主持公道的人士，可以得到社會上的道德支援」。[96]其中的精英意識躍然紙上。近代中國的知識分子們，雖然在觀念上產生了國民意識或公眾意識，但在從事公眾輿論的時候，仍然抱有強烈的精英主義情懷，將自己看作是擁有某種道德使命或先知精神的特殊人物，相信只要堅持不懈，便可以領導輿論、改變風氣。

平民主義與精英主義的吊詭結合

綜觀近代中國的思想史，在知識分子的自我理解上，有兩股趨勢相反的思潮：一個是本文所討論的以士大夫意識為中心的精英主義，另一個是以民眾意識為核心的平民主義。[97]知識分子中這一平民主義的趨向與本文所論述的士大夫意識同時並存於近代中國的思想史，一個要重返中心，另一個要退居邊緣，請出另一尊民眾的大神，兩股思潮相互之間或有激烈的衝

---

95. 張佛泉：〈從立憲談到社會改造〉，《獨立評論》，第101號，1934年。

96. 《觀察》，第3卷，第12期，23頁。

97. 關於近代中國知識分子的平民主義思潮的研究，除了本章注1提到的余英時、王汎森和羅志田的文章之外，顧昕對此也作了專門研究。參見顧昕：〈「五四」激進思潮中的民粹主義〉，《公共論叢》第6輯，北京三聯書店，1999年。

撞。但二者之間並沒有截然的鴻溝，在特殊的語境下有可能相互轉換，發生吊詭的結合。

在傳統中國，儒家學說之中有民本意識，宋以後中國社會也從門第社會向平民社會轉移，士大夫中很多出自底層寒門，並形成了耕讀為本、體恤民生的士林風氣，士大夫的中心位置和道德優越性從未動搖過，晚清以後，四民社會與士大夫優位遭到了從未有過的置疑，平民主義借助激進的民權意識開始萌芽。如第一節所述，晚清興起的國民觀念，革命派與梁啟超為代表的維新派是不同的，梁啟超的國民觀念針對的是未開化的、缺乏現代國家意識的部民觀念，而革命派所提倡的國民針對的是中國歷史上的奴隸意識。這是一種普遍的奴隸意識，不僅民眾為奴隸，連自以為是的士大夫也未能倖免：「試觀所謂農、所謂工、所謂商、所謂官吏，有如吾所謂國民者乎？天下至貴至重者莫如士，而中國則至愚至賤者莫如士。……是率一國之士而為奴隸也，國民乎何有！」[98] 往日的士大夫如今成為「至愚至賤者」，成為最大的奴隸，其優位性自然受到置疑。鄒容在《革命軍》中在鼓吹平民革命的同時，狠狠批判了從漢儒、宋儒到名士的所有士大夫：

> 中國士子者，實奄無生氣之人也。何也，民之愚不學而已，士子愚則學非所學而益愚。[99]

在鄒容看來，士大夫所擁有的只是一些無用的知識，因此比民眾更愚蠢。到了章太炎那裏，士大夫不僅無用，而且無德。他將人民按照職業分為十六等，農人道德最高，工人、商

---

98. 佚名：〈說國民〉，載張枬、王忍之編：《辛亥革命前十年間時論選集》第1卷上冊，74–75頁。

99. 鄒容：〈革命軍〉，《中國哲學史資料選輯》近代之部下冊，中華書局，1983年，506頁。

買其次，而讀書人、官僚、翻譯道德最低，知識越多，越無德性，知識與道德呈反比。[100] 章太炎的這種反智主義傾向，來自儒家思想傳統自身內部的緊張性。宋明之後，儒學內部有「道問學」（知識主義）與「尊德性」（德性主義）的兩歧性傾向，朱熹的「格物致知」偏於知識，而王陽明的「致良知」則傾向於德性。德性主義發展到極致，便脫離了知識的基礎，蛻變為反智主義。從明末的泰州學派到清初的顏李學派，就可以看到從「尊德性」的德性主義發展到反智主義的演變脈絡。章太炎便是繼承這個傳統而來。不過，顏習齋也好，章太炎也好，他們不是反對所有的知識和所有的士，他們所看不起的，只是士大夫的博雅之學，卻極為推崇從實踐經驗中獲得的技術知識；他們蔑視在各種政治學術體制之中的士大夫，卻將希望寄託於處於社會邊緣、與民眾有密切互動的底層精英。反智主義通常不是來自真正的民眾——在中國，一般民眾總是對讀書人有敬畏之情——而是來自不得志的邊緣知識分子或底層的遊士，他們具有強烈的反體制、反上流社會的傾向。清初的顏李學派只是士林中影響有限的偏門，而到晚清，反智主義裏挾着平民主義的狂潮席捲而來，蔚成大觀。1904年的《中國白話報》刊載了林懈的文章，激烈抨擊將國民分為上流社會與下流社會：

> 中國的人，同是漢族，同是黃帝的子孫，有什麼上流、下流的分別，可不是個頂不平等的麼！但現在中國的讀書人，都是以上流社會自命的，凡不讀書的人，如工、農、商、兵，共會黨裏面的人，都說他是下流社會。[101]

---

100. 參見章太炎：〈革命道德論〉，《革故鼎新的哲理：章太炎文選》，上海遠東出版社，1996年，189–193頁。
101. 林懈：〈國民意見書〉，《辛亥革命前十年間時論選集》第1卷下冊，909頁。

在林懈看來，中國國民之所以不能合群，形成公共的觀念，其原因乃是人為地製造不平等，按照是否讀書的標準，分為上流社會與下流社會，以致於上下社會不通、不聯絡，不交流，「等到亡國滅種的時候，大家同歸於盡」。[102] 這個上下不通的責任，當然要由讀書人負責。 隨着革命與立憲的論戰深入，代表「平民」的革命派與代表「士紳」的立憲派的衝突也日趨深刻。1908年的《河南》雜誌發表了一篇佚名文章〈紳士為平民之公敵〉，指責紳士階級在立憲運動和地方自治之中，以新政為名，擴張其私利，其腐敗較之過去，無以復加，天良喪盡。紳士與政府之間，互相利用，藉口國民程度幼稚，共同排擠平民參政的權利。文章最後索性將紳士階級視為與清廷同等的平民公敵：

> 夫政府猶發縱之獵人，而紳士則其鷹犬也；政府猶操刀之屠伯，而紳士則其殺人之鋒刃也。[103]

晚清的革命派對讀書人與士紳階級的激烈抨擊，乃是為了成就一個訴諸平民的革命。革命派雖然在抽象的理念上膜拜人民，但一談到具體的民眾，卻遇到了與改良派同樣的問題：民眾長期受到專制的壓迫，缺乏最起碼的政治能力，如何動員民眾起來革命？作為啟蒙的另一種產物，革命與改良一樣，最後依然要訴之於精英人物，區別僅僅在於：改良派依靠的是以新式士紳為主體的中堅階級，革命派則寄希望於先知先覺的革命精英。陳天華是一個激進的革命派，但他痛感國民的愚昧和散漫，認為「當今之弊，在於廢弛，不在於專制。欲救中國，唯

---

102. 林懈：〈國民意見書〉，《辛亥革命前十年間時論選集》第1卷下冊，909–912頁。

103. 佚名：〈紳士為平民之公敵〉，《辛亥革命前十年間時論選集》第3卷，北京三聯書店，1977年，302–305頁。

有開明專制」。[104] 孫中山也是基於同樣的理由，設計了軍政、訓政和憲政三程序說，革命成功之後，革命精英組成的政府實行約法，對國民實行訓政，通過地方自治訓練人民。[105] 當時中華革命黨人中有同仁對訓政提出異議，孫中山解釋說：

> 你們太不讀書了，《尚書·伊訓》不是說太甲是皇帝，伊尹是臣子，太甲年幼無知，伊尹訓之不聽，還政與桐官。我們建立民國，主權在民，這四萬萬人民就是我們的皇帝，帝民之說，由此而來。這四萬萬皇帝，一者幼稚，二者不能親政。我們革命黨既以武力掃除殘暴，拯救無知可憐的皇帝於水火中，就是要行伊尹之志，以「阿衡」自任，保衛而訓育之。[106]

後來，孫中山多次將民眾比作阿斗，將革命精英組成的政府比作諸葛亮。中國的民眾一盤散沙，不知自由，只知發財。民眾作為阿斗有權卻沒有能力，應該將國家全權交給有能力的人，由現代的諸葛亮——各種專門家來管理，組成萬能政府。「國民是主人，就是有權的人，政府是專門家，就是有能的人。……我們就應該把國家的大權付託於他們，不限制他們的行動，事事由他們自由去做。」[107] 這就是所謂的「權能分離說」。將孫中山與梁啟超的言論比較一下，可以發現有殊途同歸之妙，最後都走向了精英政治的一路，只是精英的內涵不同：梁啟超是新式士紳為核心的「中等社會」，孫中山則是來自社會底層的革命精英。

---

104. 陳天華：〈致湖南留學生書〉，《陳天華集》，湖南人民出版社，1982年，233頁。

105. 孫中山：〈軍政府宣言〉，《孫中山選集》，人民出版社，1981年，79頁。

106. 居正：〈中華革命黨時代的回憶〉，《近代史資料》，總第61號，中國社會科學出版社，1986年，38頁。

107. 孫中山：〈三民主義·民權主義〉，《孫中山選集》，717–723、765–776頁。

從晚清起，士大夫階級被期望於成為「國家的中堅」，擔當起拯救民族的重任。然而，晚清以後，儒家的價值觀全面崩潰，傳統的士大夫階級不僅沒落，而且也開始腐敗。而新起的知識階級，雖然一度朝氣蓬勃，但很快像他們的前輩一樣，重蹈覆轍。杜亞泉在《東方雜誌》上說，民國成立「此八九年中，吾國內一切罪惡，皆當由知識階級負其責任」。[108] 希望越大，失望也越深。當知識精英直覺地背起「國家之中堅」十字架時，一旦現實不如人意，他們就難逃其咎了。到三十年代，蔣廷黻承認：「九一八以後，因為大局的危急，國人對知識階級的期望和責備就更深了。……中國近二十年內亂之罪，與其歸之於武人，不如歸之於文人」。[109] 一邊是「士大夫救國論」的持續高漲，另一邊是「士大夫亡國論」的不絕於耳，有趣的是，這兩種論調不是出自對立的兩邊，而是同一批精英分子口中。前述張東蓀在堅信知識分子是「文明托命者」的同時，又不得不承認「中國在最近三四十年以來所有一切問題，在我看來，卻都由於士大階級之糜爛。」[110] 救國論也好，亡國論也好，其實背後都遵循的是同一個邏輯：士大夫在理想層面理應成為「國家之中堅」，而在現實層面卻令人失望。戰國策派的陳銓是狂熱的尼采信徒，鼓吹英雄崇拜，但誰是值得崇拜的英雄？陳銓承認，如今的士大夫階級，無人格，無信仰，虛偽矯詐，阿諛逢迎已經走入末路。如果說中國還沒有亡國絕種的話，「幸虧有中國下層階級，保持中國祖先遺留下來的民族精神」。[111]

108. 杜亞泉：〈知識階級之團結〉，《杜亞泉文存》，220頁。

109. 蔣廷黻：〈知識階級與政治〉，《獨立評論》，第51號，1933年。

110. 張東蓀：《思想與社會》，228頁。

111. 陳銓：〈論英雄崇拜〉，載溫儒敏、丁曉萍編：《時代之波：戰國策派文化論著輯要》，300頁。

當理想與現實發生衝突時，一部分知識分子試圖重新喚起同道的士大夫精神，但另一部分知識分子開始懷疑士大夫是否還有資格繼續充當「國家之中堅」，在俄國革命的催生下，逐漸轉向平民主義，將希望寄託在底層民眾身上。五四後期，在中國知識界出現了一股平民主義的狂潮，在勞動主義、新村主義、無政府主義、馬克思主義以及各種各樣社會主義思潮的影響之下，「勞工神聖」的口號深入人心，平民階級具有了比知識階級道德上更為正當的地位。正如王汎森所分析的，從晚清到五四短短幾十年時間，從「四民皆士」發展到「四民皆工」，讀書人紛紛想成為勞動階級中的一分子，甚至有人還感嘆說：「我很慚愧，我現在還不是一個工人」。[112] 平民意識的崛起，在顛覆的意義上從道德層面重建建立了一個知識階級與平民階級的二元社會：平民階級具有道德上的優先性，而知識分子，則具有了某種道德上的原罪。而當階級鬥爭的觀念引進中國以後，在資本階級與勞動階級之間，是否還有一個中等階級，也成為了疑問。朱執信說：中等社會的人，其地位最為尷尬，勞動階級歡迎他，他卻不願意進去，想附和資本階級，人家又不收。「我以為現在的中等社會，應該有撤去中等社會、勞動社會的界限決心，把中等社會合併進勞動社會裏頭」。[113] 在階級鬥爭的理念支配之下，中等社會已經失去了其存在的基礎，不是倒向統治階級，就是融入被統治階級了。

　　在五四早期將立憲的希望寄託在「中流以上之社會」上的李大釗，十月革命以後，逐漸將希望轉到民眾身上。這一轉變，早在1916年他寫《民彝與政治》的時候，已經顯露端倪。

---

112. 參見王汎森：〈近代知識分子自我形象的轉變〉，《中國近代思想與學術的系譜》，290–292頁。

113. 朱執信：〈中等社會的結合〉，《朱執信集》下冊，中華書局，1979年，766–767頁。

他雖然相信英雄創造歷史，但不贊成卡萊爾（Thomas Carlyle）的英雄神人說，而贊成托爾斯泰（Leo Tolstoy）的觀點，英雄源於時勢，時勢是民眾意志之總和，離開了民眾的意志，便無英雄。李大釗認為：「夫聖智之與凡民，其間知能相去不遠。彼其超群相去不遠。彼其超群軼類者，非由時會之因緣，即在眾庶之信仰」。[114] 李大釗的英雄史觀是一種以民意為基礎的英雄史觀，英雄的智力其實與庶民差距不遠，之所以能夠成就大業，乃是能夠洞察潮流和時勢，順應庶民的願望與意志。十月革命以後，李大釗沿着這一理路順理成章地轉向了平民主義，知識階級不再是中等社會的中堅，而是民眾的代表，帶領民眾走向新社會的先鋒：

> 我們很盼望知識階級作民眾的先驅，民眾對知識階級的後盾。知識階級的意義，就是一部分忠於民眾作民眾運動的先驅者。[115]

五四時期的平民主義，具有深刻的內在悖論。道德上的反智主義與革命的唯意志論糾纏在一起，無法分離。這些平民主義的鼓吹者，幾乎全部是知識分子，在他們的敍述之中，知識階級與民眾的關係變得非常吊詭：抽象的民眾成為知識階級想像中的道德偶像和忠誠的對象，但具體的民眾又是愚昧的、不開化的，知識階級同時又是他們的啟蒙導師和民眾運動的先驅。五四的平民主義者一方面將自己視為人民中的一員，號召到社會去，到農村去，到基層去，另一方面，又視自己視為民眾的先知，負有教導和動員民眾的責任。李大釗在〈青年與農村〉一文中，將農村與城市對比，城市是罪惡的、黑暗的、空

---

114. 李大釗：〈民彝與政治〉，《李大釗全集》第2卷，349頁。
115. 李大釗：〈知識階級的勝利〉，《李大釗全集》第3卷，457頁。

氣污濁，是鬼的生活，鄉村是幸福的、光明的、空前清潔，是人的生活。農村成為一個抵抗現代文明的象徵符號，他號召青年人離開鬼都城市，像俄國的民粹派知識分子那樣，到農村去生活。李大釗認為，農村雖好，假如沒有知識分子的足跡，也就成了地獄。將清新雅潔的田園生活，埋沒在黑暗的地域裏，這正是知識分子的罪孽。青年知識分子有責任回到家鄉，拯救農村，啟蒙父老鄉親，把黑暗的農村變成光明的農村，專制的農村變成立憲的農村。[116]

從五四平民主義的背後，我們看到了一種隱蔽的精英意識和深刻的唯意志論。莫里斯·邁斯納（Maurice Meisner）分析說：平民主義思想的特徵，是一種深刻的唯意志論信念，想像人的意識力量能夠改變社會的現實。社會主義在道德上是令人神往的，但並不是歷史註定的，要使理想成為現實，最重要的是要有合信仰、願望、信念與能力與一身的新人。[117] 在五四，平民主義與英雄豪傑觀常常奇妙地混雜在一起，陳獨秀、李大釗等具有平民主義氣質的知識分子，大多受到尼采的影響，有着強烈的唯意志論色彩，相信只有充滿道德感和精神意志的新人，才能帶領民眾走向公平正義的新世界。精英主義在某種條件下有可能轉化為平民主義，而平民主義也往往內涵着精英主義。平民主義一方面將整體意義上的人民放在一個至高無上的位置，另一方面又深感具體意義上的民眾缺乏政治能力和階級覺悟，只能由少數「先知先覺」者去啟蒙和引導他們。1921年，陳獨秀放棄了五四時期的平民主義的想法，他抱怨「中國人簡直是一盤散沙，一堆蠢物，人人懷着狹隘的個人主義，完

---

116. 參見李大釗：〈青年與農村〉，《李大釗全集》第3卷，179–183頁。

117. 莫里斯·邁斯納：《馬克思主義、毛澤東主義與烏托邦主義》，張寧等譯，中國人民大學出版社，2005年，71頁。

全沒有公共心。……一國中擔任國家責任的人自然是越多越好，但是將這重大的責任胡亂放在毫無知識、毫無能力、毫無義務心的人們肩上，豈不是民族的自殺！」[118] 當他對愚昧的民眾不再有幻想的時候，蘇俄的無產階級精英的「少數人專政」自然吸引了他，相信中國的改造需要一個「勞農專政」的「開明專制」，[119]「非有一個強大的共產黨做無產階級底先鋒隊與指導者不可」。[120] 這一從多數人的平民主義到「少數人專政」轉變的內在邏輯，張灝做過很深刻的分析：「面對這種困境，浪漫性的全民主義（即平民主義——引者注）很容易發展為先知型的全民主義。因為要解決這個思想困境，一些知識分子很自然有這樣的想法：既然全體人民的總體意志與精神難以捉摸，只有以少數先知先覺的精英理想作為他們的總體意志，認為他們的理想真正代表人民的利益和意志，代表總體的『大我』或『真我』而非個別的『小我』。即使人民一時不能了解與認同這些理想也沒有關係，甚至在必要時可以強迫他們接受這些理想。順着這個想法推下去，很自然達到以開明專制來領導人民的觀念，這就是先知型的全民主義。」[121]

在精英主義與平民主義之間，士大夫意識與民粹意識之間，看起來截然相反，事實上並沒有截然的鴻溝，二者之間存在着非常吊詭的互相轉換關係。另一方面，平民主義和精英主義都有可能導向威權主義，不過一個是發展為平民主義的威權主義，另一個是技術專家治國的威權主義，而與真正的民主政治無涉。

---

118. 陳獨秀：〈卑之無甚高論〉，《陳獨秀著作選》第2卷，287頁。

119. 陳獨秀：〈答張崧年（社會改造）〉，《陳獨秀著作選》第2卷，291頁。

120. 陳獨秀：〈答黃凌霜（無產階級專政）〉，《陳獨秀著作選》第2卷，372頁。

121. 張灝：〈中國近百年來的革命思想道路〉，《張灝自選集》，上海教育出版社，2002年，302頁。

於是，近代中國的歷史總是在士大夫精英主義和平民主義民主之間來回震盪，而難以發展出現代民主所需要的公民社會與公民政治。如何走出這二難困境，這是歷史下來的沉重話題，值得我們深刻地反思。

七、城市「權力的文化網絡」中的知識分子

　　在近代中國城市研究之中，地方社會是一個值得關注的問題。杜贊奇（Prasenjit Duara）在他的名著《文化‧權力與國家：1900–1942年的華北農村》中，以「權力的文化網絡」（culture nexus of power）這一分析性概念來描述中國鄉村基層的社會文化網絡，並進一步考察國家權力是如何從滲透到破壞鄉村的「權力的文化網絡」的歷史過程。現在的問題是：「權力的文化網絡」這一概念是否可以用於分析近代中國城市的地方社會？如果可能的話，城市的「權力文化網絡」又是如何構成的？顯然，這是一個很大的研究題目，並非本文所能完成。作為嘗試性的研究，本文試圖通過與同時期北京的比較，研究1900–1937年間上海城市的地方社會。有關這一領域的相關研究已經頗為可觀，特別集中於晚清的紳商和民國的資產階級在上海城市社會中的核心作用。因而本文關注的問題將轉向研究相對比較單薄的另一面：在一個以資產階級為英雄的城市社會之中，為什麼還需要文化精英？近代上海的知識分子與同時期的北京知識分子有什麼樣的不同，他們是如何鑲嵌到城市「權力的文化網絡」之中的？

城市的「權力的文化網絡」與資產階級

　　所謂「權力的文化網絡」，是杜贊奇在研究華北農村的基層社會時提出的一個分析性概念。以往的眾多研究都將

明清以後的中國鄉村描述為一個士紳階級領導的「鄉紳社會」，杜贊奇獨闢蹊徑，將研究視野拓展到鄉村的文化、特別是大眾文化層面，他提出「權力的文化網絡」這一概念，旨在通過對文化及其合法性的分析，觀察權力所賴以生存的社會文化網絡，從而重新理解帝國政權、紳士與其他社會階層的關係。按照杜贊奇的解釋，「權力的文化網絡」是由鄉村社會的多種組織體系以及塑造權力運作的各種規範所構成，包括宗族、信仰、自願團體以及各種非正式的人際關係網絡。這些組織相互滲透和交叉，編織成一個具有公共權威的社會文化網絡，鄉村社會的權力控制，正是通過這個網絡而得以實施的。[1]

「權力的文化網絡」這一分析性框架，與以往「鄉紳社會」的概念相比較，有兩個值得注意的特點：其一，它並沒有將與國家權力相關的鄉紳視為鄉村社會唯一的地方精英，而是將鄉村的精英視為具有多重來源的複合群，有宗族中輩分較高的族長，有信緣組織中的民間宗教領袖，有公共事務團體的首領，也有各種非正式人際關係網絡中的精英。他們構成了領導和控制鄉村社會的精英群。其二，精英們對鄉村社會的控制，重要的不是來自於國家所賦予的自上而下權力，或者精英自身所擁有的各種社會資源，而是精英們如何將這些權力、資源和社會資本轉化為文化的象徵資本，從而在鄉村的文化社會網絡中獲得合法性權威。杜贊奇的上述著作之所以在出版之後獲得很高的評價，乃是成功地運用了「權力的文化網絡」這一分析性框架，向我們展現了近代華北農村基層社會中多元而複雜的社會文化網絡，當這些網絡自身比較健全的時候，為國家權力

---

1. 杜贊奇：《文化、權力與國家：1900–1942年的華北農村》，王福明譯，江蘇人民出版社，1994年，13–14頁。

的控制提供合法性支援。而晚清之後當自上而下的國家權力日益擴張，強加於鄉村社會之上之後，大大破壞了鄉村社會自身的文化網絡，最終使得鄉村社會衰敗，中共的農村革命得以發生並取得成功。

當近代中國鄉村社會的面貌越來越清晰的時候，同一時期的中國城市究竟發生了什麼變化，其是否形成了城市的「權力的文化網絡」？中國的城市與鄉村關係，與歐洲頗不相同，中國的城市並非在與鄉村的對抗之中發展起來，在經濟形態與社會網絡上，形成了城鄉一體化的格局。按照施堅雅（G. William Skinner）的研究，到中華帝國的晚期明清之際，全國形成了以城市為中心的九大城鄉一體化社會經濟區域網絡。[2] 城鄉一體化的網絡結構表明，原來主要生活在鄉村的儒家的士大夫和商人精英，到了明清之後開始向城市流動，出現了「城居化」趨勢。鄉村精英向城市的集中，到1840年鴉片戰爭之後五口通商、沿海、沿江的開放性經濟城市崛起之後開始加速。以江南為例，在太平天國革命到來之際，不僅鄉村的地主、鄉紳逃離鄉土，而且許多農民、手工業者也紛紛向城市集中，形成了第一次城市化的高潮。

城市社會與鄉村社會區別在於，鄉村是一個熟人社會，而城市基本上是一個由各地移民所組成的陌生人社會。當移民們成群結隊來到城市，所帶來的不僅是勞動力和資產，而且是原先在熟人社會中自然形成的社會文化網絡。不僅如此，由於城市日益複雜的社會分工所形成的職業分化和文化區隔，在城市居民的內部又形成了新的文化關係網絡，縱橫交錯，互相滲透，其內部結構和網絡形態遠比鄉村社會複雜得多。因而，無

---

2. 參見施堅雅：《中華帝國晚清的城市》，葉光庭等譯，中華書局，2000年，12–13頁。

論哪一種政治勢力想要控制城市，都不得不面對地方性的「權力的文化網絡」，隨着現代化的深入發展，近代中國城市的地方社會不像鄉村那樣日益衰敗，反而在形成和建構之中。

上海作為近代中國最發達和成熟的大都市，從1843年開埠，經過將近一個世紀的發展，到民國的全盛時期一九三〇年代，在城市內部已經形成異常豐富的地方社會網絡。它們來自於這樣幾個脈絡：一是鄉緣組織，由會館、公所和同鄉會等以原籍地為基礎的區域性移民團體；二是業緣組織，由同業公會、商會、銀行公會、工會、律師、記者、教授、醫生、會計師等以行業或職業分工為基礎形成的同行團體；三是信緣組織，由基督教、佛教、道教以及各種民間信仰所形成的宗教和信仰團體；四是社團組織，由各種學會、教育會、俱樂部等組成的自願性民間社團；五是幫會組織，即擬血緣性的、社會正式體制之外的江湖團體。鄉緣、業緣、信緣、社團和幫會，這些城市內部的社會文化網絡，構成了近代上海城市的地方社會，史學界對這些社會網絡已經有一些富有價值的研究成果。[3] 雖然這些地方性社會文化網絡的細節還有待深入研究，但它們之間如何相互滲透、影響和互動，構成一個整體的、流動的「權力的文化網絡」，顯然是一個饒有興趣的問題。

從「權力的文化網絡」這一概念出發，我們所關心的是：除了國家權力之外，在近代上海的地方社會之中，究竟誰在控制這個城市？誰在管理地方性公共事務？這種管理和控制借助於什麼樣的文化權威？他們通過什麼樣的文化象徵符號獲得

---

3. 關於近代上海社會文化網路的研究，比較宏觀的代表性成果，可參見羅蘇文、宋鑽友著：〈民間社團：舊網、新線〉，《上海通史》第9卷，上海人民出版社，1999年，207–269頁；徐小群：《民國時期的國家與社會：自由職業團體在上海的興起1912–1937》，新星出版社，2007年；顧德曼：《家鄉、城市和國家：上海的地緣網路與認同，1853–1937》，宋鑽友譯，上海古籍出版社，2004年。

了地方社會的控制權？顯然，「權力的文化網絡」並非與國家權力完全獨立、分離乃至對抗的地方性力量，杜贊奇的研究正是在國家權力對基層如何控制的背景下討論華北農村的社會文化網絡。但本文限於主題的限制，將暫時擱置國家權力與城市「權力文化網絡」之間關係的討論，而將焦點集中在在近代上海的「權力文化網絡」之中，為何在資產階級已經獲得城市控制主導權的情況下，依然離不開知識分子的文化權威的支持？為什麼上海的知識分子能夠成功地鑲嵌到城市社會的「權力的文化網絡」之中，而同時期的北京卻是相反的情景？

傳統中國的社會精英由三部分組成：士大夫精英、地主精英和鄉紳。到了近代社會，當社會的中心從鄉村轉移到城市，新式的城市精英便首先在上海、廣州、天津、漢口這些沿海沿江的大城市中出現了，正如白吉爾（Marie-Claire Bergère）所說：「在這個城市社會裏，具領導地位的是來源於傳統士紳和商人階級的城市精英階層」。[4] 控制近代中國城市的，最初是具有士大夫和商人雙重身份的紳商階層，他們構成了近代中國早期的城市精英。羅威廉（William T. Rowe）通過對清代漢口的城市研究，發現在城市內部存在着一個地方名流群體，他們是由士紳和富商們共同組成的，之後又合流為紳商階層，他們通過與國家權力的密切互動，主導了城市的地方公共事務。雖然羅威廉以哈伯馬斯（Jürgen Habermas）的「公共領域」概念來描述清代城市精英對地方事務的控制這一嘗試引起了很大的爭議，然而正如他在該書的中文版序言中所說：「地方社區可以依靠自己的力量做許多事情，他們以地方『公共領域』的名義，創設了帝國政府認為沒有必要、或者只是負擔並可以輕易

---

4. 白吉爾：《中國資產階級的黃金時代（1911–1937）》，張富強、許世芬譯，上海人民出版社，1994年，60頁。

減省的諸多設施。」⁵ 隨着城市現代化的發展深入，城市原來的社會階層發生了劇烈的分化與重新組合，士大夫與商人合流成紳商。但隨着科舉制度的廢除，紳商這一過渡性階層又很快消失。握有現代社會最重要經濟與金融資源的資產階級商人，在原來「士農工商」四民階層結構之中，從最末的位置上升到首位，成為主掌地方公共事務的實權階層。而原先排位第一的士大夫階層卻隨着1905年科舉制度的廢除而發生分化，在清末民初逐步轉型為近代知識分子，而知識分子本身是內部分層非常細密，不同的知識分子之間與地方社會的關係、參與地方公共事務、介入「權力的文化網絡」的程度存在着很大的差別。

脫胎於傳統精英的近代中國城市精英，來自於三個部分：一是由傳統士大夫轉化而來的學院精英，二是從地主精英脫胎而來的商業精英，三是從鄉紳蛻變而成的地方名流。學院精英主要由一批以大學為生存空間的全國性知識分子，他們所關心的是國家與世界的天下大事，與地方公共事務和「權力的文化網絡」基本無緣。在近代中國，這些全國性知識分子主要雲集於北京。商業精英在京滬兩地都存在，因為其所開辦的實業、商業和金融業的關係，他們非常注重地方的公共事務並成為「權力的文化網絡」的核心。上海的商業精英與北京同行不同之處在於，他們還深刻地介入到國家公共政治生活之中，特別在北洋政府時期尤為如此。而城市的地方名流是一個複雜得多的社會群體，他們大部分出身於前述的地緣、業緣、信緣、社團和幫會這幾個城市社會網絡，像商業精英一樣，京滬兩地的地方名流在國家事務的參與感上差別很大。

---

5. 羅威廉：〈序〉，《漢口：一個中國城市的衝突和社區（1796–1895）》，魯西奇等譯，中國人民大學出版社，2008年，2頁。

在新崛起的城市精英之中，資產階級扮演了核心的角色，特別在上海這個工商業最發達、社會分工最完整的國際大都市中，擁有經濟資本特別是金融資本的近代資產階級成為了這個城市的主人，特別在袁世凱死亡之後、南京政府建立之前的北洋軍閥混戰時期，他們借助手中握有的金融和經濟實力，頻頻干預國家政治。1919年北京爆發五四學生運動，上海資產階級會同其他社會階層，在上海舉行「三罷」（罷工、罷市、罷課），最後逼迫北洋政府釋放被捕學生、不敢在巴黎和會簽字。1921年上海商界與教育界聯合，發起國是會議，繞開南北政府，由民間出面起草國家憲法。而1923年直系軍閥曹錕的北京政變，上海的資產階級拒絕承認，由各商會組成民治委員會，準備實行「國民自決」。凡此種種，都表明在北洋政府時期，上海的資產階級已經登上了政治舞台，成為一個舉足輕重的政治階級。

然而，儘管一夜暴富而崛起的資產階級掌控了經濟和金融的權力，但經濟權力並不等同於社會權威。要在城市「權力的文化網絡」之中居領導地位，必須借助於文化的象徵符號獲得合法性權威，從而更有效地實施權力的控制。「權力的文化網絡」的核心問題不是權力在誰的手中，而是如何通過文化的權威而掌控社會權力。在傳統中國的四民社會之中，商人在各個朝代都擁有巨大的財富，這筆財富無論是朝廷還是地方都不敢小覷，然而商人階層並不因此而享有文化上的權威，按照儒家的「重義輕利」觀念和王朝的「重農抑商」政策，富有的商人在正式體制和社會上被人看不起，缺乏與其擁有的財富相匹配的尊嚴和權威，不要說與士大夫比肩，即使在平民當中其社會地位還在農工之下。這一情形到明代以後有所改觀，在富庶的江南出現了紳商合流的趨勢，一方面士大夫的生活開始像商人階層那樣追求奢華，另一方面商人階層向士大夫接近，通過

買官獲得功名，在文化上附庸風雅，並參與地方的各種公共事務，通過各種努力，將自身的經濟權力，轉化為文化的象徵資本。

到十九和二十世紀之交，在開放的沿海和沿江大城市中，出現了一個過渡形態的紳商階層。[6] 這一紳商階層，身份雙重，擁有士大夫的功名，經營各種洋務和實業，而且在地方公共事務和國家政治生活中扮演重要作用。在晚清上海，紳商階層非常活躍，他們由兩個不同的交往網絡組成，一個是以李平書為領袖的上海本地紳商，另一個是以張謇為首的江蘇紳商。上海本地的紳商是清末民初上海地方自治的核心階層，從城廂內外總工程局到自治公所、市政廳，這些前後相繼的上海自治機構領導精英，皆是由紳商組成，而商人領袖佔多數。之所以推出李平書擔任自治機構的領袖，乃是他有舉人的身份，有為官的經歷，這些身份使得他比較一般的商人擁有不可比擬的文化權威。不僅商人們推舉他出任總董，而且邀請他擔任多家公司的董事或經理。[7] 另一方面，在晚清開始涉足實業和商業的士紳階層，對金錢本身並沒有太大的興趣，他們的真正目的乃是想通過積累財富而擁有更多的文化權威，張謇本人將開辦實業而獲得的利潤大量投資於教育，並與其他士紳們一起建立江蘇省教育會（最初名稱為江蘇學會），總部設立在上海。以江蘇省教育會為中心，從晚清到1927年，構成了一個龐大的擁有文化權威的關係網絡，活動涉及教育、實業、地方事務和國家政治方方面面。到了晚清之後，辦教育成為一個最具文化象徵符號的權威來源。江蘇學會的入會條件極嚴，並非一個簡單的行業

---

6. 參見馬敏：《官商之間：社會劇變中的近代紳商》，華中師範大學出版社，2003年，105頁。

7. 參見周松青：《上海地方自治研究》，上海社會科學院出版社，2005年，86–98頁。

團體，乃是精英中之精英聚合。根據其會章，會員分為代表會員、志願入會和名譽會員三種，代表會員須由官府推舉，「聲望素為眾所推服者」，志願會員須有會員二人出具保證書或地方教育會出文介紹，而名譽會員則要求更高。[8]

中國與西方不同，雖然在民間底層有豐富的道教、佛教和民間信仰網絡，但儒家所代表的道統始終在教統之上，儒家並非宗教，只是世俗化的人文之學，它依靠科舉、書院、私塾等一系列正式或非正式的教育建制而形成了一個學統網絡，儒家的道統就是建立在這一學統網絡之上的。從孔子之下的歷代儒家士大夫，無不重視教育，為師者無論在官僚系統，還是在社會底層，皆擁有無可替代的文化權威和道德權威。晚清之際，以科舉和私塾為軸心的舊學逐漸式微，以西學為內容的新學堂取而代之，而各地興辦學堂最積極的，乃是地方士紳，圍繞着興辦學堂、掌控地方的教育權力、進而在「權力的文化網絡」之中擁有至上的權威，許多地方的官府與士紳、士紳與士紳之間，都有過激烈的競爭。[9]

清末民初的紳商階層只是轉型時代的過渡性人物，到了1920年前後，近代的資產階級代替了紳商階層成為城市的主角，其標誌性事件，便是該年上海總商會改選，美國留學回來的企業家聶雲台代替了年長的買辦朱葆三，出任新一任會長。1914年之後，中國的城市經濟有了長足的發展，新興的城市資產階級無論是實業家還是金融家，都擁有較之前紳商階層更可觀的經濟實力，常常借代發公債、貸款之機會，與中央政府與各路軍閥討價還價，提出政治條件。然而，經濟實力只是純粹

8. 谷秀青：《清末民初江蘇省教育會研究》，廣西師範大學出版社，2009年，48頁。
9. 參見李世眾：《晚清士紳與地方政治：以溫州為中心的考察》，上海人民出版社，2006年，259–272頁。

的權力，無法直接置換為具有道德價值的文化權威，而在「權力的文化網絡」之中，權力是要通過權威而獲得文化合法性的。因此，就像晚清的紳商一樣，新興的城市資產階級也非常注重投資教育，通過教育增加自己的文化象徵資本。聶雲台在當選總商會長之前，就與黃炎培一起發起成立了中華職業教育社。呂芳上指出，五四運動之後，社會各界都意識到學校之重要，各種勢力紛紛介入學校。[10] 社會各界辦學之風頗甚，而城市資產階級更是積極。上海與北京不同，國立大學很少，多為私立大學。私立大學經費來源拮据，往往要靠企業界和金融界大佬支持和輸血。而掌握經濟命脈的資產階級也樂意參與大學董事會，以此博得文化象徵資本。1925年五卅運動之中，部分聖約翰大學的愛國師生脫離聖約翰，另行籌辦光華大學（即華東師範大學前身之一），上海教育界、金融家和企業界名流人士紛紛伸出援手，上海商界實力派人物中，金城銀行行長吳蘊齋、震巽木商公會主席朱吟江、上海總商會會董趙晉卿、上海總商會會長虞洽卿、上海銀行公會會長錢新之皆為光華大學董事，在董事會中佔半壁江山。[11]

在城市的「權力文化網絡」之中，擁有文化象徵資本的，除了興辦教育之外，就是主持包括慈善在內的各種地方公共事務。這也是古代中國士紳的重要歷史傳統。梁其姿通過對明清慈善組織的研究，發現各地有聲望的士紳們熱衷於建立善堂，其真正的興趣不在於濟貧，而是教化，通過特殊的施與受的關係，鞏固自己在地方秩序中的道德權威與儒生的中心地

---

10. 參見呂芳上：〈民國十四年的東南大學學潮〉，《國父建黨一百周年學術討論集》第2冊，近代中國出版社，1995年，149頁。

11. 參見任嘉堯：〈光華大學史略〉，《20世紀上海文史資料文庫》第8冊，上海書店出版社，1999年，90頁。

位。[12] 羅威廉在對清代漢口的城市研究中，也發現了城市的士紳在國家與私人之間的公共事務領域，以社會能動主義的方式建構了一個與歐洲迥然不同的地方管理型公共領域。[13] 晚清之後，當紳商階層以及繼起的資產階級成為城市管理和地方自治的主導者之後，同樣繼承了士紳階級的熱心社會公益事業的歷史傳統。他們明白，無論是教育，還是慈善、救災、維護地方秩序，儘管要投入大量的人力、財力和精力，但重要的不是付出，而是獲得。僅僅擁有經濟和金融的實力，在城市的「權力的文化網絡」並不能擁有征服人心的權威，唯有參與地方的公益事業，積極為民眾服務，才能虜獲人心，獲得在地方社會中的主導權。

　　然而，主導了城市公共事務的資產階級有一個天生的缺陷，即他們與傳統的士紳以及晚清紳商相比，只是一個擁有權勢的世俗階級，而不具備讀書人在中國社會中那種天然的神聖性和權威性。資產階級富於物質的力量，卻缺乏精神的權威，甚至社會一般人往往對他們存有某種偏見。物質性的資產階級即便是西方名校商科畢業，擁有一流的專業知識，比如上海的金融和實業大亨虞洽卿、張嘉璈、錢新之、李銘、陳光甫等皆有日本或美國的留學背景，但他們缺乏的是領導民間社會的話語權，而這樣的話語權則需要有與專業知識不同的博雅之學為背景的。而近代知識分子與傳統士大夫一樣，雖然不擁有任何權勢，卻掌控着主導社會輿論的話語權。於是，城市資產階級縱然一時權傾天下，依然需要聯合知識精英一起掌控地方社會。

12. 梁其姿：《施善與教化：明清的慈善組織》，河北教育出版社，2001年，307–308頁。
13. 羅威廉：《一個中國城市的衝突和社區（1796–1895）》，109–226頁。

知識分子與城市社會：一元化的上海與二元化的北京

在古代的中華帝國，士大夫階級是帝國王權制度與社會宗法制度相互聯繫的中樞和紐帶。其表現為兩個方面：其一，士大夫階級所信奉的道統——儒家價值觀既是帝國官方的政治意識形態，也是宗法家族社會共同的文化傳統；其二，士大夫階級（亦稱為士紳階級）一身兼二任也，在朝廷輔助君王統治天下，在鄉野為道德表率和地方精英領導民間。到了清末民初，當士大夫轉型為近代知識分子的時候，情況發生了變化，一方面是隨着商人和軍人的地位上升，讀書人在社會上的政治和社會地位隨之下降，被邊緣化，另一方面，隨着近代的學校和傳媒的出現，他們在文化上又擁有了前所未有的話語權。張灝指出：「現代知識分子就其人數而論，當然不能與傳統士紳階層相比，但他們對文化思想的影響力絕不下於士紳階層。……轉型時代的知識分子，在社會上他們是遊離無根，在政治上，他們是邊緣人物（余英時的話），在文化上，他們卻是影響極大的精英階層。所以要了解現代知識分子，一方面我們必須注意他們的政治邊緣性和社會遊離性，另一方面也要注意他們的文化核心地位。」[14] 現代的社會是一個以知識為中心的社會，知識取代宗教和道德成為社會正當性的來源，也同時成為政治、文化和社會權力的淵源。知識的再生產，就是權力的再生產，知識分子在生產知識的同時，也不斷強化着他們的文化權力。

在整個知識的生產和流通過程之中，學校和傳媒是兩個最重要的核心環節。知識分子因為控制了傳媒和學校這兩項核心資源，晚清以後使其在文化和輿論上的影響力，比較起傳統士

---

14. 張灝：〈中國近代思想史的轉型時代〉，張灝：《時代的探索》，台北聯經出版，2004年，43頁。

左衝右突——現代政治激流中的中國知識分子

大夫，有過之而無不及。這些掌握了知識和輿論生產、流通權力的知識分子，本身又是組織化的，形成各種知識分子的社團共同體。於是，借助學校、傳媒和社團這三個重要的建制性網絡，具有多種身份和職業的知識分子在近代形成了一個非常有文化影響的群體。

隨着沿海通商口岸城市的崛起，大量的新式學堂在城市出現，無論要接受新式教育，還是謀求新的發展空間，士紳們都不得不往城市遷移。知識精英的城居化成為一個不可扭轉的趨勢。傳統士紳之所以有力量，乃是扎根於土地，與鄉村「權力的文化網絡」有着密切的血肉聯繫。晚清以後，精英大量城居化，移居城市以後的知識精英，逐漸與農村發生了文化、心理和實體上的疏離。那麼，這些城市化的近代知識分子，與城市社會究竟是什麼樣的關係呢？在資產階級為中心的城市「權力的文化網絡」之中，他們處於什麼樣的位置？

近代中國的城市化是不平衡的，地方差異、南北差異之大，形成了極大的落差。上海與北京是近代以來中國的兩個最大的都市，一南一北，互為「他者」，無論是城市形態、社會分層、還是城市景觀、文化風格，都呈現出鮮明的對比。同樣，從晚清到民國，兩個城市的知識分子的內部構成不同，因而與城市社會的關係也迥然有異。

這兩個城市的比較，一個世紀以來永遠是人們樂此不疲的話題。姚公鶴在《上海閒話》中如此說：

> 上海與北京，一為是社會中心點，一為政治中心點，各有其挾持之具，恆處對峙地位。惟北京為吾國首都者五六百年，故根深蒂固，歷史上已取得政治資格，……抑專制之世代，有政治而不認有社會，蓋視社會為政治卵翼品，不使政治中

心點之外，復發現第二有勢力之地點，防其不利於政治也。惟上海之所以得成為社會之中心點，其始也，因天然之地理，為外人涎羨。其繼也，又因外人經營之有效，中經吾國太平戰事，而工商乃流寓，乃相率而集此。而其最大原因，足以確立社會中心點之基礎，與政治中心點之北京有並峙之資格者，則實以租界為國內政令不及之故。[15]

　　在不少幅員遼闊或者文化豐富的國家內部，往往有兩個中心：美國有紐約和洛杉磯，俄國有莫斯科和彼得堡，德國有柏林和法蘭克福、英國有倫敦和愛丁堡，澳大利亞有悉尼和墨爾本，日本有東京和京都，而在中國，北京是傳統的政治中心，上海則是晚清之後崛起的社會中心，分別成為近代中國南北政治與文化的象徵。北京作為一個有着七百多年歷史的帝都，除了明朝之初和國民黨南京政府兩段短暫時期，元朝至今的北京城，一直是生活在皇城根下。北京的政治，發達的不是地方政治，而是帝國政治、國家政治。天子腳下，地方即國家，國家即地方，地方被籠罩在國家權力的直接控制之下。作為一個政治首都，北京城到晚清之後，城市商業有很大的發展，卻缺乏近代的實業和金融業（近代北方的金融與實業中心在天津），只是一個消費性的傳統都市。因而無論是城市紳商、資產階級，還是職業群體和自由職業者，與上海相比都遠遠不夠發達。晚清之後的北京也形成了地方社會，由士紳與商人組成，並形成了地方精英管理公共事務的有限格局，但北京並沒有像上海那樣有強大的地方自治勢力。研究近代中國紳商階層的學者馬敏發現，清末民初的地方市民社會，有兩種不同的組織形態，一種是以地方自治公所為主軸，以商會為後盾，進而聯絡

---

15. 姚公鶴：《上海閒話》，上海古籍出版社，1989年，50頁。

各新式社團、公司、商界，以上海為主要類型，另一種是以地方商會為中樞，依靠縱橫交錯的民間社團、公司、商界的網絡而形成，蘇州、天津、廣州、漢口等城市皆屬後一類型。[16] 顯然，擁有地方的自治機構的上海是強勢的市民社會，而以商會為中樞的地方自我管理只是傳統意義上的「士紳為核心的管理型公共領域」，只是到了民國時期，商人代替了紳商成為城市管理的主角而已。北京顯然第二種類型，而且因為其社團、商家和公司比天津、漢口等工商城市不發達，因而北京的地方社會要薄弱。在一九二〇年代，有「北京商家泰斗」美譽之稱的孫學士，連任三屆北京商會主席，是京城地方精英領袖，但他在全國並沒有知名度。誠如一九二〇年代北京城市的研究者史大衛（David Strand）所指出的那樣：在北京，強有力的政權所控制的是一個虛弱而柔順的社會，「北京的地方精英在軍閥混戰的年代中扮演着政治調適者的角色，他們既沒有虛弱到需要習慣性地卑躬屈膝來滿足上層精英的要求，也沒能強大到將挑戰權威的舉措上升到要求獨立地方自治的程度」。[17]

　　而上海作為近代中國的社會中心，正如前一節所分析的那樣，是一個具有全球化背景的近代大都市，不僅具有強大的資產階級，而且在城市的變遷之中發展出豐富發達的社會網絡，更重要的是，乃是從晚清開始，上海作為一個有法租界和公共租界的通商口岸，控制城市的政治權力一直處於競爭性的多元狀態，無論是英美、法國和日本的外來列強，還是清廷或後繼的各路北洋軍閥，誰都無法完全控制這個東方第一大都會，在

---

16. 馬敏：《官商之間：社會劇變中的近代紳商》，296頁。

17. David Strand, "Mediation, Representation, and Repression: Local Elites in 1920s Beijing," in Joseph Esherick and Mary Backus Rankin, *Chinese Local Elites and Patterns of Dominance*, University of California Press, 1990. 該文中文譯本見史大衛：〈調停、代言、壓制：20世紀20年代北京的地方精英〉，王瑤譯，《知識分子論叢》第6輯，江蘇人民出版社，2007年，109–128頁。

權力競爭的空隙之中，反而為地方社會的崛起提供了歷史可能性，也留下了地方自治的發展空間。清末民初的中國，同時出現了兩種相反的趨勢，一個是近代國家權力向基層的滲透和擴張，另一個是地方紳權為核心的「封建」勢力的崛起。國家權力與地方權力之間既有互動，又有衝突，呈現出複雜的權力交錯面貌。以清末開始的地方自治為例，就具有雙重的性質，一方面國家權力以地方自治的名義向地方滲透，另一方面地方名流借助地方自治試圖獲得相對於國家的地方公共事務的自主性。上海史研究者李天綱引用梁啟超的話指出，有兩種不同的地方自治，一種是政府助長者，另一種是自然發達者，近代中國的大部分城市屬於第一種，而上海屬於第二種。由於全國一半以上的貿易、關稅、工商業資本、金融存款、銀行總部和交通工具都集中在此，上海儼然成為「經濟中央」，非各種政治勢力能獨自駕馭，日益強大的社會生長出地方自治的要求。[18]上海的地方自治，其欲望和力量並非來自自上而下的國家權力，而是從以強大的經濟力、文化力和關係網絡為後盾的城市社會中生長出來，於是便具有持久的衝動和爆發力。

從1900年到1937年時期的上海地方自治，經歷了二上二下的波折。第一波地方自治高潮從城廂內外總工程局（1905–1909年）到自治公所（1909–1911年）、市政廳（1911–1914年），以李平書為首的上海地方士紳通過這些前後相繼的自治結構掌控了上海華界的地方公共事務，並且在辛亥革命年間的上海光復之中發揮了核心作用。1914年到1923年間因為地方自治受到袁世凱及其北洋政府的打壓相對衰落，期間的工巡捐局雖無自

---

18. 李天綱：《文化上海》，上海教育出版社，1998年，59頁。

治機構之名，卻承擔了若干地方自治的功能。第二波地方自治的高潮始於1923年上海市公所的成立，與全國的聯省自治運動恰成呼應，一直到1927年國民黨統治上海結束。上海特別市建立之後，南京政府以「一黨治國」的理念加強對上海的直接控制和管理，自下而上的上海地方自治運動遂告挫折。然而，即便在1914–1923年和1927–1937年這兩個低潮時期，雖然不復有法定的地方自治機構，但下節將看到，上海各界的地方勢力依然在商人階級和知識階級領導之下，通過商會、教育會以及其他城市的「權力文化網絡」，力圖表現出獨立於中央權力的城市意志，並且在北洋時期數度挑戰北京政府的中央權威。

在比較了北京和上海兩座城市不同的地方社會之後，接下來的問題是：京滬兩地的知識分子與地方社會的關係究竟如何？他們是遊離於城市「權力的文化網絡」之外，還是鑲嵌於其中？簡單地說，近代北京是一個知識分子與地方社會相互隔絕的二元化城市，而近代上海則是文化精英與地方社會密切互動的一元化都會。

北京與上海，不僅在於一個為政治中心，另一個是社會中心，而且在近代歷史之中，同時又是一個是學術中心，另一個是文化中心，這便形成了兩地知識分子與城市社會的不同距離。京城從歷史上來看一直官僚士大夫的棲身之地，自1898年京師大學堂建立，近代中國最著名的國立大學以及教會大學雲集北京，形成了全國公認的學術中心。京城知識分子的主體是在北京大學、清華大學等國立大學任教的學者專家。這些國家精英繼承了帝國士大夫的精神傳統，他們所關懷的除了專業趣味之外，便是國家與天下大事，而與地方事務基本無涉。董玥的研究發現，京城知識分子即使是觀察自己所生活的城市，通常也從國家視角出發，所欣賞的多與帝都有關的建築景觀、皇

家園林，如故宮、天壇、頤和園等。[19] 京城的知識分子有強烈的抱團意識，但這些文人團體通常不是為國家法律所承認的正式職業社團，而是帶有傳統士大夫色彩的非正式交往社群，在五四時期有領導啟蒙運動的《新青年》群體，啟蒙陣營分裂之後，京城知識界分化成胡適、丁文江為首的《努力週報》群體、以周氏兄弟為領袖的《語絲》派和歐美海歸博士為主的《現代評論》派。到一九三〇年代，《努力週報》群體擴大為《獨立評論》派，從《語絲》中分化出來的本土化京派文人組成奉周作人為精神領袖的《駱駝草》群體，而另一批留洋歸來的京派作家以林徽因的「太太客廳」為中心，形成了前有《學文》雜誌、後有《文學雜誌》的同人圈子。[20] 由於京城的報業和出版業遠遠比不上上海發達，故這些京城知識分子皆以非商業化的同人刊物為中心，京派文學的代表《文學雜誌》竟然還是由上海的商務印書館出版發行的。

　　民國時期的北京知識分子與京城的地方社會基本絕緣，與當地的士紳、商人等地方社會網絡幾乎沒有什麼交往。他們都是國家級學術精英，甚至在國際上著名，生活在國立大學的象牙塔中，自成一個文化王國。與京城知識分子關係最密切的，當屬天津《大公報》。《大公報》雖然發源於天津，卻是一張全國性大報，其關心的主要議題並非地方事務，乃是國家命運和世界風雲，於是與京城的知識分子一拍即合。《大公報》很有影響的副刊「星期論文」和「文藝副刊」的作者們，大都來

---

19. 董玥：〈國家視角與本土文化：民國文學中的北京〉，載陳平原、王德威編：《北京：都市想像與文化記憶》，北京大學出版社，2005年，243頁。

20. 關於北京知識分子內部的構成和交往圈子，詳見許紀霖等著：《近代中國知識分子的公共交往》，第3、4、6章，上海人民出版社，2008年；高恒文：《京派文人：學院派的風采》，上海教育出版社，2000年。

自於上述北京知識分子各大圈子，「星期論文」與胡適為首的北平自由派走得很近，而「文藝副刊」仰仗的則是出沒於「太太客廳」的京派作家。在一九三〇年代的北平（北京），他們形成了哈伯馬斯所說的「輿論的公共領域」和「文學的公共領域」。但北京的公共領域與以《申報》為代表的上海公共領域不同，其背後缺乏資產階級為核心的市民社會支持，散發着純粹的知識分子氣息。這些以國立大學為背景、掌控了全國知識話語權和輿論主導權的大知識分子，因為與國家權力（南京政府）、國際資本（由庚子賠款為來源的中華教育文化基金會）和全國性大報（《大公報》）有着千絲萬縷的聯繫，因而更具有古代士大夫的清議色彩，其與近代的城市社會是遊離的，與城市資產階級更是隔絕的。而在近代市民階層面前，他們依然保持着傳統士大夫的矜持、清高和傲慢。

對於京城知識分子與市民階層之間無法跨越的鴻溝，董玥有如此精妙的分析：

> 在北京，並不是很多人都能享有像知識分子那樣高的社會地位；他們佔據着社會等級中的高階，社交圈裏都是和他們認可、欣賞同樣的社會地位象徵的學者名流。這樣一種環境給他們以安全感，讓他們覺得一切都在掌控之中。他們不斷地批評政府，這說明他們相信自己的學術知識工作對於國家的重要性。……如果在上海他們會有做「他者」的感覺，在北京他們則是主人，而北京的本地人才是他們眼中的「他者」。北京城中的「新知識分子」並不是像本雅明眼中的波德萊爾那樣的漫遊者或城市閒人。他們不是人群中的詩人，他們甚至根本就不在人群中。他們與本地人的接觸止步於拉着他們足不沾泥地穿街過巷的洋車夫之間往往不大順暢的溝

通，他們很清楚這種隔閡的存在，但是從來沒有把它當成一個嚴重的問題。[21]

　　細讀北京的文化人有關北京城的文字，會發現他們的內心對這座文化古城充滿了故鄉般的柔情。他們中的一些人，比如胡適、徐志摩、聞一多、梁實秋等都在一九二〇年代末在上海生活過，但他們不習慣上海的商業氣和美輪美奐，無法融入這座東方的巴黎，始終有疏離感，是城市的邊緣人和漫遊者，於是在一九三〇年代初紛紛回到北平。只有在北平，在北大、清華、燕京、輔仁這些象牙塔中，才不再有在上海那樣的疏離感，感覺自己回到了精神的故鄉。雖然不是土生土長的北京人，不會說一口京片子，但依然感覺自己是城市的主人，反而將真正的北京人視為「他者」。北京文化人與城市的聯繫是情感的、審美的、純精神性的，北京城之於他們是精神的鄉土，是地理化的家國。北京象徵着心靈之家和中華國家。但家國之中所缺少的，恰恰是上海獨有的城市認同。

　　相比之下，對於上海文化精英來說，上海既不是家，也非國，她就是一座現代大都會，一座有着自身肌理、血脈和靈魂的城市。近代中國的學術中心在北京，但文化中心卻在上海。學術中心以大學、研究院和基金會為基礎，而文化中心多的是近代的報館、書局、商業雜誌、電影業和職業教育。北京知識分子的核心是學者專家、大學教授，而上海文化精英的主流是出版商、報業大王、記者、編輯、民間教育家以及自由撰稿人，他們上由兩部分氣質截然相反的文化人所組成。一部分是布爾喬亞化的職業文化人，另一部分是波希米亞式的流浪文

---

21. 董玥：〈國家視角與本土文化：民國文學中的北京〉，載陳平原、王德威編：《北京：都市想像與文化記憶》，248–249頁。

人。前者是出版商、報業老闆、媒體從業者、大學教師和職業教育家，更寬泛一點還可以包括律師、會計、醫生等專業人士。這些布爾喬亞化的職業文化人，在資本主義化的文化市場中討生活，他們本身不是資產階級，但與上海的商人階層關係密切，甚至自身亦紳亦商（如《申報》老闆史量才），他們的意識形態充滿了布爾喬亞式的對權利、秩序和世俗幸福的嚮往。另一部分波希米亞式的流浪文人，乃是指從五湖四海來到上海的流浪文化人，他們居無定所，生活在逼仄的亭子間裏，以自己的才華與勤奮為上海灘各種各樣的報紙副刊、雜誌寫稿為生，或者在報館、書局和民間教育文化機構打零工，經常性地跳槽。這些來自異鄉的流浪文人大多不安分守己，想入非非，充滿着野心與夢想，仇恨異己化的城市資本主義生產體系與權力宰制關係，在政治傾向上往往表現出激進與左翼，崇拜魯迅的精神魅力，為左翼作家聯盟所吸引。這兩部分上海文化人，雖然涇渭分明，但二者之間並不存在不可跨越的鴻溝，流浪文人一夜爆得大名，出人頭地，便步入職業文化人階層；而職業文化人一旦被解僱，便窮困潦倒，只能以爬格子、打零工為生。而所謂的布爾喬亞與波希米亞意識形態，也非完全隔絕，充滿反叛精神的左翼文化人在生活上可以被布爾喬亞所俘虜同化，嚮往資產階級的安逸、奢華，而上海的職業文化人也比有國立飯碗保障的北京知識分子要自由率性得多，常常表現出與政府疏離、反叛的一面。

至於上海知識分子與城市的關係，無論是職業文化人還是流浪文人，由於都是在都市的資本主義市場關係之中生存和發展，與這個城市有着無法割捨的經濟、社會和文化血脈的關聯，都深刻地鑲嵌到城市社會之中，成為「權力的文化網絡」中的一員。近代上海不愧為人們心目之中又愛又憎的魔都，她有一種難以形容的魔力，無論這種魔力被稱為近代文明還是資

本主義，總之像一口大熔爐，迅速將來自不同地域、文化背景和意識形態的新移民們融入其間，讓他們對這座城市產生或深或淺的認同感。且不說職業文化人會自覺地參與地方公共事務，即使是那些波德萊爾式的城市漫遊者，雖然上海對他們而言是疏離的、異己的、甚至敵對的，但他們的生存方式決定了他們無法離開這所城市、遊離於城市資本主義生產秩序與生活秩序之外，因而所有對城市的批評和反叛，從另一方面來說更深刻地證明了他們不甘被城市邊緣化，內心渴望顛覆城市的現存秩序而成為城市的主人；或者只是話語上的顛覆，而在現實的生存策略上只是適應資本主義的生存規則，不斷掙扎着、努力向上流動。

古老的北京是近代中國的政治中心兼學術中心，因而這座城市的真正主人都是非本土的、來自全國各地的官僚與知識分子精英，他們與城市的地方社會完全隔閡，沒有共同的利益和語言。雖然京城的知識分子在情感上視北京為精神的故鄉和國家的象徵，但北京對於他們而言只是國家的「首都」、而非一個「城市」，他們的自我認同與其說是北京人，不如說是首都人。由於北京的知識精英與城市社會的二元隔離，使得近代北京的地方精英只是一些知名度有限的地方紳商，而缺乏有文化號召力的知識分子加盟，因而無法像上海那樣展開有聲有色的地方自治運動，形成不了與現代都市規模相匹配的市民社會。相比較而言，鴉片戰爭之後才開埠的年輕城市上海，卻迅速成長為全國的社會中心與文化中心，作為市民社會的中堅力量資產階級與公共領域的核心階層知識分子得以形成戰略聯盟。社會力量與文化力量的相互融合所建構的「權力的文化網絡」，為上海的文化精英提供了廣闊的城市舞台空間。

鑲嵌於城市「權力的文化網絡」的上海知識精英

上海作為近代中國的社會中心和文化中心，有發達的市場與社會分工，也有影響廣泛的報業、出版業與民間教育，這個城市的知識分子主流並非與社會隔絕的學院精英，而是深刻地鑲嵌到城市社會的媒體精英和社會名流，更確切地說，他們本身就是上海「權力的文化網絡」中的一部分。

上海知識分子的身份與北京學者不同，經常處於流動之中，並且多元。國立和教會大學的學者有穩定的收入，生活在象牙塔中，他們的身份比較單一，很少在社會上兼職。但在近代上海，大學、媒體與職場沒有嚴格的界限，職業的流動與交叉是經常性的現象，不少名律師、會計師、醫生和記者受聘於私立大學兼職教授，既賺取一點課時費，也通過學校的師生關係擴展自己的人脈資源。而不少私立大學的教授，也會在外面兼一份工，或者業餘辦書局、當編輯、或爬格子寫作。學術與商業、文化與職場、知識人與市民階級之間，相互滲透、流動和轉換，與京城知識分子清高的書卷氣不同，上海的知識分子與城市社會融為一體，具有鮮明的市民意識和地方認同感，對地方公共事務有強烈的參與熱忱。

文化與社會的融合，知識精英與工商各階層的緊密互動，成為上海城市社會迥異於北京的一大特色。張元濟是商務印書館的主持人，他所交往的圈子，除了學術文化界人士，還有一批熱心扶助文化事業的實業家和金融家，如聶雲台、穆藕初、錢新之、簡照南等等。張元濟有自己的啟蒙理想，但與北京頗成異趣。北京是中國的學術中心，精英文化憑藉的是北大、清華等著名國立大學。上海是全國的文化中心和輿論中心，最有

影響力的報紙、發行量最大的書局、品種最豐富的雜誌都雲集上海。報紙、雜誌和出版業，構成了近代的傳播媒介。傳播媒介與大學不一樣，大學吸引的是知識精英，而媒體面向的是各類社會大眾。北京的啟蒙是精英對精英的啟蒙，走不出精英的圈子；而上海的啟蒙，則是精英對大眾的啟蒙，通過媒體的管道，訴諸公共輿論、教科書和流行讀物，直接面向社會公眾。事實上，法國十八世紀的啟蒙運動，也有兩個不同的層面，伏爾泰、孟德斯鳩和盧梭的啟蒙思想，在沙龍和同人刊物之中傳播，啟蒙領袖們以精英自居，對待一般大眾取居高臨下態勢，卑視大眾的無知和愚昧。而百科全書派走的是另一條大眾啟蒙的路線，面向一般讀者，於是啟蒙不僅是一項崇高的事業，而且也是一門世俗的生意，一門可以贏利賺錢的生意。[22] 啟蒙之所以成為生意，乃是與近代印刷業的出現有關。印刷技術的現代化，使得廉價的出版物成為可能，令一般社會公眾都能買得起，而白話小説、白話文的推廣，又使得閱讀大眾迅速擴張。上海的精英文化與北京不同的是，便是以印刷資本主義為背景的傳播媒體。報紙、雜誌與書籍，皆是受市場法則支配，皆要考慮到閱讀大眾、戲劇大眾和電影大眾的欣賞口味和審美取向。於是，上海的精英文化與啟蒙事業，便不是一個精英向大眾佈道的單向過程，而是精英與大眾的互相影響、互相制約的雙向過程。

於是，在上海文化之中，精英與大眾、啟蒙與生意之間，並沒有一條絕對的界限。以張元濟主持的國內最大、最有影響力的商務印書館來説，在民國初年的啟蒙運動之中，它的影

22. 參見羅伯特·達恩頓：《啟蒙運動的生意：《百科全書》出版史（1775–1800）》，葉桐、顧杭譯，北京三聯書店，2005年。

響力絕對不在北京大學之下。商務印書館走的不是上層而是下層路線，它出版了大量的辭典、教科書和通俗學術性讀物，將新科學、新學科和新知識傳播於社會，它所創辦的雜誌系列：《東方雜誌》、《教育雜誌》、《婦女雜誌》、《青年雜誌》、《小說月報》、《自然界》等等，除《東方雜誌》面向知識界之外，其餘都是面向特定的社會大眾，走市場路線，卻絕不媚俗；教化大眾，卻不居高臨下。一九三〇年代，商務印書館出版了共計二千卷的《萬有文庫》，收集有各種中外的經典讀物，以簡裝、價廉的方式面向一般讀者發行，其工程之大超過法國啟蒙學派的百科全書，在文化效益和市場效益上取得了雙向成功。

不惟出版業，連上海的教育，也面向平民，黃炎培與一批實業家創辦的中華職業教育社，與為學術而學術的北京國立大學的辦學理念迥然不同，乃是面向市場、面向社會，以「使無業者有業，使有業者樂業」為辦學宗旨，帶有強烈的功利主義色彩。職業教育如此，連上海眾多的私立大學的辦學傾向也多傾向實用主義，商科、會計、醫科和應用法律專業較之北京不僅數量要多，品質也在後者之上。北京國立大學的教育，以培養學術與政治精英為己任，知識精英編輯的刊物，從《努力週報》、《現代評論》、《獨立評論》到《駱駝草》、《文學雜誌》，皆是圈內的同仁刊物，充滿着知識貴族精神。但上海的教育和出版業，因為直接與市場接軌，與城市的市民階層息息相關，本身就構成了日常生活的一部分。鄒韜奮從聖約翰大學畢業之後到中華職業教育社主辦的《教育與職業》任編輯，編譯的第一本書是英文的《職業智慧測驗》。當譯成中文之後黃炎培將他叫到辦公室，嚴肅地告訴他，編譯的時候不要忘記重要的服務對象是中國的讀者，在編法和措辭方面一定要處處顧

到讀者的心理和需要。[23] 這給年輕的鄒韜奮很大的刺激，後來他主編《生活週刊》，定位在為平民階層服務，代表平民階層説話，取得了巨大成功，發行量直逼《申報》，以至於為南京的國民政府所忌恨，最後被禁郵、查封。

在近代上海的城市知識精英當中，史量才與黃炎培最具典範，一位是《申報》的老闆，另一位是職業教育的創始人。史量才畢業於杭州蠶業館，黃炎培在南洋公學肄業，如果從純粹的知識分子的標準衡量，似乎都不太純粹和典型，但這兩位從底層奮鬥出來的地方名流，恰恰成為上海知識精英的標杆性人物，證明上海灘不在乎學歷，只相信能力。史量才和黃炎培在清末民初都屬於張謇為首的江蘇省教育會圈子，這個圈子在上海和江蘇擁有很高的文化權威和廣泛的社會資源，他倆通過這個圈子逐漸積累自己的人脈關係和社會象徵資本，黃炎培長期擔任江蘇省教育會握有實權的副會長，史量才則在張謇等人的支持下，買下了《申報》股權，一躍成為上海灘的報業大王。這兩位民國期間上海地方名流中的領軍人物，史量才既是具有現代新聞理念的職業新聞人，同時又涉足金融業，創辦中南銀行；黃炎培在掌控江蘇省教育會的同時，又聯合教育、金融和實業界實力派人物，創辦中華職業教育社，並受史量才邀請，參與《申報》的輿論設計與事務管理。他們以《申報》、江蘇省教育會（後期為中華職業教育社）為中心，通過輿論和教育的文化象徵資本，編織了一個涉足教育、媒體與金融的社會網絡，擁有豐富的人脈資源，在城市的「權力文化網絡」之中，具有舉足輕重、不可代替的地位。

---

23. 鄒韜奮：《經歷》，北京三聯書店，1978年，47–48頁。

上海的文化精英是多元的，在近代中國城市當中，組織化的程度也最高。新聞界有新聞記者聯歡會，教育界有上海各大學教職員聯合會，法律界有上海律師公會，經濟界有上海會計師公會……這些都屬於法律所認可的職業團體，此外還有處於合法與非法邊緣的、不被政府所承認的政治性團體，如1935年一二九運動之中成立的上海文化界救國會，這一組織成為日後席捲全國的救國會運動的始作俑者。

眾多的知識精英職業團體所構成城市的社會網絡，在城市公共事務中未必都擁有文化權威和支配性權力，真正處於支配性地位的，除了上海總商會和銀行公會之外，乃是江蘇省教育會。曹聚仁於一九六〇年代在悼念黃炎培文章中如此回憶他剛到上海的情景：

> 到了上海，我才知道江蘇教育會是了不得的。那位南通王張季直在江蘇是太上皇，北洋軍閥任何勢力，非張氏點頭不可。孫傳芳所以能做五省統帥在江南立定腳跟，就是他們所支持的。地方割據，不管誰來稱王，教育、財政、實業這幾個部門，總是轉在他們手中：黃氏便是那一派的吳用。江蘇教育會在上海西門有宏偉的會所，還有中華職業教育社。此外，如商務、中華這幾家大書店，和《申報》、《新聞》、《時報》這幾家大報館，和他們互通聲勢，真的是顯赫一時。[24]

從清末到民國，從張謇到史量才、黃炎培，江蘇省教育會以上海為中心，向全省輻射，形成了影響江南社會一個龐大的「權力的文化網絡」。前已敘述，在近代社會，教育是最具

---

24. 曹聚仁：〈悼念黃任之（炎培）先生〉，曹聚仁：《天一閣人物譚》，上海人民出版社，2000年，246頁。

有權威的文化象徵資源，誰掌控了教育，誰就擁有了社會的道德權威，而這一權威足以與朝廷權威比肩抗衡。太平天國之後，地方士紳的權力崛起，籌辦洋務、興辦教育，無不靠地方士紳。張謇作為江南士紳的精神領袖和實力人物，在晚清擁有無人可替代的崇高權威，這是一種「無權者的權力」。在他的佈局之下，江蘇省教育會、預備立憲公會和江蘇省諮議局的核心成員高度重合，形成三位一體，儼然是一民間的政治中心，三次國會請願運動在此發起，武昌首義之後，又邀請南北政府代表，在上海的惜陰堂和談，最終促成了清廷遜位、中華民國成立。到民國初年，江蘇省教育會的勢力進一步擴張，雖然張謇逐漸淡出，但新一代領導人袁希濤、蔣維喬、黃炎培、沈恩孚、郭秉文迅速登上歷史舞台，在民初政治中叱吒風雲。曾經為江蘇省教育會會長的袁希濤出任教育總長，史量才以這個圈子為背景，先後買下《申報》、《新聞報》，成為中國報業中執掌牛耳者。黃炎培又聯合上海的工商界大佬聶雲台、穆藕初等，成立中華職業教育社，而郭秉文擔任東南大學校長，把東大辦成與北大齊名的東南第一學府。江蘇省教育會不僅掌控江蘇省中小學的人事任免權、南京的東南大學和上海的暨南大學，而且與北京政府、地方當局、各路軍閥、政界、金融界、實業界、報界和出版界保持着千絲萬縷的聯繫，自身的勢力也滲透到這些領域。因此被國民黨視為「江南學閥」，在1927年北伐軍到上海的時候通緝他們，黃炎培被迫流亡日本。江蘇省教育會解散之後，黃炎培轉以中華職業教育社為中心在上海展開活動，加上史量才所掌控的上海媒體輿論話語權，憑藉幾十年間在政界、商界、文化界積累的人脈資源，繼續在地方與全國的公共事務中扮演重要角色。

上海的知識精英，與北京的國家精英不同，除了國家認同與國家意識之外，還有強烈的地方認同和地方意識，因此他們

與城市的紳商階層和資產階級聯合，積極參與到上海的地方自治之中。北京的地方公共事務，因為主要是由商人階層主持，缺乏知識精英強有力的支持，因而總是顯得勢單力薄，無法發展為獨立於國家權力和軍閥勢力的地方自治。但在上海的地方自治運動當中，每一個時期都可以看到知識精英的身影。在前述的1905–1914年第一波地方自治高潮之中，李平書作為一個擁有社會聲望的官僚士紳，始終執掌上海地方自治的牛耳。到1923年到1927年的第二波高峰，江蘇省教育會的袁希濤、黃炎培、沈恩孚等作為新崛起的知識精英，深入介入到地方自治運動之中，成為其中的中堅力量。[25] 1927年南京政府成立之後，國民黨十分重視上海這個最重要的國際大都市，將其置於國家權力的直接控制之下，地方自治機構上海市公所遂告解散，地方自治運動遭到重大挫折。儘管如此，由於這個城市的資產階級、知識精英和各界人士組成的地方社會依然存在，而且頗具實力，因此無法抑制地方的自主性衝動。1932年「一二八」抗戰爆發，資產階級與知識精英借此機會，聯合成立上海市民地方維持會，援助十九路軍抵抗日軍。戰爭結束之後，維持會並沒有解散，在國民黨地方當局默許之下，改組為上海地方協會，史量才出任會長，幫會領袖杜月笙、商界領袖王曉籟擔任副會長，黃炎培出任秘書長。會員當中，實業界、金融界和商業界的實力人物佔據主流，也有一批上海著名的知識精英，有知名會計師潘序倫、徐永祚，有聞名滬上的醫學權威顏福慶、龐京周、牛惠生，有大學校長褚輔成、郭秉文、楊志雄、吳經熊、劉湛恩，有《新聞報》經理王伯奇等等。[26]

---

25. 參見周松青：《上海地方自治研究》，251、268、271頁。
26. 參見白華山：《上海政商互動研究（1927–1937）》，第4、5章，上海辭書出版社，2009年。

上海地方協會作為一個由地方名流組成的民間團體，雖無地方自治之名，卻有地方自治之實，其功能表面是協助政府從事社會救濟、慈善和公益事業，但這些地方名流卻表現出強烈的擺脫南京政府控制、追求地方自主性的利益衝動。尤其是史量才擔任會長，黃炎培擔任秘書長，使得地方協會在利益衝動之外，還有要求抗戰和民主的政治理念。在知識精英的領導下，以上海的資產階級為實力後盾，多次向南京政府發難，抵制政府召集的國難會議，發起廢止內戰大同盟……一九三〇年代初這些以上海為中心的運動，其背後都有上海地方協會的身影。而以史量才為代表的上海知識精英，扮演了核心的作用。對一個專制的獨裁者來說，最可怕的對手除了政敵之外，便是資產階級與知識分子所聯手的社會力量，這種以市民社會為後盾的公共領域，有經濟實力，又有公共輿論，是蔣介石最為忌諱的，必欲除之而後快。後來蔣派特務在滬杭公路上暗殺史量才，所針對的不是史個人和《申報》，而是整個上海地方社會。

　　近代上海作為全國的社會中心和文化中心，無論是城市資產階級還是知識精英，其關切點除了地方利益之外，同時還有國家政局。這個城市對於他們來說就是存在的家，家國天下是命運共同體，上海是上海人的上海，也是全國的上海和世界的上海。近代以來政治格局所形成的南北分立，上海儼然是京城之外的第二個中心，慈禧太后宣佈對八國聯軍宣戰的時候，南方的封疆大吏以上海為後盾宣佈「東南互保」，仿佛另一國度，置身於戰爭之外。辛亥革命席捲全國，南北政府對峙，又是在上海舉行南北議和，最終催生了清帝遜位、民國誕生。五四爆發學生運動，讀書人與北洋政府相持不下，又是上海的教育界與商界聯手，發起「三罷」，迫使北洋政府不敢在巴黎和會簽字，罷免了三位賣國的政府官員。1935年北京爆發

一二九學生運動，上海各界立即跟進，成立救國會，將單純的學生運動擴張為全民的愛國運動。由此可見，北京作為學術中心和政治中心，往往得風氣之先、感覺最敏銳、走在時代最前線的是大學生，而學生的背後是學院精英的支持。但學生運動的特點是來勢洶湧，卻無法持久，在這個時候，上海的呼應與接力就顯得分外重要，學生運動蔓延到上海，便超越學界，擴展到整個社會，並震撼全國和全世界，成為波瀾壯闊的全民運動。北京是公共領域的中心，以知識分子為首；上海是市民社會的大本營，以資產階級為代表。近代中國的社會運動，通常由知識分子發動，隨後由社會各階層跟進參與。運動往往從北京開始，在上海燎原，並最終獲勝。

在一九二〇至一九三〇年代上海幾次重大社會運動當中，雖然城市資產階級扮演了主角，但到處可以看到知識精英活躍的身影，他們憑藉鑲嵌於城市「權力的文化網絡」中的文化權威，與資產階級聯手，上演了一出又一出震撼全國的好戲。1919年北京爆發學生運動之後，5月7日上海在西門外體育場召開國民大會聲援北京，被公推為大會主席的，是江蘇省教育會副會長黃炎培。在隨後的「三罷」運動當中，在社會上擁有廣泛人脈關係的江蘇省教育會異常活躍，串聯社會各界，成立了上海工商學工報各界聯合會，參與領導上海的六三運動。一九二〇年代初的國民大會運動，則是在蔡元培的提議之下，由商界的聶雲台和教育界的黃炎培主持，舉行商教兩界聯席會議，議決發起全國八團體國是會議，邀請張君勱草擬國家憲法草案，向北洋政府施加壓力。而1935年底的救國會運動，更是上海激進的知識精英取代了黃炎培這些溫和的地方名流，成為領導運動的中流砥柱。最早成立的是上海文化界救國會，然後跟進的是婦女救國會、大學教授救國會、職業界救國會、新聞記者救國會、學生救國會、工人救國會等社會各界。當運動迅

速席捲全國的時候，又是上海知識精英在滬成立全國各界救國聯合會。在隨後遭到國民黨政府逮捕下獄的救國會「七君子」領袖之中，沈鈞儒、史良和沙千里是律師，鄒韜奮和李公樸是出版界人士，王造時是大學教授，章乃器是金融界人士，這表明了新一代上海知識精英身份上的多元性，而走在最前列的，竟然是沈鈞儒為首的律師界和韜奮為代表的接近社會底層的文化界人士。相比之下，北平的救國會運動基本只局限在知識界內部，以北平文化界救國會為主，而其中活躍的人士也多是張申府、馬敘倫、許德珩等學界精英。在救國會運動期間，上海的工商金融界頭面人物都沒有出面，只是在後台充當幕後支持者和與政府之間的調停人。上海這座城市的英雄角色，又一次回到了知識分子那裏，只是這一次擔當主角的，已經是另一批更年輕、更激進的城市知識精英。

從1900年到1937年，上海的知識精英聯合資產階級，在近代中國風雲變幻的大時代中，建構起一個城市的「權力的文化網絡」，這一網絡憑藉由各種社會關係交錯而成的城市社會，與國家權力有着既互動又抗衡的微妙聯繫。掌控上海「權力的文化網絡」的，是一批城市的地方名流，他們當中有知識精英，有實業界、商業界、金融界人士，也有幫會領袖。他們周旋於中央權力與各種政治勢力之間，借助多元權力的孔隙，控制了上海的城市社會。同樣是「權力的文化網絡」，近代的城市社會與傳統的鄉村社會是有區別的。在鄉村社會之中，士紳始終是主角，但在近代城市精英之中，核心已經讓位於資產階級。資產階級成為上海這個城市的英雄，像史量才這樣的報業大王，既是知識分子，又是資產階級，沿承晚清紳商的傳統，具有亦紳亦商的雙重身份。從清末到一九三○年代，上海的知識精英與資產階級的戰略同盟，艱難地堅守着這所城市的地方自治，即使在國民黨一黨專制時代，也有頑強的表現。他們的

內心充滿了家國天下之情懷，這個家園，便是有着強烈認同感的上海這所城市，擴展開去，演繹為國家和天下意識。因此，上海的城市精英，不僅在堅守一座城市的地方自主性，而且以上海的市民社會為後盾，以攻為守，積極地過問國家公共事務，試圖影響和改變中央政府的國策。

遺憾的是，1937年之後，首先是日本侵略的炮火，然後是國共內戰的硝煙，徹底摧毀了上海的經濟基礎和地方精英。企業和商業的凋敝、國家壟斷資本的擴張和惡性的通貨膨脹，使得上海的資產階級元氣大傷，不得不依附於國家戰時體制而苟延殘喘。他們不再像當年那般風華正茂，雄心勃勃，不復成為城市的英雄。而城市的知識精英，在戰後雖然因為擁有輿論的主導權而一度如日中天，但國共內戰一爆發，他們便失去了仲裁和制衡的力量，而且因為失去了資產階級以及城市的「權力的文化網絡」而變得力量空虛，徒有聲勢。到一九四〇年代，被戰爭和內戰摧殘得奄奄一息的上海，這所城市的內在能量業已被掏空，資產階級與知識精英各奔前程，各謀其路，往日的戰略同盟不復存在，城市社會迅速解體，「權力的文化網絡」千瘡百孔。而各種意識形態、黨派勢力深入地滲透到城市的肌體當中，城市自身的免疫功能和社會基礎走向崩塌，一場革命正向這座城市席捲而來。事實上，在革命浪潮到來之前，作為一個自主性的社會有機體，上海這座曾經輝煌過的大都市已經死了，死在了戰爭、內亂之中。而何時新生，尚在未知之間，直到一個甲子之後，至今也尚未揭曉。

八、中國知識分子群體人格的 歷史探索

　　近年來，國內外學者在比較中西文化，探討中國封建社會何以如此漫長時，在不同的層次和程度上都觸及了中國知識分子特殊性這一問題。令人深思的是，有眾多研究者都提到了這樣一個歷史現象：中國知識分子缺乏近代意義上的獨立人格。分析這一現象不啻為了解中國知識分子的一條路徑。為何傳統中國的知識分子缺乏近代意義上的獨立人格？中國近代的知識分子又在多大的程度上繼承了自己前輩的人格遺產？

為什麼傳統知識分子缺乏獨立人格

　　所謂近代意義上的獨立人格，蘊含着哲學、倫理、心理、歷史和政治的多元內涵。以本文所涉及的歷史──政治角度而言，主要指個體的自主性和社會批判精神。具體地說，即表現為不依傍任何外在的精神權威，不依附於任何現實的政治勢力；在真理的認同上具有獨立的價值判斷能力，並依據內心準則而自由行動；在社會實踐生活中，積極地參與政治，成為改造社會的獨立批判力量。

　　顯然，這樣的獨立人格在傳統中國知識分子身上極為匱乏，相反地倒表現出另一種人格形象：依附人格。即在思想上依傍古人，拘泥經典，在政治上熱衷仕途，委身皇權。

傳統中國知識分子依附人格的形成與傳統中國宗法一體化社會結構有着不可分離的互應關係。知識分子在古代通常被稱為士。士階層產生於春秋戰國之際，在正在形成中的大一統封建王朝中，它充當了溝通意識形態結構和政治結構並加以耦合的超級組織力量，從而實現了「一體化」。另外，源遠流長的宗法家族制度與大一統國家制度長期共存，產生同構效應，形成了傳統中國社會結構的特殊性：宗法一體化結構。士階層既然在此結構中執行着組織聯繫的社會功能，那麼功能反過來影響主體的結構，塑造出適應這種功能的依附人格。

　　下面讓我們看一看宗法一體化結構是如何通過儒家學說、科舉制度和宗法綱常這三張大網將知識分子的身心緊緊籠罩起來，使之成為黏附於官僚政治的人格化的工具。

　　第一張大網：「定為一尊」的儒家經典學說。

　　大一統社會的特點之一是意識形態結構的高度一元化。唯有如此，才能用統一的思想模式將千百萬讀書人造就為定型化的國家官僚，依據共同的國家學說和倫理原則，實現對整個社會生活的管理。在先秦不過是諸子百家中一家的儒學，之所以在漢武帝後獨得統治者青睞，被奉為神聖不可侵犯的封建經典，奧妙之一就在於它有助於陶鑄大一統所需要的依附人格。

　　儒家思想就其政治內容來說是一入世哲學。孔孟都主張知識分子從政，他們本人亦身體力行，一再表示有用世之志。「孔子明王道，干七十餘君，莫能用。」[1] 孟子曾自誇：「如欲

---

1. 司馬遷：《史記‧孔子世家》。「干」即入仕之意，「七十餘君」乃誇張之詞，孔子實際上周遊六國。

平治天下，當今之世，舍我其誰也？」[2] 在孔孟的職業價值觀中，「治人」是上乘的大道，是勞心者士人的事業；「治物」是下乘的小術，是勞力者小民的本分。孔子曾責罵請求「學稼」、「學為圃」的學生樊遲為沒有出息的「小人」，孟子更直言不諱：「士之仕也，猶農夫之耕也。」[3] 由士而仕，由「修身齊家」進而「治國平天下」，輔助帝王，為君制定治國方策，這是儒家的最高理想人格。在這樣的人格理想感召下，多少傳統士子擁擠在「學而優則仕」的狹窄通道上。胸懷為帝王之師的抱負，孜孜於漫漫仕途，樂此不疲，終生不倦。

儒家思想就其思維方式來看又是一泥古學說。猶如歐洲中世紀的經院哲學一樣，「權威是它的知識原則，而崇拜權威則是它的思想方式」[4]，以「聖賢」為追求目標的偶像崇拜，以「六經」（宋以後為「四書」）為文化正宗的理論原則和以「三代」為尊天法古的理想世界，構成儒家獨特的「三位一體」思維模式。即令是被奉為「聖人」的孔子本人，也一再強調自己「述而不作，信而好古」。[5] 這使後儒們更加誠惶誠恐，不敢越古賢的雷池於一步。明初著名理學家薛瑄就說：「夫以孔子之大聖，猶述而不作，是故學不述聖賢之言，而欲創立己說，可乎？」[6] 幾千年來，咀嚼儒家經典，師承前人陳說，通經明義致用，耗費了學人一生光陰和全部心血。代聖人立言，成為傳統士子治學的唯一要旨。在思維的空間裏到處充塞着如此陳腐的古賢之言，哪裏還有獨立思考、自由發揮的半寸餘地！

---

2. 《孟子·公孫丑下》。
3. 《孟子·滕文公下》。
4. 《馬克思恩格斯全集》第1卷，312頁。
5. 《論語·述而篇》。
6. 《讀書續錄》卷四。

通過上述兩條原則，儒家思想封閉了知識分子向外施展的多元途徑和向內開拓的精神創新，自覺地養成了政治上委身皇權、思想上依傍古人的依附人格。

第二張大網：為「防反側」的科舉取士制度。

與儒家精神相表裏的，是隋唐以來逐漸完備的科舉取士制度。[7] 歷代封建王朝之所以耗費大量人力、財力、精力辦科舉考試，甚至皇帝親登殿堂主持殿試，乃欲達到一箭雙鵰之目的：一是為封建官僚機器網羅人才，不斷從社會上汲取新鮮血液，以保持國家機器的適當活力和官僚隊伍的自然更新。二是唐太宗的使「天下英雄盡入吾彀中」之術。正如清人馮桂芬引前人之語所説：「三年一科，今科失而來科得，一科復一科，轉瞬其人已老，不能為我患，而明祖之願畢矣。意在敗壞天下之才，非欲造天下之才。」[8] 如此取士，豈止使天下英雄只求仕途得志，無暇他顧，更要緊的是使所有士子的思想都納入欽定的標準模式，扼殺其個性和異端念頭於萌芽之中。

為吸引士子們參加科舉，政府不惜以功名利祿誘之。一旦中舉，便享有異於庶民的種種優待，儼然是一社會特殊階級。清貧布衣和高官厚祿之間的選擇是如此的嚴峻，以致很少有人在名利的誘惑面前無動於衷。唐宋以來，在知識分子中間形成了唯有登科入仕方是正途的價值觀：「無論文武，總以科甲為重，謂之正途；否則胸藏韜略，學貫天人，皆目為異路。」[9] 讀書為登科、入仕，這種庸俗學風勢必造成讀書人唯讀經書，無

---

7. 在此之前的漢代察舉制度，魏晉九品中正制度同樣具有類似的功能。不過隋唐的科舉制度較之更為完備、成熟，無論是豪門貴冑，還是清貧士子，均可機會均等地網羅其中。

8. 《校邠廬抗議‧變科舉議》。

9. 李東沅：〈論考試〉，見葛士濬編《經世文續編》卷一二〇。

心旁騖，更不可能「舍聖人之經典，先儒之注疏與前代之史不讀，而讀其所謂時文。」[10] 目光是如此的短淺，知識是如此的孤陋，又怎麼能夠指望他們有開放的心靈，敏銳的思考，步入官場後勇於進取、有所開拓呢？

在科舉制度下，全國公私學校皆以教人科舉入仕為宗旨。政府官學「考其學業，科舉之外無他業也；窺其志慮，求取功名之外無他志也」[11]。以自由講學標榜的私人書院，受政府多方掣肘，且抵擋不住科舉的衝擊，幾經盛衰；至明末已分下科舉名額，淪為科舉的附庸，到清朝已與官學區別甚微，至於家塾、教館，更是應付科舉的預備場所。知識分子除科舉入仕之外，幾無棲身之地。在傳統的中國，一個士子的職業去向無非上、中、下三途。上途乃登科入仕，這是夢寐以求的理想境界；中途是為權貴充當幕僚，已是不得已而為之；末途是設館授徒執教，更有懷才不遇之嘆了。無論是榮登廟堂還是屈居鄉間，其所作所為都直接或間接地依附於、服務於封建官僚政治，離開了後者簡直猶如失業。

第三張大網：封建宗法的倫理政治關係。

在傳統中國，封建等級制度與宗法家族制度交織一體，在社會關係中形成一張宗法性的倫理政治關係網絡，它體現在觀念形態上就是「君君、臣臣、父父、子子」的三綱五常說。每個傳統知識分子就像這偌大網絡中的一個網結，不得不附麗於各種關係而生存，與上下、前後、左右結成須臾不可離之的聯繫。在家要孝敬父母，求學要服從先生，做官要盡心忠君，以至告老還鄉還得對家族和地方履行一個紳士的義務。很少有

10. 顧炎武：〈生員論略〉，《日知錄集釋》卷十七。
11. 湯成烈：〈學校篇・上〉，盛康編《經世文續編》卷六五。

人能夠在行動和意識上衝決這個宗法倫理政治網絡以及與此相應的綱常觀念。在知識分子中間彌漫着濃郁的人情世故庸俗氣息，關係學成為安身立命的處世秘方。「所以中國一向少有失敗的英雄，少有韌性的反抗，少有敢單身鏖戰的武人，少有敢撫哭叛徒的吊客。」[12]

由此可見，在宗法一體化的社會結構中，由於這三張大網的制約和影響，中國傳統知識分子的職業高度單一化，經濟上、政治上的人身依附關係十分嚴重，而在意識形態領域中也從未獲得過真正的思想自由、表現過銳意創新的精神。在古代詞林中，士、儒生、士大夫三詞意義相近，便形象地說明了傳統知識分子那種職業單一化和思想一統化的狀況。因而他們沒有也不可能表現出近代意義上的人格獨立性，只能是喪失了自我意識的、為皇權政治所異化了的依附人格。

尤其應該指出的是，上述這三張大網不僅僅是一種觀念形態或世俗形態，它們的存在是以國家政權為基礎的，其功能的發揮又是以國家暴力機器為後盾的。誰如果想稍稍偏離正統，試圖表現出某種獨立的願望，或者對異化的反抗，都會被看作是對現存社會秩序的挑戰，從而付出血的代價。明末李贄、何心隱的被戕害，東林黨、復社的被鎮壓，清代令人毛骨聳然的「文字獄」——儘管犧牲者離近代的獨立人格相去甚遠，但他們的結局已足使大多數士子望而生畏了。在「刀與火」的歷史中，在血腥的淫威中，所造成的大半是被泯滅了個性的奴隸或被扭曲了人性的奴才。

---

12. 魯迅：〈這個與那個〉，《華蓋集》。

當然，在封建士大夫中不僅充斥着大量匍匐在皇權腳下的奴才，也有一些胸圖大志、敢於直諫的儒家理想主義者。他們力圖以聖控王，以儒家的政治理想改造現實政治，體現出某種個體的自主性、能動性和進取性。像魏徵、柳宗元、范仲淹、王安石、海瑞等人確乎有一種「富貴不能淫、貧賤不能移、威武不能屈」的浩然正氣，但這只是傳統意義上的獨立人格，缺乏近代的氣息。他們的思想未能突破儒家經典的藩籬，執着於「代聖人立言」的傳統模式，他們的行動不敢跳出「君臣父子」的窠臼，沉湎於「應帝王」、「作宰輔」的治平理想；正直的胸懷、凜然的死諫與封建的愚忠可悲地摻和在一起。說到底還是一種依附人格：在帝王的身上寄託治平的理想，在君臣之間實現某種權力的平衡，而從未曾想在大一統政治之外建樹知識分子的獨立力量。

　　在古代中國，知識分子欲擺脫對大一統皇權政治的依附關係，只有兩個途徑：一是投奔綠林，加入農民起義的隊伍；二是遁跡山林，當以莊禪自娛的山人隱士。但這兩途是否真的導向人格的獨立，解脫依附之苦，似大可懷疑。投奔「揭竿而起」者，如張良、魏徵、李岩之輩，儘管與現實封建朝廷斬斷了關係，但是他們卻未必與觀念中的封建秩序分手；他們脫離了一個昏庸的暴君，卻依附於另一個改朝換代的「真龍天子」，為後者出謀劃策，運籌帷幄。因此，與其說他們是宗法一體化結構的異己，不如說是修復、再版這個結構的基因。他們最終還是未曾擺脫人格的依附性。至於遁跡山林、退歸自然者，他們在「出世」前多半是積極入世的儒家理想主義者。現實的黑暗，理想的挫折，逼迫他們到老莊哲學中去尋求自己的精神歸宿，理想與現實的衝突轉化為自然與社會的對立。而在

現實層次中它不得不以「與物俱化」的順世主義作為補償。[13]
「採菊東籬下」的田園詩人實現了對皇權的消極反抗，但「悠
然見南山」的忘情生活卻頗有樂天知命、得過且過的混世意
味。既然如此，又有多少獨立人格可言呢？至少是打了一半折
扣了。

在宗法一體化結構的社會背景下，傳統中國知識分子無論
其主觀上是如何想超越自我，超越環境，最終還是逃脫不了人
格上的悲劇，獨立與傳統士大夫們實在太無緣了。

這種狀況到了近代又怎麼樣呢？

近代知識分子的分化與困境

封閉性的大一統中國到鴉片戰爭以後，在西方列強的炮口
威脅下被迫開放，屈辱的不平等條約所顯露的中西間的差距，
驚醒了清末沉睡在自我滿足、自我陶醉美夢中的國人。從戊戌
變法起，近代中國開始了漫長的向西方認同、改變傳統社會格
局的艱難歷程。封建專制王朝崩潰了，儒家正統地位動搖了，
大一統削弱了。這一切，給近代知識分子的地位和命運帶來了
兩個變化。第一是知識分子職業選擇的多元化。1905年，持續
了一千多年之久的科舉制度的廢除象徵着知識分子由士而仕的
單一發展管道的時代已告終結。社會分工飛速發展，出版、教
育、新聞、科技事業紛紛興起，大批知識分子成為出版家、教
育家、報人、科學家、工程師，他們在歷史上第一次得到了專
屬自己而非寄人籬下的棲身之地。第二是知識分子信仰選擇的
多元化。西學如潮水般湧進中國，「物競天擇」說，自由平等

---

13. 周勤：〈論莊子的自由觀與人生哲學〉，《中國社會科學》，1985年第1期。

説，實驗主義，無政府主義，尼采的超人學説，柏格森的生命哲學⋯⋯令人應接不暇。在這新與舊、中與外百家思潮爭鳴激蕩的近代，知識分子的心靈變得活躍、豐富、開放，不再禁錮於一家一説的狹小圈子，而是按照各自的理解和需要進行比較和選擇，享受到充滿魅力的精神自由。可以説，只是到了近代，嚴格意義上的獨立人格才具備了誕生的社會前提和精神前提，事實上也的確誕生了。

然而，近代中國社會格局的變化是有限的，根深蒂固的東方傳統頑固地抗拒着西方世界的同化。透過中華民國那層現代面紗，一種「準大一統」的容貌依稀可辨。仿佛與上述兩大變化相抗衡，在「準大一統」下的近代知識分子又面臨着兩大傳統困境：第一是文化結構的半獨立性。知識分子所棲身的文化界並未取得法律上和事實上的獨立身份，始終處於政治強權干涉、插足的陰影籠罩之中。國民黨南京政府建立之後，蔡元培曾仿效法國一度主持設立了大學院這種教育行政制度，期望教育能獨立於政治，充分學術化，結果招來國民黨內各方面的非議和責難，有人在中央全會上提案要求改設教育部，並詰問蔡：「難道教育獨立，必須獨立在國民政府之外？」[14] 僅一年，蔡元培苦心孤詣設置的大學院便夭折流產。不僅教育，其他文化事業亦復如此。如民初的北京新聞事業雖然繁榮，但每家民間報紙都依附於一定的軍閥政客集團以求生存，難怪著名新聞記者黃遠生要酸楚地感嘆，民國以後，吾雖然「立意不作官，不作議員，而遁入於報館與律師，然其滋味乃正復與官相同」[15]。第二是意識形態結構的非自由化。自清王朝倒台，尤其是袁世凱死後，沒有一個統治者能夠真正統一過中國。但他們

---

14. 周天度：《蔡元培傳》，277頁，北京人民出版社，1984年。
15. 黃遠庸：〈懺悔錄〉，《遠生遺著》，129頁。

都將重建大一統作為自己最高的政治目標。大一統的奧秘首先在於意識形態的一統，因此歷代統治者都千方百計扼殺多元化的思想局面。如果說北洋軍閥因政治更換過頻而不及確定「一尊」的話，那麼國民黨在政權得手後即宣佈「三民主義為全國唯一的思想」，「凡是違反三民主義的人，在黨治之下是不允許他活動的」。[16]「三民主義教育」或「黨義教育」成為大中學生的必修課。這種「一個主義」的實現勢必要靠刺刀和皮鞭來維持。在近代中國，翻版的「文字獄」屢見不鮮，更甚古代。像報界中的沈藎、邵飄萍、林白水、史量才等，都為爭取言論自由而慘遭殺戮。魯迅曾深沉地寫道：「試將記五代、南宋明末的事情的，和現今的狀況一比較，就當驚心動魄於何其相似之甚，仿佛時間的流駛，獨與我們中國無關。」[17]

　　一方面是取得了一定的職業自由和經濟自立，另一方面卻享受不到獨立於政治的實際保障；一方面是精神和心靈的自由解放，另一方面卻承受外界環境的殘酷壓抑，這種種極不和諧的命運遭際，在近代中國知識分子的內心深處挑起了緊張的心理衝突。由此，產生了一種欲擺脫屈辱的依附似乎又擺脫不得，渴望人格獨立似乎又有所恐懼的矛盾心境。如果說傳統知識分子由於自我意識未曾蘇醒而無所痛苦，那麼近代知識分子一旦被喚起人的尊嚴、人的自覺和人的自主，又要重新變得麻木不仁、自我克制，這是何等的悲哀、殘忍！然而，人格的抉擇卻現實地擺在面前，容不得你推諉、搪塞，除非自殺；但自殺也是一種抉擇。現實的抉擇就是這般冷峻：或者是依附於黑暗政治，這不僅意味着生命的苟全，而且還有名有利，榮華富

---

16. 蔣介石1928年7月18日招待北平各界的演講，見《蔣介石全集》上冊，第一編，47、50頁。

17. 魯迅：〈突然想到〉，《華蓋集》。

貴，前程似錦；或者是成全人格的獨立，這又可能伴隨着貧困、孤獨、抑鬱和血污。

近代知識分子在人格的選擇上可分為兩個大類五個層面。獨立人格一大類中有兩層面：「特立獨行」和「週邊內方」；依附人格一大類有三層面：「幫忙奴才」、「幫閒文人」和「遊世之魂」。

「特立獨行」

這是在半殖民地、半封建的土壤上所產生的一群極有韌性、極為罕見、絕無媚骨的優異之士，他們在帶血腥味的沉悶空氣下「大膽地說話，勇敢地進行，忘掉了一切利害，推開了古人，將自己的真心的話發表出來」，[18] 使一個「無聲的中國」變為「有聲的中國」。魯迅，自然是其中最突出、最傑出的代表。這些特立獨行之士都有這樣一些性格特徵：其一，有強烈的社會責任感和道德義務感。他們的內心總是充溢着民族、國家和人類的痛苦，這些痛苦使他們時常輾轉不安，自覺地背負起歷史的十字架。像魯迅，倘若不是那種深沉到了極點的愛憎煎熬着靈魂，恐怕會活得更長久些。他們又常常無情地自我審視，在良心的洗滌過程中實現精神的昇華。如聞一多，原先是超然物外的文學隱士，一旦從學術象牙塔中走出，正視黑暗的現實，就嚴厲地鞭撻自己：「當魯迅受苦受害的時候，我們都正在享福。當時我們如果都有魯迅那樣的骨頭，那怕只有一點，中國也不至於這樣了。罵過魯迅或者看不起魯迅的人，應該好好想想，我們自命清高，實際上是做了幫閒

---

18. 魯迅：〈無聲的中國〉，《三閒集》。

幫兇！」[19] 其二，追求「説真話」的精神境界。人世間謊言多矣，但是否説真話，卻度量着一個人在多大的程度上能確定自我，擺脱異化。因此，他們都把説真話視作一種至善至美的境界：「只有真的聲音，才能感動中國的人和世界的人；必須有了真的聲音，才能和世界的人同在世界上生活。」[20] 説真話是一種責任，一種對良心、對社會的責任，即使為此捨棄生命也在所不惜。章太炎在北京困頓期間，「以大勳章作扇墜，臨總統府之門，大詬袁世凱的包藏禍心」[21]，是何等的快哉！章太炎一生固有眾多污點，言論也未必句句精當，但他敢言已之所欲言、人之不敢言，確乎當得起「先哲的精神，後生的楷範」[22]。其三，在死神面前的無畏勇氣。統治勢力對他們的技倆終是有限，説到底是一個死字。倘若超越了生的執着，也就無所畏懼。譚嗣同在菜市口刑場疾呼「死得其所，快哉快哉」的超脱，魯迅去參加楊杏佛葬禮時不帶家門鑰匙那種「壯士一去分不復返」的氣魄，聞一多在李公樸追悼會上痛斥獨夫蔣介石，準備接受特務第二顆子彈的凜然，似乎都顯現出近代史上的這些「特立獨行」之士，大多有置生死於度外，甚至以死為榮、以死為快的大徹大悟。第四，具備蔑視任何外在權威的自主意識和孤軍作戰的鬥爭韌性。這恐怕是最根本的。如果説古代的「特立獨行」之士並不乏氣節的話，那麼近人高於古人之處就在於維持了氣節的價值，不再重演「愚忠」的悲劇。他們用理性的目光審視一切現存的學説，即使有所皈依也不放棄批判的權利。他們不依附任何「聖明君主」或政治集團，對真理和事業有着自己的理解，因此常常受到同道的誤解，以致遭受「背

19. 王康：《聞一多傳》，湖北人民出版社，1979年，327頁。
20. 魯迅：〈無聲的中國〉，《三閒集》。
21. 魯迅：〈關於太炎先生二三事〉，《且介亭雜文末編》。
22. 同上。

後的槍擊」，陷入比死亡更為悲哀的孤獨。但他們並不因此而見風使舵，而是在逆境中頑強地孤軍奮戰，直至將群眾慢慢吸引過來。這種真誠坦白、超凡脫俗的自由精神，正是魯迅所極力推崇的「摩羅」戰士最珍貴的品格。

「外圓內方」

　　與「特立獨行」者相比，他們也維護了人格的獨立，但有層次高下之別。現實是如此的恐怖，統治者是如此的殘忍，人們在屠刀底下不可能沒有顧慮，或為生命，或為家庭，或為事業，超越生死畢竟是罕見品質，對大多數人來說可謂要求太高。於是近代許多正直而又明智的知識分子在複雜多變的環境中逐漸形成了「外圓內方」的政治性格。不是鋒芒畢露，義無反顧，而是有張有弛，掌握分寸。1935年，蔡尚思寫就《中國社會科學革命史》時，前輩歐陽予倩諄諄告誡這位青年史學家：「秉筆的態度自然要嚴正，不過萬不宜有火氣……可否寓批判於敍述中呢？」他建議以「純研究的態度」作進攻的「擋箭垛」，書名宜改為《中國社會思想史》。最後，歐陽予倩嘆謂：「蔡先生，我佩服你的努力，可是思想界的悲哀，誰也逃不掉呵。」[23] 不過，這些知識分子在方式方法、局部問題上可以委婉圓滑，有所妥協，而在事關大是大非、人格良心的原則立場上卻毫不含糊，旗幟鮮明。近代職業教育家、中國民主同盟領袖之一黃炎培即是典型。「取象於錢、外圓內方」是他親筆書寫的處世立身的座右銘。他在1946年第三方面調解國共衝突時未嘗不委曲求全，「不偏不倚」，從未與蔣介石拉下臉。當蔣以「教育部長」許願企圖將他誘入偽「國大」泥沼時，黃

---

23. 蔡尚思：〈蔡尚思自傳〉，見晉陽學刊編輯部編：《中國現代社會科學家傳略》第一輯，351頁，山西人民出版社，1982年。

卻不為所動，答以「我不能自毀人格」[24]，維護了政治氣節。「外圓內方」是一微妙的、高超的處世藝術，它是近代獨立人格在東方專制國度裏可喜而又可悲的變形。它維護了人格的獨立，保全了人才的精華，也多少損傷了自由的尊嚴，使人格主體為把握正義和生存的平衡艱難地度量着。1947年年底，在國民黨的淫威下，黃炎培代表民盟被迫與當局達成自動解散民盟的協定。儘管此舉避免了廣大盟員不必要的流血犧牲，但黃良心上的失落感卻使他極其痛苦不安，吟出「黃花心事有誰知，傲盡風霜兩鬢絲」[25] 的苦句。「外圓內方」者的內心是分裂的，他們最大的困惑和苦痛就是如何將雙重的性格自覺地在現實中加以彌合。為了同時維護個體的生存和人格的獨立，東方國家的知識分子作出了西方人所無法理解的精神犧牲和無從體味的靈魂煎熬！

「幫忙奴才」

中國是一官國，權力意味着一切。雖然五四運動時期「勞工神聖」的口號流行一時，[26] 但「讀書做官」的傳統價值仍在相當一部分的知識分子頭腦中被奉為圭臬。權力的誘惑力實在太強了，某些人無法不趨之若鶩。每年留學生歸國，總有一批海外學子源源補充於龐大的官僚隊伍。有些頗有聲望的大學教授、學者名士，也以擠入官場為榮。做官帶來了顯赫的功名、豐腴的利祿，同時也抵押上了人身的自由、人格的獨立。王世

---

24. 黃炎培：《黃炎培日記》，1946年7月27日。
25. 黃炎培：〈玄武湖秋感三絕〉，《紅桑集》。
26. 五四時期的「勞工」一詞，泛指包括士農工商在內的一切體力和腦力勞動者。

傑，在歐洲獲碩士、博士頭銜的憲法專家，北大法學教授，當他身為留學生、學者時還是一腦袋的西方自由主義理想，曾在《東方雜誌》上發表過鼓吹工人有集會和團體契約權的文章。曾幾何時，當王氏榮任南京政府法制局長後，充滿東方專制精神的《戰時反革命治罪法》便出自他的手筆，將工人民主權利剝奪殆盡的《勞資爭議處理法》又是他的傑作。久而久之，王氏的靈魂完全為官僚機器所同化，喪失了自我。還有一些文人，原本是胸懷改造社會、革新政治的抱負當官的。但一朝入了廟堂，便身不由己。既然成為傳統結構中的一個元件，不管你主觀意願如何，就得執行結構所指定的功能。陳布雷，在大革命時期以「畏壘」為筆名在《商報》上撰寫反軍閥的社論，是何等的鏗鏘作聲，傾動江南！當他懷着治國平天下的雄心步入蔣府後，從此就不再是那個「畏壘」，也不是布雷自己，而是蔣介石的「文膽」。他的個性、銳氣、見解通通被迫驅入潛意識，也許只有在惡夢中他才有緣與它們相會。二十年的隱忍生活，最後以服毒自殺才得以解脫。陳布雷的悲劇是傳統的，古書上伊尹、周公、諸葛亮這些「帝王之師」對他糾纏過深，他擺脫不了「士為知己者死」的依附性。民國以後，北洋中央政府尤其是國民黨中央政府的官僚群基本上由受過新式高等教育的知識分子組成，但其政權整體素質依然是傳統的，這一現象很能說明官僚機構對機構成員的難以遏制的異化效應。從政的知識分子最終也喪失了知識分子的資格，墮落為替統治階級幫忙的奴才。

「幫閒文人」

魯迅曾這樣區分「幫忙」和「幫閒」者：「前者參與國家大事，作為重臣。後者卻不過叫他獻詩作賦，『俳優蓄之』，

只在弄臣之例。」[27] 也就是說，前者是在朝的，後者是在野的，雖則一同攀附於統治階層，但攀附的深淺不一。如前所述，近代中國的文化界與官方政治總有着某種若即若離的聯繫，處於半獨立半依附的狀態，這樣，蟄伏於此的「幫閒文人」們固然追求一定的獨立性，但老割捨不了阿諛權貴、趨炎附勢的劣根性。胡適，在美國人看來是中國「自由主義者」的精神領袖，但他在政治上所匱乏的恰恰是真正的「自由主義者」那種無所依傍的獨立精神。他可以對當局作些「和風細雨」式的批評，但骨子裏卻滲透着一種敬畏現存秩序、膜拜國家政權的庸俗市儈氣，否則就很難理解這樣一個經過美國民主洗禮的「自由主義」者，會心甘情願地充當「拼命向前」的「過河卒子」。以胡氏精細的政治目光，未必窺不見國民黨政權的傳統本質和無可救藥，但他直到那座腐爛的大廈倒塌前夕，還表示要「支持他，替他說公平話，給他做面子」。[28] 不過，胡適聰明之處，就是「幫閒」不「幫忙」，死不肯入閣，寧願「留在政府之外，為國家做一個諍臣」，以「無偏無黨之身，有時當緊要的關頭上，或可為國家說幾句有力的公道話」。[29] 這種形象頗近魯迅所描繪的「二花臉」了：「他沒有義僕的愚笨，也沒有惡僕的簡單，他是知識階級」，「所以當受着豢養，分着餘炎的時候，也得裝着和這貴公子並非一夥」。[30] 在近代中國的文壇和小黨派中，這樣自命清客的幫閒者為數不寡。1946年底偽「國大」開鑼之時，就有那麼一些平時以「獨立」標榜，以「氣節」自詡的「社會賢達」和民青兩

27. 魯迅：〈從幫忙到扯淡〉，《且介亭雜文二集》。
28. 胡適：〈1947年2月8日致傅斯年函〉，《胡適來往書信選》下冊，北京中華書局，1979年，173頁。
29. 胡適：〈1933年4月8日致汪精衞函〉，《胡適來往書信選》中冊，208頁。
30. 魯迅：〈二丑藝術〉，《准風月談》。

黨，擠進去湊熱鬧，充當專制舞台上粉飾民主的花瓶擺設。其
中，像民社黨主席張君勱是經不起中國「憲法之父」的名譽誘
惑而自毀人格的；像《大公報》總經理胡政之是因曾向蔣介石
敲過一筆二十萬美元的官價外匯的竹杠而不得不還人情債的。
這些知識分子雖然身居朝外，但心已離廟堂不遠，為了一己私
利，哪還顧得上士人的清高、人格的尊嚴！

「遊世之魂」

　　以儒道互補的傳統文化為背景，中國知識分子對於政治有
着極為獨特的「進退」觀：達則兼濟天下，窮則獨善其身。[31]
如果說進退之道在傳統知識分子那裏主要反映在社會與自然的
對立，那麼在近代知識分子身上則集中體現為政治與學術的分
峙。不少有治平理想的知識分子一旦政壇失意便退入學界。如
著名歷史學家陳垣，早年一度熱衷政治，在北洋政府中曾身居
要職，後來「眼見國事日非，軍閥混戰連年，自己思想沒有出
路，感到生於亂世，無所適從，只覺得參加這樣的政治是污濁
的事情，於是就想專心致志於教學與著述」[32]。此外，在文化
界棲身的大批知識分子，其始就鄙視政治，視仕途為畏途。他
們目睹民國以來官僚的腐敗、議員的墮落和政治的恐怖，遂遠
遠地避開政治，側身學術以鳴清高。其中有些人一頭鑽進了
學術的象牙塔，充耳不聞人間怨憂，公開宣稱「為學術而學

---

31. 不僅在儒（入世）道（出世）之間，即使在儒家思想內部也存在着類似的「進退」觀，
　　如「邦有道則仕，邦無道則可卷而懷之」（《論語‧衛靈公》），「得志，與民由
　　之，不得志，獨行其道」（《孟子‧滕文公下》）等。可以說，道家之所以能夠成為
　　儒家的補充結構，乃在於它發展了後者的「出世」思想，從儒家的退出政海進而到超
　　越「君臣父子」的綱常網路（但道家未達於宗教意義上的種種嚮往彼岸世界的真正出
　　世的境界，它仍執着於與自然合一的現實人生），於是儒家內在的「進退」機制轉化
　　為儒道外在的互補結構。
32. 陳垣：〈黨使我獲得新的生命〉，轉引自《中國現代社會科學家傳略》第1輯，138頁。

術」。還有一些人不乏憂國憂民之心，但又不願捲入現實政治，乃標榜「科學救國」、「實業救國」、「教育救國」以自慰。然而，遠避政治只是書生們一廂情願的幻想。如果說在自給自足、交通閉塞的古代，或許還真有「天高皇帝遠」的「世外桃源」，那麼到了近代，要在文化界尋覓一塊與世隔絕的「淨土」就純屬徒勞之舉。政治就像一條擺脫不了的黑影緊緊糾纏着人，逼迫着你作出人格的選擇。「遊世之魂」就是一種在無可奈何境地中的無可奈何的選擇。倘若說莊子哲學以「順世」的一面在國民性中留下了滑頭、世故和混世的毒素，那麼它在知識分子那裏則以「超世」和「順世」的命題形式塑造了這種遠為精緻的「遊世之魂」。一方面，在現實生活中，它既不同於「幫閒文人」那種自覺或半自覺的同流合污，也區別於「外圓內方」者有分寸的抗爭；它是明哲保身，隨遇而安，依違於無可無不可之間。另一方面，既然在現實世界中失卻了人格的自由，於是就轉向觀念世界尋求心理的補償。在學術天地裏開掘適情怡性的人生境界，追回現實中失落的自我。正如黑格爾所說：「在這種抽象的世界裏，個人不得不用抽象的方式在他的內心中尋求現實中找不到的滿足；他不得不逃避到思想的抽象中去，並把這種抽象當作實存的主體，──這就是說，逃避到主體本身的內心自由中去」。[33] 林語堂是一個很典型的例子，辦《語絲》時期，他曾跟隨魯迅「先除文妖、再打軍閥」，「加入學生的示威運動，用旗竿和磚石與員警相鬥」。[34] 大革命失敗後，林為血腥嚇破了膽，哀嘆：「頭顱只有一個……死無葬身之地的禍是大可以不必招的」，「還是做年輕的順民為是」。[35] 自三十年代起，他開始提倡幽默、性靈

---

33. 黑格爾：《哲學史講演錄》第3卷，8頁。
34. 參見《林語堂自傳》。
35. 林語堂：〈序〉，《剪拂集》。

小品，「信手拈來，政治亦談，西裝亦談，再娶亦談，甚至牙刷亦談，頗有走入牛角尖之勢，真是微乎其微，去經世文章遠矣。所自奇者，心頭因此輕鬆許多」；[36] 他認為這才是「自己的世界，未必有人要來統制」，願意「負隅以終身」。[37] 對於這種悠然自得的「遊世之魂」，魯迅辛辣地指出：「中國的文人，對於人生，──至少是對於社會現象，向來就沒有正視的勇氣。」「中國人的不敢正視各方面，用瞞和騙，造出奇妙的逃路來，而自以為是正路。在這路上，就證明着國民性的怯弱、懶惰，而又巧滑。」[38] 名為「愛惜羽毛」、「書生清高」，實則是缺乏知識分子應有的社會責任感和道德義務感，逆來順受，苟且偷安，安心充當黑暗勢力的消極舞台。儘管「遊世之魂」在依附人格中屬於較低層次，但它在近代知識分子中的影響比「幫忙」、「幫閒」之類有大得多的彌散性。

一百年的近代史，是中國知識分子值得驕傲的年代。因為它孕育了一群以魯迅為代表的「特立獨行之士」，也產生了一大批雖有缺憾，卻不失其正的「外圓內方」者。近代意義上的獨立人格終於崛起於地球的東方。然而，從整個知識分子群體觀察，從「他主他律」到「自主自律」的人格轉變並來歷史性地實現，各種形式的依附性依然嚴重存在。

人們創造着社會和文化，同時也受制於自己的創造物。人格、觀念和社會結構，仿佛是互相耦合的三位一體，現代化變革究竟從何入手？這確是一個令人困擾的現實迷津。改造人確乎首先必須改造社會，然而在一定的社會結構中，人畢竟不是

36. 林語堂：〈序〉，《我的話》。
37. 參見《林語堂自傳》。
38. 魯迅：〈論睜了眼看〉，《墳》。

必然性的奴隸，並非無可選擇。現實社會就是個體選擇合力的產物。人的選擇不僅取決於觀念的理性品格，也同時受人格的意志品格支配。因此，改造社會必須同時改造人本身——不僅是觀念的更新，還在於人格的變革。知識分子是社會改造的精英，代表着社會的良心，它的思想面貌和精神風格影響着歷史的現實和未來。當今現代化變革的兆頭是令人充滿希望的。隨着當代中國知識分子群體自我反思的深入，也許終有一天歷史的主題中將出現個性解放的時代旋律？也許近代未曾完成的知識分子群體人格轉變將在當代社會主義改革進程中得以實現？

我們熱烈地期待着。

九、入世與出世
進退維谷的兩難困境

1938年7月30日，即將出任駐美大使的胡適在給夫人江冬秀的信上說，過去曾發願「二十年不入政界，二十年不談政治。那二十年『不談政治』一句話是早就拋棄了。『不入政界』一句話，總算不曾放棄……今日以後的二十年，在這大戰爭怕不可避免的形勢裏，我還能再逃避二十年嗎？……我只能鄭重向你再發一願：至遲到戰爭完結時，我一定回到我的學術生活去。」[1]

這寥寥數語，透出了近代中國知識分子當其躑躅於學術與政治之間時幽深的內心困惑。處在近代這樣一個低沉與亢奮、憂患與通達、沮喪與自信錯綜交織的大時代裏，是進而匡時濟世，抑或退而安身立命？是扯起應戰的風帆，駛向黑浪拍天的政海去叱吒風雲，力挽民族危機的狂瀾，還是乘坐一葉悠悠的扁舟，避入風平浪靜的學湖，在遠離塵世的書房、實驗室裏擁抱適情怡性的理想世界？近代中國的知識分子們面對着這一無從回避的現實抉擇，拖着沉重的步履，在歷史的三岔路口久久地徘徊。對於他們來說，這是一個難以索解的「二律背反」悖題，無論何種選擇都會蒙上一層厚厚的心理缺憾，而缺憾本身則意味着，在同樣充滿矛盾的近代，他們無法實現對自身的整合認同。

---

1. 曹伯言、季維龍：《胡適年譜》，安徽教育出版社，1991年，548–549頁。

那是怎樣一幕隱藏在知識分子意識深層的歷史悲劇呢？

近代情境下的雙重角色衝突

倘若將社會視作一個超大型的人類團體，那麼知識分子在這其中無疑扮演着舉足輕重的獨立角色。作為一個近代意義上的知識分子，他在社會關係中所確立的角色實際是雙重的。一方面，他是民族文化的主要社會載體。與其他社會階層（農、工、商、吏）一樣，知識分子也具有獨立的社會分工和社會職業，即建構、傳播和發展科學、文化知識。他將這些活動視作包含獨立存在價值的至上事業，視作賴以生存、自我確證的職業本位。另一方面，他又是國家政治實體中不可或缺的社會精英。知識分子以他得天獨厚的文化修養和精神素質，以他超越自身的濟世胸懷和寬闊視野，在社會政治生活中擁有一席毋庸置辯的決策參與權。他必須成為「社會的良心」。因此，知識分子既是「出世」的，又是「入世」的，既「游方之外」又「游方之內」。他在歷史的舞台上發揮着學術與政治的雙重社會功能。只有對自身這種雙重社會角色實現了整合認同，才稱得上是完整意義上的近代知識分子。

中國傳統知識分子在角色的自我認同方面是單向的。與學術功能相比較，他的政治功能被極端地強化了，以至於幾乎代替了前者。在中國古代，知識分子通常被稱為儒生或士大夫，這很能說明傳統士子在社會角色互動中的自我觀念。儒生們共同的思想信仰是儒家學說，而儒學在世界文化中是最推崇經世致用的入世哲學。「士之仕也，猶農夫之耕也」，[2] 士子當官猶如農夫耕地一般天然本分。孔夫子如果三個月沒有君主任用

2.《孟子・滕文公下》。

他，就惶惶不可終日，急於駕車載着禮物奔走諸國求仕。孟子因此說：「士之失位也，猶諸侯之失國家也。」[3] 儒家將入仕做官的意義上升到行義的高度。《論語》中記載了孔子的門生子路對一位隱士的評論：「不仕無義。長幼之節，不可廢也；君臣之義，如之何其廢也？欲潔其身，而亂大倫。君子之仕也，行其義也。」[4] 由士而仕，由「修身齊家」進而「治國平天下」，在封建國家權力結構中發揮政治的功能，以匡助國君，替天行道，成為中國傳統士大夫最為理想和最為規範的自我角色認同。

這種相當自覺的「入世」體驗在西方傳統知識分子身上是極為罕見的。後者更多地染有「出世」的色彩。古希臘哲學家們崇尚的是為知識而求知識。著書立說，探尋真理，是他們自我確證的角色觀念。赫拉克利特說過：「我寧肯找到一個因果性的解釋，也不願獲得一個波斯王位。」[5] 當然，中國士大夫並非全然沒有做學問的興味，問題僅僅在於對他們來說，學問中所蘊含的附加政治功能要比自身的學術功能更能體現出這學問的價值。中國的學術帶有鮮明的實用理性傾向，與古希臘人迷戀智慧相異趣，中國人所孜孜以求的是切近現實人生的「道」，不僅「文以載道」，而且「格物致知」也是「當求諸心不當求諸物」。一門脫離了大一統政治文化需求的學問，即便理論再精深，技術再靈巧，也是屬於為人不恥的「堅白之辯」和「奇技淫巧」。因此，在中國的傳統價值觀念中，科舉入仕、治國平天下是士大夫天經地義的正途，相反為知識而求知識的學問興趣則是多少有「怪癖自棄」、「玩物喪志」的嫌

---

3. 同上。

4. 《論語・微於篇》。

5. 敦尼克等主編，《哲學史：歐洲哲學史部分》上冊，北京三聯書店，1972年，31頁。

九、入世與出世——進退維谷的兩難困境　　289

疑。即便是官場失意或者看破紅塵，士大夫們隱退的歸宿也絕非是學海。「達則兼濟天下，窮則獨善其身」，在這套以「入世」的儒家與「出世」的道家作為互補的進退之道中，以莊子為代表的道家比儒家更藐視學術的價值，它依戀的是與山水天地擁抱的「自然人」生活，是「悠然見南山」的超然物外，是人的身心與大自然的融化合一。因此，失意文人的趣味意向僅僅是以莊禪自娛，寄情山水，對學問興趣依舊是高傲的俯視。中國士大夫的抑進抑退，並非是政治與學術之間的功能轉換，只不過意味着單向性的角色認同或取或捨而已。

當近代的西化浪潮拍岸而來，鎖閉的古國在西方列強的大炮之下門戶洞開時，中國人終於痛苦地發現文明與野蠻、先進與落伍的概念在東西方之間發生了歷史性的移位。在優勝劣汰、適者生存的普遍法則支配下，中國被迫拜西方為師，以圖存自強。社會分工高度發展了，科舉制度壽終正寢了，知識分子的職業多元化了，科學文化在中國歷史上第一次成為一門取得獨立身份的社會事業。在新世紀地平線上誕生的中國近代知識分子萌發了與大一統政治決裂、向知識回歸的自我意識，他們開始了新的角色認同，他們領悟了在近代社會中學者之所以有別於官吏的自身價值。儘管傳統意識在亦新亦舊的社會環境下依然糾纏着學人的頭腦，以至於魯迅認為民國的學界之魂仍在「做官——行官勢，擺官腔，打官話」[6]，然而在五四前後的「勞工神聖」新思潮滌蕩下，知識分子的整體價值觀念畢竟發生了嬗變。蔡元培在就任北大校長的演說中鄭重宣佈：「大學學生，當以研究學術為天職，不當以大學為升官發財之階梯。」[7]現在一個知識分子建功立業之基點，自我價值之實現，

---

6. 魯迅：〈學界的三魂〉，《華蓋集續編》。
7. 蔡元培：〈新任北京大學校長之演說〉，《東方雜誌》，第14卷，第4期。

不必向外投射於政治，而恰恰在於學術本身。這樣，民國知識分子終於喚回了曾為大一統政治所扼殺的那一重學術自我的知覺機能。

然而另一重政治自我的知覺機能並未因此而衰退，反而在外界的種種刺激下變得空前的敏感和強化。在長達一個世紀之久的近代中國歷史中，始終貫穿着時疾時緩的民族危機，亡國滅種、列強瓜分的威脅猶如一柄達摩克利斯劍低懸在神州的半空，而茫茫大地又是國勢衰敗，連年混戰，民不聊生。這在知識分子群體中普遍激發起一種「以天下為己任」的救世精神。這種精神不僅得益於士當「先天之下憂而憂，後天下之樂而樂」的儒家入世傳統，而且在西方民主政治的「主權在民」原則中找到了近代的印證。他們的政治意識和熱情前所未有地強烈和高漲，辦報、組黨、建立政治團體，一代又一代的知識分子自覺地肩負起時代賦予的救亡重任，成為支撐危局的民族脊樑。

就這樣，近代中國知識分子群體在歷史中就撈演了學術和政治的雙重社會角色。從傳統向近代演變的歷史進程來看，這是一個國家知識分子成熟的標誌之一。不幸的是，這雙重角色一旦落實於每個知識分子的個體身上，卻發生了激烈的內在衝突，學術與政治，猶如成語中的魚與熊掌大有不可兼得之勢！

這種角色衝突與其說是普遍必然之勢，毋寧說是在中國近代社會情境下一種特殊的現象。在西方近現代知識分子那裏，學術與政治這雙重角色就能並行不悖，相得益彰。西方社會是一種政治、經濟、文化三足鼎立的多元化權力格局，文化界作為在這一格局中的一大獨立要素，它使賴以棲身的西方知識分子既能夠在各自的專業中有所建樹，又可以通過輿論和「壓力團體」影響、干預國家政治生活的重大決策。他們不必為參與

政治而捨棄學問，他們可以對政治保持一種「不感興趣的興趣」（disinterested interest），或者說「有距離的熱情」。因而西方知識分子可以既是學術的主人，又是社會的良心。然而，近代中國社會卻是一個以政治權力為軸心的傳統的高度一元化權力格局，知識分子的棲身之地——文化界不僅沒有，也不可能成為左右國事的獨立力量，而且其內部事務也經常遭到政治強權的粗暴干涉。文人的輿論在崇尚實力的中國歷來被統治者視作可有可無的「開明」點綴，知識分子們雖然一再努力嘗試在政治周邊組建「壓力團體」或者「輿論參政」，但在冷酷的現實面前卻飽受挫折。這就產生了學術與政治之間難以避免的衝突，使知識分子處於自相矛盾的境地。

你欲在學術上多作貢獻麼？那麼你就多少有負於救國的社會責任。不少近代的中國知識分子雖然在學術上作出了相當可觀的成績，然而在良心上總感到有一種深引為疚的欠債，有一種愧對人民、愧對國家的懺悔意識。如九一八事變發生後不久，著名哲學家湯用彤南下至廬山，在佛教聖地大林寺附近撰寫《大林書評》，在序言中感慨萬千地說：「時當喪亂，猶孜孜於自學，結廬仙境，緬懷往哲，真自愧無地也。」[8] 出家學佛，鑽研釋典的弘一法師李叔同也有同樣的感受，盧溝橋事變之後，他痛楚地譴責自己：「吾人所吃的是中華之粟，所飲的是溫陵之水，身為佛子，於此之時不能共紓國難於萬一」，「自揣不如一隻狗子」。[9]

那麼為了救國救民，奮然躍身於政治的激流又如何呢？這又意味着你不得不忍痛割愛你的專業。在近代從政的知識分子

8. 湯一介：〈湯用彤傳略〉，《中國現代社會科學家傳略》第1輯。
9. 〈李叔同〉，《民國人物傳》第3卷，北京中華書局，1981年，321頁。

中間，有許多人以其出眾的智慧、非凡的才華，本來是頗有希望成為名揚全球的大哲學家、大科學家或大文學家的，或者在有生之年本來是有可能為人類的科學文化寶庫奉獻出更加絢爛的瑰寶的。倘若陳獨秀潛心於書齋，或許會成為造詣頗深的古漢語學家？倘若翁文灝不曾中輟地質學研究，誤入官場出任行政院要職，或許當時的中國地質學研究會因此而先進若干年？倘若胡適不是時常為政治所困擾，或許會給後人留下更多的拓荒性的學術著作？然而客觀的嚴峻環境和主觀的有限精力畢竟使他們無暇兼顧過於沉重的雙重角色，這使得他們在公務倥傯之餘常常流露出一種若有所失的情緒。瞿秋白在《多餘的話》中談到自己在中共「四大」上當選為中央委員後，完全埋身於政治工作，沒有時間從事自己所愛好的文藝時說：「雖然我當時對政治問題還有相當的興趣，可是有時也會懷念着文藝而『悵然若失』的。」對學術與政治有着雙重興趣的胡適也遺憾地感到「一犬不能同時逐兩兔」，在骨子裏自己還是愛學術勝於愛政治，「只有夜深人靜伏案治學之時，始感覺人生最愉快的境界」，「既使我勉強入政府，也不過添一個身在魏闕而心存江湖的廢物，於政事無補，而於學問大有損失」。[10]

就這樣，近代社會賦予知識分子的雙重社會角色，在中國大一統的外界氛圍下竟然發生了如此嚴酷的對峙，使得無論是從學抑或從政的知識分子，在人生的天平上都表現出難以平衡的巨大傾斜，這使得他們陷入了深深的現實困惑和左右為難的身心憔悴之中。

---

10. 胡適：〈胡適致汪精衛〉，《胡適來往書信選》中冊，北京中華書局，1979年，208頁。

「本我」與「超我」的內在悖異

近代知識分子的雙重角色衝突，與其說是一種外部的對抗，毋寧說是一種內在的碰撞，它發生在人們的心理層內，因而雖然不那麼觸目驚心，卻更有一種痛苦的悲壯。

對每一個近代知識分子的個體分析，他們的靈魂中都有兩個自我。借用佛洛伊德人格學說的術語，可以稱之為「本我」（id）和「超我」（superego）。「本我」是由知識分子的職業本性決定的，它要求向學術的角色認同，在專業的活動績效中認識自我、表現自我、實現自我。「本我」在理智層中外化為一種「本位意識」。「超我」是由知識分子的社會良心決定的，並通過近代嚴峻的外部環境得以強化，它要求向政治的角色認同，以參與各個層次的社會決策，在國家的事務中發揮最大值的社會功能；「超我」在理智層中外化為一種「憂患意識」。

「本我」與「超我」，「本位意識」與「憂患意識」，每一個近代學人的靈魂中都有這一對怪物在齧咬，在廝殺！

最典型的莫過於胡適了，他的一生都未曾擺脫兩個自我衝突搏擊的精神折磨。這位在太平洋彼岸受過西方文化洗禮的哥倫比亞大學畢業生，留學歸國下船伊始就宣佈了「打定二十年不談政治的決心」，[11] 他整理國故，搞考證，到處傳播「為學術而學術」的西方治學觀念。然而目睹中國政壇的現狀，他又如何耐得了書齋的寂寞？在「超我」的驅使下，他辦《努力》，辦《新月》，辦《獨立評論》，聲稱「我可以打定主意

---

11. 胡適：〈我的自述〉，《胡適文存》第3集，96頁。

不做官，但我不能放棄我的言論的衝動」。[12]「超我」愈是活躍，「本我」就愈感委屈，時時抱怨「個人在學術上負的舊債太多，哲學史與文學史皆有頭無尾，而兩鬢已斑白了」[13]，一再地想擺脫外務，專心著述，以「了我十五年的學術舊債」。然而半壁江山淪於敵手的國勢又容不得「本我」有盡情施展的時刻，「超我」終於一發而不可收，逼迫胡適「出來做事」，坐上了駐美大使的位子，但又「心裏常常感覺慚愧」，「對不住」「本我」的外在化身和時常勸自己不要從政的老妻。好容易捱到抗戰結束，胡適終於回任北京大學校長。不過他的「超我」並不曾得到片刻的安寧，風雨飄搖中的國民黨政府不斷拉他出來「幫閒」、「幫忙」。直至那座腐朽的危廈倒塌前夕，胡適還放下手中的學業，風塵僕僕地飄洋過海為蔣介石去爭取美援。就在臨行前不久，「本我」有過一次小小的當眾發洩，那是胡適在北大校慶紀念會上發言之時，竟然泣不成聲，痛責自己「是一個棄職的逃兵，實在沒有面子再在這裏說話」。[14]哪一個是真正的胡適？是「本我」抑或「超我」？應該說這兩者都是真實的，胡適的「自我」正是「本我」與「超我」的互逆而反差強烈的複合形象。

細細體味在「本我」與「超我」雙重支配下的近代知識分子複雜心境，可以發現他們在決定自己的政治進退時有兩度不得已：一度是從政不得已。近代知識分子有強烈的「本位意識」，他們渴慕在安定的社會環境中度過自己的學術生涯，通過研究學問以貢獻人類，自娛人生。然而歷史偏偏將他們推到了政治的前台。他們多少是戀戀不捨地告別自己的本業，違心

12. 胡適：《胡適的日記》上冊，北京中華書局，1985年，263頁。
13. 胡適：〈胡適致汪精衛〉，《胡適來往書信選》中冊，208頁。
14. 耿雲志：《胡適年譜》，四川人民出版社，1989年，375頁。

地扮演一個全然陌生的角色。一度是退隱不得已。從政的知識分子退歸學界，不是那種「超我」完成了歷史使命，凱旋般功成身退，恰恰相反，而是在救國理想受到嚴重挫折，在內耗中帶着淌血的創傷這樣的失意境遇下淒然身退的。

宋代的范仲淹說過一句名言：「居廟堂之高，則憂其民；處江湖之遠，則憂其君。是進亦憂，退亦憂。」倘若將句中所憂的「民」與「君」改成「學」與「國」，又何嘗不是近代知識分子進退維谷的形象寫照？他們在「本我」與「超我」的雙重折磨下痛楚地輾轉反側，無法釋放因不平衡狀態而引起的心理緊張。他們在心理場中苦苦地尋求「本我」與「超我」間的必要張力，尋求一個兩者之間的微妙平衡點，然而這平衡點是如此的不可捉摸、若有似無，以至於近代知識分子猶如一隻巨大的鐘擺，隨着社會大氣層環境的變幻，在學術與政治的兩極之間反覆不停地搖晃、震盪。

近代進退之潮與儒道互補古風

中國近代知識分子站在歷史的十字街頭，面臨着學術與政治兩條方向相異的岐道，進行着艱難的自我選擇。左右這一選擇的，除了選擇主體的認識、情感和心理諸般個體要素之外，更重要的是選擇時所際遇的社會政治環境。

從整個宏觀群體考察，中國近代知識分子大規模「進」入政治的潮流共有三次。第一次是1894年甲午戰爭之後，《馬關條約》的奇恥大辱以及隨之而來的割地狂潮，使士大夫們開始從自矜自大中醒來，認識到國家的危亡，投入了變法的洪流。知識分子從此作為一支離心於王朝的社會力量活躍在政治舞台上，導演了戊戌維新、辛亥革命一幕幕驚天動地的史劇。

第二次是1919年五四愛國運動前後，西方新思潮的影響和中國在巴黎和會上外交的失敗刺激了知識分子們以俄國和西方為理想藍圖變革社會現狀的意識，一大批政治刊物和政治社團如同雨後春筍在大江南北破土而出，誕生了中國共產黨，改組了國民黨，知識分子們以激越的政治熱情迎來了波瀾壯闊的國民大革命。第三次是1931年九一八事變之後，逐年升級的民族危機和國民黨政府的委屈求全，迫使知識分子愈來愈關切國家的生死命運，他們通過各種方式深入社會各階層，開展全民救亡運動，為了團結禦侮，收復失土，知識分子們作出了最大的物質和精神犧牲。這種罕見的救世精神在抗戰勝利之後由於反對蔣介石政府的內戰、獨裁政策而更加高漲，他們在極其艱難的環境下積極地干預國事，主持正義。隨着全國的解放，知識分子們又將這亢奮的政治激情帶入了新中國的歷史。

如同大自然的潮汐有漲有退一般，與三次「進」潮相對應，近代知識分子參與「救世」也有兩次大規模的「退」潮。第一次是1913年「二次革命」失敗之後，剛剛在歡慶推翻清王朝的盛大宴會上舉杯相賀的知識分子們突然驚異地發現，歷史在轉了一個圈子之後又回到原來的起點上，連中華民國這塊遮羞的招牌也岌岌可危，他們在歷史的迷津中陷入深深的茫然，治國的理想剎時變得如此飄渺遙遠，不切時弊，他們不願在政治的沙漠中繼續那盲目和無謂的耕作，於是紛紛退入學界，重新投入久違的學術生涯。第二次是1927年蔣汪集團叛變革命之後，一部分知識分子由於大革命的驀然夭折而失去了繼續奮鬥的方向，在非左即右的十字路口無所適從，於是不得不退出政治；另一部分知識分子則為國民黨新軍閥殺人如麻的血腥恐怖所驚嚇，作為一個倖免於難的生存者，他們急急逃離佈滿漩渦的政海，爬上學術的沙灘，在那裏為驚恐的靈魂尋找安全的避風港。

顯而易見，近代中國知識分子之所以退身學海，並非是由於民族危機已欣然解除，恰恰相反，近代中國的危機如同一組接踵而至的地震，始終沒有真正地停歇過，只不過每次震盪的峰值高低不一而已。因而左右近代知識分子這一選擇的與其說是一種「平和感」，不如更確切地說是一種「挫折感」。留學日英的李劍農，1916年返國後即應湖南軍閥趙恆惕之請主持起草省憲，以後又出任省務院長，他希冀以湖南作為實驗園地，實現聯省自治的救國理想。然而在軍閥的把持下，聯省自治只不過是地方割據的時髦別名而已。李劍農失望地意識到自己的救國藍圖「純屬捨本逐末的書生之見」，遂掛冠而去，潛心書齋，立志當一名超政治的學者，後來他發表了著名的《最近三十年中國政治史》。如果說傳統知識分子的進退之道是社會與自然的對立的話，那麼在近代知識分子那裏則轉化為政治與學術的峰峙。退身學術成為近代意義上的莊子精神。郭沫若在隨同南昌起義隊伍南下的途中，將附身的東西統統丟棄了，唯獨剩下了一支紅色的頭號派克筆，他承認這是思索自身未來去向時「下意識中的一個很具體的答案」。[15] 學術真是一個妙不可言的天地，對不甘認輸的勇士來說，它可以讓你在短暫的間歇裏緩緩地喘幾口氣，冷靜地反省過去和重新設計未來，以提供一個再度躍起的基點；對倦於爭鬥的弱者來說，它也可以為現代隱士構築起一道半透明的屏障，撫平你心頭的創傷，讓你在適情怡性的學術世界中找回失落的自我。所以從來不曾退卻過的魯迅當年就頗不以為然地說起一些文人：「當環境較好的時候，作者就在革命這一隻船上踏得重一點，分明是革命者。

---

15. 郭沫若：《革命春秋》，人民文學出版社，1979年，253頁。

　　左衝右突──現代政治激流中的中國知識分子

待到革命一被壓迫，則在文學的船上踏得重一點，他變了不過是文學家了。」[16]

就這樣，近代中國知識分子在「風雨如磐暗故園」的艱難歲月裏，隨着歷史脈搏的跳動和自身命運的浮沉，在政海與學海之間徘徊着，穿梭着，不斷調整着一度定型的角色選擇。在這一進一退的行為模式中，使人依稀分辨出在大一統的政治氛圍中沉澱下來的，從古老先哲開始而代代相襲的儒道互補的社會心理定勢，儘管在近代的歷史情境下外部構造已經轉型，但那內在靈魂卻生生猶存。

雙向互逆選擇中的四重層帶

一極是賞心悅目、適情怡性的學問苑地，一極是慷慨悲歌、驚心動魄的政治沙場——對於近代知識分子來說，這是一個雙向互逆選擇，一個意識到自身的雙重責任卻又不得不對角色單向認同的選擇，如同被判罰點球的足球守門員，明知有義務守住大門的左右兩個角落，但在最後的一瞬間只能果斷地捨棄一邊、飛身撲向另一邊一般。

然而理論邏輯上的雙向互逆並非意味着實際結局中的非此即彼。猶如黑白之間總是存在着無限豐富的灰色層帶，在政治與學術之間也可以找到即此即彼的「中和」地盤，尤其在選擇者的心理層次上更容易產生這種灰色感覺。

倘若沒有必要劃分得過細，我們可以把近代中國知識分子的選擇，依照從學術到政治的認同強弱，描述為四重層帶。

---

16. 魯迅：〈上海文藝之一瞥〉，《二心集》。

第一重層帶是「超然治學」。這種知識分子超乎於一切政見之上，遊離於紛擾的塵世之外，不問人間幾度炎涼，竭力將自己禁錮在學術研究的小天地裏。他們視政治為骯髒的淵藪，以終生侍奉學術而自視清高。還有一些知識分子原本是活躍在政壇上的，只因壯志未酬而心先死，故退為獻身學術。與陳寅恪齊名的另一位文史大師陳垣早年參加過辛亥革命，當選過國會議員，位居教育部次長，後來「眼見國事日非，軍閥混戰連年，自己思想沒有出路，感到生於亂世，無所適從，只覺得參加這樣的政治是污濁的事情，於是就專心致志於教學與著述」。[17] 在那樣一個「匹夫有責」的危急年代裏，他們放棄了知識分子的政治職能不能不說有負於國家和民眾，也有負於知識分子的神聖稱號。不過，也許正因為他們對雙重角色有取有捨，才使得他們的學術生涯大放異彩，因而從另一重意義上說又無愧於國家和民眾以及知識分子的身份！

　　第二重層帶是「學術救國」。為學術而學術原本屬於太平盛世的蓬萊仙境，裝飾在近代這樣一個滿目瘡痍的歷史櫥窗裏畢竟有不合時宜的奢侈品之嫌。尤其在國廈將傾之際，生靈塗炭之時，如此超然物外似乎很難實現內心的良知平衡，於是便產生了學術救國。前面提到的陳垣，在九一八事變之後從服膺乾嘉學派轉為推崇經世致用的顧炎武，《日知錄》成為他啟迪學生愛國心靈的鑰匙。當朝陽門外日本軍人打靶的槍聲打破了北大紅樓課堂的安靜時，陳垣低沉地對學生說：「一個國家是從各方面發展起來的；一個國家的地位，是從各方面的成就累積的」，「我們必須從各方面就着各人所幹的，努力和人家比」，「我們是幹史學的，就當處心積慮，在史學上壓

---

17. 陳垣：〈黨使我獲得新的生命〉，《中國現代社會科學家傳略》第1輯，188頁。

倒人家」。[18] 在近代我國歷史上，文學救國、教育救國、科學救國⋯⋯真是何其多也。馮友蘭寫過一部學術性著作《新原人》，也要點明「為我國家致太平，我億兆安身立命之用」的非學術性動機，甚至出家的李叔同在蘆溝橋事變之後也到處書寫「念佛不忘救國，救國不忘念佛」贈人，頗有「念佛救國」之趣。這些知識分子之所以高揚學術救國的旗幟，除了真誠地相信它的功效這一認識因素之外，還有一層更微妙的心理防衛需求。捨棄了政治功能的他們，在國將不國的年代裏，一方面承受着輿論和良心的巨大壓力，另一方面又不願嘗試可怕的政治風險。萬般無奈之中，似乎只有標榜「學術救國」，將學術昇華到與政治等值的地位，方可消除由角色欠缺所引起的焦灼感，慰藉躁動不安的良心，以獲得短暫的心理平衡。儘管絕非每一個人都清晰地意識到這一點，但本能層中的心理防衛機制通過補償這一功能確實在不知不覺地拯救着他們的內心困境。因而即使從政治第一線撤退的「傷患」，也往往不是退到遠離前線的大後方，而是駐足於接近政治的邊緣地帶。像近代有名的社會活動家和社會科學家施復亮在1929年與改組派決裂後，一度「決心永遠做一書生而不再過問政治」，但接着又補充說明「希望從學術上有所貢獻於社會」。[19] 他以後編著的幾十本學術性著作無不帶有經世致用的意味。這樣，在近代中國的學術界裏，西方的「為知識而求知識」的學風依然是「春風不度玉門關」，而為人生求知識的傳統卻被闡揚到前所未有的高度。這又給近代學人帶來了一重傳統抑或西化的困惑。像梁啟超雖然深諳「學問之為物，實應離『致用』之意味而獨立生存」，應該「為學問而學問，斷不以學問供學問以外之手

18. 陳智超：〈陳垣傳略〉，《中國現代社會科學家傳略》第1輯，198頁。
19. 施復亮：〈一個誠實的聲明〉，《民主抗戰論》，上海進化書局，1937年。

段」，但為時代精神所感召，卻又不得不上承顧炎武學風，「抱啟蒙期『致用』的觀念，借經術以文飾其政治」。[20]

　　第三重層帶是「輿論干預」。學術救國僅僅是將學術上升到政治的功用，實際上依然有負於知識分子的政治職能。而中國的現實是如此黑暗，身為知識分子的就不能不有感而發而產生「言論的衝動」。大革命失敗之後，章乃器因不滿國民黨新軍閥的統治，決然獨自一人創辦《新評論》半月刊，「想利用自己空閒的光陰和敷餘的進款，去辦理一種適合個性，而有益於人類、國家和社會的事業」。[21] 他白天在銀行工作，晚間常常寫文章到深夜，一直堅持到雜誌被國民黨當局查禁。輿論干預是介入政治的一種間接方式，在缺乏新聞言論自由的近代中國，它所帶來的政治風險與直接介入政治相差無幾。許多知識分子之所以選擇此道，一方面由於它不妨礙學術研究，可以同時身兼學術與政治的雙重角色，更重要的是出自一種保持人格獨立的考慮。他們認為，政治關係是一種異化關係，距離現實政治愈近，必須計較的利益得失和派生因素就愈多，就愈容易失去真實的自我。梁漱溟在1946年初作為民盟代表出席了舊政協之後，即刻打算脫離現實政治，致力於思想言論工作，他解釋說：「為要與大家行動上一致，就不能發抒自己的見解。然而我不能老悶在心裏不說，今後離現實政治遠一些，才好說話。尤其不能參加政府，如參加政府就又不方便說話了。」[22] 梁的看法不可謂不聰明，他窺出了只有與現實政治保持一段若即若離的、超功利的聯繫，才有自己良心的發言餘地。傅斯年

20. 梁啟超：〈清代學術概論〉，《梁啟超論清代學術史二種》，復旦大學出版社，1985年，5、80、86頁。
21. 章乃器：〈章乃器致胡適〉，《文史資料選輯》第82輯，63頁。
22. 梁漱溟：〈我參加國共和談的經過〉，《中華民國史料叢稿》增刊，第6輯，66頁。

向胡適建議的「與其入政府，不如組黨；與其組黨，不如辦報」，[23] 也是出於類似的考慮。這種選擇接近於西方知識分子對政治的那種「不感興趣的興趣」。

最後一重層帶是「直接參政」。輿論干預固然便於純化知識分子的獨立人格，但在大一統的中國，它的實際功效與在西方簡直不可同日而語。有人就這樣批評梁漱溟：「熱心救世而搞政治的人，獨往獨來、超然物化的學者風度，有時候不但用不上，而且會貽誤的。」[24] 既然在近代中國政治是君臨一切、主宰一切的精靈，那麼欲改變現狀，就不能專恃批判的武器，而應該動用武器的批判。因此有志於改造社會的知識分子大都直接躍身於政治的漩流，通過組織各種政黨，或以暴力，或以改良的手段，謀求國家的最高政治權力，從而以高屋建瓴的氣勢變革整個傳統的制度。近代職業教育家、中國民主同盟的發起人之一黃炎培原本對參政甚為清淡，他儘管關心國事，但僅止於政治週邊的言論以及非政治性質的社會團體活動。但在抗戰期間調解國共衝突的過程中，他領悟到知識分子欲在現實政治中發揮切實的作用，只有聯合起來組織代表自己利益的政黨。後來他深有感觸地說：抗戰八年使人「發生一種新的覺悟，認為各自守住崗位，任何努力，為公為私，總覺不夠，每一個人，都須關懷政治，研究政治，在可能狀態下並須參與政治」。[25] 像黃炎培即使參政也有一條嚴格遵守的界定，即「投入時可以為參政員，不為官吏」，[26] 而另一些知識分子卻以參加政府為治國平天下的終南捷徑。像陳布雷在大革命初期是擅

23. 傅斯年：〈傅斯年致胡適〉，《胡適來往書信選》下冊，170頁。
24. 范朴齋：〈范朴齋致鮮英、張瀾、梁漱溟〉，《中華民國史資料叢稿》增刊，第6輯，66頁。
25. 黃炎培在民主建國會公開茶會上的書面致辭，見《中國民主建國會重要史料選編》。
26. 許漢三：《黃炎培年譜》，252頁。

長「批判的武器」的，他在《商報》上以「畏壘」為筆名的政論曾經是那樣傾動江南、膾炙人口。然而北伐軍到來之際，也卻效忠蔣氏，甘當幕僚。陳布雷之所以決然從政，本來不無進一步發揮政治功能、徹底改造軍閥政治之意，結果被改造的不是軍閥政治，倒是改造者自身。當年赫赫聲威的「畏壘」先生成了完全喪失了獨立人格的、為蔣介石所隨意擺佈使喚的「文膽」而已。何其可悲、可哀！

概而言之，從上述知識分子選擇的四重層帶來看，「超然治學」和「直接參政」恰恰構成遙相對立的南北兩極；這兩重層帶中的知識分子從各自的切入點對雙重角色作了單向認同，因而也就負上了無從彌補的人生缺憾。從嚴格的意義上說，作為知識分子，他們的歷史形象很難歸於完美的一類。「學術救國」和「輿論干預」都是希圖在學術與政治之間維繫某種心理的或實在的平衡，以滿足歷史向知識分子提出的雙向社會需求。然而選擇這兩重層帶的知識分子是否無愧於歷史卻大有可懷疑之處。「學術救國」所具有的政治功能說穿了只是心理層中自我慰藉的人的幻覺；而在學術上過於追求非學術的社會效果，又多多少少影響了學術本身的獨立發展。在近代中國，為學術而學術的學者寥寥無幾，而以學術經世致用、改造人生的文人卻不在少數，這是中國實現社會變革的福音，然而是否又是近代學術遲遲未能騰飛的潛因之一？至於「輿論干預」，正如本文第一節所分析的那樣，在大一統的近代中國完全不可能起到像在西方那樣的政治功效。無怪在中國知識分子階層中，苦守「輿論干預」者為數甚少，凡有志於獻身政治改革的大都躍入了政海。

倘若將「超然治學」與「學術救國」，「輿論干預」與「直接參政」作為分別對待學術與政治態度的兩組模式，那麼

西方知識分子與中國知識分子的選擇截然相異；他們一方面是為學術而學術，另一方面又以輿論參與國家政治，因而他們可以實現對雙重角色的整合認同。然而中國知識分子所缺乏的正是他們所置身的社會條件，一個多元化的生存環境。這也許恰恰成為導致近代中國知識分子這幕悲劇的真實歷史底蘊。在今天，欲擺脫這幕悲劇的現實糾纏，一方面必須致力於改變一切阻礙社會主義現代化實現的生存環境，另一方面知識分子對自身的雙重角色也必須有始終如一的清醒意識和嚴肅堅定的社會責任感，這是兩個不可或缺的同等歷史前提。儘管既定的生存環境制約着前人或今人，但後人的生存環境畢竟是由今人選擇的，因為我們有幸撞上了一個充滿選擇機遇的大時代。

十、外圓與內方

近代知識分子的雙重人格

　　在近代中國知識分子人格群象中，有一組形象特別引起了我們的關注。他們在風雨如磐的黑暗歲月裏，既未像有些人那樣用生命點燃正義的燭光，以吶喊抗爭人間的邪惡；也不曾如另一些人那般隨濁流而上下沉浮，在屈辱中苟且偷生。他們不乏抗爭的義舉，但這抗爭總是帶有力度上的緩衝和節制；他們珍惜個體的生存，但這珍惜似乎又為了贏得持久抗爭的權利。他們在人格的天秤上為把握正義和生存的平衡而艱難地度量着，而最大的困惑和痛苦就是如何將現實中分裂的人格在心理層上加以暫時的彌合。這，就是我們所要描述的近代中國知識分子外圓內方的雙重人格。

「本我」與「自我」：雙重人格的運作機制

　　那種無論在精神上還在是人身上無所依附的知識分子獨立人格，在中國只是到了近代才具備了誕生的社會前提和精神前提——職業和信仰的選擇自由。但是與西方近代知識分子所置身的多元化民主環境不同，中國近代知識分子所面臨的依然是一個「準大一統」的社會格局。他們一方面取得了一定的職業和經濟自主，另一方面卻享受不到西方知識界所享有的那種獨立於政治的實際保障；一方面是精神和心靈的自由解放，另一方面卻承受着西方知識分子所難以體味的東方專制主義的殘

酷壓制。這種種極不和諧的命運遭際，使中國知識分子在進行人格選擇時面對着一個雙重價值目標的衝突：一重是靈魂的價值，它將人格的尊嚴、精神的獨立判定為至高無上的選擇目標；另一重是肉體的價值，它認為只有個體的生存以及與此相關的事業生存才是居於首位的選擇目標。這二重價值目標的互逆悖離，產生了一種東方式的靈與肉衝突，給中國知識分子的人格選擇蒙上了一片冷峻、嚴酷的背景色彩，使他們陷入了難以自拔的心理困境。

在這人生的十字街頭，一些人決然扯斷對生命的執着，去追求靈魂的永恆價值，那是正氣浩然的特立獨行之士；另一些人則在滴血的屠刀下佝僂着身體，匆匆交出一顆惹是生非的靈魂，那是屈從於專制的依附人格。然而，有那麼一群知識分子，他們掂量的最後結論是，靈魂與肉體這二重價值目標在人生的天平上是等值的，最明智的抉擇是在衝突中求得協調，在張力中求得平衡，即在維繫個體或事業生存的前提下堅持人格的獨立性。黃炎培先生曾將之明確表述為「外圓內方」。他說，我們這一群「從二三十年艱苦奮鬥中間磨煉出來的一套做法，正面絕對不通融的，但側面未始不可以周旋……但立腳點是絕對不動搖的」。[1]

唐代著名大臣李泌七歲時，曾在唐玄宗前對對聯。上聯是「方若棋盤，圓若棋子」，李泌對曰：「方若行義，圓若用智。」這也許是對「外圓內方」人格意蘊的最好注解。內方若行義，義者，靈魂之正直，精神之獨立也；外圓若用智，智者，維繫個體之生存，易理想為現實也。於是，理想與環境的

---

1. 黃炎培：〈中華職業教育社奮鬥三十二年發見的新生命〉，中華職業教育社：《社史資料選輯》第3輯。

對峙，靈魂與肉體的衝突，在這樣一個富於張力的人格結構中，都取得了一種暫時的平衡。

　　一旦認定了外圓內方的選擇，作為人格主體的知識分子就會發現自己的形象發生了裂變，一重是只有自己的思維才能感知到的內在形象，另一重是為公眾所共同感知的外在形象，前者我們稱之為「本我」，後者我們稱之為「自我」。[2]「本我」是一個人的理想人格，反映了他的初始設計、內在信念、真實思想和價值觀。在特立獨行之士那裏，「本我」即使在最惡劣的社會環境下也常常直接轉化為現實形態，勇敢地、徹底地付諸於實踐，故此他們的人格形象總是那樣的光明磊落、表裏合一。然而在外圓內方者身上，「本我」始終僅僅停留在某種真空的觀念形態上，一俟付諸實踐，就必須進行形象上的化裝，轉型為一種「自我」，從而產生了人格形象的分裂。

　　「自我」作為「本我」在一定社會情境下的外化，要受到內在理想和外在環境的雙向制約。「本我」遵從的是道德原則，它命令人格主體依循自己的良心行動，按照自身的理想設計去能動地改造現存世界。而「準大一統」的社會環境則針鋒相對地向每一人格主體提出了高度規範性的「超我」要求，它奉行的是強迫原則，憑恃國家機器的暴力手段逼迫所有社會成員無條件地服從社會統一規範，被動地適應現存世界。處於如此敵對狀態中的「自我」，它的使命就顯得分外嚴峻。「自我作為一個邊境上的造物，它試圖在世界和本我之間進行調解，使本我服從世界，依靠它的肌肉活動，使得世界贊成本我的希

2. 本文所借用的佛洛伊德人格學說術語，如「本我」，「自我」、「超我」，其底蘊與佛氏的並不全同。

望。」[3] 這就是說，「自我」所服從的僅僅是現實原則，它既不簡單地聽從「本我」的調遣，也不屈從於環境的壓力，而是實在地尋求一條夾縫中的兩全其美道路，在不過分觸犯專制淫威的條件下實現理想的人格。

熱情奔放的「本我」，具有一洩為快的本能，常常表現為不顧一切的能量發洩衝動，而老於世故的「自我」深諳在東方的原野上並不容這匹獨立不羈的野馬盡興馳騁，因而自覺地扮演了懸崖勒馬的韁繩角色。由於「自我」只是「本我」的轉化形態，所以它本身並不具備能量自生機制，它的能量皆來自「本我」。「自我」將獲取的能量一分為二，一部分投射入外界，即依循理想對現實社會進行改造，另一部分回饋於自身，即抑制「本我」的能量發洩衝動，充當反能量發洩的阻抗功用，使「自我」能夠適應世界。這兩部分能量在比例上如何配置，往往取決於外界環境這一變數。倘若外界環境惡化，「自我」將能量較多地分配於反能量發洩方面，以保存個體的生存，免遭不測；倘若外界環境好轉，則將能量較多地投射於外界，以改變不合理的社會環境。然而，只要東方專制環境在整體上依然存在，外圓內方者就總是要將一部分能量回饋於自身，「自我」就只能是理想與環境、能量發洩衝動與反能量發洩阻抗妥協的產物。

既然「自我」是在政治環境壓力下某種不得已而為之的喬裝打扮，那麼就註定了這一外在形象的撲朔迷離。人們只有撩開那層防禦輻射的斑斕面紗才能窺見「自我」的真實底蘊。在國民黨的新聞統制下，報紙的讀者讀政論似乎都領會個中的

---

3. 佛洛伊德：〈自我與本我〉，《弗洛伊德後期著作選》，上海譯文出版社，1985年，206頁。

奧妙，擅長從套語中品出新意，從平淡中悟出激奮。而那些作政論的報人更是深諳「外圓內方」之道。在舊中國頗有聲譽的《大公報》的總經理胡政之透露說：「從前作報，好標榜『有聞必錄』……現在文網嚴密，法令滋多，作報的人毋寧要『有聞不錄』，遇到良心上不能不說的事，也只能在字裏行間，呻吟嘆詠，予讀者以暗示。」[4] 這種「呻吟嘆詠」式的「暗示」有時甚至到了不得不正題反做的境界。當抗戰期間，新聞界為當局的輿論統制束縛得敢怒不敢言時，胡政之在《大公報》上發表了一篇奇文，聲稱：「現在做一個報人，可以說是很難，也可以說是很易」，難在「值此動亂時期，報人的言論記載，每每與大局及人心有關，所謂言論自由的範圍，自然而然受到束縛」，但也因禍得福，由難變易，「近十年來，政府設置新聞檢查制度，給報人幫了大忙，自己猶疑不決的，現在替你代決，本來可以闖禍，現在叫你不會闖。於是報人容易做得多，責任也輕得多」；「現在大部分的消息，都由中央社供給，犯不着存爭先恐後之念，而且平平無疵，不會出毛病，編輯人可以任情發稿，不必傷透戒慎恐懼的腦筋」。[5] 這些近乎肉麻的話唯其肉麻，反而顯得有些調侃意味，使人隱隱體味到那背後所隱藏的怨艾本意。而對於檢查老爺來說，愚笨者可能會誤引為知音，嗅覺靈一點的也只能對之啼笑皆非！

受到理想和環境雙向制約的現實人格，具有兩個基本屬性：多變性和不易性。所謂多變性，意即「自我」隨着政治風雲的變幻相應調整自己的形象，像梁啟超就是近代中國有名的「流質易變」人物。有學者統計，他一生的政治形象前前後後共有「十變」。不唯梁任公如此，中國許多中間層知識分子皆

---

4. 轉引自《新聞界人物》第4輯，145頁。
5. 同上，140頁。

有隨勢而變的特點。因此，儘管外圓內方者與特立獨行者在不少歷史場合都極為一致，但正是這一點使二者在外部形象和內在境界上有了區別。不過外圓內方者的多變性畢竟有別於依附人格的那種毫無主見的變化無度，因為它還要受到另一重屬性的制約。在決定「自我」的函數關係中，如果說環境是一常變數，那麼理想顯然是一個相對穩定的不變數，這就使「自我」的多變中有其不變。「屢變屢遷」的梁啟超在其一生中就有三點不變：愛國之心不變，立憲之志不變和新民之道不變，可謂變中有其不變，不變表現於變中。

我們可以把「自我」的多變理解為一條兩端界定的頻帶，而封閉兩端的臨界點，一個是內在良心的容忍度，另一個是個體或事業生存的安全線。「自我」的不易性就意味着其變動始終嚴守着不越界的原則。像親筆手書「取象於錢，外圓內方」作為自己立身處世座右銘的黃炎培，他在解放戰爭時期的政治活動就很有代表性。1946年深秋，國民黨撕毀政協決議，單方面召集「國大」，有不少中間人士都經不起當局的威脅利誘上了賊船，但黃炎培深知，參加國大無疑是「自毀人格」，一旦落水，會帶來良心的永世不得安寧，因而儘管說客盈門，軟硬兼施，他依然不為所動。到第二年深秋，國民黨悍然宣佈民盟為非法團體，將按對共產黨的辦法進行「處置」時，黃炎培意識到這事關全體盟員的生命安全，便忍痛代表民盟總部與國民黨當局達成了民盟自動解散的協定，儘管日後招致了眾多的非議，但他始終認定「留得青山在」比無謂的犧牲具有更高的歷史價值。對於黃炎培，歷史上曾有「圓得高明」之論，是褒是貶，亦看其是否圓中見方，是否在主義與生存之間把握住微妙的平衡。

事實上，這種平衡的把握難度甚高，在變幻無常的東方專制主義氣候中，猶如不帶保險裝置的雜技演員走鋼絲那般

驚險。陳銘德、鄧季惺夫婦在回憶舊中國主辦《新民報》時說，鑒於當時刀把子操在國民黨手裏，「他們可以隨時要你的命」，被迫將「生存至上，事業第一」作為辦報的信條。但社會的正義和報人的良心又不能不顧到，於是便湊了一個八字訣：「中間偏左，遇礁即避。」也就是説，「居國共兩黨之中，而偏向共產黨」，是謂內方；而「遇到國民黨的高壓時，又要暫時退避」，是謂外圓。而具體的執行尺度是內方不能方到「把報社弄關了門」，外圓不能圓到「和國民黨一鼻子出氣」。[6] 縱然如此，在複雜的社會環境下實踐也難免不越界觸線。他們有圓得欠方的失誤，如夫婦倆為了報社的生存違心參加偽國大；也有因方得禍的時刻，《新民報》因主持正義最後被勒令永遠停刊。

在一般情形下，把握良心與生存間的平衡似乎並非難事，但有時候形勢的苛刻竟到如此地步，以致於兩個臨界點幾乎重疊在一起，使人格主體很難捉摸良心與生存的微妙平衡。近代中國的知識分子縱然選擇了外圓內方，而生存的恐懼和良心的危機猶如兩條緊緊相隨的黑影始終陪伴着他們，使這些不幸的人們永無片刻的安寧。

挫折、焦慮及其心理防禦

對於外圓內方的知識分子來說，他們的一生都在為滿足靈魂與肉體、良心與生存的雙重需求而苦苦探求着。不幸的是，這些探求並未帶來成功、欣慰和愉悅，倒帶來一連串的挫折、迷惘和悲哀。他們不僅在身心上經常遭受到社會黑暗勢力的殘酷摧殘，他們還不得不自己摧殘自己，在內心深處忍受兩重靈

---

6. 全國政協文史和學習委員會：《文史資料選輯》第63輯，134–135頁。

魂的衝突戕殺。所有這一切都在他們的心理上產生了一種十分痛苦的情緒體驗──焦慮。

任何焦慮都是某種挫折感或想像中的挫折感的產物。外圓內方者的焦慮情緒從發生學的視角來看大致分為三度：現實焦慮、抑制焦慮和道德焦慮。現實焦慮的病灶來自外部挫折，即環境對「自我」的壓抑，而抑制焦慮和道德焦慮的病灶來自內部挫折，即「本我」對「自我」的壓抑及其回饋。

第一度是現實焦慮。在充滿血腥味的東方專制主義國度裏，縱然你圓得再高明，那不甘墮落的正直靈魂都有可能招來防不勝防的殺身之禍。像《社會日報》主編林白水儘管很留意走上層，拉靠山，只因一支筆嘲弄軍閥政客過狠，就冷不防做了張宗昌刀下的冤魂。在三十多年的報人生涯中「坐牢不下二十次，報館封門也不下十餘次」的《世界日報》老闆成舍我感慨萬千地說：做「一個報人，不能依循軌範，求本身正常的發展。人與報均朝不保夕，未知命在何時，我們真不幸，做了這一時代的報人！」[7] 由於不測之禍隨時都會白天而降，因而中國知識分子大多成了驚弓之鳥，一有風吹草動，便趕緊進行自我設防，使自己的神經經常處於高度緊張狀態。

現實焦慮說到底是一種恐懼情緒，恐懼的直接導向與其說是外來的現實威脅，還不如說是「自我」中含有過多的「本我」成分。於是就進一步調整「自我」的能量分佈，將更多的心理能從投射外界轉移到用於內心，構成一條防禦「本我」衝動的反能量發洩戰壕。中華民族固然是世界上最智慧穎悟的民族之一，然而其知識分子的聰明才華很大一部分不是用來征服

---

7. 〈我們這一代的報人〉，《世界日報》，1945年1月20日。

自然和改造社會，而是被迫耗費在征服自我，壓抑自我乃至殘殺自我上！這一源自外部挫折的靈魂自食現象是外圓內方知識分子自身導演的內部挫折，產生了第二度的焦慮——抑制焦慮。「自我」對「本我」的強烈阻抗，只能一時消除後者的能量發洩，卻不可能徹底消除後者本身。相反地，被幽禁在前意識層的那個「本我」受屈既久，便再也忍耐不住，使勁地拍着那扇通往意識大廳的搖搖欲墜的房門，大聲申訴。民國初年的名記者黃遠生曾喟嘆道：「夫人生之最慘，莫慘於良心之所不欲言者，而以他故，不能不言。良心之所急於傾吐者，而乃不得盡言，而身死或族滅乃次之。」[8] 中國的士大夫是重生、愛國的，然而良心的被壓抑竟被視作比「身死或族滅」更為難忍，足見那是一種何等深沉的哀痛！

由於「自我」偏執地奉行現實原則，「本我」屢屢遭遇不公平的命運，這就導致了一個道德問題：「自我」的形象是否背離了正義的原則？生存之於良心是否取得了高於等值的實際至上地位？「自我」對「本我」的衝動阻抗得越厲害，內在良心對外在形象的審查也就越嚴厲。從理想人格的視角來看，現實人格總是具有某種不肖子孫的跡象，總是帶有一定的軟弱、虛偽和醜陋，這就引起了第三度焦慮——道德焦慮。一生做了不少違心事的黃遠生在臨死前不久寫下的〈懺悔錄〉中這樣懺悔自己道德上的「墮落」：

> 吾之靈魂，實有二象。其一，吾身如一牢獄，將此靈魂，囚置於暗室之中，不復能動，真宰之用全失。其二，方其梏置之初，猶若檻獸羈禽，騰跳奔兀，以欲衝出藩籬，復其故所，歸其自由。耗矣哀哉，牢籠之力大，抵抗之力小，

---

8. 黃遠庸：《遠生遺著》卷1，上海商務印書館，1920年，8頁。

百端衝突，皆屬無效。梏置既久，遂亦安此之。此所謂安，非真能安，盲不坐視，跛不忘履，則時時從獄隙之中，稍冀須臾窺見天光，慘哉天乎。不窺則已，一窺則動見吾身種種所為，皆不可耐，恨不能宰割之，棒逐之。綜之，恨不能即死。質言之，即不堪其良心之苛責而已。[9]

這種不忍見「吾身種種所為」的「良心之苛責」，從根本上說是無從倖免的，因為外界環境愈是惡劣，兩重人格的位差也就愈顯著，從而「良心之苛責」也愈發沉重。「自我」在環境和「本我」的夾攻中扮演了一個可憐的「一僕二主」的角色。

如此一來，外圓內方知識分子的身心就承受着環境與「自我」、「本我」與「自我」的雙重衝突。如果說特立獨行之士由於超越了生的執着，那自身統一的人格所面臨的只是一個與環境的外部衝突的話，那麼外圓內方者由於常常以調節「自我」形象去消弭現實的焦慮，則更多地面臨着「本我」與「自我」的內在對抗。於是，如何將這在現實層次上分裂的雙重人格在心理層次上彌合成一個統一的整體，從而消除內心的抑制焦慮和道德焦慮，就成為與應付環境同樣艱巨的現實課題。

鑒於自身的外圓內方人格規定了他們不可能像特立獨行者那樣通過情感的對外渲洩，自我的外向擴張或對環境的反挑戰這些方式爭得自我與世界的平衡，因而就唯有通過另一種內向的通道，即主觀地理解或「改變」造成焦慮的挫折，以將「自我」作某種合理化的解釋來求得暫時的心理平衡。這就是所謂的心理防禦機制。

---

9. 黃遠庸：《遠生遺著》卷1，125頁。

根據防禦客體焦慮的類型和防禦主體個性的不同，有多種心理防禦機制可供選擇。但就外圓內方者而言，他們經常運用的是下列四種方式：防禦抑制焦慮的幻想作用、補償作用和防禦道德焦慮的文飾作用、理性作用。

　　其一，幻想作用。

　　抑制焦慮源自對「本我」不得實現的艾怨。既然其衝動性的能量不允許發洩於正常的現實對象，那麼就發生了對象的移置，主體通過某條心理的暗渠疏導能量在虛幻的對象上得以渲洩。這就表現為一種「白晝夢」。中國知識分子的夢幻何其多也，小說詩歌、書報雜誌上常常有人說夢。蔡元培在1904年，當列強瓜分中國的烏雲愈來愈濃之時，做了一個《新年夢》，假借一個「中國一民」夢遊中的見聞，暢述各國的陸海軍被中國擊敗，所有的失土統統收回。還由中國牽頭，在世界上設立了「萬國公法裁判所」，「各國聽中國的話，同天語一樣」，從此「民間康樂，天下大同」。[10]

　　無獨有偶，當四十年後，國共內戰的危險近在眉睫，協力廠商面的調解斡旋又屢屢失效之際，民主建國會的領袖之一章乃器作了一個氣勢更為宏魄、想像更為奇麗的《二十年一夢》，聲稱有一位名叫「黃子孫」的夢見「二十年來的中國是理想的美滿」，全國只有精兵三十萬，「仍然感覺到沒有什麼用場」；蔣委員長辭去了軍職去美國考察，回國後作風相當民主；許多殺人的劊子手「都在國營大屠宰場裏做工作，在豬、牛、羊的項頸上發揮他們的殺欲」；那些善於伺候上司的官僚們都「改行去成為醫院裏的看護去了」；拿着剪刀的書報檢查

10. 蔡元培：《蔡元培政治論著》，河北人民出版社，1985年，43–44頁。

官「分配在幾個很大的國營服裝廠裏面，做裁剪師」；而專檢郵件的老爺，則在大機關裏做助理秘書，「每天一面要開拆幾千封信，一面節略的報告給主管人」。[11] 甚至《東方雜誌》在1935年年底公開徵文，其命題亦為：「於一九三三年新年大家做一回好夢」，並慷慨地騰出新年號的全部篇幅，以滿足中國文人的做夢欲。儘管有不少人在徵文中嚴肅地指出「不能夠拿夢來欺騙自己」，但雜誌的編者依然重申不無善意的初衷：「甜蜜的舒適的夢是我們所有的神聖權利呵。」[12] 不過，倘若中國的知識分子所有的僅僅是做夢的「神聖權利」，這無疑是社會和人格的莫大恥辱。當然做夢者未必不曾意識到自己在做夢，也未必不知道夢醒後猶如「天堂掉到地獄裏去一般」[13] 更為痛楚，然而他們在身心憔悴之中卻不能不求助於這一飲鴆止渴般的夢幻，以暫時鬆弛一下因焦慮而高度緊張的神經。

其二，補償作用。

「自我」固然是對「本我」的一種壓抑，但換一角度而言，也不妨將它視作對後者的補償，因為在現實情境下理想既然是難以企及的烏托邦，那麼退而求次，追求較為現實的低層次目標未嘗不是對「本我」的告慰。《大公報》的主筆王芸生在步入中年時曾無限依戀地追憶自己加入共產黨，當職業革命者，在「革命的火焰」中「生命發光」的青年時代，然而大革命的失敗以及隨之而來的白色恐怖卻使他「覺悟自己不是一個一手回天的英雄，遂摒絕一切政治的幻想，安心來過一個新聞記者的生活」。他自愧「人是從那時起變得沒出息了，也從那

---

11. 章乃器：〈我想寫一篇小說——二十年一夢〉，《平民》，第4期。

12. 《東方雜誌》，第30卷，第1期。

13. 章乃器：〈我想寫一篇小說——二十年一夢〉。

時起變得老實些了」。不過他自信「我的心卻未曾冷。這十年多來我一貫是在編報寫文章，報已編了三四千天，文章便也寫了一堆。我的報自然是我們這個國家的生活史料，我的文章也不至太對不起我的國家」。[14] 經過這樣的心理運作，積鬱在內心的抑制焦慮便奇妙地轉化為足以欣慰的補償之樂。如果說幻想作用是通過編織理想的夢境以沖淡現實的挫折，因而不免染有消極的自欺色彩的話，那麼補償作用反過來通過行為的現實化來補救理想的幻滅，因而也多少帶有積極的奮鬥意義。

其三，文飾作用。

道德焦慮源自「本我」對「自我」的無情審視，欲淡化這種灼痛的良心失落感，「自我」就不得不尋出種種理由在良心的法庭上為自己辯護。一種最簡捷的方法便是將自己文飾成一個不得已為之的受脅迫者，希望因此減免道義的責任。袁世凱稱帝時曾授命黃遠生作文捧場，黃在萬般無奈之際作了一篇「似是而非」、「不痛不癢」的文字加以搪塞，友人勸他這樣應付實不妥當，總以不作為妙。他沉吟半晌，為難地說：「我們的實在情形，難道旁人不知？橫豎總有人體諒我的。」[15] 及至他出走美國，在致梁漱溟的信中，再三表白自己過去處境之艱難，說：「竊聞士大夫之立身也，不畏斧鉞之及其身，惟恐不見容於君子。」[16] 與其說黃遠生企望且容於別人，毋寧說更希望能見容於自己，那種強調客觀因素，開脫主體責任的文飾理由正是為減輕良心的重荷、恢復心理平衡而採取的不得已的手段。

---

14. 王芸生：〈自序〉，《芸生文存》，大公報館，1937年。

15. 林志鈞：〈序〉，《遠生遺著》。

16. 黃遠庸：《遠生遺著》卷4，192頁。

其四，理性作用。

如果説文飾作用是採取消極防禦手段將自我打扮成一個身不由已的受難者形象，希圖從感情上取得良心的寬容和同情的話，那麼理性作用中的自我則採用以攻為守的積極姿態，以一個自信得理的辯護大師姿態出現在審判席上，通過理性的邏輯來證明自己理所當然的合理存在，從而將潛在的道德焦慮稀釋在一派冠冕堂皇的藉口之中。籌安會「六君子」之一的楊度在替袁世凱稱帝作吹鼓手時，遭到了舉國輿論的一致指責，他本人的潛意識裏未嘗沒有為搶做「新朝首輔」而自毀人格的慚愧，但其理性上的振振有詞卻不自覺地掩飾了這一點。他認定救國之方不在共和，而在君憲：「欲求富強，先求立憲；欲求立憲，先求君憲」，[17] 直至帝制失敗之時，他依然聲稱「我的政治主張絕無變更，我過去是君憲救國論者，今天還是君憲救國論者」[18]。倘若沒有這種自以為是的信念支撐，良心上的危機勢必會導致這個自視甚高的楊度精神崩潰。理性作用是一種比較高級的心理防禦機制，如果説其他幾種防禦機制多少有點半自覺的話，那麼它完全是不自覺的下意識作用。一旦發現「自我」在自欺欺人，一切心理防線都將不擊自潰。

上述這些心理防衛機制，對於由人格分裂所引起的焦慮確實具有某種局部的鎮痛麻醉功效，使現實中衝突的「本我」與「自我」通過一定的調適在心理層次上實現了暫時的彌合。但儘管如此，衝突的現實根源卻並不因此而消除，因此焦慮一方面被暫時地稀釋、消解，另一方面又在不斷地重新製造、產生。

---

17. 楊度：〈君憲救國論〉，《楊度傳》，湖南人民出版社，1979年，70頁。
18. 陶菊隱：《籌安會「六君子」傳》，中華書局，1981年，146頁。

外圓內方的雙重人格與傳統文化氛圍

當我們對外圓內方人格的結構機制作了上述概略的觀照之後，不由得要問：像魯迅那般傲骨錚錚的特立獨行之士雖然不乏其人，但為什麼外圓內方卻成為中國近代獨立人格的普遍模式？固然，本文所一再提及的東方專制主義社會環境是一個十分現成而又合理的解釋，但似乎遠未窮盡謎底的全部。應該說，在歐洲的中世紀，其宗教裁判之殘酷，專制君主之嚴厲，較中國是有過之而無不及。但恰恰就在那樣一個黑暗的年代裏，西方知識分子通過殊死的抗爭不僅為自己贏得了人格的獨立，而且還建構了一個為獨立提供保障的近代民主環境。可見外界生態環境雖能影響人的行為模式，但那定型化的行為本身一定蘊藏着更為深層的內在緣由。這就是說，在不同的文化氛圍下，中西知識分子具有不同的文化心態，攜帶着不同的遺傳密碼。中國知識分子可以作出與西方知識分子同樣的價值取向——人格獨立，但在中國文化的背景下，對隨之而來的方式取向卻可以作出某種變通。現在我們不妨取西方知識分子為橫向參考座標，從以下兩個層面來考察一下獨立人格在中國之變形究竟經過了什麼樣的文化過濾。

第一個層面：對理想與環境衝突的反應。

西方知識分子在理想的實踐中不是沒有現實的阻力，也不是沒有大大小小的內外挫折，但在面臨挫折的時刻他們往往表現出一種強烈的反挑戰性格，迸發出對自由和理想的執着熱情，這一熱情在挫折的刺激下往往達到迷狂的程度，顯示出無所畏懼的雄獅般的意志品格。而這些品格在構成近代西方人靈魂的人文主義和基督教兩大精神中都可以找到內在的根由。源自古希臘的西方人文精神十分強調人的至高無上性，人的心靈與肉體的絕對自由。古希臘詩人艾斯奇勒斯（Aeschylus）在

〈被鎖鏈鎖住的普羅米修斯〉中驕傲地吟道：「你要知道，我寧肯忍受痛苦，也不願受人奴役，我寧肯被鎖在岩石上，也不願作宙斯的忠順奴隸。」這種普羅米修斯精神在羅馬末期發展成一種更富於實踐性和更為自信的斯巴達克斯精神，即掙脫鎖鏈的行動意識和在近乎絕望的艱難環境下仍不可摧毀的必勝信念。在近代資產階級大革命風暴中，不論是啟蒙學者對自由這一自然權利的理論論證，抑或是響徹雲霄的「不自由，毋寧死」口號，都成為烘托西方知識分子人格的內在精神氛圍。而源自希伯來的基督教文化則有一種對無限超越的嚮往，對彼岸世界的理想追求，由此在強烈的宗教情操中滲透着「否定現實世界合理性的智慧和勇氣，即抗議精神」。作為基督徒的西方知識分子也具有「那種傲骨，那種犧牲精神‧那種為理想而奮鬥的絕對的反功利主義」。[19]

反觀熔鑄中國知識分子靈魂的儒道兩大文化傳統，都缺乏近代人文意義上的自由意識以及對自由的熱忱和追求，也沒有西方宗教中那種超越世俗的精神需求。儒道的人格設計都帶有各自的片面性，或重道德，或重智慧，獨獨忽略了意志的品格。當面臨現實挫折和挑戰時，它們往往不是通過意志的高揚去戰而勝之，從而在超越現實中實現自我的精神超越，而是更多地採取一種實用理性的態度，調動內心的智慧或道德力量，冷靜地分析個中的利害關係，尋求趨利避害的現實途徑。這可以從中西兩位文化先聖孔子和蘇格拉底的比較中清晰地表現出來。後者在法庭上拒絕起誓改悔，儘管這關係到他個人的生死命運。他說：「只要我的良心和我那種微弱的心聲還在讓我繼續向前，把通向理想的真正道路指給人們，我就要繼續拉住我

---

19. 〈杜維明談話錄：創見性的回應〉，《書林》，1986年第8期。

遇見的每一個人，告訴他我的想法，絕不顧慮後果。」[20] 而東方的孔夫子則要理智得多：「邦有道，危言危行，邦無道，危行言孫。」[21] 政治清明時，儘管言直行正，一旦天下失道，則不妨在保持行正的前提下言論變得圓滑一些。於此可見，中國知識分子之所以如此富於現實感，如此嫻熟地掌握「自我」變化的韻律，在其文化傳統中原是有淵源可尋的。

中國知識分子外圓內方的人格形成還與他們的自然歷史觀有關。在西方人的思維二分模式中，自然與人類，社會與個人都是對立的，而在這種對立中，人對自然界的征服超越、對自身社會的批判改造恰恰體現了人的真正價值，西方知識分子通過個人與社會的適度對抗，不斷地更新現存社會關係，以實現人類的進步。相形之下，中國人的自然史觀更具合二而一的色彩。「天人合一」意味着「和」是中國哲學的最高境界，不僅是自然界與人類的和諧，而且是社會與個人的和諧。和諧即是不爭。幾千年來，「和為貴」、「君子矜而不爭」這類經典箴言深深地積澱在歷代士大夫的心態中，使他們對外界的行為態度不是着意布新的改造，而是立足守成的適應。即使是那些開拓者，也大多持避免直接對抗的溫和立場，在適應中徐圖改造。適應是謂外圓，以企求同中存異；改造是謂內方，以實現以異變同。

顯而易見，適應與改造，外圓與內方這些對立的因素只有放在儒家的中庸天秤上才能得到技巧上的平衡。中庸的真諦在於「允執厥中」，即在對立的兩極中把握那有原則的中和。

---

20. 房龍：《寬容》，北京三聯書店，1985年，42頁。
21. 《論語・憲問篇》。

十、外圓與內方──近代知識分子的雙重人格

「不得中行而與之，必也狂狷乎！」[22] 狂者，即豪放進取的特立獨行之士，狷者，即有所不為的山林隱士。這些皆不符合中庸的理想，而那個「同乎流俗」、「八面討好」的「鄉愿」更是中庸所反對的。由此看來，近代知識分子的外圓內方人格正是一個活脫脫的中庸形象。用儒家的目光來看西方知識分子那種「狂」，雖然「進取」有餘，卻未免略欠理智，唯有執兩用中，才既是生存之道，又是奮鬥之道。儘管前者帶有英武陽剛的氣概，後者不免顯得陰柔荏弱，然而剛者易脆，柔者見韌，不也符合老子「柔弱勝剛強」的古訓？於此文化氛圍下大批近代知識分子在特立獨行與外圓內方之間選擇後者，便是十分順理成章之事了。

第二個層面：對「本我」與「自我」衝突的反應。

如果說在西方知識分子那裏也存在着某種「本我」與「自我」對立的話，那麼它並不是指中國知識分子這種外圓內方型的、在空間上展開的人格分裂，而是基於基督教原罪意識的、在時間上呈現的靈魂昇華。所謂基督教的原罪，不能將它理解為某種罪人之罪，而應理解為「你和原來你的至高無上的上帝有了一種疏離感，和它有了異化」[23]。也就是說，此時此刻所存在的「自我」形象與上帝設計的理想形象「本我」有一段距離，需要通過自我的痛苦修煉以實現靈魂的超度。故而西方知識分子對現實人生大多持相當嚴厲的態度，十分強調靈與肉的對立，採取極端克己，折磨肌膚，拷打靈魂的方法進行自我的心理洗滌，以最終實現向「本我」的回歸。這樣，痛苦就成了超凡入聖的解救之道，甚至痛苦本身也轉化為某種神聖化的歡

---

22. 《論語·子路篇》。

23. 〈杜維明談話錄：創見性的回應〉，《書林》，1986年第8期。

愉。杜斯妥也夫斯基（Fyodor Dostoevsky）就是一個「拷打靈魂」的顯例。他筆下的主人公「內心隱隱地咬牙切齒地責備自己，折磨自己，最後折磨得使痛苦變成某種可恥的、該死的快感，而最後變成某種斷然的、真正的享受」[24]！而就在這近乎自虐的良心審判中，西方知識分子吮吸到戰勝挫折、激勵鬥志、不妥協地為理想而奮鬥的精神源泉，他們的人格也就在永無止境的反省中得以不斷地淨化和超升。

反觀中國知識分子的外圓內方人格，儘管在現實層次上靈魂的分化要比西方知識分了嚴重得多，但不曾通過肉體的折磨和靈魂的拷問以實現事實上的合一，相反地，則往往借助於心理調適的防禦機制，企求在心理層次上達到虛幻的圓滿。這一切都與中國文化的基本性格有着直接的聯繫。正像李澤厚已指出的，如果可以將西方文化稱為「罪感文化」的話，那麼中國文化則是一種「樂感文化」。它不是如前者那樣強調靈與肉的對立，強調在此對立中人對自我的超越，而是表現為靈肉合一，情理合一；它極力避免那種悲壯崇高的命運衝突，避免以生命為代價的靈魂超越，寧可讓一切慘厲的對立衝突都消融在主觀心理的平靜安寧之中，消融在肯定現實人生的達觀愉快之中。在這種「樂感文化」的薰陶下，中國知識分子不是沒有良心對「自我」進行嚴峻審判，但審判的結局卻與西方知識分子的情況迥異，他們的靈魂不是在拷問後得到洗滌、淨化和昇華，而是開脫、安慰和諒解。中國知識分子擅長在險惡的政治環境下保護自己，不僅是肉體的保護，更重要的是心理保護。

近代外圓內方知識分子處於亙古未有的中西文化激烈碰撞之中。由於歷史本身具備了獨立人格誕生的社會前提和精神前

---

24. 杜斯妥也夫斯基：〈地下室手記〉，《世界文學》，1982年第4期。

提，他們在理智上可以接受西方，人格上可以向西方認同，但他們的心態卻依然擺脱不了傳統文化的糾纏。西方獨立人格在近代中國之所以變形，除了那可詛咒的「準大一統」社會環境之外，也許更多地不能不歸咎於中國知識分子本身的性格以及塑造這性格的內在文化氛圍。

外圓內方，千秋功罪，對此該作出一個什麼樣的價值評判？從歷史的功利價值度量，外圓內方者在極其殘酷的黑暗年代仍能不失方正的獨立品格，追隨衝殺在前的特立獨行之士，與惡勢力作堅韌的抗爭，其歷史之功不容低估。儘管他們有弱點，但正是這弱點本身掩護着他們的生命和事業，使舊中國留下了一批難得的人才和可貴的知識。客觀地説，這種頑強生存的功利價值並不在震駭一時的犧牲之下。然而從倫理的正義價值裁決，作為社會的良心理應以維護社會正義為最高職責，在這一點上外圓內方者的良心有着遮蔽不了的污垢。他們在人格形象上的孱弱和灰暗，直接阻礙了整個中國近代國民性的改造。縱然現實社會的不合理是造成近代知識分子人格不完善的一大外因，但那不合理的現實社會之所以能夠存在，反過來不是也有知識分子自身的責任麼？作為前人的後代，我們有足夠的理由理解他們，也同樣有足夠的理由責難他們。然而比理解和責難更重要的，應該是進行歷史的反思。

第三編

現代中國的政治正當性

十一、正當性的三種歷史類型

　　政治正當性是現代性的核心問題之一，也是國內外學術界研究的焦點問題之一。政治正當性（political legitimacy）是一國之本和國家的最高統治原則，是政治共同體和政治權威所賴以建立的認同基礎，也是統治者與被統治者共同認可的信念和規範。

　　那麼，政治正當性建立在什麼基礎之上，是宗教、道德還是理性？其背後的理據又是什麼？現代的正當性與古代的正當性有什麼不同？這些大問題作為研究的基礎性預設，自然需要釐清。本文作為一項思想史的研究，將集中在現代中國政治正當性的討論，將重點研究以下問題：從晚清到二十世紀上半葉的中國現代化的歷史過程之中，政治正當性與古代比較，究竟發生了什麼樣的歷史轉型？又與中國古典的思想傳統有什麼樣的歷史淵源？它與近代西方的政治正當性有什麼不同？現代中國的政治正當性以什麼作為其來源和基礎？其內部有什麼樣的內在緊張和衝突？

　　政治正當性是一個現代性的問題。在前現代社會，政治的正當，來自於超越的意志，在西方為古希臘的自然或基督教的上帝，在中國為同樣具有超越性的天命、天道或天理。只有到了現代性發生之後，這些超越的源頭瓦解之後，政治的正當性何在，才成為一個突出的問題。

政治秩序和政治權力的正當性，按照其來源的不同，有三種模式。第一種正當性來源於政治秩序的規範性，即一個政治共同體所賴以存在的核心價值和政治秩序的基本規範是否為統治者和被統治者所共同認可；第二種正當性來自於政治權力的認可性，即公共權力是否被最高的主權者或政治主體授權，賦予以他們的名義實行公共統治的權力；第三種正當性來自於權力的效益性，即統治者是否有能力實現被統治者所期待的政治效績，比如國家富強、民生改善、秩序穩定等。

一種政治秩序或公共權力的統治，只要具備了上述某一項條件，就可以被認為是正當的，比如某個公共權力其統治雖然不符合國家的根本大法，其權力也未經被統治者的合法授權，但其統治的業績不錯，能滿足或部分滿足被統治者的某些共同願望，那麼這個權力就具有了某種正當性，即效益的正當性。不過，這三種正當性在質地是不同的，概括而言，規範的正當性最高，也最穩定；認可的正當性其次；而效益的正當性最低，也最不穩定。

中國古典的思想傳統之中，入世的儒家和法家都比較重視政治的正當性。不過，中國哲人對政治秩序正當性的思考，與西方人是不同的。根據張德勝的看法，西方哲人考慮的是：政治秩序之正當為什麼是可能的？而中國哲人思索的是：如何建立正當性的秩序？前者問的是「為什麼」，是一個智性的問題，而後者問的是「如何」，是一個規範的問題。[1] 西方思想尋找的是政治秩序背後的正當性理據——上帝、自然法或者理性，而中國古典思想更多地集中在：如何建立一個正當的政治

---

1. 張德勝：《儒家倫理與秩序情結：中國思想的社會學詮釋》，轉引自《金耀基自選集》，上海教育出版社，2002年，263頁。

秩序？他們考慮的不是正當性背後的終極原因，而是如何實現政治秩序之正當化：德性原則（以民為本）、功利原則（富國強兵）等。

從正當性的三種模式來看，儒法兩家都很少討論權力的來源問題，皆認為君主的權力來自於天的授權，無須得到被統治者民眾的制度性認可。不過，儒家比較重視統治的規範性，即更多地從統治者的主觀意願出發衡量統治是否合法有道：是否施仁政？是否按照德性的原則統治？是否以民為本？而法家更強調統治的實際功效，是否可以實現富國強兵？在兩千多年的中國歷史之中，儒家自然是政治思想的主流，法家是偏支而已，不過，我們不能簡單地用道義（動機）和功利（效果）簡單地二分儒法的政治思想，即使在儒家思想內部，也有從荀子到葉適、陳亮、王安石、張居正這樣的功利主義儒家。[2] 關於這個問題，我們在第三節中將進一步詳細討論。

從儒家政治思想來看，其正當性有具有雙重的性質，一是超越的，政治統治是否正當，來自於超越的天的意志；二是世俗的，統治是否符合天意，主要通過被統治者民眾的意願和人心表達出來。超越的天意和世俗的民心不是像西方那樣隔絕二分，而是內在相通的：無論是天意還是人性，都內涵德性，民意與天意都遵循德性的最高原則，內在相通，德性之天意通過民意顯現出來。儒家的這兩種正當性來源，為近代以後的轉變提供了歷史的依據：超越的天理轉化為世俗的公理，傳統的民意轉化為人民的主權。

---

2. 蕭公權：《中國政治思想史》，第3、14章，新星出版社，2005年；田浩：《功利主義儒家：陳亮對朱熹的挑戰》，江蘇人民出版社，1997年。

晚清的中國，發生了「三千年未有之變局」。之所以「三千年未有」，乃是過去中國政治之變化，不過是王朝之更迭、權力之移位而已，雖然統治者不斷變化，但統治的基本義理、權力背後的正當性基礎，三千年基本未變也。而晚清開始的大變局，則不同了，不僅老祖宗定下的舊制度要變，而且舊制度背後的義理也發生了危機，也面臨着大變化。

綜合起來看，晚清以後政治正當性的大變局，體現在五個方面：

首先是對政治的理解發生了變化。在儒家古典思想中，政治是道德的延伸，內聖外王，政治背後的正當性標準不是政治本身，而是德性，而德性既是民意，又是天道，具有終極性道德價值。而現代性最大的變化，乃是政治與道德分離，公共生活與道德生活的分離，政治不再需要道德的源頭，不再需要上帝、天命、自然這些超越性源頭，政治成為一項世俗性的事務。於是，政治正當性終於成為了一個嚴重的問題：上帝死了以後，天命、天道、天理式微之後，人成為政治世界的主體，那麼，人如何自我立法？如何為世俗的政治重建正當性的基礎？

由此便產生了第二個變化：超越的正當性變為世俗的正當性。天理的世界觀被公理世界觀替代，天德的正當性也轉變為歷史的正當性。晚清以後，政治是否正當，不再從超越的天命、天道和天理之中獲得其德性的正當性，而轉而從人自身的歷史，從進化的、文明的歷史進程之中尋找正當性的源頭。晚清出現的公理，雖然從傳統的天理演化而來，但已經世俗化了，其背後不再是一個以宇宙為中心的有意義的有機世界，而是一個以人為中心的機械論的物理世界。世界是進化的，也是有目的的，現代政治是否正當，要看其是否符合歷史演化的法則和目的。

第三個變化是個人、自由和權利成為成為衡量政治是否正當的基本價值和尺度。古代中國的政治正當性是建立在關係基礎上的，即是否可以建立一個天下歸仁的禮治秩序。因而「仁」和「大同」成為最高的價值理想。從明代王學中開始萌芽的個體意識和明末的自然人性論到晚清通過西方思想的催化，發酵為個人、自由和權利的新的價值觀。晚清的「仁學」世界觀中發展出「自我」和「自由」的價值，「善」的觀念演化為「權利」的觀念，「個人」伴隨着「民族國家」的概念同時誕生。政治秩序是否正當，在於是否為每個國民提供個性的自由發展和個人權利的落實。於是立憲與否便成為正當性的重要標誌，也是上述基本價值的制度性保障。

　　第四個變化是到近代以後權力的來源成為政治是否正當的核心問題。如前所述，在古代中國，政治的核心問題是：如何統治才是正當的，符合天意和民心？而到近代由於民權運動的突起，發生了一個革命性的變革：政治正當性的核心問題不再是如何統治，而是統治者的權力是否得到了人民的授權和同意，由此從民本的正當性（民本主義）轉化為民主的正當性（人民主權論）。人民從過去只是被代表的客體，成為政治的主體。不過，人民的意志究竟是什麼？是清末民初所說的公理，還是「五四」時期流行的公意，或者是後來取而代之的民意？從公理到公意再到民意的歷史演變來看，雖然都是人民意志的體現，但其內涵的客觀性和抽象性依次減弱，而主觀性和流變性逐漸遞增，因此也給了民本正當性一個重新翻盤的空間，統治者只要宣稱代表民意，便可以民本正當性冒充民主的正當性，或者以民粹主義的名義行專制主義之實。

　　最後是國家富強成為政治正當性的重要來源之一。如前所述，儒家的政治正當性主要建立在統治的動機（義）基礎之

上，而統治的效用（利）一直是潛伏的支流。晚清以後，經世潮流大興，儒家內部的功利主義支流經過洋務運動的刺激，逐漸演化為主流，並進一步以法家的富國強兵作為追求的目標。效益主義的政治正當性，在現代中國有兩個標準，一是國家的獨立和富強，二是建立穩定的統一秩序。不僅在統治者那裏，而且在知識分子內部，這種效益主義的正當性一直有廣泛的傳播和市場。

在上述晚清以後五大變化趨勢之中，可以看到在經歷傳統正當性危機的同時，現代中國的思想家們也在逐步重建新的政治正當性軸心。新的政治正當性以「去道德化」為時代標誌，以世俗化的歷史主義目的論為知識背景，確立了三個重要的正當性軸心：自由之正當性、民主之正當性和富強之正當性，並分別形成了自由主義、民主主義和和國家主義這三種現代中國重要的政治思潮。

個人自由、政治民主和國家富強，這是三種現代的政治價值，彼此之間有密切的互動和相關關係。比如，自由主義的民主，便同時包含了自由和民主這兩種政治價值。在晚清，當這些新的價值在嚴復、梁啟超等啟蒙思想家那裏出現的時候，彼此之間也是互相包含，尚未分化的。然而，這些價值畢竟代表了不同的發展取向，很快地民主主義與國家主義便發生了衝突，最後自由主義與民主主義也分道揚鑣。這些思潮之間的分化，並非自由、民主和富強諸價值的絕對衝突，而是一個當這些價值發生內在衝突的時候，究竟何為優先的選擇，國家主義選擇的是國家的富強，民主主義看重的是權力的來源，而自由主義更重視的是通過立憲維護個人權利。從清末到民國，民權與國權的爭論一直不絕如縷，而到二十世紀四十年代後半期，本來一直是結為一體的自由民主主義內部也發生了分化，形成

要憲政還是要民主的大抉擇。在洶湧而起的民主大潮和國家動亂之中，民主壓倒了自由，憲政屈從於威權。

　　從整個現代中國思想史來觀察，對政治正當性的關注，更多地糾纏在民權與國權的爭論中，即不是從權力的來源，就是從權力的效益性來論證政治權力的正當性。而忽略了正當性的核心問題：國家的核心原則——立國之本是什麼？政治共同體公認的核心價值和公共文化是什麼？這些核心價值和公共文化如何通過以憲法為中心的憲政加以制度化和法治化？由於對正當性這一核心問題的理論探索的匱乏和政治實踐的失敗，因而清王朝崩潰以後政治權威的危機一直沒有得以解決，現代中國從1911年到1949年，陷入長達近半個世紀的政治動盪，而在種種亂局背後，正是國家缺乏一個穩定的制度性權威，而之所以缺乏權威，乃是政治共同體並沒有形成制度所賴以存在的核心價值和公共政治文化。

十二、從天德正當性到歷史正當性

在古代中國的思想中，自我、社會和宇宙是一個富有意義的秩序整體，中國人依靠這些符號鍛造作為宇宙認知圖式的世界觀，他們不僅按時空來構思世界並找到自己在其間的位置，而且現實的政治秩序也因此而獲得其正當性。[1] 古代世界的政治有其超越的正當性源頭，這個源頭在中國便是天命、天道或天理。雖然，中國的超越性天意與世俗的人心並非像西方那樣截然兩分，而是內在相通，天道之中有人性，天理之中也有人欲，然而政治的正當性的終極根源畢竟是建立在天道而非民意基礎之上，這是古代正當性與現代正當性的根本區別所在。[2]

古代中國的政治正當性，並非一成不變，事實上不僅在歷史上有變化，而且形成了多種歷史傳統。按照張灝的分析，古代中國的政治觀，主要有兩種傳統：一種傳統是「宇宙本位的政治觀」，他從殷商時代的天命觀開始，到西漢董仲舒那裏達到巔峰，「根據這種觀念，人類的社會是神靈或超自然力所

---

1. 張灝：《危機中的中國知識分子：尋求秩序與意義》，新星出版社，2006年，9頁。

2. 列奧·施特勞斯（Leo Strauss）在分析古代的自然本性與人的關係時這樣說：「自然本性提供標準，這個標準完全獨立於人的意志；這意味著自然本性是善的。讓人具有整體之內的特定位置，一個相當崇高的位置，可以說人是萬物的尺度；或者說人是小宇宙，但他是由於自然本性而佔據這個位置的；人具有的是秩序之中的位置，但他並未創制這個秩序。『人是萬物的尺度』這個命題正好與『人是萬物的主宰』相反對。人具有的是整體之內的位置，人的權能是有限的；人無法克服其自然本性的界限。」（列奧·施特勞斯：〈現代性的三次浪潮〉，載賀照田主編：《學術思想評論》第6輯，吉林人民出版社，2002年，90頁）施特勞斯的這段分析清晰地表明了在古代的正當性之中，自然本性（天道）高於人性，無論是古希臘，還是古代中國，雖然人是萬物之靈，但絕非世界之主宰，在其之上還有更高的自然本性（天道）。

控制的，是宇宙秩序的一部分。」另一種傳統是「天德本位的政治觀」，其從周代的天道觀發端，經過孔孟荀而系統化，到宋明理學進一步發揚光大。「這種天道觀人文政治權力的泉源是天命，天命的傳授端視德行為準，而德行與權力的結合便是造成理想社會的基礎」。這種「天德本位的政治觀」，以孟子和荀子為代表，又有「客觀禮治的政治觀」和「人格本位的政治觀」兩種類型之分。前者相信可以通過禮樂制度建立社會秩序，實現與宇宙的和諧，後者着重於人格修養的德治，治人以修己為始點，政治不過是人格的擴大，從內聖而外王。[3]

儘管這幾種思想傳統在歷史上互相滲透，互相內化，但從大的趨勢而言，漢唐的政治建立在宇宙本位的天命觀基礎之上，這些內在含有德性的宇宙天命通過先秦流傳下來的禮樂規範而得以制度化。然而，唐以後由於受到佛教的衝擊，儒家的宇宙本位的天命觀日趨式微，日常生活中的禮樂制度背後的超越價值被掏空，需要重新義理化，於是在中國思想史中，便發生了歷史性的「唐宋轉向」，以天理觀為標誌的「天德本位的政治觀」取代了「宇宙本位的政治觀」，成為宋以還中國政治思想的正宗。汪暉分析說：

> 天理概念由天與理綜合而成：天表達了理的崇高地位和本體論根據，理則暗示了宇宙萬物成為宇宙萬物的根據。天與理的合成詞取代了天、帝、道或天道等範疇在傳統宇宙論、天命論和道德論中的至高地位……天、命、道均帶有天道論（自然法則）的痕跡，而理卻代表了這一法則的理性轉化。所謂「理性化」或「理性的法則」通常用於描述「理」這一概念把道德判斷的根據從天的意志轉向內在於人的理性，從

---

3. 張灝：〈宋明以來儒家經世思想試析〉，《張灝自選集》，上海教育出版社，2002年。

外在的禮儀制度轉向內在性的錘煉，從宇宙論的描述方式轉向本性論的描述方式。[4]

列奧・施特勞斯（Leo Strauss）所理解的自然，是與人的世界分離的自然，自然權利是主宰人的最高倫理發展。中國古代的天理雖然與其相近，但超越的天理與人的心性是相通的。天理與人性，心同此理。於是發展到明代的王學，人心代替天德，成為政治的本位，「天德本位的政治觀」演變為「人格本位的政治觀」。雖然人心之上還有天理，但不同的人心所理解的良知，具有不同的取向，天理因而也具有了相對主義的內涵，而德性的內涵究竟意味着什麼，則取決於良知本身的理解，人心從客觀的天理中解放出來，逐漸獲得其意志的自主性。

從宇宙的本體到天理的本體，並進一步到良知的本體，中國古代的政治正當性，逐步脫離原始的天命和超越的性質，走向人世間，以世俗的、唯心的人之良知，作為其基礎。到了晚明，中國思想的發展已經到了突破的前夜，差一步就可直達近代。不過，這一思想的歷史進程被滿清的入關打破，在異族的統治之下，進入了長達兩百年的蟄伏期，直到晚清才重新復興。在「三千年未有之變局」中，過去是天不變，道亦不變。如今，晚清的思想家們敏銳地發現，天已經變了，道不得不隨之改變。「中國知識分子中的一部分人正在滋長一種想做某些自晚周軸心時代以來也許從未做過的事的要求，即重新考察中國社會政治秩序的制度基礎。」[5] 為了替需要變革的政治秩序提供新的正當性基礎，一種新的世界觀出現了，這就是公理的世界觀。

4. 汪暉：《現代中國思想的興起》上卷第1部，北京三聯書店，2004年，111–112頁。

5. 張灝：《危機中的中國知識分子：尋求秩序與意義》，8頁。

金觀濤、劉青峰根據他們作的現代中國思想關鍵字的量化研究，發現「公理」這個詞在1895年以前很少在文獻中出現，這之後頻繁出現，目前能夠檢索到的，最早將「公理」作為核心觀念運用到政治詞彙的是康有為。[6] 所謂的公理，是天理崩潰之後的一種世界觀的替代。如前所述，唐宋轉向之後，中國政治思想的背後是一種天理世界觀。溝口雄三指出：「所謂天理是自然法則的條理，同時又是政治應該依據的天下之正理，而且也是人的內在道德的本質。」[7] 天理是宇宙和自然之道，也是社會政治規範，也是道德倫理的最高價值，總而言之，是中國古代整體性的價值系統和世界觀。而公理作為天理的價值替代，也保留了天理的上述世界觀的特徵，具有整全性和實質性。不過，與天理世界觀比較，公理世界觀中的世界不再是那個事實與價值合一的有意義的有機體世界，而是一個事實與價值分離了的、可以為科學所認識的機械論世界。更重要的是，如果說天理世界觀是以天德為中心的自然世界的話，那麼公理世界觀就是一個以進化為中心的人自身的歷史世界。[8]

這樣一個公理的世界，還有天理世界觀那樣的超越性嗎？雖然公理像天理一樣，具有一元的、普世的、客觀的和形而上的性質，但已經不是屬於超越世界的玄理，而是物質的、實證的，可以通過科學的方法加以認識和掌握。公理是世俗世界之理，是人的歷史進化之理。公理的出現，乃是與有機論宇宙觀解體之後，人成為這個世界唯一的、真正的主

---

6. 金觀濤、劉青峰：〈天理、公理和真理〉，載《中國文化研究所學報》，第41期，2001年；〈試論儒學式公共空間：中國社會現代轉型的思想史研究〉，載《台灣東亞文明研究學刊》，第2卷，第2期。

7. 溝口雄三：《中國的思想》，中國社會科學出版社，1995年，15頁。

8. 關於公理世界觀的性質和特徵以及天理世界觀向公理世界觀的轉變，汪暉作了系統的、精緻的研究，見汪暉：《現代中國思想的興起》導論、總論部分。

宰密切相關。公理不再像天理那般先於人而存在，公理是人自我立法的產物，內涵了人的自主性和權利法則，正如汪暉所說：「科學世界觀不僅是一種文化運動的旗幟，而且也是現代國家的合法性基礎——它的權利理論和法律基礎是以原子論的抽象個人為前提的。」[9]

在近代的公理之中，「理」繼承了古典的「理」的基本性格，而「公」則是對「天」的替代和超越。「公」自然不是近代的概念，它是中國古典思想中非常重要的核心概念。中國的「公」這一概念，不僅歷史悠久，而且內涵相當複雜。[10] 從本文所討論的政治正當性而言，中國古代的公，大致有兩種含義：一種是規範意義上的，這裏的「公」與「私」相對，代表普遍的規範、義理和價值，具有倫理的內涵。比如《禮記》中的「天下為公」。公乃天下也，既是倫理的普遍秩序，又與天命、天道和天理相通，具有超越性的源頭。古代政治秩序的正當性，便以「公」為標準。另一種「公」的含義，是社會意義上的，這便是明末清初所出現的「合私為公」。這個「公」，不再與「私」對立，反而是在肯定「私」的正當性的前提下，綜合各種私人利益而合成的公共利益。[11] 這個層次上的「公」，並不具有前者的德性意義，多為社會意義上空間和利益的考量，但仍然比「私」在價值上高一個層次，具有公共、公平和公正的政治價值內涵。上述中國古代兩種「公」的思想傳統，都延續到近代，對晚清公理世界觀的形成和自我理解發

---

9. 汪暉：《現代中國思想的興起》下卷第2部，1400頁。

10. 陳弱水從歷史文獻學和思想史的角度，考察了古代中國「公」的概念，概括了五種類型。見陳弱水：〈公德觀念的初步探討：歷史源流與理論建構〉，《公共意識與中國文化》，台北聯經出版，2005年。

11. 關於明末清初所出現的「合私為公」意義上的「公」，見黃克武：〈從追求正道到認同國族：明末至清末中國公私觀念的重整〉，載黃克武、張哲嘉編：《公與私：現代中國個體與群體之重建》，台灣中央研究院近代史研究所，2000年。

生了同等重要的作用。晚清的公理，繼承上述兩種「公」的傳統，具有雙重的內涵：公理既是規範意義上的普遍義理和最高價值，也是社會層面上的共域性空間，即從社會到國家的各種現代之「群」。

在西方近代的啟蒙運動中，替代了上帝法的自然法提供了政治秩序的正當性基礎，而在晚清的中國，則是世俗的「公」替代超越的「天」，成為新的政治正當性所在。而公理世界觀的形成，不僅與「個人」觀念的誕生，而且與近代民族國家的出現有着密切的互動關係。民族國家的出現，使得第二重意義上的「公」具有了國家主權和制度化架構。而近代的民族國家也需要一個新的世界觀作為其正當性基礎。古典的天理，建立在第一重意義上的「公」，即「天下」的基礎之上。當晚清發生了從天下到國家的歷史轉變之後，在世界觀上也面臨着從天理到公理的轉型。公理雖然形式上也是普世性的世界主義，但在制度架構上必須落實為公（群）的制度架構即民族國家的最高法則：以立憲為核心的憲政制度。

從天理到公理，是兩種世界的不同法則。古代的世界是自然法則支配的世界，而支配晚清世界的公理，雖然依然具有客觀的、形而上的形式，但已經是人自身的理性法則。這個世界，已經不是一個獨立於人的意志之外的自然世界，而是以人為中心的理性世界。雖然在古代中國，自然與理性並沒有像歐洲那樣截然二分，而是以天人合一、天理與人性內在相通的方式存在，但古代的世界畢竟以天為中心，非以人為中心。而近代的世界，完全是一個以人為中心的世界，歷史的正當性替代天德的正當性，成為近代政治背後的理性基礎。

以公理為中心的近代世界觀，雖然與傳統的天理一樣，合宇宙、自然、社會和倫理之理為一體，但它不再是超越的、唯

德的，而是具有了科學的形式。這一公理世界觀，在晚清得到了風靡一個時代的社會進化論的學理支持，演化為一種強勢的歷史目的論，於是政治的正當性基礎，逐漸從天德的正當性轉化為歷史的正當性。

古代中國的政治秩序以天下為中心，而到晚清，隨着民族國家觀念的出現，現代中國的政治秩序的重心，開始從以天下轉移到國家，政治正當性的基礎也隨着發生變化：在傳統中國，天下的秩序是自然秩序的一部分，而到近代，以國家為核心的現代政治秩序則從自然回到了人本身，因此不得不從人類自身的歷史演化，從歷史的終極目的來衡量國家的正當性。在歷史進化論的催化之下，政治的正當化也被歷史目的論化了。[12]

晚清的歷史目的論，來自於三種不同的思想傳統，一是古代今文經學的公羊三世說，二是嚴復引進的西方的歷史進化論，三是日本福澤諭吉的文明論。這三種原本不相關的思想傳統在康有為、嚴復、梁啟超那裏彼此印證、互相強化，形成現代中國思想史上強有力的歷史目的論。[13]

這樣，晚清之後新的民族國家正當性不再像過去歷代的王朝那樣，建立在宇宙論的基礎上，而是以歷史目的論為其正當性基礎，從空間（宇宙）的正當性轉化為時間（歷史）的正當

---

12. 所謂歷史目的論（historical teleology），乃是認為人的歷史具有某種先定的目的、歷史的發展就是按照其內在的邏輯有序地、由低向高分階段走向終極目的的過程。柏拉圖、湯瑪斯·阿奎那和黑格爾是西方古代、中世紀、近代的歷史目的論的理論代表。到了近代啟蒙時代，與進步主義相結合，歷史目的論還具有了一種直線進化的性質。古代中國的歷史觀，雖然有「三代」的理想，但基本上是一種歷史循環論，只有到了晚清，傳統的公羊三世說與西方的歷史進化論結合以後，才獲得了一種歷史不是向後、而是向前發展的歷史目的論的初級形式。

13. 關於晚清的公羊三世說與歷史進化論的結合，已有研究成果非常之多，也非常充分。而福澤諭吉的文明論思想對晚清的影響，特別是對梁啟超的影響，見鄭匡民：《梁啟超啟蒙思想的東學背景》，第2章，上海書店出版社，2003年。

性。公理世界觀便是以公羊三世説、歷史進化論、文明論這些歷史目的論為基本理論預設的。

變，成為晚清思想的一大特徵。為什麼要變？康有為認為：「《春秋》發三世之義，有撥亂之世，有升平之世，有太平之世，道各不同。」[14] 這就是説，世不同，道就不同。歷史既然是進化的，那麼理便需要與時俱進。這就是世道的變化。世道的變化，與時勢有關。根據汪暉的研究，時勢是一個將歷史的斷裂轉換為連續的概念。宋儒以理釋天，將時勢替換為理勢，用來解釋聖王之勢為什麼會轉化，以此在歷史變遷中論證天理的普遍存在，論證三代理想的變遷和發展。[15] 不過，在宋明理學之中，時間並沒有成為一個重要的觀念，一直到明清之際，時間意識才真正產生。[16] 章學誠的「六經皆史」，將義理置於歷史的變化之中，王船山的「理勢」概念則將理同時視作勢，制度不僅要符合天理，而且也要符合勢，符合歷史的變遷和發展。在這裏我們可以看到，在傳統的儒家義理之中，時勢原本是以古代的三代為理想，是現在向古代的回歸，而到明清之際，時勢的內涵則改變了變化的方向，有了向未來的趨勢，而晚清的公羊三世説的復興、歷史進化論的引入和人類文明論的傳播，進一步將時勢改造為向某個未來理想目標進化的概念，於是，在時勢之外，一個更新的概念出現了，這就是潮流。

錢穆説：潮流是一個新概念，過去中國只有風氣一説。「風氣二字乃一舊觀念、舊名詞為中國任向所重視。近代國人

---

14. 康有為：〈《日本書目志》序〉，《康有為全集》第3卷，上海古籍出版社，1992年。

15. 汪暉：《現代中國思想的興起》上卷第1部，55–61頁。

16. 陳贇：《回歸真實的存在：王船山哲學的闡釋》，復旦大學出版社，2002年，502–505頁。

競尚西化，好言潮流。潮流二字是一新觀念、新名詞，為中國古書中所未有。此兩名詞同指一種社會力量，有轉移性，變動不居。唯潮流乃指外來力量，具衝擊性，掃蕩性，不易違逆，不易反抗唯有追隨，與之俱往。」[17] 晚清以後，當一股股歷史潮流競相而來，令人振奮，也令人畏懼，無人敢擋。孫中山有言：「歷史潮流，浩浩蕩蕩，隨之者昌，逆之者亡」，說的就是這種背後由強勢的歷史目的論所支援的歷史時勢。這些潮流不僅是外來的，而且是客觀的，為歷史演化的必然法則所支配，同時也是眾人意志的集中體現。一旦眾人的心理形成某種趨勢，便客觀化為某種歷史潮流，個人便無可選擇，唯有順應而已。梁啟超認為，「英雄者，乘時者也，非能造時者也。」[18] 梁啟超將民族主義視作由進化論和文明論所支配的歷史潮流，「皆迫於事理不得不然」，[19] 而孫中山則將民權主義看作是「時勢和潮流所造就出來的」，盧梭的民權主張符合人民的心理，便形成潮流。[20] 在近代的中國思想史上的論戰之中，常常可以看到對立的各派都以「世界潮流」來印證自己觀點之正確。[21]

從天理到公理，再到潮流，現代中國的政治正當性逐步失去了超越的和客觀的性質，走向歷史的和心理的主觀意向。公理與潮流，一開始互相內化，公理背後有潮流，潮流亦以公理標準，以後便逐步分化，潮流脫離了公理而獨立，變成等同於

---

17. 錢穆：〈風氣與潮流〉，《晚學盲言》下冊，廣西師範大學出版社，2004年，321頁。

18. 梁啟超：〈文野三界之別〉，《梁啟超全集》第1冊，北京出版社，1999年，341頁。

19. 梁啟超：〈論民族競爭之大勢〉，《梁啟超全集》第2冊，887–899頁。

20. 孫中山：〈民權主義〉，《孫中山選集》，北京人民出版社，1981年，703、705頁。

21. 陳儀深對1930年代民主與獨裁論戰的研究，發現《獨立評論》的作者們，為了加強自己觀點的說服力，皆舉出「世界潮流」作為自己觀點的佐證。見陳儀深：《獨立評論的民主思想》，台北聯經出版，1989年，141頁。

人民主觀心理的民意。在歷史目的論的強勢支配之下，政治秩序的正當性一步步「去客觀化」和「去形而上學化」，成為人的主觀意志認識了歷史「必然」之後的「自由」選擇。

十三、從公共善到個人自由與權利

　　古代中國的政治正當性建立在公共善（仁）的基礎上，到了晚清之後，逐漸轉移為個人的自由和權利。這一過程是如何發生的，又與西方的現代性過程有什麼區別？要了解這些問題，必須從個人、自由、權利這三個現代性的核心概念在中國出現入手。

個人

　　現代性最重要的事件之一，是個人的出現。在傳統中國，政治正當性的基礎落實在天下，即以德性為中心的禮治秩序，而到了近代之後，正當性的重心逐漸從天下轉移到個人，而與個人密切相關的自由、權利等，到晚清以後，也成為毋庸置疑的正當性詞彙。

　　作為現代性的個人觀念是如何出現的？這固然與晚清西學的引進有關，早期的基督教文獻和1900年以後傳入的「天賦人權」思潮都有豐富的個人、自由和權利的思想資源，但在晚清，這些外來的觀念在尚未崩盤的儒家義理系統之中，並不具有天然的合法性，它們只是起了一個外在的「催化」作用，使得在中國思想經典中一些原先並非核心的觀念產生「發酵」，在晚清歷史語境的刺激下，進入主流。而個人觀念的出現，與晚清出現的強烈的「回歸原典」的衝動有關，儒學和佛學的傳統為晚清個人的崛起提供了豐富的思想資源，在原始仁學和和

宋學之中，人的心性與天道相通，個人在成仁成聖上，擁有充足的道德自主性。而佛學中的平等精神、無父無君和突出個體，與儒家的道德自主性內在結合，使得晚清的個人觀念高揚，從道德自主性逐漸發展出個人自由和個人權利的觀念。

西方的個人主義（individualism）也是近代的產物，個人（individual）的出現與馬丁・路德（Martin Luther）的新教改革有關，但在長期的歷史演化中，逐漸形成了三種不同的思想傳統：一種是原子論的個人主義。在機械主義世界觀主導下，認為個人是社會的本源，是原子式的存在，相互之間隔絕，彼此孤立。個人按照自然法擁有自我保存、自我欲望、個人財產等各種自然權利。按照麥克弗森（C. B. Macpherson）的經典論述，這是一種「佔有性的個人主義」，所謂個人本質上就是他自身和能力的佔有者。[1] 第二種是方法論的個人主義。最典型的是史賓賽式的社會有機體論：社會由個人組成，社會要發展，有賴個人的發展，個人有其內在的價值。不是整體決定個體，而是個體決定整體。第三種是個性論的個人主義。個性（individualistic）是德國浪漫主義傳統中的概念，其一反啟蒙傳統中普遍的理性個人，強調個人道德或意志的自主性，最重要的是實現個性的自由發展和真實的自我之實現。從康得到尼采皆是這一傳統的代表，對現代中國影響很大的約翰・彌爾（John S. Mill）的個人觀之中，個性的發展也具有核心的價值。

上述三種西方個人主義思想傳統在近代都傳入中國，總體而言，第一種原子論的個人主義由於在中國思想傳統中缺乏自然法、原子論等基本理論預設，因而影響有限。而後兩種個人

---

1. 見 C. B. Macpherson, *The Political Theory of Possessive Individualism: Hobbes to Locke*, Oxford University Press, 1962（麥克弗森：《佔有性個人主義的政治理論：從霍布斯到洛克》）。

主義卻在中國古典思想傳統中找到了相應的「知音」：方法論的個人主義與中國傳統的「群己觀」[2]內在結合，而個性論的個人主義則與儒家的「人格主義」[3]接軌。陌生的外來觀念一旦「催化」了本土傳統，中國古典思想中獨特的自我觀念便在晚清語境下「發酵」為近代的個人觀念。

晚清個人觀念的出現，有兩條主要的思想脈絡，一條是康有為、譚嗣同為代表仁學世界觀下的個人；另一條是梁啟超、嚴復為代表的民族國家譜系下的個人。前者以「仁」為標誌，個人具有與天溝通的道德自主性，後者以「公德」為核心，具有獨立人格和個人權利的新國民。[4]

在《實理公法全書》中，康有為將個人視為各有各的「靈魂之性」，人人皆平等，有「自主之權」。[5]人之所以能夠自主，乃是因為每個人都是「天民」，具有天賦的先天的道德修養能力：「人人皆天生，故不曰國民而曰天民；人人既是天生，則自隸於天，人人皆獨立而平等」。[6]近代西方的個人權利來自自然法，而中國由於缺乏自然法傳統，個人的自主性在

---

2. 中國儒家傳統中的自我，乃是為己之學，自我的道德完善是人生的目標。不過，儒家與佛學不同，自我雖然是自主的，卻不是自足的，「己」之價值究竟是大是小，要放在群（家、國、天下）的脈絡中得以最後定位。因此儒家的自我不是抽象的、原子論的自我，而是在群己互動關係中的自我。

3. 狄培理（舊譯狄百瑞）（Wm. Theodore de Bary）認為：儒家的自我觀念與個人主義不同，是一種人格主義（personalism）。個人主義強調的是互不相關而孤立的個體，而人格主義則將個人放在與他人、歷史和自然的有機關係之中，個體是自主的，每個人可以按照自我的個性而發展。見狄百瑞：《中國的自由傳統》，香港中文大學出版社，1983年，43頁。

4. 在這兩條主要的脈絡之外，還有一個近代個人觀念的支流，即章太炎所代表的、受到佛學影響的臨時性的「自性」的個人（見汪暉：《現代中國思想的興起》，第10章；姜義華：《章太炎評傳》，第6章，百花洲文藝出版社，1995年），本文限於篇幅，暫不討論。

5. 康有為：〈實理公法全書〉，見朱維錚編：《中國現代學術經典‧康有為卷》，河北教育出版社，1996年，28頁。

6. 康有為：《孟子微》卷1，台北商務印書館，1974年。

仁學世界觀之下則來自傳統的天理，雖然這天理到了晚清已經具有了科學的公理的形式。個人的價值來自天之稟賦，這一思想傳統一直到「五四」以後依然有其影響。蔣夢麟1918年在談到個人價值時引用陸象山之言：「天之所以與我者至大至剛，問爾還要做堂堂底一個人麼？」認為個人的價值是天賦的，「當尊之敬之」。[7]

康有為與譚嗣同有關個人的觀念雖然以仁學為中心，但仁之內涵已經不再是普遍性的天德，而成為有個人選擇空間的道德自主性，仁作為最高價值，德性之善的色彩明顯減弱，而意志自由的成分大大強化。這一點如果說在康有為那裏還不明顯的話，那麼在譚嗣同這裏則非常清晰。張灝認為，康譚的仁學世界觀雖然道德性和精神性互相融合，但康主要是道德性取向，而譚更多的是精神性傾向。[8] 譚嗣同的激進仁學顯現出的是一個強大的精神性、意志性人格主體，他要衝破一切對自由意志主體的網羅的束縛：從君權到族權、夫權。儒家的人格主義與約翰・彌爾《自由論》中的個性發展觀念和康得的道德自主性思想相結合，形成現代中國思想中「個人」的鮮明特色：不是像西方啟蒙傳統中「權利的個人」，而是中國式的「人格化的個人」，即道德和意志自主的個人，這樣的個人也可理解為個性主義和盡性主義，梁啟超說：「國民樹立的根本義，在發展個性。中庸裏頭有句話說得最好：『唯天下至誠為能盡其性』。我們就借來起一個名叫做『盡性主義』。這盡性主義，是要把各人的天賦良能，發揮到十分圓滿。」[9] 於是，是否可以讓國民的個性充分發展，便成為現代中國政治正當性的重要標準之一。

7. 蔣夢麟：〈個人之價值與教育之關係〉，《教育雜誌》，第10卷，第4期。

8. 張灝：《危機中的中國知識分子：尋求秩序與意義》，211頁。

9. 梁啟超：〈歐遊心影錄〉，《梁啟超全集》第5冊，2980頁。

梁啟超、嚴復所理解的個人，雖然為「發展個性」，但與康有為、譚嗣同不同，是在民族國家譜系下建構的國民。康譚的仁學世界，還是一個有意義的宇宙世界，而梁嚴的國民所憑藉的世界，則是一個以「力本」為中心的機械主義的「群」的世界。在這個充滿緊張衝突的「力」的世界之中，最重要的是能力的競爭。而民族國家要強盛，取決於是否有在德力、智力和體力全方面發展的國民。個人的德性現在不再是德性本身，而成為一種適合競爭的生存能力。史華慈（Benjamin I. Schwartz）指出：「史賓賽、史密斯，在一定程度上也包括彌爾，都使嚴復相信作為西方發展德原因的能力，蘊藏在個人之中，而且這種能力只有在一個贊許種種個人利益的環境中才能真正體現出來。」[10]

　　晚清的個人的崛起，突出的不是西方式的個人權利，而是自我的解放和自主的人格。這些自主的人格從各種共同體（家庭、家族和君臣關係）中解放出來，直接隸屬於現代民族國家，成為新國民。無論是嚴復所接受的史賓賽的方法論的個人主義，還是梁啟超所接受的伯倫知理的方法論的集體主義，其對個人與國家關係的有機體論述，都相當接近儒家思想中「小己與群」的傳統思路，新國民與新國家具有高度的同一性。所不同的在於，深受英美傳統浸潤的嚴復筆下的國民，是一個個具體的個人，那些組成國家的個人；而受到更多歐陸和近代日本思想影響的梁啟超所理解的國民，則是一個集合概念，是盧梭式的整體性的人民。[11] 而這種整體性的國民，與孟子民本思想中的民是內在相通的，儒家思想中的「民」，顯然也不是擁有權利的個體，而是需要被整體對待、整體代表的集合性概念。

---

10. 史華慈：《尋求富強：嚴復與西方》，江蘇人民出版社，1989年，228頁。

11. 關於梁啟超的國民思想，見許紀霖：〈政治美德與國民共同體：梁啟超自由民族主義思想研究〉，《天津社會科學》，2005年第1期。

由此可見，晚清的個人，與傳統的自我相通，是一個個別性的概念，而晚清的國民，在大部分的意義上，基本與傳統的「民」接軌，是一個集合性的概念。前者到「五四」發展為自由主義的思想傳統，儘管中國的自由主義依然帶有濃郁的人格主義色彩（五四時期胡適提倡的個性自由發展的易卜生主義就是這樣）；而後者由於與國家有着非常複雜的糾纏關係，因此一種路嚮導向了國家主義（如〈新民說〉之後的梁啟超），另一個路向發展為具有民粹主義特徵的民主主義（如孫中山和毛澤東）。

自由

　　從古代的天理世界觀向近代的公理世界觀轉變之中，政治正當性的基礎也有一個從善（仁）向自由的轉化歷程。也就是說，古代的天理的核心為仁，而近代的公理，從政治正當性角度而言，已經從善轉向了自由。

　　為什麼古代的聖人沒有將自由作為最高的價值、為什麼古代中國的思想世界以善（仁）為核心，而不是追求自由？史華慈對此分析說：「聖人生活於這樣的世界，該世界的每一層面的存在都與宇宙保持着和諧。他們自覺的『心』總能與他們自發的『心』保持一致。他們的感官完全聽從他們的『心』的控制，他們滋養得很充分的生命元『氣』的能量在體內完全保持平衡，並與宇宙之『氣』保持和諧。此類聖人超越了因自由帶來的非確定性的困擾。最終的價值畢竟在於善本身，而不在於獲得追求善的自由」。[12]

---

12. 史華慈：《古代中國的思想世界》，江蘇人民出版社，2004年，287頁。

近代的變化，在於自由替代了善，成為最高的價值。價值眾神使得公共的善（仁）解體，於是自由（個人選擇善的自由）突現出來。這一變化，不是從晚清才開始，實是起於宋明。在宋明理學之中，因為受到佛教的影響，一直強調具有道德自主性的「己」之重要。狄培理將其視作中國的自由傳統。[13] 不過，在朱子的理學之中，雖然自我擁有道德自主，但自我之上還有天理，公共的、普遍的善限制了個人自由選擇的空間和可能性。到了明代的陽明心學，就發生了一個革命性的變化，心學的重心已經從超越的、普遍的天理轉移到世俗的、個別的人心。在王陽明看來，心即世界，成聖由己；每個人都有善根，每個人心中都有自己的佛性，雖然良知之上還有天理，然而一旦承認心之優越性，就為以後自由選擇善打開了通途。正如島田虔次所説：「陽明心學是儒家思想（或者是中國思想）的極限，超過陽明心學，儒家思想在本質上就已經不再是儒家思想了。」[14] 果然，陽明身後，晚明掀起了個人解放的狂潮。一個潮流是泰州學派的開山人物王心齋，他高唱「造命由我」，提倡尊身主義和自我中心主義。他講「格物」的「格」字如格式之「格」，要以身為家國天下的「格式」，氣概之豪放，正如嵇文甫所説：「在這裏個人主義和萬物一體主義融洽無間，群和己簡直不可分了」。[15] 另一個潮流是從李卓吾到顏山農、何心隱的狂禪派。島田虔次分析説：「如果心學的人的概念之新局面從天理一方面無法打開的話，那麼，就只能從人欲這一方面、從對人欲的容許欲肯定入手。」[16] 李贄等人用自

---

13. 見狄百瑞：《中國的自由傳統》，15–66頁。
14. 島田虔次：《中國近代思維的挫折》，江蘇人民出版社，2005年，4頁。
15. 嵇文甫：《晚明思想史論》，東方出版社，1996年，24頁。
16. 嵇文甫：《晚明思想史論》，53頁。

然人性論作為突破口，認為天理與人欲無法兩分，「夫私者，人心也」，[17] 人欲之中有天理，肯定人欲的合法性。

晚明的思想差一步已經到了近代的門檻：從公共善為中心轉移到以個人自由為核心。為什麼到了近代個人的自由那麼重要？這乃是與人的主體性有關。在天理世界觀裏面，人的自主性乃是道德主體，通過修身獲得普遍、客觀之理；這一道德主體是自覺的，而非志願的，並沒有意志的選擇。王學所開啟的中國近代自由的傳統，人心與天理同一，每個人具有良知的自我選擇能力，個人的意志自由由此突出，從這意義而言，將王陽明視作中國的馬丁•路德也毫不為過：天理不再一統，每個人都有良知，也因此具有自己所理解的天理。雖然天理依然存在，但在無形之中已經被悄悄地解體了，在多元的天理之中，個人的道德自主性逐漸轉換為另一個意志選擇自由的命題。

晚明的思想遺產，為晚清思想家所繼承。宋代理學的道德自主性傳統和明末的自然人性論思想，前者是德性的自我，後者是自然的自我。這兩個自我，到晚清發生內在的結合，個人被理解為既具有自然欲望、又具有道德潛力的自我，這在康有為的思想中表現得特別明顯，他所闡述的個人，既有正當的自然欲望，又有理性上的智力，也有歸於仁的內在道德驅力。[18] 譚嗣同的激進仁學自由觀提出衝破一切妨礙個人意志自主的「網羅」，強調的是對外在強制力的反抗。在這裏，我們可以看到，譚嗣同的自由比較接近以賽亞•柏林（Isaiah Berlin）所說的消極自由：自由乃是不受外在的強制，去做自己想做的事。

---

17. 李贄：〈德業儒臣後論〉，《藏書》卷二十四：。

18. 關於康有為的自我思想，見張灝：《危機中的中國知識分子：尋求秩序與意義》，第2章。

而繼承了宋明理學「人格主義」傳統的康有為和梁啟超，則強調德性面前人人平等，每個人都應該按照自己的個性自由發展。這又比較接近柏林所說的積極自由：每個人擁有與別人平等的權利，有能力和條件去做值得做的事情。[19]

在西方自由觀念的「催化」之下，宋明理學中的個人自主性思想逐漸「發酵」為近代的自由觀。比較起康譚，嚴復和梁啟超的自由觀顯然走出了天理世界觀的邊界，具有了公理世界觀和民族國家的背景。嚴復繼承了朱熹的理學傳統和英國的經驗主義傳統，所謂自由乃是認識到宇宙的進化規律，「治化天演，程度愈高，其所得以自由自主之事愈眾」。[20] 而繼承了陽明心學傳統和歐陸康得哲學影響的梁啟超，在論述自由的時候，更多地強調自由作為「天下之公理」，是人的本性，真正的自由乃是「我之自由」、「精神之自由」，是按照自己的個性盡性發展。[21]

不過，無論是康譚，還是嚴梁，雖然自由已經取代仁獲得了核心位置，但個人的道德自主性（自由）之上，依然有着更高的公共善（天理或公理）作為最高的價值目標，自由依然被認為是眾多公理中的一種。這乃是因為在晚清，儘管儒家的規範倫理（三綱）發生了危機，但德性倫理（仁）轉化為新的公理形式依然存在。這一情況要到辛亥革命以後的「五四」，當儒家的德性倫理（仁）被啟蒙思想家認為是專制王權的義理基礎之後，才發生根本性的改變。到了「五四」，自由徹底擺脫

19. 關於柏林的消極自由與積極自由的區別，李強作了很好的理解和解釋，見李強：《自由主義》，中國社會科學出版社，1998年，108頁。

20. 嚴復：〈群己權界論〉，載歐陽哲生編：《中國現代學術經典‧嚴復卷》，河北教育出版社，1996年，423頁。

21. 梁啟超：〈新民說‧論自由〉，《梁啟超全集》第2卷。

了公共善，成為非德性的個人意志的自由選擇，成為政治正當性所憑藉的至高無上的終極價值。

權利

在晚清思想界，比自由稍晚出現的核心觀念，便是權利。權利是一個純粹的西方概念，它指的是一種有關主體的特定的正當理由或基本原則，如自由、平等、自主性等，它是一種先於法律的自然權利，後來為法律所確認和保障。[22] 現在的問題是：在晚清，自由（道德自主性）的觀念如何轉化為權利的觀念？

在中國古典思想中，並沒有權利這一觀念。權利是一個主體性的概念，但在古代中國，政治主體既非民，也非君，政治是倫理關係的延續，重要的不是誰為政治主體和客體，而是在各種個別的、特殊的個別關係中實現符合天德標準的禮治秩序。三綱中的君仁臣忠、父慈子孝、夫愛妻賢都不是群體普遍關係中的主體權利，而是個別相互關係中的道德義務，而古代人就在這互動的義務關係中獲得現代人通過權利所獲得的人的尊嚴。

在古代中國思想傳統中，沒有個人的權利，卻有自我的尊嚴。傑克‧唐納利（Jack Donnelly）說：「人的尊嚴的觀念表達了對於人的內在（道德）本質和價值以及他或她與社會的正確（政治）關係的特殊理解。相形之下，人權則是平等的、不可剝奪的權利，只要是人，每個人都擁有這樣的權利。」[23] 人的

---

22. 戴維‧米勒編：《布萊克維爾政治學百科全書》，中國政法大學出版社，1992年，661頁。

23. 傑克‧唐納利：《普遍人權的理論與實踐》，中國社會科學出版社，2001年，72頁。

尊嚴與善（good）相聯繫，而人權與正當（right）相關聯。在儒家文化中，人的尊嚴來自人自身的德性，一個中國人，假如能夠按照孔夫子的「仁」的教誨，在修身和社會政治實踐中成為有德之人，就體現了人的尊嚴。

儒家思想中的人格主義與儒家獨特的善的觀念相聯繫，認為個人的價值和尊嚴體現為在社會共同體和與自然的和諧中，道德人格之完善和充分的自我發展。[24] 儒家的個人不是權利的主體，而是德性的主體，社會成員的權利就是在所歸屬的社群中所擁有的資格，權利與義務不可分割，通過個人與社群、成員之間的互動，履行社群所要求的義務，同時也擁有相應的資格和權利。而這一切，都是為了成就個人的德性，並進而實現社群的公共善——天下歸仁。在儒家那裏，權利與善無法分離，善優先於權利，權利來自於善。當然，這裏說的權利，不是西方意義上的那種主體性權利，而是在儒家社群主義脈絡中通過互動式的義務而獲得的一份尊重，中國式的權利意味着在特定的社群中獲得個人的尊嚴。

古代中國人的尊嚴，淵源於其自身的德性，因而中國式的權利，也具有向善的德性價值。人的道德尊嚴，來自其道德自主性，來自與天道相通的善之實踐。權利與自主性相關。中國式的自主性不是西方那種法權的自主性，而是道德的自主性、成德成聖的自主性。到了晚清，最早是康有為將這種道德自主性（自由）轉化為一種近代的權利。如前所述，康有為在《實理公法全書》中明確表示：「人有自主之權」。近代西方的權利觀念來自自然法傳統，在中國沒有自然法，那麼，人的自主

---

24. 狄百瑞：《亞洲價值與人權：從儒學社群主義立論》，陳立勝譯，台北正中書局，2003年，25頁。

權利淵源何處？康有為的「天民」觀念，明確表明了他所說的自主之權，不僅是一種法權，而且也是一種自然權利，來自天所賦予每個人的先天的道德稟賦。這樣的道德稟賦，便是良知。梁啟超便將權利思想的來源視作「天賦之良知良能」。[25]

為什麼到了晚清，自由的觀念要轉化為一種近代的權利？這乃是與人的主體性出現有關。如前所述，到了晚清由於個人的出現，自我不再僅僅是道德的主體和欲望的主體，而且在民族國家的譜系之中，也成為政治的主體和法權的主體。於是，原先那種抽象的自由理念，便轉化為可落實為法律自由的權利形態。[26] 由於現代中國的權利觀念不是從自然法中發展而來，而是從傳統的人的尊嚴轉化而來，而人的道德自主性（自由）具有向善的意志，而權利本身是非道德（善）的，只是與正當有關，因此，從自由向權利轉化之中，也同時伴隨着一個從善到正當的「去道德化」過程。

這一過程與西方的權利發展史有相似的經歷。按照列奧・施特勞斯（Leo Strauss）的分析，西方原來的自然權利是自然正義，服從於更高的善之價值目標。到了近代的霍布斯，原來具有超越性質的自然正義演化為自我保存的世俗人權，失去了背後的、自然的超越屬性。自霍布斯之後，自然的善與自然的正義一步步解體，發展出近代自由主義的權利哲學：人的世俗權利優先於各種自然的、宗教的或哲學的善。而到了

---

25. 有關梁啟超權利思想的分析，見楊貞德：〈自由與限制：梁啟超思想中的個人、禮與法〉，《台大歷史學報》，第34期，2004年。

26. 根據金觀濤、劉青峰的研究，中國的權利概念最早運用在國家權利上，然後再發展到個人的權利。見金觀濤、劉青峰：〈現代中國「權」觀念的意義演變：從晚清到《新青年》〉，《中央研究院近代史研究所集刊》，第32期，1999年。另可見王爾敏：〈中國近代之人權醒覺〉，《中國近代思想史論續集》，社會科學文獻出版社，2005年；趙明：《現代中國的自然權利觀》，第2章，山東人民出版社，2003年。

自然法理論也衰落之後，權利的基礎再次發生動搖。盧梭、康得將權利的基礎置於自由之上，即人的實踐理性所決定的自由意志。權利徹底失去了其超越的自然性，而還原為自由意志的自主性選擇。[27]

在現代中國，政治正當性的基礎也有一個從善（德性）到權利（自由）的轉型過程。從陽明心學發展而來的自由（道德自主性）概念，最初在康有為、譚嗣同那裏，還具有向善的意志，有着仁學世界觀的規約。隨着嚴復、梁啟超將自由奠定在自然與歷史演化的基礎之上，並落實為法律的自由，自由開始自我權利化和「去道德化」。然而，正因為近代的權利是從中國式的自由（道德自主性）演化而來，又使得中國的權利觀念與康得的思想直接融合，跳過自然法階段，直接建立在人的自由意志基礎之上。權利作為一種正當性理論，為後來的立憲政治提供了政治正當性基礎，而其中原有的公共善逐漸褪色，而日益與個人的自由、個人的意志選擇相關聯。於是，現代中國的政治正當性，以自己獨特的思想發展，走過了與西方同樣的「去自然化」、「去道德化」的路程：從超越到世俗，公共善到個人的自由和權利。

---

27. 列奧・施特勞斯：《自然權利與歷史》，第5、6章，北京三聯書店，2003年。

十四、國家富強正當性的出現及其衝突

西方近代啟蒙以人的自然權利為中心目標，但現代中國啟蒙的核心問題卻是雙重的：個人的解放與國家的富強。因此，現代中國的政治正當性基礎，除了個人的自由和國民的權利之外，還有一個國家富強的更緊迫的功利目標。於是，這就構成了現代中國一系列的內在目標緊張：民生利益與國家富強、普世文明與國家富強以及民權與國權之間的衝突。

從功利主義到國家富強

在古代中國，作為政治和社會主流意識形態的儒家文化一直將對德性的追求作為人生和政治的最基本價值。在儒家的民本主義價值觀主導下，民生問題的重要性一直在國家富強之上。及至晚清，風氣大變，國富壓倒民生，功利壓倒道義，自洋務運動之後成為一股不可遏制的風氣和潮流。那麼，這一轉變究竟是如何發生的？

一般而言，在古代諸子百家之中，對政治影響最大的是儒家和法家。漢武帝之後，廢黜百家，獨尊儒術，雖然儒家獲得了主流意識形態的地位，但法家對於政治的影響並未消失。相對於儒家的道德政治和民生政治，法家走的是功利主義的現實路線，先秦的法家從商鞅到韓非子，無不重視富國強兵，追

求統一天下的霸業。而儒家在其自身歷史發展和演化之中，也不斷吸取其他各家的思想資源，成為一個具有多元價值趨向的思想傳統。在儒家思想內部，除了修身之外，還有經世的另一面。[1] 從政治角度而言，修身思想產生的是自孔孟開始到宋明理學被發揚光大的道德政治傳統。而經世思想則從先秦的荀子發端，中經西漢的賈誼到宋代的王安石、陳亮、葉適的功利主義儒家傳統。特別是宋以後，外患嚴重，國力衰落，儒家內部功利主義經世傳統重新崛起，與朱熹的正宗理學形成了抗衡，從宋代的王安石、陳亮、葉適，到明代的張居正、顧炎武、黃宗羲，皆反對空談心性義理，注重實學和經世致用。功利主義儒家特別是王安石、張居正雖然也注重富國強兵，但與法家不同，國家富強只是實現天下之治的手段，本身不具有內在價值，在義理上最後還是要落實在民生上。

儒家的經世思想傳統，到晚清在日趨嚴峻的內憂外患逼迫之下，無論是在今文經學還是古文經學內部，都強勁崛起。張灝分析過晚清經世致用的兩種模式：一種模式是《大學》為本的致用精神。《大學》的修齊治平，從修身出發，最後落實在治國平天下，經世成為修身的最終目標。另一種模式是以制度安排為本位，「這種類型的致用精神是以功利主義為本，以富國強兵為目的，而以客觀制度的安排和調整為其達到目的的途徑。這種致用精神的代表人物是魏源和馮桂芬。」[2] 在這裏，值得重視的是後一種經世模式的出現，這種「以功利主義為本，以富國強兵為目的」的經世模式後來壓倒了前一種道德政治的經世模式，成為晚清思想的主流思想。在十九世紀中葉

---

1. 關於儒家的經世傳統，張灝作了非常細緻的分析和研究，見張灝：〈宋明以來儒家經世思想試釋〉，《張灝自選集》，上海教育出版社，2002年。

2. 張灝：《烈士精神與批判意識：譚嗣同思想的分析》，台北聯經出版，1988年，22–23頁。

的自強運動之中，早期的曾國藩雖然開始注意發展洋槍洋炮，但作為理學家的曾國藩，其最後目標還是落實在民生。到了更現實主義的李鴻章，其洋務的政策舉措，只剩下法家式的國家富強目標。馬建忠在論述〈富民說〉時明確指出：「治國以富強為本，而求強以致富為先」。[3] 1905年，康有為周遊西方列國之後，發表了〈物質救國論〉，認為中國文明過於偏重道德哲學，「中國之病弱，非有他也，在不知講物質之學而已」，「以吾遍遊歐美十餘國，深觀細察，校量中西之得失，以為救國至急之方者，則惟在物質一事而已」。[4]

在晚清，國家富強逐漸成為中心，民生被降到了第二位。十九世紀中葉洋務派與清流派的爭論，部分與此相關，洋務派追求的是國家富強，而清流派從傳統的民生和道義立場，對此大加批評。不過，浮士德式的追求財富和國家富強一旦從潘朵拉盒子裏面釋放出來以後，就再也無法收回去了。清流衰落之後，經世和富強浪潮一浪高過一浪，愛國主義成為最高評價，愛民主義從此鮮有人提。[5]

列奧·施特勞斯（Leo Strauss）在論述西方現代性的三次浪潮時，將第一次浪潮看作是「將道德問題與政治問題還原為技術問題，以及設想自然必須披上作為單純人工製品的文明產物之外衣」。作為現代性第一次浪潮的代表人物，霍布斯（Thomas Hobbes）用自我保存來理解自然法，用人的權利代替

---

3. 馬建忠：〈富民說〉，《洋務運動》第1冊，上海人民出版社，1961年，403頁。

4. 康有為：〈物質救國論〉，載湯志鈞編：《康有為政論集》上冊，北京中華書局，1981年，565、574頁。

5. 關於晚清的洋務與清流的衝突以及富強思潮的瀰漫，楊國強有非常詳細和精彩的分析，見楊國強：〈清流與名士〉，《史林》，2006年第4期。

自然法，其結果「乃是對經濟的日益強調」。[6] 中國現代性的開端又何嘗不是如此？在日益嚴峻的國勢衰落面前，儒家原有的功利主義精神被釋放出來，逐漸從邊緣走向主流，第一步是從德性政治轉變為重視經濟民生的功利主義，第二步便是從重視民生的功利主義發展為富國強兵的國家主義。

中國歷史上儒法之間的王道和霸道之爭，其實質就是政治正當性究竟應該以民生還是以國富為基礎的爭論。當晚清強大的功利主義潮流崛起的時候，儒家的經世精神與法家的富國強兵論產生了奇妙的合流，雖然新的王霸之爭以清流和洋務的衝突一度展開，但並沒有持續多久。相反地，在新崛起的維新派思想家視野之中，國民的權益和國家的富強不僅不相衝突，而且以方法論的個人主義或方法論的集體主義觀之，國民之私利與國家的富強，反而可以「合私為公」，相得益彰。王韜在十九世紀中葉就敏銳地覺察到「處今之世，兩言足以蔽之：一曰利，一曰強」。[7] 楊度在晚清鼓吹「金鐵主義」，金代表經濟（富民），鐵代表軍事（強國），對內實行「富民」和「工商」立國政策，對外執行「強國」和「軍事立國」的方針，在他看來，富民與強國並非矛盾：「國富則民亦富，民強則國亦強」。[8] 在現代中國，個人的發現與民族國家的誕生是同時出現的，個人的私利也好，富國強兵也好，都與功利主義的崛起有着非常密切的關係。五四時期的陳獨秀，將西方的現代化精神概括為「厚生利用」的實利精神，以此批評中國的「虛文」傳

6. 列奧・施特勞斯：〈現代性的三次浪潮〉，《學術思想評論》，第6輯，吉林人民出版社，2002年，92–93頁。

7. 王韜：〈洋務（上）〉，《弢園文錄外編》，上海書店出版社，2002年，27頁。

8. 楊度：〈金鐵主義說〉，《楊度集》，湖南人民出版社，1986年，225–227頁。

統。[9] 於是，從儒家的經世傳統與法家的富國強兵傳統內在結合，產生了不可阻擋的以國家富強為中心的功利主義潮流。

到民國初年，功利主義之風，早已東風壓倒西方，成為主流。與杜亞泉齊名的《東方雜誌》編輯錢智修這樣描述說：「吾國自與西洋文明相觸接，其最佔勢力者，厥維功利主義。功利主義之評判美惡，以適於實用與否為標準，故國人於一切有形無形之事物，亦以適於實用與否為棄取。」[10] 杜亞泉進一步發現，這種功利主義，會演變成政治上的「強有力主義」：「一切是非，置之不論，而以兵力與財力之強弱決之，即以強力壓倒一切主義主張之謂。」[11] 在他們看來，這正是清末民初政治亂象叢生的淵源之一。

列奧・施特勞斯指出：古代人追求的是善和德性，而現代人追求的是快樂，將快樂當作善本身。[12] 晚清引進的自由主義思潮之中，除了古典的權利學說之外，邊沁（Jeremy Bentham）、約翰・彌爾（John S. Mill）的功利主義學說佔了很大的影響。以彌爾為例，他的自由主義思想之中，雖然承認自由有其內在的價值，但其論證的方法依然是功利主義的，自由之所以有意義，乃是有利於最大多數人的最大幸福。當辛亥革命以後儒家倫理全面崩潰之後，儒家內部的民本主義、自然人性論與外來的功利主義共同激蕩，在「五四」年間匯成一股強大的功利主義（當時又被稱為「樂利主義」）大潮，對個人權利的論證不再像晚清那樣從公理或天賦人權的立場，而是走樂利主義

9. 陳獨秀：〈敬告青年〉，《陳獨秀著作選》第1卷，上海人民出版社，1993年，133–134頁。

10. 錢智修：〈功利主義與學術〉，載許紀霖、田建業編：《杜亞泉文存》，上海教育出版社，2003年，384頁。

11. 杜亞泉：〈迷亂之現代人心〉，《杜亞泉文存》，364頁。

12. 列奧・施特勞斯：《自然權利與歷史》，125–129頁。

的途徑。「權利者，求幸福時所必由之途。」像這類話，在「五四」的文獻中比比皆是。[13]

歐陸的國家有機體論可以推出權威政治，形成強勢政府，同樣英國的功利主義也同樣可以導致強勢政府，不再像十八世紀的古典自由主義那樣推崇自發秩序，而是相信可以通過政府實現最大多數人的最大的善。從功利主義到國家富強與強勢政府，有這樣一個內在的邏輯發展關係。

國家富強與文明價值

晚清的思想家所面對的是一個列強競爭的世界，同時又是一個西方文明征服了東方的現實。他們在追求國家富強的時候，又將成為西方那樣的文明國家作為自己的目標。那麼，在功利的國家富強與普世的文明價值之間，如何處理這二者的關係？何者處於優先性的地位？

關於富強與文明的關係，在晚清思想家中，以鼓吹「金鐵主義」而聞名一時的楊度的論述最為清晰深刻。他敏銳地觀察到「中國今日所遇之國為文明國，中國今日所處之世界為野蠻之世界」。之所以如此，乃是因為西方文明國家內外政策之矛盾：「今日有文明國而無文明世界，今世各國對於內皆是文明，對於外皆野蠻，對於內惟理是言，對於外惟力是視。故其國而言之，則文明之國也；自世界而言之，則野蠻之世界也。何以見之？則即其國內法、國際法之區別而可以見之」。在文明與富強的關係上，楊度採取了一種二元論的立場：前者是善惡的問題，後者是優劣的問題。為了與諸文明強國對抗，楊度

---

13. 高一涵：〈樂利主義與人生〉，《新青年》，第2卷，第1號。

左衝右突——現代政治激流中的中國知識分子

提出了文明和野蠻（強權）的雙重對策：「中國所遇者為文明國，則不文明不足與彼對立，中國所居者為野蠻之世界，不野蠻則不足以圖生存」。[14]

　　根據王中江的研究，清末民初的思想界在認知和理解世界秩序的方式上，形成了公理主義和強權主義兩種兩極性思維模式，前者以嚴復、辜鴻銘為代表，後者以梁啟超、楊度最為典型。[15] 先來看嚴復的公理主義。史華慈（Benjamin I. Schwartz）在論述嚴復時，認為雖然嚴復的思想中有着文明國家的自由、福利等烏托邦理想目標，但對他而言，這些文明國家的目標過於遙遠，當前的急務乃是在中國所缺少的國家富強。[16] 不過，近年來最新的對嚴復的研究表明，嚴復即使在追求國家富強的時候，文明的目標也並非可有可無，相反地，在世界競爭的大勢之下，究竟什麼樣的國家適合生存，物競天擇，「天」之選擇是有內在價值目標的，其選擇的標準不是超道德的強者邏輯，而是有着明確的文明標準。也就是說，只有那些處於文明階段比較高層次上、具有自由、平等價值的文明國家，才是諸國競爭的最終出線者。對於嚴復而言，國家富強固然是當務所急，但文明的價值目標有同等的意義，中國不僅要變成像西方那樣的富強國家，而且必須成為西方那樣的文明國家。文明是普世性的價值，是新的天道和公理。[17]

---

14. 楊度：〈金鐵主義說〉，載劉晴波編：《楊度集》，217–235頁。

15. 王中江：〈清末民初中國認知和理解世界秩序的方式：以「強權」與「公理」的兩極性思維為中心〉，《新哲學》第4輯，大象出版社，2005年。

16. 史華慈：《尋求富強：嚴復與西方》，226頁。

17. 關於嚴復思想中國家富強與文明論關係的題，見李強：〈嚴復與中國近代思想的轉型：兼評史華慈《尋求富強：嚴復與西方》〉、王中江：〈清末民初中國認知和理解世界秩序的方式：以「強權」與「公理」的兩極性思維為中心〉，載許紀霖、宋宏編：《史華慈論中國》，新星出版社，2006年。

比較起嚴復，梁啟超要更為複雜一些。在梁啟超的民族主義思想中，由於受到日本國家主義者加藤弘之等人的影響，[18] 有着明顯的強權主義傾向，認為在一個帝國主義強權橫行的世界裏面，空談公理無助於事，關鍵是尚力，用強權對抗強權。同樣是接受進化論，公理主義者用進化論建構理想的世界秩序，注重的是「進化」的進步意義，即惡的不斷消退和善的不斷積累和擴展，強和優不僅是指物質和軍事的富強（「力」），也是「智」和「德」競爭。而強權主義者則將進化論理解為力的競爭，進化的世界就是一個優勝劣敗、弱肉強食的世界。[19] 不過，梁啟超除了是一個強權主義者之外，同時也是一個更堅定的文明論者。比較起加藤弘之，日本的文明論代表者福澤諭吉對他的影響還更大一些。在福澤諭吉看來，有理念的西洋和現實的西洋，為了對抗現實的西洋，就要學習理念的西洋。他認為，人類的歷史是從野蠻到文明的發展歷史，理念的西洋代表了文明的最高階段。西洋文明的本質在於其文明之精神。學習西洋，就要學習其文明之精神：獨立和科學。而國民之文明精神之重要，乃是為了實現國家之獨立富強。[20] 在這裏，我們可以看到，文明論與國家主義並非截然二分，反而是互相滲透，互為目的和手段。梁啟超受此影響，他將從野蠻到半開化到文明之人類歷史發展三階段，視作為「進化之公理」，與嚴復一樣，他認為中國要在世界上圖存救亡，最重要的是要像西方那樣成為一個文明國家。而國強，則取決於開民智，「文野之分，恆以國中全部之人為定斷」，「故民智民力

---

18. 關於梁啟超強權主義思想的日本來源，見鄭匡民：《梁啟超啟蒙思想的東學背景》，第5章，上海書店出版社，2003年。

19. 王中江：〈清末民初中國認知和理解世界秩序的方式：以「強權」與「公理」的兩極性思維為中心〉。

20. 福澤諭吉：《文明論概略》，北京商務印書館，1959年。

民德不進者，雖有英仁之君相，行一時之善政」，也無法成為文明國家。[21] 為了在競爭的世界裏面圖生存，固然需要強權，但強權之上有公理，只有順應人類公理，實現文明國家，才能真正實現國家之富強。

到了近代，文明代替了仁，成為近代思想家中世界的最高價值，成為新的天道和公理（天演之理）。文明與富強，也是公理與公理之間的關係。晚清思想家是用上述楊度式的二元思維來處理公理與強權：以成為文明國家趕上西方文明國，以實現國家富強對抗野蠻的列強世界。

晚清是一個民族主義高漲的年代，強權主義在中國思想家的國家秩序觀中尚有其一席之地。到了五四新文化運動時期，民族主義衰落，世界主義興起，強權成為萬惡的帝國主義的代名詞，而公理成為普世的、應當的世界秩序之理，李大釗說：「強權是我們的敵，公理是我們的友」，[22] 很能代表當時知識分子的一般心理。

史華慈在談到國家富強與文明價值之間的關係時，承認這是一個全人類的世界性難題：「在與這些問題發生牽連的過程中，嚴復和中國已進入了近代世界這一未知的大海，我們也都在其中漂流。無限追求富強的浮士德式宗教與社會—政治價值觀念（甚至是更加基本的人類價值觀念）的實現，這兩者的關係究竟如何，對我們來說，完全像對我們一樣，仍然是一個謎。」[23] 現代的政治正當性，究竟應該最後建立在富強還是自

---

21. 梁啟超：〈愛國論〉、〈文野三界之別〉，《梁啟超全集》第1冊，271、340頁。

22. 李大釗：〈再論亞細亞主義〉，《李大釗全集》第3卷，河北教育出版社，1999年，357頁。

23. 史華慈：《尋求富強：嚴復與西方》，235頁。

由平等這些文明價值之上，這涉及對人性與政治的理解。人性是複雜的，而現代中國的政治目標更是多重的，於是便加劇了國家富強與文明價值之間的緊張和衝突。

民權與國權

在晚清，不僅個人的出現是一個重大的事件，而且近代民族國家觀念的出現，也同樣是一個標誌性事件。個人與國家從誕生的一開始起，並非是分離的，反而是互為前提。到清末明初，才逐步分離，產生了一系列有關民權與國權何為優先的爭論。

近代的國家理論，主要有兩種，一種是古典自由主義的國家工具論，另一種是德國的國家有機體論。國家工具論是一種機械主義的國家觀，社會最重要的是原子式的個人，這些個人擁有不可剝奪的自然權利，而國家僅僅是維持公共秩序、捍衛個人基本權利的工具。而有機論的國家觀的觀點則認為國家就像一個有機體，由國民所組成，但整體大於部分之和，雖然個人有其內在價值，但國家作為國民有機體之整體，也有其自身的目的。

在現代中國，國家工具論的影響比較有限，在晚清，革命派的《國民報》、《民報》上的文章在論述國家時，認為國「譬之一公司，人民其股東也」，「國者民之國，天下之國即為天下之民之國」，[24]「國家者團體也，而國民為其團體之單

---

24. 〈原國〉、〈說國民〉，見張枏、王忍之編：《辛亥革命前十年間時論選集》第1卷，64、72頁。

位，故曰國家之構成分子」，[25] 有那麼一點國家為民之工具的意思，但也比較含混。直到民國初年，《甲寅》雜誌的章士釗、陳獨秀、張東蓀、高一涵等思想家的言論中，在功利主義思潮的推動下，才出現了明確的國家工具論思想，關於這一問題，下一節將詳細論述，這裏暫不展開。

相比於國家工具論，國家有機體論在現代中國的影響要大得多。史賓賽（Herbert Spencer）為代表的英美方法論的個人主義和盧梭（Jean-Jacques Rousseau）、伯倫知理（Johann Kaspar Bluntschli）為典範的歐陸方法論集體主義雖然各自側重的重心不同，一在個人，一在集體，但在個人與國家的關係上，皆將國家視為一種個體與整體緊密相聯繫的有機體，國民與國家為不可分割的一整體，一損俱損，一榮俱榮。在這裏，有必要特別指出，晚清的國家觀與其說受到西方的直接影響，倒不如說受到日本近代思想的影響更深刻。松本三之介在分析日本明治精神時指出，明治時代的日本，表現出強烈的「強調個人與國家一體化」的國家精神，「這種把國家的問題當作自己的事情、即自己與國家的一體化傾向，以及對於圍繞着國家問題所表現出來的熱情和關心，形成了明治人共同的、一般的精神態度」。[26] 雖然有以國家為中心的「自上而下的國家主義」和以國民為中心的「自下而上的國家主義」之區別，但二者都將國民與國家視為不可分割的、高度一體化的整體。

明治時代的國家主義思想對晚清思想界產生了直接的、決定性的影響。晚清鼓吹國家主義最力的梁啟超，同時也是一個

---

25. 精衛：〈民族的國民〉，見張枏、王忍之編：《辛亥革命前十年間時論選集》第2卷，83頁。

26. 松本三之介：《國權與民權的變奏：日本明治精神結構》，東方出版社，2005年，11–12頁。

新國民的提倡者。國民主義與國家主義,都是梁啓超晚清思想中的組成部分,其最重要的思想來源是經過近代日本過濾過的德國伯倫知理的國家觀。按照伯氏的國家有機體論,國家乃是一個有生命的生物體,有其獨立的意志和精神,它與自由主義的國家觀不同,國家不是實現個人權利的工具,它自身就是一個目的。伯氏認為,近代的「國家」與「國民」乃一個硬幣之兩面,互為表裏。國民這個詞在德文中叫*Volk*,英文中無此對應詞,只能翻譯為nation,梁啓超將它翻譯為國民。與此相對應的德文詞叫*Nation*,英譯為people,梁翻譯為族民。國民與族民,是兩個很不相同的概念,梁啓超說:「群族而居,自成風俗者,謂之部民,有國家思想能自布政治者,謂之國民」。[27] 族民是一個文化和歷史學的名詞,以血統、語言、習俗等自然因素為依歸,國民則是一個政治學的名詞,它與現代國家密切相關,是政治建構的產物。僅僅有民族或族民這些自然要素,還不足以構成一個現代國家,必須有一種建國的自覺,這樣族民才能轉化為國民,民族才能轉化為國家。特別要指出的是,這裏的國民,並非公民(citizen),它不是像後者那樣是一個具有獨立身份的個體,而常常指國民的總體而言,是一個集合概念。[28] 近代的國民,頗接近儒家民本傳統中的「民」,皆具有整體性和抽象性,在晚清,當談到國民、民權和權利,都是在整體性概念上討論。因而,國民與國家並非像後來那樣相互衝突。

由於伯氏的國家有機體將國民與國家看作互為表裏的同一性對象,就有可能從其理論中得出兩個完全相反的結論,一個

---

27. 梁啓超:〈新民說‧論國家思想〉,《梁啓超全集》第2冊,663頁。

28. 關於國民與部民的翻譯以及區別,見張佛泉:〈梁啓超國家觀念之形成〉,《政治學報》,1971年第1期。

是引入盧梭的人民主權論，從而強調國民的自主性；另一個是側重國家的自在目的，從而成為黑格爾式的國家至上論。梁啟超最早走的是第一條路，他將盧梭與伯倫知理結合起來，從國民的自主性出發鑄造中國的民族主義。直到1903年他訪問了美國之後，才從國民主義轉向了國家主義。但背後的國家觀是同一個，即那個「強調個人與國家一體化」的日本明治式精神。因此，在梁啟超這裏，政治共同體的正當性既不能從民權一頭理解，也不能僅僅從國權理解，而是要從國權與民權的互動中來闡述：政治正當性的基礎，建立在二者的平衡之上。

不過，國民與國家、民權與國權的平衡，雖然在理論上是成立的，但在歷史實踐之中卻相當脆弱。晚清的國民/國家一體化的民族主義很快就分化為民權主義與國權主義的緊張和衝突。現代中國的政治正當性，究竟是建立在盧梭式的人民主權基礎之上，還是德國、日本式的國家主義基礎之上，在現代中國一直成為爭論的焦點。清末的共和與君憲的大論戰、民初的民權與國權之爭和二十世紀三十年代的民主與獨裁論爭這一系列的論戰雖然焦點不同，但背後的核心問題卻是同一個：現代中國的政治正當性究竟何為優先：是人民主權還是國家的富強？是權力為人民認可還是統治效益為先？

民權與國權，從一體化到嚴重分化，反映了現代中國政治正當性的內在衝突，這也是現代性本身的緊張所致：當個人從各種共同體裏面分離出來，獲得自由的同時，如何保持新的國家共同體的完整、統一和強大，既獲得統治的普遍認可，又獲得統治的高度效益，這是現代性至今尚未完全解決的普世性難題。只是在國難深重、又缺乏民主的現代中國。這一衝突表現得更為尖銳而已。

十五、政治的精神
個人、良知和公意

國本問題的提出

晚清的思想界對政治正當性的討論，主要糾纏於以人民主權為核心（權力的認可性）還是以國家富強為目標（統治的效益性），較少考慮到政治共同體的核心價值和精神（秩序的規範性）究竟是什麼。其中的原因恐怕與舊的王權制度依然存在、新的政治共同體尚未建立、政治秩序的規範性原則暫時還沒有成為突出的問題有關。1911年中華民國建立以後，中國建立了史所未有的共和秩序，但這一秩序又是以政治混亂和重建軍事強權為代價，這使得原先被遮蔽的秩序規範性問題變得突出。五四新文化運動之所以發生，直接淵源於民初知識分子普遍地對政治的失望。這一失望有兩個方面，一個方面是對袁世凱的強人政治以及隨之而起的北洋軍閥統治的不滿，更重要的是另一個方面，即對民初曾經實踐過的議會民主制的變質和腐敗的失望。無論是總統制還是內閣制，在中國統統都歸於失敗，於是無論是陳獨秀為代表的新青年啟蒙知識分子，還是梁啟超為領袖的研究系知識分子，都放棄了政治上的努力，重新在文化上為共和政治秩序尋找新的倫理精神和價值規範。

誠如周錫瑞（Joseph W. Esherick）所說：「辛亥革命有兩張面孔：一張是進步的，民主共和主義的面孔；在某種程度上，

掩蓋着另一張『封建主義』的面孔。」[1]辛亥之後，原先為王權專制所壓抑的地方封建勢力借民權而崛起，地方紳士權力大大擴張，民初的黨爭和軍閥衝突成為私人、家族和地方利益之爭，始終沒有發展出統一的憲政制度和與共和制度相適應的公共文化。在民國初年，在一個制度大動盪、大變革的年代，幾乎所有的爭論，無論是國權與民權之爭，還是總統制與內閣制、中央集權制與聯邦制的衝突，都是圍繞着權力的分配而展開，捲入政治利益衝突的各家各派，卻忽略了一個新的政治共同體最核心的問題：政治正當性的規範性基礎是什麼？制憲問題雖然也是爭論和衝突的焦點問題之一，但焦點卻仍然集中在由誰制憲、中央和地方權力如何安排這些權力層面的問題，至於政治秩序的規範性基礎、政治共同體的核心原則究竟是什麼，卻乏人問津。民初的政治出現了這樣一個奇怪的現象：新的共和制度出現了，卻缺乏制度所賴以存在的憲政；表面的憲法也有了，卻無法轉換為行之有效的憲政實踐。也就是說，共和制度的背後缺乏制度實踐所必須的公共文化，缺乏共和制度之魂——共和精神。

當年思想界最敏感的人物杜亞泉已經注意到，民國成立以後，最令人憂慮的是人心之迷亂。迷亂表現之一，乃是國是不存也。所謂國是，「即全國之人，皆以為是者之謂」，這就是今天我們所說的社會核心價值。作為核心價值的「國是」，「乃經無數先民之經營締造而成，此實先民精神上之產物，為吾國文化之結晶體」，清議也好，輿論也好，皆本於「國是」，「雖有智者，不能以為非也，雖有強者，不敢以為非也」。然而，杜亞泉沉痛地說：「然至於今日，理不一理，即

---

1. 周錫瑞：《改良與革命：辛亥革命在兩湖》，北京中華書局，1982年，10頁。

心不一心」，人心中共同認可的「國是」已經蕩然無存，種種龐雜的思想互相衝突，互相抵消。[2]「國是」不存，強權當道，遂造成民國政治的混亂。

大約從1914年起，章士釗主辦的《甲寅》雜誌首領風氣，開始討論「國本」（或「政本」）問題。所謂「國本」，即國家賴以存在之本，即政治共同體最共同的原則、義理和規範。「國本」討論的開拓，改變了清末民初只是從權力的來源或統治的效益論證政治的正當性，轉而正本清源，從政治共同體的核心價值和基本規範入手，重新建立國家政治的正當性基礎。在《甲寅》雜誌諸篇討論「國本」（或「政本」）的文章中，論述最清晰、分量最重的，要數張東蓀的〈制治根本論〉。他首先檢討了民初議會民主制度的失敗原因，指出「吾國政治上變化雖多，皆屬表面，察其根本，按其精神，固仍為清之政治，未嘗稍變」。[3]中國的傳統政治思想，皆是從道德本體論而來，張東蓀以及後來的陳獨秀等五四啟蒙思想家從這一思想傳統而來，相信精神決定政治，民主政治的失敗，要從政治背後的文化和倫理源頭尋找根源。這就是所謂「國本」問題的來由。

張東蓀在文章中繼續說：政治制度千變萬化，但理一萬殊，萬殊的制度背後有統一的道，國家的安生立命即在此，文化的基礎也在此。那麼，作為現代共和制度背後的「道」究竟是什麼呢？張東蓀明確指出：「政治之精神，惟在使國民自由發展。」國民之自由發展，從消極方面言之，乃是嚴格劃分國家與國民的界限，國家不得侵犯國民之基本自由；從積極方面

---

2. 杜亞泉：〈迷亂之現代人心〉，載許紀霖、田建業編：《杜亞泉文存》，362–363頁。
3. 張東蓀：〈制治根本論〉，《甲寅》，第1卷，第5號。

來説，國民利用自己的權利，積極監督政府。[4] 在這裏，我們可以看到民初思想界風氣的明顯變化：晚清所彌漫的是國民/國家一體化的國家主義，而到了「五四」前夕，由於知識分子普遍對國家失望，開始劃清國民與國家的界限，防止國家權力對社會和國民的過度干預。政治共同體背後的自由精神第一次被明確地提出來了。

也就是在這樣的背景下，以《甲寅》為核心的一部分思想家的國家觀從原來流行的國家有機體論轉向了國家工具論。章士釗指出：「中國之大患在不識國家為何物，以為國家神聖，理不可瀆。」[5] 他說，「國家者，乃自由人民為公益而結為一體，以享其自有而布公道於他人。」[6] 同樣在《甲寅》雜誌上，陳獨秀在那篇引起廣泛爭論的文章〈愛國心與自覺心〉一文中，也明確說：「國家者，保障人民之權利，謀益人民之幸福者也。不此之務，其國也存之無所榮，亡之無所惜」。[7] 雖然在《甲寅》雜誌和繼起的《新青年》雜誌之中，章士釗、陳獨秀、高一涵等人為了強調個人自由和權利的重要性，其國家觀轉向了功利主義的國家工具論，但這並不意味着在五四思想界從此國家有機體論消聲匿跡。在五四時期，雖然國家主義潮頭有所回落，個人意識空前高漲，既便如此，五四時期的個人也不是原子式的抽象的權利個人，而是在各種「大我」意義中的「小我」，是在人類、社會脈絡中的自我，個人與社會具有高度互動性，這也是方法論的個人主義所信奉的社會有機體論所致。社會有機體論與國家有機體論只是一步之遙，這也可以理

---

4. 張東蓀：〈制治根本論〉，《甲寅》，第1卷，第5號。
5. 章士釗：〈國家與我〉，《甲寅》，第1卷，第8號。
6. 章士釗：〈國家與責任〉，《甲寅》，第1卷，第2號。
7. 陳獨秀：〈愛國心與自覺心〉，《陳獨秀著作選》第1卷，上海人民出版社，1993年，118頁。

解為什麼到了二十世紀三十年代以後，國家有機體論借助「新式獨裁論」會再度崛起。

從《甲寅》開始討論「國本」和「政治精神」，到《新青年》發起新文化運動，可以看到民初的政治正當性從權力的制度性安排轉移到形而上的層面——政治背後的核心價值和倫理精神究竟是什麼。陳獨秀明確地表明：吾人最後的「倫理的覺悟」，乃是確立「共和立憲制以獨立平等自由為原則」。[8]國本的核心和基礎不是國家自身，而是個人的自由。於是，「五四」刮起了一股個人解放的狂飆運動。

重建個人與重建社會

近代的個人解放，自晚明起源，中經二百年沉寂到晚清又重起波瀾，開始沖決網羅，到「五四」已經蔚然成潮。如本章第三節「從公理、良知到公意」所分析的那樣，晚清的個人雖然從各種共同體中解放出來，但目的是為了歸屬於國家，成為現代民族國家強盛所要求的新國民。另一方面，儒家的德性倫理也尚未解體，在仁學世界觀下個人的道德自主性依然是自我認同的中心。但到了「五四」，情況就發生了質的變化。辛亥以後政治上的王權解體了，社會結構中的宗法家族制度也搖搖欲墜。傳統的社會政治秩序與人的心靈秩序危機同時爆發。「五四」對文化傳統的激烈批判，不僅使得儒家的規範倫理（三綱五常）崩盤，而且德性倫理（仁學世界觀）也受到毀滅性衝擊。「五四」的知識分子將政治正當性定位於個人的獨立自由平等，但個人究竟意味着什麼，到了「五四」，卻反而沒有像晚清那樣有明確的答案，變得模糊起來。

---

8. 陳獨秀：〈吾人最後之覺悟〉，《陳獨秀著作選》第1卷，179頁。

經過各種外來思潮的催化，五四思想界對個人的理解是非常多元的，在各種「主義」的旗幟之下，五四思想中所謂的「個人」有各種各樣的典範。大致而言，可以分為科學主義和人文主義兩大流派。科學主義的個人觀將「個人」放在一個科學的、機械主義的宇宙之中加以認識，自我的思想和行動受到客觀的因果律所支配，然而由於人是理性的動物，所以可以通過科學認識和掌握客觀世界的法則，或者在自身的歷史實踐之中積累經驗，從而獲得個人的自由。在科學主義的個人觀中，又可以分為經驗主義和唯物主義兩種不同的類型，胡適、丁文江、吳稚暉等屬於前者，而陳獨秀則是後者的典範。[9]「五四」的人文主義個人觀則比較複雜，類型眾多，有蔡元培、杜亞泉、吳宓等為代表的、繼承了儒家德性傳統的「德性的個人」，有周作人的將中國道家、日本傳統和古希臘精神結合起來的「自然的個人」，有受到尼采「超人」精神強烈鼓舞的、以魯迅、李石岑為典範的「意志的個人」，也有朱謙之那樣的將「情」視為宇宙和自我之本體的「情感的個人」。這些個人觀由於各自的思想資源和觀念繁多不一，很難歸於同一個類型，之所以將他們命之為人文主義個人觀，乃是它們雖然差異很大，但都對五四時期所形成的主流的科學主義個人觀有強烈的保留和批評，試圖在支配性的科學法則之外，各自通過德性、意志、情感或自然人性，建立現代的個人認同。

　　儘管「五四」的個人觀非常多元，但繼承晚清的思想傳統，「五四」的「個人」依然有其共同的思想預設和時代特徵。陳獨秀在〈新青年〉一文中在談到個人的人生歸宿時說：

---

9. 郭穎頤：《中國現代思想中的唯科學主義（1900–1950）》，江蘇人民出版社，1989年；劉青峰：〈二十世紀中國科學主義的兩次興起〉，《二十一世紀》，總第4期。

「內圖個性之發展，外圖貢獻於群」。[10] 這兩句話可以說濃縮地概括了五四時期個人觀的兩大時代特徵。

先看「個性之發展」。「五四」繼承中國宋明理學中人格主義思想傳統，又受到德國康得思想的鼓舞，承接晚清的思想命脈，不是在權利的意義上肯定個人，而是將個人定位在個性的充分發展。胡適將自己大力提倡的「易卜生主義」概括為「個人須要充分發達自己的天才性，須要充分發揮自己的個性」。[11] 不過，與傳統的「人格主義」相比較，「五四」的「個性之發展」已經不限於「為己之學」和道德自主，其個性的內涵不僅包含德性，更重要的是意志的自主。統一的天理不復存在，公共善也已瓦解，每個人都可以按照自己的天性（無論這天性是理性的、德性的，還是審美的，自然的或者唯意志的）設計自我，發展個性，一切取決於個人的自由意志。

「五四」是功利主義倫理觀特別流行的時期，受到約翰·彌爾（John S. Mill）自由觀的影響，五四思想家特別相信個性的發展將會給社會最大多數人帶來最大的幸福。個人不僅要發展自己的個性，而且必須對社會和人類擔當責任。胡適在談到「易卜生主義」時，除了認為「個人有自由意志」之外，還特別強調「個人擔干係，負責任」。[12] 這也就是陳獨秀所說的「個人」的第二層意思：「外圖貢獻於群」。從內（發展個性）到外（貢獻於群），這一「個人」的發展途徑依然遵循《大學》的內聖外王模式，只是從共同的德性演變為多元的意志自主。「五四」的諸多思想家雖然對人生看法不一，卻有一

---

10. 陳獨秀：〈新青年〉，《陳獨秀著作選》，第1卷，186頁。
11. 胡適：〈易卜生主義〉，載歐陽哲生編：《胡適文集》第2卷，北京大學出版社，1998年，485頁。
12. 同上，487頁。

個堅定的共識：個人無法獨善其身，個人無法自證其人生之意義，「小我」只有在「大我」之中才能完善自我，實現自我之價值。這「大我」便是群（人類社會或人類歷史）。晚清的「大我」還是有超越的、德性的宇宙，到「五四」便轉化為世俗的人類和歷史：個人的「小我」只有融入人類進化的歷史「大我」之中，才能實現永恆，獲得其存在的意義。科學主義的代表人物丁文江宣稱自己的人生宗教是「為萬種全世而犧牲個體一時的天性」，[13] 胡適根據儒家的「三不朽」思想，將個人的、短暫的「小我」，融入到永遠不朽的歷史「大我」的無窮未來。[14]

　　傅斯年在《新潮》創刊號上發表的〈人生問題發端〉，是一篇非常重要的討論個人認同的文章。他在談到人生觀的歷史變化時，引用一位外國學者的話說：「我最初想的是上帝，後來是理，最後是人」。在傅斯年看來，「個人」的歷史演變是一個不斷祛除神魅和超越之理，回歸人本身的過程；先是天命或上帝賦予自我的意義，然後是抽象的形而上學之理，而到近代，人生的意義不再外求，開始「拿人生解釋人生」，個人具有了把握自我的意志自主性。如何「拿人生解釋人生」？乃是人具有了自我立法的能力，「可以拿人生的福利和人生的效用去解決人生問題」。在批評了歷史和現實中各種道家的、佛教的、楊朱的和儒家的個人觀之後，傅斯年認為：「現代的人生觀念應當是為公眾的福利自由發展個人」。也就是說，既是為個人的，「充分發揮己身潛蓄的能力，卻不遵照固定的線路」，又是為社會的，通過愚公移山式的歷史進化

13. 丁文江：〈玄學與科學：答張君勱〉，張君勱、丁文江等：《科學與人生觀》，山東人民出版社，1997年，204頁。

14. 胡適：〈不朽：我的宗教〉，《胡適文集》第2卷，532頁。

和文明積累，實現最大多數人的最大幸福。[15] 從傅斯年的這篇比較系統論述「五四」人生觀的文章中，可以清晰地看到到了「五四」，「個人」已經完成了擺脫宇宙論的「祛魅化」和祛除天理的「去形而上化」，從人類自身進化的過程之中、從面向未來的歷史主義之中，將個人的「小我」昇華為「群」之「大我」，實現永恆的存在價值。

在這裏，我們要特別注意五四時期所說的「群」與晚清所指的「群」的重大變化。梁啟超和嚴復在晚清所說的群己之間的「群」主要是指近代的民族國家，而到了「五四」，由於國家主義的暫時衰落，「五四」的「群」指的不再是國家，而是人類和社會。梁啟超1918年在《歐遊心影錄》中說：「我們須知世界大同為期尚早，國家一時斷不能消滅⋯⋯我們的愛國，一面不能知有國家不知有個人，一面不能知有國家不知有世界。我們是要托庇在這國家底下，將國內各個人的天賦能力儘量發揮，向世界人類全體文明大大的有所貢獻。」[16] 國家固然還需要，但對於個人的意義來說，已經不及人類那麼重要。傅斯年說得更明白：「我只承認大的方面有人類，小的方面有『我』是真實的。『我』和人類中間的一切階級、若家族、地方、國家等等，都是偶像。我們要為人類的緣故，培成一個『真我』。」[17] 不僅傳統的家族主義、地方主義，連近代的國家主義，都被視為虛幻的偶像，「五四」的思想家重新從國家主義走向了新天下主義——以理想的人類公理為核心價值的世界主義。

15. 參見傅斯年：〈人生問題發端〉，《傅斯年全集》第1卷，湖南教育出版社，2003年，83–94頁。
16. 梁啟超：〈歐遊心影錄〉，《梁啟超全集》第5冊，2978頁。
17. 傅斯年：〈《新潮》之回顧與前瞻〉，《傅斯年全集》第1卷，297頁。

與世界主義同時崛起的，還有社會。五四時期群己關係中的「群」自然有世界主義的背景，但實際所指不是國家，而是社會。一方面是國家工具論的興起，另一方面卻是社會有機體論的復興。國家不再可靠，要建立有序的社會政治秩序，唯有期待於一個理想的社會。而要改造社會，首先要有有自我意識又有社會擔當的個人。不過，究竟先改造社會，還是先改造個人？這一「先有雞還是先有蛋」的悖論式問題，在五四時期一直爭論不休。大約以1919年的五四運動為界，之前的新文化運動着重於個人的解放和個人意識的塑造，「五四」之後，則逐漸轉向社會改造運動。李澤厚提出的頗有影響的「啟蒙與救亡」研究框架，是要到1925年五卅運動引發的大革命興起以後才真正具有分析的有效性，這一悖論在五四時期並不存在。五四運動直接所激發的，與其說是救亡的民族主義，還不如說是改造社會的激情。五四運動的精神領袖傅斯年在運動發生後不久，這樣寫道：「五四運動可以說是社會責任心的新發明，這幾個月黑沉沉的政治之下，卻有些活潑的社會運動，全靠這社會責任心的新發明……所以從5月4日以後，中國算有了『社會』了。」[18] 五四運動之後，出現的不是救亡熱，而是各種各樣理想主義的烏托邦社會運動：新村主義、工讀互助、平民教育講演團等。這樣的「再造社會」運動，一方面固然是「再造個人」所必需，更重要的，與民初以來五四知識分子對「國本」問題的思考和探討共和政治精神密切相關：當以「重建國家」為中心的制度改造暫時碰到絕境時，從文化和社會入手塑造政治的核心價值和制度性前提，便成為新的政治秩序正當性所不可缺少的基礎建設。於是，以全人類的世界主義視野為背

---

18. 傅斯年：〈時代與曙光與危機〉，《傅斯年全集》第1卷，355頁。

景，五四知識分子將「重建個人」和「重建社會」，作為時代的使命，視為最重要的「非政治的政治」。[19]

從公理、良知到公意

「五四」是一個個人的時代，那麼「五四」的思想家如何論證個人的自由？繼承宋明以來理學和心學兩種思想傳統，「五四」對政治正當性的基礎個人自由的論證，有公理說和良知說兩種不同的取向。

在本文章的第二節已經論述，在晚清代替天理世界觀的，是公理世界觀，公理成為現代中國自然、社會和倫理之最高價值和規範，個人自由的正當性也淵源於此。1918年，第一次世界大戰結束，被中國知識分子們普遍認為是公理對強權的勝利。陳獨秀在《每週評論》發刊詞中說：什麼是公理呢？「簡單說起來，凡合乎平等自由的，就是公理。」[20] 陳獨秀用晚清以來的公理論證自由，政治之正當性來源於超越於人的意志選擇之上的客觀的、普遍的公理，這一從朱熹理學傳統演化而來的公理說，從晚清到1919年之前的中國思想界，有着巨大的主流性的影響。不過，與公理說平行的還有從陽明心學傳統發展而來的良知說，成為論證政治之正當性個人自由的同樣重要的思想來源。良知說最典範的文本是李大釗在1916年發表的〈民彝與政治〉。李大釗之所以提出「民彝政治」，乃是應和民國初年《甲寅》雜誌所開創的探討民主政治的形而上價值之所在

---

19. 關於「五四」的「重建社會」，見王汎森：〈傅斯年早期的「造社會」論〉，《中國文化》，1996年第14期。
20. 陳獨秀：〈《每週評論》發刊詞〉，《陳獨秀著作選》，427頁。

十五、政治的精神——個人、良知和公意　　385

即政治精神的時風。在李大釗看來，所謂民彝，即是內涵在人民內心之中的價值觀，是一種善的本性。民彝與民聽不同，民聽可以惑亂，而民彝能照亮萬物。民彝有形而下之器，有形而上之道，這個道即超越之形而上之理，而理與人性是同一的，性即理也。民彝，又為法也，為民主憲政之基礎。英國的憲法雖然是不文之典，「乃順民彝自然之演進，而能一循其常軌，積習成性」。民主即為國法與民彝直接疏通之政治也。立憲民主政治基於自由之理。自由，不僅繫於法制之精神，尤需輿論之價值。輿論之價值淵源於民心中的天賦良知。代議制度只是民主政治之形式而已，而惟民主義是其最根本之精神。[21] 政治精神之良知說，不同於公理說，政治的核心價值個人之自由不是來自於外在的、客觀的自然社會和倫理之公理，而是人的內在良知。良知不否認客觀公理的存在，但認為良知與公理相通，自由之理自在人心之中，特別是普遍民眾的內心價值。「五四」的不少自由主義知識分子從陽明心學的傳統出發闡釋個人自由之意義，張奚若在1935年為《大公報》撰文論述國民人格之培養，認為個人是宇宙的中心，是一切組織的來源、基礎和歸宿，個人主義雖然在理論和事實上有不少弊端，「但一個人的良心為判斷政治上是非之最終標準卻毫無疑義是它的最大優點，是它的最高價值。個人的良心固然不見得一定是對的，但是經驗告訴我們比它更對更可靠的標準是沒有的」。[22]

政治之是非曲直雖然合乎天理，但天理與人心不再是二元的，而是內在相通，良知即天理，這是明代陽明心學興起以後所發生的從理到心的大轉向。天下是非取決於公論，而公論即

---

21. 李大釗：〈民彝與政治〉，《李大釗全集》第2卷，334-339頁。

22. 張奚若：〈國民人格之培養〉，《張奚若文集》，清華大學出版社，1989年，356-357頁。

社會輿論又出自人心。「公論者，出自人心之自然……故有天子不能奪之公卿大夫，公卿大夫不能奪之愚夫愚婦者。」[23] 天下是非不是存於抽象的天理，而是具體的人心，雖然還在儒學的民本政治範圍裏面，但距離現代的民主政治也只有一步之遙了。近代的良知論繼承晚明思想，又從康得的實踐理性哲學中得到西學的資源，良知論逐步替代公理論，成為近代自由學說的主要學理資源。

良知說之所以替代公理說，乃是與另外一個重要觀念公意的出現有關。公意（general will）是盧梭（Jean-Jacques Rousseau）政治思想中的核心概念，到晚清引入中國，五四期間開始流行，又翻譯為普遍意志、公共意志、國民總意或公同。按照盧梭的思想，公意是上帝意志失落以後，人成為政治的主體以後，政治共同體所遵循的最高意志，同時也是民族國家的整體意志。公意與私意相加的眾意不同，眾意是私意之和，比如代議制制度中通過投票所產生的只是眾意，無法代表公意。公意是眾多私意中共同的那部分，它是整體性的，是不可分割的，無法通過投票獲得。只有在暫時排斥了特定的私意，而考慮普遍的公共利益的時候，公意才能呈現出來，公意是無法被代表的，只能通過直接的民主體現人民的意志，比如廣場的民主、公共的輿論和討論等。它同時也是最高的立法意志，民族國家的憲法原則就是公意的體現。盧梭的公意觀念，其實質是人民主權論，而社會契約論和自然法是其兩大理論的支撐。[24]

---

23. 繆昌期：〈公論國之元氣論〉，《從野堂存稿》卷一。

24. 見盧梭：《社會契約論》，商務印書館，1980年。關於盧梭公意思想的討論，亦可見 Frederick Watkins：《西方政治傳統：近代自由主義之發展》，第4章，李豐斌譯，台北聯經出版，1999年；鮑桑葵：《關於國家的哲學理論》，128–132頁，北京商務印書館，1995年。

當盧梭的思想傳入中國之後，公意的觀念也得到了中國思想家的注意。早在1901年，梁啟超在介紹盧梭學說時這樣理解公意：「所謂公意者，必與確乎不易之道理為一體矣……公意，體也；法律，用也；公意無形也；法律有形也。公意不可見，而國人公認以為公意之所存者，夫是之謂法律。」[25] 梁啟超用中國傳統的體用關係來解釋公意與法律的關係，將公意視為近代政治之本和核心價值。不過，這個階段的公意並沒有像後來被良知化、意志化，梁啟超明確指出公意與「確乎不易之道理為一體」，這個道理過去是天理，如今自然是公理。也就是說，公意還是有客觀的、實質性內容的。從這個意義上說，當晚清公意這個概念出現的時候，它與傳統的天意有某種對應關係，或者說，公意就是世俗版的天意，區別僅僅在於：天意是超越的、來自於宇宙中的冥冥意志，而公意是世俗的，來自於人民的整體意志。而在古典中國思想中作為天意的世俗表現的民意，到近代政治之中，則轉化為個別意志之和的眾意。眾意是分散的，變動的，不具超越性，但作為人民整體意志體現的公意，卻是確定的，受到客觀的公理之規約。

　　雖然在晚清共和派與立憲派就中國是否可以實行共和，圍繞着盧梭的「國民總意」打過一場大筆仗，[26] 但公意這個觀念的流行，還是要到五四時期，公意才被普遍認為是國家和憲法的基礎。陳獨秀說：「近世國家，無不建築於多數國民總意之上，各黨策略，非其比也。蓋國家組織，著其文於憲法，乃國民總意之表徵。」[27] 五四思想家之所以開始特別強調公意，乃

---

25. 梁啟超：〈盧梭學案〉，《梁啟超全集》第1冊，507頁。
26. 亓冰峰：《清末革命與君憲的論爭》，台灣中央研究院近代史研究所，1980年，198-201頁。
27. 陳獨秀：〈論政黨政治〉，《陳獨秀著作選》第1冊，202頁。

是與他們普遍地對民初的政黨政治失望有關。民初各政黨，糾纏於私利的爭奪，全然不顧社會的公共利益。「五四」的思想家們意識到，假如民主政治不建立在公意的基礎之上，會被各種各樣相互衝突的私意摧毀掉，而國會投票所產生的所謂「眾意」也只是各政黨私意的交易和妥協而已。在這樣的背景之下，公意問題便被突出地提出來了。[28] 不過，如果說晚清的公意與公理相通，背後有客觀之理的話，那麼，到五四時期，公意卻與良知論接通，成為了人民意志的直接呈現。1915年，高一涵在《新青年》上連續發表兩篇重要文章，討論共和國家的基礎。他指出「共和國本，建築在人民輿論之上」，「此時代之人民，其第一天職，則在自由意志（free will）造成國民總意（general will），為引導國政之先馳。」[29] 人民的自由意志，決定了政府的正當性命運，公意不存，現存政府當立即瓦解。國家的主權，以人民之公意為所歸。國家的真正主權，屬於人民全體，政府無非是奉行人民公意之僕人。[30] 與梁啟超不同的是，高一涵筆下的公意已經不再以客觀之理為背景，而是以人民的自由意志為前提。自由意志雖然不否認公理，但重心已經從公理轉移到公意：「公同所在，則發之為輿論，主之為公理，正義、人道，即此公同所歸。」[31] 公意（即公同）作為最高的立法意志，其內在的規約體現為正義和人道的公理，而外在的形式表現為社會輿論。

---

28. 在五四時期，對盧梭的公意思想有深刻了解和學理研究的，當推張奚若。張奚若在1920年發表在北京《政治學報》第1卷第2期的〈社約論考〉，對盧梭的公意說作了準確和細緻的介紹。見《張奚若文集》，53–54頁。

29. 高一涵：〈共和國家與青年之自覺〉，《青年雜誌》，第1卷，第2號。

30. 高一涵：〈民約與邦本〉，《青年雜誌》，第1卷，第3號。

31. 同上。

如果說高一涵所闡釋的公意依然是公理與良知（自由意志）混合論的話，那麼在徹底的良知論者李大釗那裏，公意則已經失去了客觀的公理規約，而變成純粹的人民意志。但李大釗所說的人民意志，並非像盧梭那樣是整體性的實質意志，而是類似哈伯馬斯（Jürgen Habermas）所說的通過商議性民主所產生的共識。在〈強力與自由政治〉和〈平民主義〉兩篇文章中，李大釗分析了公意並不等同於多數人的意志。他認為，民治精神不在多數人的統治，而是看是否遵循普遍意志（general will）。普遍意志並非單獨意志（私意）的相加，而是看是否「真以公共福利為目的之意志」。而多數人挾其意志之總和壓制少數以產生意志的一致性，這是虛假的普遍意志。[32] 那麼，真正的普遍意志何以產生？李大釗認為，政治的強力，「不是多數人合致的強力，乃是多數人與少數人合成的國民公意。這種偉大的強力，實為人民全體的『自由認可』所具的勢力……『自由政治』的神髓，不在以多數強制少數，而在使以問題發生時，人人得以自由公平的態度，為充分的討論，詳確的商榷，求一個公同的認可」。[33]

　　從梁啟超、陳獨秀到高一涵再到李大釗，我們看到了現代中國思想史上的公意，一步步擺脫超越的、實質性的公理的規約，以良知論為基礎，走向人民意志的自由選擇。古代政治正當性的基礎天意具有客觀的、普遍的和絕對的性質，近代的公理雖然失去了超越性，不再來自於外在的天命，而是科學能夠把握的客觀法則，但依然具有絕對的、普遍的和倫理的性質。但公意卻是主觀的，是近代人自由意志的產物。梁啟超的公意背後還有公理的規約，高一涵的公意與公理也是相通的，具有

---

32. 李大釗：〈強力與自由政治〉，《李大釗全集》第3卷，26–28頁。

33. 李大釗：〈平民主義〉，《李大釗全集》第4卷，154頁。

正義和人道的內容。但到李大釗那裏，公意不再有實質性的內涵，成為人民自由意志的體現。李大釗注意到在民主政治的掩護下，有可能形成多數人對少數人壓制的暴政，試圖以「公共福利」的功利主義原則加以規約，並強調真正的公意乃是在於以類似哈伯馬斯的交往理性的方式，通過平等的、自由的公共討論，求得共識。也就是說，公意作為政治的正當性，乃是建立在程序正義的基礎上。他樂觀地相信，只要通過自由公正的討論，便會獲得「公同的認可」，從而產生公意。這樣的公意不再與自然的、客觀的公理有關，它只是代表國民根本利益的最高立法意志。公意來自於民意，通過公共的討論，又高於民意，是分散的、民意的集中體現。

問題在於，公民的自由意志通過程序性的公共討論，是否能夠保證所產生的共識必定是善的或正當的？關於這個問題，羅爾斯（John Rawls）和哈伯馬斯曾有過一場著名的爭論。哈伯馬斯相信，只要程序正義，遵循交往理性，民主的程序有一種自我糾錯機制，可以保證最後的結果是正當的。而羅爾斯同意程序正義（公共理性）之重要，但他堅持在程序之上，還必須有實質性的正義原則，唯有實質性的原則，才能保證立憲民主政體不被顛覆。[34] 回到現代中國的公意，當公意的背後還有客觀的公理規約時，只要公理本身是自由的、正義的，人民的自由意志所選擇的政治秩序不會發生大的偏差。一旦公意掙脫了自由、正義原則（公理）的規約，僅僅訴之於人的內心良知，哪怕制定了良善的程序，擁有公共的討論，也無法保證開放的氛圍和形式的正義所釋放的必定不是魔鬼。因為人性（良知）

---

34. 關於羅爾斯與哈伯馬斯的這場爭論和相關討論，見許紀霖：〈兩種自由與民主：對自由主義與新左派論戰的反思〉，載羅崗主編：《思想文選2004》，廣西師範大學出版社，2004年。

並非像孟子、王陽明那樣樂觀，必定是善的，人性之中有魔鬼，因此需要有人性之上的超越之物，或者是天理、或者是公理，或者是自由社會的正義原則來規約良知，規約政治社會。

列奧‧施特勞斯（Leo Strauss）指出：古典的自然權利是與目的論的宇宙觀聯繫在一起的，一切事物都有其自然的目的和命運。到了近代，目的論宇宙觀已經被自然科學所徹底摧毀，近代人在拋棄了自然權利的同時，創造了歷史意識，價值的標準不再在自然之中，而是人自身的歷史和意志之中。[35] 古代政治屬於倫理，受到自然正義的規約。近代的政治開始祛除神魅，去倫理化了。倫理是倫理，政治是政治，政治成為了超越宗教、倫理的世俗事務，成為人自身意志的自由選擇。當公意問題提出來的時候，盧梭試圖克服人性中的私性，以非道德的方式形成道德性的政治共同體的整體意志。然而，當自然法、道德形而上學一一解體之後，當天理和公理相繼解體之後，如何保證來自民意的世俗性公意之正當？當政治正當性不再訴之於超越的、客觀的、絕對的天理或公理，而以公意為基礎的時候，多元的、變動不居的相對的民意如何形成正當的公意？

1919年5月，當巴黎和會的消息傳來，原本對美國威爾遜總統大抱希望的五四知識分子深深地失望了，開始對公理開始懷疑。公理世界觀就此逐漸蕭條。政治上的公意失去了絕對的公意規約，而僅僅訴諸人的主觀良知之後，就被各種互相衝突的意識形態所擺佈。二十世紀二十年代之後，一方面是公理的衰落，另一方面是各種主義的紛紛崛起。這些政治上的主義，大都打着民意牌，以人民意志或人民利益自居，但人民意志究竟是什麼，由於失去了公理所內涵的公共價值，而變得模糊不

---

35. 列奧‧施特勞斯：《自然權利與歷史》，1、8頁。

清。到二十世紀二十年代中期以後，公意這個概念也開始式微，代之而起的是民意觀念的流行。而所謂的民意，不僅個中的道德內涵被抽空，而且在各種意識形態支配之下，顯得紛亂複雜，無所定規，被經常變幻的歷史潮流所左右。各種各樣的民粹主義、權威主義打着「民生」、「民意」、「為民」的招牌，通過權力和輿論操控民意，民意成為政客們隨意塗抹和代表的主觀建構，全然失去了客觀性的規約。

當各種意識形態所操控的民意冒充公意成為政治正當性的基礎的時候，便加劇了政治的動盪和無序。從公理到公意再到民意，從現代中國觀念的流變可以看出政治正當性危機之所在。

十六、正當性基礎
民主抑或憲政？

　　康有為在〈實理公法全書〉開篇曰：「凡天下之大，不外義理、制度兩端。」[1] 前面幾節我們着重從思想的義理角度討論了現代中國的政治正當性，這一節轉到思想的實踐層面制度來繼續研究正當性的內在緊張。政治正當性的核心是一個政治權威的問題。現代政治是一個支配性的關係，所謂正當，乃是對支配關係的道德證成，對政治統治的自願性服從，也就是對權威的服從，一旦這種服從僅僅建立在對國家暴力的恐懼基礎上，那麼統治就失去了正當性的權威。

　　關於權威，漢娜‧阿倫特（Hannah Arendt）有一個非常獨特的理論，將權威與權力區分開來，在她看來，「當我們說某個人『擁有權力』時，我們實際上説他被一定數目的人授予以他們的名義行動的權力」；「權威的標誌是被要求服從者的不加質疑的承認；無論是強迫還是説服都是不需要的。權威的保持離不開對人或職務的敬重。因此，權威的最大敵人是輕蔑，而破壞它的最有效的方法是嘲笑。」[2] 之所以作如此區分，阿倫特乃是在於證明權力是授予性的、認可性的，而權威則是不證自明的，來自宗教和歷史傳統。羅馬共和政體是權力與權威

---

1. 康有為：〈實理公法全書〉，《康有為集》，3頁。
2. 漢娜‧阿倫特：〈權力與暴力〉，《學術思想評論》第6輯，吉林人民出版社，2002年，432頁。

二元的典範。西塞羅有名言：「權力屬於人民，權威屬於元老院」。元老院所代表的權威並非人民授予，而是同對羅馬建國列祖們所奠定的宗教與歷史傳統的尊敬聯繫在一起的。在阿倫特看來，美國的革命和建國繼承了古羅馬的共和精神，其權威既不是來自於超越的造物主，也不是來自人民的意志，而是美國殖民地的自治歷史傳統和《獨立宣言》，並以此創建美國的憲法以及與憲法有關的司法制度。權力屬於人民，權威屬於憲政，便成為現代政治的典範。[3]

阿倫特對權威與權力的論述，表明憲政與民主是兩個不同的範疇，憲政提供的是整個政治共同體的根本的、長時段的正當性問題，即什麼樣的共同體組成原則和制度方式是可以被自願接受的，合乎統治者和被統治者共同意志的；而民主所提供的只是具體的統治（某個政府）之權力是否正當。即統治之權力是否得到人民的授權，其統治的效績是否符合被統治者的利益和願望。公共權力的權威，要看其是否符合共同體成員公認的「法」，在過去這個公認的「法」，是神法或天理，到了近代，則轉換為政治共同體的根本大法——憲法。

中國古代政治權威的來源是雙重的：天道和民意。天道是權威的終極的、超越的源頭，但在現實世界之中，又只能通過民意體現，民意與天意內在相通。到了近代，這雙重一體化的政治權威發生了變化，也產生了分離：天道之權威轉變為公理和公意，由此形成了憲法的權威；民意之權威轉變為權力的來源，現代的政治權力必須來自人民的認可和授權，由此形成了民主。在古代中國，天道和民意是不可分離的，但到近代轉換

---

3. 關於阿倫特有關古羅馬政治權威和美國革命的論述，見川崎修：《阿倫特：公共性的複權》，河北教育出版社，2002年，177–187頁；蕭高彥：〈施米特與阿倫特公民概念的比較研究〉，《知識分子論叢》第5輯，江蘇人民出版社，2006年，106–114頁。

為憲政和民主之後，二者發生了歷史的分離。這一分離，按照阿倫特的理解，本來是現代政治的內在之義，即權威與權力的二元化：政治權威來自憲法——國家的根本大法；政治權力來自民主——來自人民的授權。

關於政治權威的問題，早在1898年，梁啟超在〈新史學〉中討論正統時，認為：「統也者，在國非在君也。在眾非在一人也。」他注意到，西方立憲之國，統在憲法。國家共同體的正當性是由法統（憲法）賦予的。[4] 在晚清，以梁啟超為代表的立憲派與民主派爭論的最大焦點，表面是君主立憲還是民主共和的問題，其背後的實質是政治秩序的正當性究竟以何為基礎：是注重立憲的權威，還是權力的來源？在民主派看來，核心問題是誰掌握權力，只要主權在民，人民掌握了政權，共和就能實現。民主派重視的是國體，即國家由誰來統治，而梁啟超更重視的是政體，即國家如何統治，是否按照憲政的原則統治，至於是共和民主，還是君主立憲，還是次要的問題。

相對於民主，梁啟超特別重視以憲政為核心的法治。在中國的古典思想之中，「所謂法者，純屬『自然法則』的意義」，[5] 來自自然和天道的客觀法則，成為各個朝代成文法的超越性源頭。近代以還，當這些自然法則消解，人開始自我立法之後，憲法便替代自然法則，成為政治共同體的最高法則。梁啟超指出：中國法系雖然是世界四大法系之一，但最遺憾的是，「則關於國家組織之憲法，未能成立也……苟無此物，則終不足於進於法治國。何也？此為根本法，無之則一切法無所

---

4. 梁啟超：〈新史學〉，《梁啟超全集》第2冊，749頁。
5. 梁啟超：《先秦政治思想史》，台北東大圖書公司，1980年，155頁。

附麗，無所保障也」。[6] 梁啟超很早便注意到西方的現代政治，不僅是民主政治，而且是法治政治。他分析說，在中國法家特別是先秦的管子思想之中，有豐富的法治主義歷史資源，早期的法家人物管子，與後來的申不害、韓非的術治主義與勢治主義不同，將法視為超越於人間秩序的自然法則，無論是民眾還是君王，皆不得逾越。管子的法治主義與近代的法治思想甚為接近。[7] 不過，管子的法治主義離先古三代不遠，是三代的「天下之法」理想的體現。管子之後，法治（of law）主義便逐步蛻變為以君主意志為核心的法制（by law）主義，經過與儒家的禮治融合，雖然中國有成熟的法律體系，但與近代的法治國不可同義。梁啟超特別注意到明末清初黃宗羲的原法思想。[8] 黃宗羲激烈批評了歷代統治者以「非法之法」亂國亂世，對法治主義的「天下之法」與法制主義的「一家之法」作了明確區分。他指出：三代之上有法，三代以下無法。三代之法，藏天下於天下者也；後世之法，藏天下於筐篋者也。三代公天下而法因以疏，後世私天下而法因以密。「法愈密而天下之亂即生於法之中，所謂非法之法也。」黃宗羲在對三代以下以法治國的法制主義作了尖銳批評之後，並沒有回到儒家的人治主義立場，他重新提出了管子開始的法治主義理想，希望以三代之法重新確立天下秩序之軌：「論者謂有治人無治法，吾以謂有治法而後有治人」。[9]

6. 梁啟超：〈論中國成文法編制之沿革得失〉，《梁啟超全集》第3冊，1312頁。

7. 參見梁啟超：《先秦政治思想史》，154–159頁；〈管子傳〉，《梁啟超全集》第3冊，1858–1875頁。

8. 梁啟超在自己的文章中多次引用黃宗羲的思想，說黃宗羲的《明夷待訪錄》，在「我們當學生時代，實為刺激青年最有力之幸福劑。我自己的政治運動，可以說是受這部書的影響最早而最深」。見梁啟超：〈中國近三百年學術史〉，《梁啟超全集》第8冊，4452頁。

9. 黃宗羲：〈原法〉，《明夷待訪錄》。

從管子到黃宗羲，梁啟超從古代中國思想中清理出法治主義的歷史傳統，將它們與西方的法治精神內在結合，形成了以憲政為核心的法治國思想。他指出：今日之立憲之國，便是法治國。法治者，國家治理之極軌也。捨法不得為治。[10] 無論是清末，還是在民初，梁啟超為首的立憲派與民主共和派最重要的區別，乃是比較起權力的來源，更重視權力是否受到憲政的限制，比較起國體問題，更重視政體問題。梁啟超明確宣佈：「吾儕平昔持論，只問政體，不問國體。故以為政體誠能立憲，則無論國體為君主為共和，無一而不可也。政體而非立憲，則無論國體為君主為共和，無一而可也。」[11] 正如一位梁啟超的研究者沙培德（Peter Zarrow）所指出的那樣：民初的梁啟超是一個立憲主義者，他關心的是權力的制衡和政府的管理以及一套有序的秩序。至於誰擁有權力，都不重要。他相信，只有憲法秩序才能給予政治鬥爭的有序空間。[12] 重憲政和法治甚於民主，這是梁啟超為代表的中國立憲派的共同立場。

　　1913年，張東蓀在《庸言》雜誌發表〈法治國論〉，強調中國國體已經從君主改為民主，政體也應從專制改為立憲。有憲法之國當為法治國。今日中國不僅各種法律不完備，連最基本的憲法也未頒佈，政府與人民均未循乎法律之軌道，其去法治國不知幾千里也。他指出，憲政和法治不進，將會導致內亂亡國。「惟有速制定憲法，使中國為法治國，夫然後變更國體之禍，禍可免也。」[13]

10. 梁啟超：〈管子傳〉，《梁啟超全集》第3冊，1865頁。
11. 梁啟超：〈異哉所謂國體問題者〉，《梁啟超全集》第5冊，2902頁。
12. 沙培德：〈辛亥革命後梁啟超之共和思想：國家與社會的制衡〉，《學術研究》，1996年第6期。
13. 張東蓀：〈法治國論〉，《庸言》，第1卷，第24號。

然而，梁啟超也好，張東蓀也好，他們的立憲聲音在民國初年，卻被淹沒在內閣制與總統制、民權與國權的爭論之中。中華民國建立之後，輿論集中在新興的國家權力究竟歸屬於誰，而忽視了權力如何制衡，按照什麼樣的原則和規範立國。1911年的辛亥革命，創建了新的政治共同體，卻沒有同時創建共和政體所賴以存在的正當性基礎——憲政。在政治正當性的問題上，權力的來源問題始終壓倒了權威的來源問題。在古代中國，世俗的民意與超越的天意是同一的，而到近代二者轉換為民意和公理（或公意）以後，民意與公理（或公意）分離了。公意所體現的政治共同體根本精神被忽視，既沒有被制度化（憲法化），也沒有體現為公民精神和公共政治文化。現代中國政治的根本癥結在於只有權力之爭，而始終缺乏政治的權威。軍閥與政客們用合法性冒充正當性，假借民意建立所謂的法統。而輿論只關心合法性危機，很少注意法統背後的正當性危機。憲政遲遲未能建立，由憲法所體現的政治權威始終缺席。這使得民國年間，雖有國家，卻無憲政，政治始終處於動盪亂局之中。

　　憲政與民主的緊張，也是自由主義與共和主義的不同原則所致。盧梭式的共和主義民主偏重參與，強調權力的正當性來源來自於人民主權，其正當性的來源乃是公意；而英美式的自由主義民主強調的是憲政，強調對自由以優先地位的確認，通過憲政和權力制衡保障公民的個人自由。在晚清和民初的思想界，憲政主義與民主主義、自由主義與共和主義並非截然兩分，在梁啟超、章士釗、李大釗、高一涵、張東蓀、張君勱等著名近代政治思想家那裏，二者都是混沌一片，你中有我，我中有你。不過對中國思想界而言，盧梭的民主思想要比洛克、彌爾的自由思想影響大得多，民主的呼聲要遠遠高過憲政的聲音。

民主的正當性與憲政的正當性，構成了自由主義和民主主義的分野。在西方，自由主義與民主主義的歷史結合，純屬歷史的偶然，而在現代中國，民主與憲政在理論上也是內在結合，相互補充的。不過，一旦落實在政治實踐層面，便立刻顯示出內在的二歧性：民主派注重人民主權，相信只要權力來源於人民，政治的正當性便在其中。而憲政派則認為，最高權力究竟來自哪裏，這並不重要，重要的是立憲，權力要受到憲法和法律的限制。無論從清末的共和與君憲的大爭論，還是民初的民權與國權的討論，都可以看到民主派與憲政派之間的這一核心分歧所在。

　　現代中國的悲劇在於：無論爭論如何激烈，最後的政治結局總脫逃不了民主壓倒憲政、威權壓倒自由。五四新文化運動，最初提出的是人權（自由）和科學，[14] 曾幾何時，在日漸崛起的民主主義思潮壓迫下，自由被悄悄地置換為民主。從二十世紀三十到四十年代，中國也有過幾次影響非常大的民主憲政運動，民主與憲政一開始並行不悖，然而，到1946年，民主與憲政在殘酷的政治現實面前，卻發生了分化。最典型的例子要數梁啟超門下的「二張」之分手：張君勱相信，比較起民主的廣泛參與，通過憲法、建立憲政更重要；而張東蓀認為，如果國家的權力缺乏廣泛的、具有代表性的實質性參與，即使在形式上是憲政的，也不具正當性。顯然，前者所秉持的是自由主義的民主觀，而後者堅持的是共和主義的民主觀。由於「二張」所秉持的民主觀的不同，兩位有着四十年交誼的政治朋友，在是否參加國民黨一黨召開的「國民大會」問題上，最

---

14. 陳獨秀在《新青年》雜誌創刊時提出的口號是「科學與人權並重」，見〈敬告青年〉，《青年雜誌》，第1卷，第1號。

後分道揚鑣，各歸前程。[15] 民主憲政運動的歸宿，最後也是與五四新文化運動一樣，也是民主壓倒了憲政。在一浪高過一浪的洶湧的民主大潮推動之下，1949年所建立的共和國並非一個以憲政為其制度正當性，而是以人民主權為特徵的國家。從思想史的角度觀察，現代中國的這一歷史結局絕非偶然，可以說是晚清以還政治正當性觀念演化之趨然。

---

15. 關於「二張」兩種民主觀的分歧，見成慶：〈自由主義與共和主義：現代中國史中的兩種民主觀〉，《天津社會科學》，2005年第4期。

　左衝右突——現代政治激流中的中國知識分子